한국불교 의례문화 연구

문현인문학총서 **6**

한국불교 의례문화 연구

한상길 지음

문현
MUN HYUN

저자 서문

나의 불교사 공부는 조선시대 불교에 대한 궁금증에서 비롯되었다. 학창시절 역사를 배우면서 자연스럽게 답사의 매력에 빠졌고, 이 답사의 여정에는 절이 빠지지 않았다. 산사가 지닌 고즈넉한 기운은 젊은 날의 내 감성에 깊숙이 녹아들었다. 법당의 낡은 마룻바닥, 흙먼지 내려앉은 석탑, 이끼 낀 비석들이 그랬다. 절을 찾는 발길이 잦아지면서 호기심이 늘어갔다. 전각과 불상·불화, 석탑과 부도·비석을 무던히도 찾아 다녔다. 인연이 그런 것인지, 운수가 그런 것인지 대학원 과정을 마칠 무렵, 사찰문화연구원 창립에 참여하였다. 전통사찰총서라는 이름으로 사찰의 사지를 편찬하는 일이었다. 이제 관광객이나 참배객이 아니라 절의 역사를 조사하고 문화재를 탐색하는 연구자였다.

이렇게 많은 절을 탐방하면서 깨달은 한 가지 사실이 있었다. 한국의 사찰은 거의 대부분 조선시대의 문화를 간직하고 있다는 점이다. 그런데 내가 배운 불교사에서 조선시대는 억불의 시대라고 하였다. 새로운 왕조의 지배이념으로 유학을 숭상하면서 불교는 청산, 폐지의 대상이었고, 결국 억불시대가 오랫동안 지속되었다는 설명이다. 그런데 내가 본 절은 조선시대 모습 그대로였다. 수많은 절이 폐사당하고 출가는 공식적으로 금지되었는데 절은 여전히 살아 있다. 승도는 양반사회의 수탈을 감내하고 신분사회의 하층민으로 전락하였지만 법등은 여전히 이어졌다.

그 이유가 궁금했다. 불교는 천 수백 년 동안 이미 한민족의 뿌리 깊은 전통이기 때문이라는 설명보다는 좀 더 구체적인 원인과 동력을 찾아보기 시작하였다. 그 과정에서 두 가지의 실마리를 찾았다. 첫 번째는 절을 유지하는 경제활동이고 두 번째는 신앙활동이다. 경제활동은 사찰계에서 확인하였다. 사찰계는 승속이 함께 참여하면서 절의 재원을 확보하는 유효한 방편이었다. 사지와 문집, 비문과 현판 등에서 25종의 사찰계 232건을 탐색하여 『조선후기 불교와 사찰계』를 펴냈다. 이 책에서 사찰계가 억불의 시대, 사찰이 존속할 수 있었던 동력이었다는 사실을 규명하였다. 사찰계의 역할은 절의 보사활동이 목적이었지만, 여기서 그치지 않고 다양한 신앙활동으로 이어졌다. 대표적인 사례가 염불계였다. 계금을 모아 재원을 마련하는 것이 목적이었지만, 정기적인 계모임에서 염불수행을 행하고 정토신앙을 고취하였다. 염불계를 통한 수행은 마침내 만일회로 이어지고 1만일, 즉 27년이 넘는 긴 세월 동안 일종의 신앙공동체가 한 절에서 지속되었다.

조선불교의 두 번째 동력은 이러한 신앙활동에 있었다. 공식적인 출가의 길이 없으니 교학과 사상을 선도할 출가자가 절대 부족한 현실에서 대안과 해법은 신앙활동이었다. 염불정토신앙을 비롯하여 산신과 칠성신앙이 널리 유행하였고, 각종 공양의례와 재의식이 성행하였다. 이러한 조선불교의 신앙활동을 이해하기 위해 수륙재와 생전예수재를 탐구하였다. 이 두 신앙의례는 우리 민족 고유의 조상숭배 신앙과 맞닿아 있었으므로 유학이 지배하는 사회체제에서도 여전히 불교의 힘이 될 수 있었다.

이 책은 이러한 조선불교의 힘이 신앙활동에 있었음을 이해하려는 노력이다. 구체적으로 말하면 신앙이 행위로 표출되는 의례, 의식이다. 이 신앙의례의 정수가 수륙재, 생전예수재이다. 이러한 의례가 조선불교의 신앙을 선도하며 염불과 범패로 대중과 함께 하였다. 또한 도량을 장엄하는 괘불과 탱화, 그리고 각종 지화와 의식구의 창작이라는 불교문화를 이끌어냈다. 수륙재와 생전예수재는 근대 사회까지 이어졌으므로 연구의 범위를 이 시기까지 확장하였다. 주권상실기 일제는 범패를 법으로 금지시키며 민족문화의 싹을 없애고자 하였다. 그러나 불교의례는 중단되지 않았고, 민족의 문화 주권을 수호하는 순기능을 담당하였다.

이 책은 탑돌이와 팔관회, 기우제와 역병의례, 사리신앙 등의 여러 신앙의례를 포함하였다. 우리 불교의 다양한 신앙과 의례를 담아 『한국불교 의례문화 연구』라는 제목을 붙이고 보니, 부족한 점이 한 둘이 아니다. 끝이 아니라 과정이라는 변명으로 독자 제현의 너른 이해를 부탁드린다.

2022년 11월
한상길

1

역병과 한국불교 의례

---

1. 머리말

역사 기록에 등장하는 전염병의 이름은 매우 다양하다. 역병疫病·역질疫疾·질역疾疫·악질惡疾·온역溫疫·역려疫癘·여질癘疾·독질毒疾·여기癘氣 등이다.[1] 전염성이 강한 질병이라는 뜻을 지닌 '역疫'이라는 단어가 주로 사용된다. 사전에서 '역'은 돌림병이고, 역귀疫鬼를 가리키기도 한다. 즉 역귀가 일으킨 돌림병이라는 의미이다. 이처럼 전통사회에서 역병은 역귀가 일으키는 돌림병이라고 여겼다. 이를 예방하고 치료하기 위해서

---

1 이 글에서 사용하는 '역병'은 다양한 전염병 명칭의 총칭이다.

역귀를 물리치는 벽온방辟瘟方이나 벽사향辟邪香, 그리고 부적 등을 활용하였다.[2]

근대의학이 발전하기 이전까지 역병은 약방藥方으로 다스리기 힘든 재앙이었다. 인간의 힘으로 막을 수 없으니 군주의 부덕함에 하늘이 내리는 벌이고, 억울하게 죽은 원귀冤鬼의 소행이라 여겼다. 역병이 발생하면 군주는 우선 유흥을 삼가고 근신하며, 음식을 간소하게 줄였다. 비명횡사한 시신을 찾아 매장해주고, 억울하게 옥살이하는 이를 찾아 사면을 단행하기도 하였다. 여기서 그치지 않고 보다 적극적인 방안으로 하늘을 위무하고 역귀를 물리치는 각종 의례를 시행하였다. 재앙을 퇴치하기 위해서는 불교이거나 도교이거나, 무격이거나 가리지 않았다. 종교와 신앙을 구분하지 않고 영험있다는 온갖 방안을 동원하였다.

이 과정에서 역병을 물리치는 불교의례가 등장하였다. 한국불교의 중요한 특성이 '호국불교'이다. 나라와 백성을 위해 불교는 온갖 기도와 의례를 봉행하였다. 특히 고려시대는 국가불교라고 할 만큼 호국의 이념과 신앙을 여지없이 발휘하였다. 축제와 경축, 보시공덕과 교화, 추모와 천도 등의 평상시는 물론 병란과 천재, 기후 이상과 질병 등의 비상시에도 불교는 중요한 역할을 담당하였다. 숭유억불을 내세운 조선사회에서도 빈도가 줄어들기는 하였지만 이러한 흐름은 그치지 않았다.

이 글은 역병에 대처하는 한국불교의 의례를 살펴보는데 목적이 있다. 이를 위해 먼저 경전에 등장하는 역병의 대처 방안과 그 의례를 먼저 살펴본다. 이어 고려, 조선시대 불교가 어떻게 역병에 대처하였는가를 이해

---

2 김효경, 「조선시대의 祈禳儀禮 연구−國家와 王室을 중심으로」, 고려대 박사학위논문, 2008, pp.1~5.

하고자 한다.[3]

2. 경전의 역병

경전에는 역병에 관한 다양한 이야기를 수록하고 있다. 생로병사의 삶에서 질병에 대한 두려움과 이를 극복하기 위한 해법을 모색하는 중생의 바램에 대한 대답이다. 고려대장경에서 '역병'과 '질병'의 키워드로 검색한 결과 대략 22개의 경전이 검색되었다.[4] 표로 나타내면 다음과 같다.

'**역병**'이 나타나는 경전

No	경명	권수	저 · 역자	한글대장경
1	대반야바라밀다경大般若波羅蜜多經	600	현장玄奘	K0001
2	금광명경金光明經	10	의정義淨	K0127
3	금광명최승왕경金光明最勝王經	4	담무참曇無讖	K1465
4	인왕호국반야바라밀다경 仁王護國般若波羅蜜多經	2	불공不空	K1340
5	불설약사여래본원경佛說藥師如來本願經	1	달마급다 達摩笈多	K0176

---

3 역병과 불교와의 관계를 살펴볼 수 있는 자료는 고려시대 이후부터 등장한다. 고려 이전의 고대불교와 조선중기 이후 근현대까지의 자료는 전무하다. 그러므로 본고의 고찰 범위는 고려부터 조선전기(15세기 후반)까지로 한정하였다.

4 역병을 언급하는 경전은 이밖에도 많다. 예를 들면 『대운륜청우경』에서도 '震吼奮迅勇猛幢陀羅尼'를 염송하면 비를 불러올 수 있는데, 기근과 역병, 별들의 변괴 등을 모두 물리친다고 한다. 기우祈雨가 중심이고 역병은 부수적이다. 이와 같은 경전은 열거하지 않았다.

6	약사유리광여래본원공덕경 藥師琉璃光如來本願功德經	1	현장玄奘	K0177
7	대루탄경大樓炭經	6	법립法立 · 법거法炬	K0662
8	불설불의경佛說佛醫經	1	축율염竺律炎 · 지월支越	K0998
9	나박나설구료소아질병경 囉嚩拏說救療小兒疾病經	1	법현法賢	K1216
10	불모대공작명왕경佛母大孔雀明王經	3	불공	K1293
11	대위력오추슬마명왕경 大威力烏樞瑟摩明王經	2	아질달산 阿質達霰	K1266
12	천수천안관세음보살모다라니신경 千手千眼觀世音菩薩姥陁羅尼身經	1	보리유지 菩提流支	K0293
13	불설십일면관세음신주경 佛說十一面觀世音神呪經	1	야사굴다 耶舍崛多	K0309
14	관자재보살수심주경觀自在菩薩隨心呪經	1	지통智通	K0317
15	불설제공재환경佛說除恐災患經	1	성견聖堅	K0374
16	다라니잡집陀羅尼雜集	10	·	K1051
17	불설마리지천다라니주경 佛說摩利支天陀羅尼呪經	1	·	K0311
18	불공견삭신주심경不空羂索神呪心經	1	현장	K0289
19	불설다라니집경佛說陀羅尼集經	12	아지구다 阿地瞿多	K0308
20	칠불팔보살소설대다라니신주경 七佛八菩薩所說大陀羅尼神呪經	4	·	K0433
21	능정일체안질병다라니경 能淨一切眼疾病陀羅尼經	1	불공	K1301
22	법원주림法苑珠林	100	도세道世	K1406

위의 표에서 보듯이 경전류가 11건,[5] 다라니류가 11건이다. 이에 따라 경전류와 다라니류로 구분하여 역병에 관한 이야기를 살펴본다.

1) 경전류

『대반야경』, 『금광명최승왕경』, 『약사경』, 그리고 『법원주림』 등에 역병 이야기가 전한다. 먼저 『대반야경』이다.

> 진실로 계바라밀은 험한 길을 평탄하게 오르게 해주고, 어두운 방을 비추는 환한 등잔이며, 역병에 걸린 사람을 구제하는 신선의 환약이고, 괴로움이 생기는 것을 막는 신묘한 수단이다. 또한 덕德을 비추는 밝은 거울이고, 마음을 삼가게 하는 보배로운 장식이며, 상법의 말기[象季]를 건너게 해주는 큰 스승이고, 세속에 함께 머무는 훌륭한 벗이다. 비록 그것을 보아도 뚜렷하게 실체를 보지 못하고, 그것을 빚어내도 그 실체에 닿지 못할지라도, 그윽하고 진한 향기는 널리 퍼져 나가니, 꽃향기가 공중에 가득 찬 것과 같고, 청아한 빛은 맑고 화려하게 빛나니, 제호醍醐가 색을 투명하게 비치는 것과 같다. 이것이 중생이 계바라밀을 빚는 이유이고, 법계法界가 두루 다스려지는 근거이다.[6]

---

5 경전 11건에 『법원주림』을 포함하였다. 『법원주림』은 경전은 아니지만 경전의 다양한 내용을 인용, 풀이한 백과사전이므로 편의상 경전류에 포함하였다.

6 『대반야바라밀다경』 584권, 제12회 戒波羅蜜多分 序. ABC, K0001 v4, p.1146b01. 'ABC'는 동국대 불교기록문화유산 아카이브[Archive of Buddhist Culture]의 약자이고 이하는 고려대장경

지계바라밀이 역병에 걸린 사람을 구제하는 신선의 환약이라고 한다. 『반야경』의 핵심은 반야바라밀이지만 육바라밀의 기초는 계바라밀이다. 계바라밀의 내용에는 오계나 팔재계 등 초기불교에서 설하는 계가 모두 포함된다. 『반야경』이라는 경전은 따로 존재하지 않는다. 이 명칭으로 한역된 경전은 42종이 있으나 현장玄奘이 여러 계통의 반야경전들을 집성한 『대반야경』(대반야바라밀다경) 600권이 가장 대표적이다. 『대반야경』에는 경을 독송하는 공덕으로 열병, 풍, 담, 혹은 이 셋이 모두 합쳐 병이 되어도 모두 낫게 한다고 한다. 또 나쁜 독을 없애며 나병, 부스럼 등도 모두 낫는다고 하였다. 공空을 설하는 『반야경』이지만 이처럼 독송 공덕을 설하고 있어서 우리 역사에서 역병이 창궐할 때마다 중시되었다.

다음은 『금광명최승왕경』이다.

> 모든 병의 고통을 없애주고, 유성流星의 변괴, 역병과 싸움, 국법으로 구속되는 일을 없애줍니다. 악몽惡夢과 악신惡神의 장애, 푸닥거리나 가위눌림을 모두 없애주어 이 경을 지니는 사람에게 이익되게 하겠습니다. 비구들과 모든 경 듣는 이들로 하여금 모두 빨리 생사의 큰 바다를 건너 깨달음에서 물러서지 않게 하겠습니다.[7]

『금광명최승왕경』을 지니는 이에게 "모든 병의 고통을 없애주고, 유성의 변괴, 역병과 싸움, 악몽과 악신의 장애, 푸닥거리나 가위눌림을 모두 없애 준다."고 한다. 이 경은 흔히 『금광경』으로 부르는데 『인왕경』, 『법

경번호, 영인본 권수, 면수이다.
7 『금광명최승왕경』, ABC, K0127 v9, p.1337a02.

화경』과 함께 호국의 이념을 지니고 있어 '호국삼부경'이라고 한다.『금광경』「사천왕품」에서 사천왕이 바른 법을 닦아 행하며 세상의 법왕이 되어 법으로써 세상을 수호한다고 설한다. 정법으로 통치하는 나라는 사천왕과 선신善神들이 국토의 쇠락, 외적의 침략, 기근과 질병 등 각종 재난으로부터 보호해 주지만 그렇지 않을 나라는 여러 재앙이 계속된다고 한다. 즉 정법을 행하는 호국의 수호자 역할이다.

『금강경』은 담무참曇無讖이 번역한 4권본과 593년에 보귀寶貴가 엮은『합부금광명경合部金光明經』8권, 당의 의정義淨이 703년에 번역한『금광명최승왕경』10권 등의 3종이 있다. 8세기 초까지는 4권본이 주로 유통되었으나 이후 고려시대에는『금광명최승왕경』10권본이 많이 유통되었다. 신라와 고려시대에는 이 경에 근거하여 '금광명경도량'이 자주 개설되었고, 때로는 가뭄을 물리치는 기우제의 소의경전으로 활용되기도 하였다.

다음은『약사유리광여래본원공덕경』의 이야기이다.

① 문수사리여, 그 부처님 세존이신 약사유리광여래는 본래 보살의 도를 행할 때, 12가지 대원大願을 일으켜 여러 유정有情이 구하는 바를 모두 얻게 하였느니라. ……

여섯째의 대원은, 내가 내세에 보리를 얻었을 때, 만약 여러 유정의 몸이 하열下劣하여 온갖 기관이 불구이거나, 추악하고 천하며 완고하고 어리석거나, 눈멀고 귀먹고 농아이거나, 손과 발이 비틀리고 앉은뱅이이고 꼽추이거나, 온몸이 곪고 미치광이이거나 하는 온갖 병고가 있더라도 나의 이름을 들으면 일체 모두가 단정함과 지혜를 얻고, 모든 근根이 완전히 구비되고 모든 질병과 고통이 없게 하는 것이다.[8]

② 이때 대중 가운데는 열둘 약차藥叉의 대장이 있어 함께 모임에 앉아 있었다. 이 열둘의 약차 대장에게는 각각 약차 7천의 권속이 있었는데, 동시에 소리를 높여 부처님께 아뢰었다.

"세존이시여, 저희들은 지금 부처님의 위신력을 입어 세존이신 약사유리광여래의 이름을 들을 수 있었습니다. 다시는 악취惡趣를 두려워하는 일이 없겠습니다. 저희들은 서로 이끌어 모두가 함께 한마음으로 목숨이 다하도록 불·법·승에 귀의하고, 마땅히 일체의 유정을 책임지고 의리를 지키고서 이롭고 안락하게 할 것을 맹서합니다. 따라서 어떠한 마을과 성과 나라와 읍邑과 한적한 숲에서라도 이 경을 유포하고, 혹은 또 약사유리광여래의 이름을 수지하고 공경하며 공양하는 이가 있으면, 저희들 권속은 이 사람을 경호하여 모든 고난에서 해탈하게 하겠습니다. 온갖 구하고 원하는 것을 남김없이 만족시키겠습니다. 혹은 질병과 액난이 있어 벗어나기를 구하면 역시 마땅히 이 경을 독송하고 오색의 실에 저희 이름자를 묶어 바라는 바와 같이 되었을 때 그 뒤에 묶인 것을 풀게 하겠습니다."[9]

약사신앙은 한국불교의 전개과정에서 매우 성행하였다. 약사불의 명호만을 염송해도 질병에 대한 고통과 공포가 사라진다는 약사경의 이야기는 일찍이 삼국시대부터 대중의 큰 호응을 받았다. 한반도에 불교가 전래, 정착하는 과정에서 중요한 역할을 하였다. 약사신앙은 시대에 따라 다양한 양상으로 등장하였다. 고려 때는 약사도량이라는 의식이 설행되

---

8 『약사유리광여래본원공덕경』, ABC, K0177 v10, p.1347c02.
9 『약사유리광여래본원공덕경』, 앞의 책, p.1352a.

기도 하였다.[10]

다음은 『법원주림』의 이야기이다.

> 이 20소겁 동안에 작은 3재災가 있어 차례로 돌아간다. 첫째는 역
> 병의 재앙이요, 둘째는 도병 병장기의 재앙이며, 셋째는 기근 흉년의
> 재앙이다. [이 작은 3재의 전후 차례에 대해서는 여러 경론에서 다르게 말한
> 다. 『장아함』·『중아함』·『기세경』 등에서는 "처음이 도병이요, 다음이 기근
> 이며 나중이 역병이다."라고 하였다. 또 『구사론』·『비담바사론』 등에서는
> "처음이 도병이요, 다음이 역병이며 나중이 기근이다."라고 하였다. 또 『유가
> 론』·『대법론』 등에서는 "처음이 기근이요, 나중이 도병이다."라고 하였다.
> 또 연월年月의 장단과 그 차례는 『유가론』·『대법론』에 의거하였으니, 바로
> 이것이다.] 또 『입세아비담론立世阿毗曇論』에서 말하였다. "이 아홉 번
> 째 1겁 동안은 곧 셋째 재앙에 해당되는 때이니, 이 겁은 기근이 다
> 하기 때문이라고 부처님께서 말씀하셨다." 이 20소겁에 세계가 생겨
> 첫째 겁 동안 머무르는데, 작은 재앙이 일어날 때에는 큰 역병이 있
> 고 갖가지 병이 다 일어나므로 염부제 안의 일체 국토의 모든 인민들
> 은 큰 역병을 만난다. 그리고 일체 귀신들은 성내고 미워하는 마음을
> 일으켜 세상 사람들을 해치고, 사람들은 수명이 짧아 10년밖에 못 살
> 며 몸은 난쟁이어서 혹은 두 뼘 혹은 세 뼘이며, 제 손으로 재면 여덟
> 뼘이요, 그 음식은 피가 최상이요, 사람 털의 옷이 제일이며, 오직 병
> 장기만으로 스스로 장엄한다. 이 시기의 사람들은 바른 법을 행하지

---

10 김형우, 「고려시대 국가적 불교행사에 대한 연구」, 동국대 박사학위논문, 1992, pp.129~130.

않고 법 아닌 것에 탐착하여 사견邪見 등의 업으로 밤낮을 살아가며 모든 악귀들이 도처에서 사람을 해친다. 이때에는 큰 나라의 왕종王種들은 다 죽어 없어지고, 모든 국토는 차례로 황폐해져서 오직 작은 고을들만이 남아 있어 각각 서로 멀리 떨어져 살고 있다. 이런 사람들은 병으로 고생하더라도 약이나 음식을 보시하는 사람이 없다. 그러므로 그 타고난 수명을 다하지 못하고 횡사하는 자가 무수히 많다. 하루 낮 하룻밤 사이에 셀 수 없이 많은 사람들이 질병으로 죽는데, 악법을 행하기 때문에 이런 과보를 받는 것이다. 이 가운데에서 사는 동안에는 탁겁濁劫이 일어나고 목숨을 버린 뒤에는 3종의 악도惡道에 떨어진다. 그 때에는 한 고을 한 고을이 차츰 황폐해지고 오직 오막살이만이 있어, 서로 멀리 떨어져 각각 따로 살므로 병으로 죽는 이가 있어도 묻어줄 사람이 없다. 이때에는 온 땅이 백골로 덮이고 나아가서 사람 사는 집들마저 차츰 다 비고 만다. 이때는 겁의 끝이라 오직 이레만이 남아 있다. 이 이레 동안에 셀 수 없이 많은 중생들이 다 역병에 걸려 죽고 혹 살아 있더라도 각각 흩어져 따로 산다. 그 때 어떤 사람이 염부제 안의 남녀를 모으는데 오직 남아 있는 만 명의 사람만이 미래 사람의 종자가 된다. 오직 이 만 명의 사람만은 선행을 잘 지킨다. 그것은 선한 귀신들이 인종이 끊어지지 않게 하려 하기 때문이다. 이 사람들을 잘 옹호하여 맛있는 음식을 털구멍으로 들어가게 하면 그 업의 힘 때문에 인종이 넗어지지 않는다. 이레를 지낸 뒤에는 그 큰 역병이 일시에 사라지고 일체 악귀들은 모두 그들을 버리고 떠나 버린다."[11]

『법원주림』1권 겁량편劫量篇의 「역병부疫病部」에 전하는 내용이다. 세상에는 두 가지의 겁재劫災가 있는데 첫째는 작은 재災, 둘째는 큰 재라고 한다. 다시 작은 재에는 6부部가 있는데, 술의부述意部·역병부疫病部·도병부刀兵部·기근부飢饉部·상생부相生部, 그리고 대제부對除部 등이다. 즉 역병을 세상의 두 가지 겁재 중 작은 재로 분류하고 악법을 행한 과보라고 하였다. 이때는 고을이 황폐해지고 서로 멀리 떨어져 각각 따로 산다. 병으로 죽어도 묻어줄 사람이 없다는 이야기가 최근 지구촌이 겪은 코로나 대유행의 현실과 크게 다르지 않다.

2) 다라니류

역병에 관한 이야기를 설하는 다라니류는 11건인데 이 가운데 3건이 관음다라니이다. 관음보살은 대자대비大慈大悲를 서원하여 '자비의 화신'이라고 한다. 관음보살은 대승불교의 다양한 신앙 가운데 가장 많은 경전에 등장한다. 그만큼 대중의 지지와 신망을 받았다. 3종의 관음다라니에서는 공통적으로 역병을 물리치는 구체적인 방법을 제시한다. 대표적 사례는 다음과 같다.

① 역병이 유행할 때 법에 맞게 성읍의 사방 곳곳이 모두 병자라
도, 한 곳을 정해 작법을 행할 단장壇場을 만들되 사방이 각기 1전지

---

11 『법원주림』1권 겁량편 역병부, ABC, K1406 V1, p.39, 0216a.

(一箭地 : 활의 사거리)가 되게 한다. 밤중에 만들어서 낮에 세 번 산식散食하고, 밤에도 그렇게 한다. 백즙白汁에 적셔서 말린 장작을 태우고서, 우유에 주문을 외워 한 번 외우고 한 번 불 속에 던지는데 이와 같이 하기를 1,080번을 채우면, 역병이 주변에서 다 제거되고, 역병에 걸린 자는 모두 낫게 된다. 만약 능히 두루 널리 운심運心하면, 한 나라 안 전체가 은혜를 입게 된다.[12]

② 만약 마을에 역병이 유행하면 4주의 수만다라水曼茶羅를 건립하고 건강한 소의 소酥를 취하여 108번 주문을 염송하되 한 번 주를 염송할 때마다 한 번씩 태워서 1,008번을 채우면 곧 일체의 재앙과 역병이 모두 소멸될 것입니다. 또한 그 소酥를 약간 취하여 역병이 걸린 사람에게 먹이면 곧 병이 제거되어 치유될 것입니다. 옛날 계빈국에 역병이 유행하였는데 병에 걸린 사람들은 불과 하루, 이틀을 넘기지 못하고 죽었습니다. 그때 진제眞諦라는 바라문이 크게 자비로운 마음을 일으켜 이 법문을 펴서 의료를 베풀어 주었는데, 나라의 역병이 때맞춰 사라지고 그 병을 행하던 귀신들이 멀리 나라 밖으로 벗어나게 되었으니, 그 효험이 이와 같음을 알아야 할 것입니다.[13]

③ 월식月蝕 때에는 붉은 구리 그릇에 소의 소酥를 3냥 담아 씁니다. 관세음상 앞의 바닥에 황토 진흙을 땅에 발라 1자 5치 크기의 원을 만든 다음 소유蘇油 그릇을 그 위에 놓습니다. 초식初蝕 때부터 주

---

12 『觀自在菩薩隨心呪經』, ABC, K0317 v11, p.1255a01.
13 『千手千眼觀世音菩薩姥陁羅尼身經』, ABC, K0293 v11, p.951a01.

문을 염송하여 달이 다시 원래처럼 돌아온 뒤에야 비로소 그만두는 데 그 소를 다 마셔야 하며 남겨서는 안 됩니다. 이 소를 마시면 몸 안의 병이 모두 낫습니다. 석웅황石雄黄이나 자황雌黄을 쓸 때는 두 가지를 똑같이 나누어 풀잎 위에 놓고 관세음상 앞에서 1,008번 주를 송합니다. 주를 마치고 그것을 따뜻한 물과 섞어 몸을 씻으면 일체의 장애와 일체의 악몽, 일체의 역병이 모두 치유됩니다.[14]

이상의 관음다라니에서 설명하는 역병의 제거 방법은 대체로 다음과 같다. 먼저 단장壇場, 수만다라水曼茶羅라는 이름의 의식단을 마련한다. ③ 에서는 작은 원에 황토를 바른다고 하였다. 다음으로 백즙, 소酥라고 하는 우유를 불에 태우거나 마신다. 또한 따뜻한 물에 섞어 몸을 씻기도 한다. 이러한 의식을 진행하면서 관세음다라니를 108번 또는 1,008번 염송하면 역병을 물리칠 수 있다고 한다.

경전과 다라니류에 전하는 역병에 관한 이야기는 매우 방대하다. 지역과 편찬자, 시대, 또는 사회적 배경이 제각각이므로 일정한 경향성을 찾아보기가 어렵다. 다만 경전은 역병의 원인과 대처 방안에 대한 원론적 설명이 주류이고, 다라니류는 역병에 대한 구체적인 치유방법을 제시한다는 특징이 있다.

『대반야경』에서는 '지계바라밀이 역병을 구제하는 신선의 환약'이라 하고, 『금광명최승왕경』과 『약사유리광여래본원공덕경』은 경전 독송이 해법이라고 한다. 이러한 계율 수지와 경전 독송은 역병에만 국한되는

---

14 『佛說十一面觀世音神呪經』, ABC, K0309 v11, p.1225a01.

것이 아니라, 재난과 고통, 역경에 대처하는 통상적인 불교식 해법이다. 다라니류에서는 역병 퇴치를 위한 구체적 의례를 제안한다. 의식단을 마련하고, 신성한 나무와 우유를 활용하며 다라니를 염송하도록 하였다.

역병에 관한 경전의 사례에서 특이한 경우가 있다. 즉 『옥추경玉樞經』이라는 도교의 경전이 조선후기 사찰에서 간행, 유통된 사실이다. 『옥추경』은 도교의 천신인 구천응원뇌성보화천존九天應元雷聲普化天尊이 설했다는 중국계 도교 경전이다. 송대에 두광정(杜光庭, 850~933)이 지었다는 설과 1333년에 장사성(張嗣成, ?~1344)이 지었다는 설 등이 있으나 확실하지 않다. 구천응원뇌성보화천존은 도교의 최고신 옥황상제에 버금가는 최고신으로 새롭게 등장한 존재이다. 1488년 명의 조정에서 석가불, 삼청삼경천존, 자비대제 등 여러 신과 함께 퇴출되었다. 명의 영향을 받아 우리나라에서도 조선시대 소격서昭格署에서 퇴출되는 일이 있었다. 그러나 『옥추경』은 악귀를 쫓는데 유효한 경으로 인식되어 민간에서 널리 유통되었다. 독경하면 천리귀신이 다 도망 가 질병을 낫게 해준다는 신앙 때문에 병굿이나 신굿 같은 굿에서 사용하였다.

이러한 『옥추경』은 도교경전이었지만, 조선시대 유통된 판본은 주로 사찰에서 판각·인출하였다. 무등산 안심사본(1570), 반룡사본(1612), 보현사본(1733), 계룡산본(1888) 등으로 각수 등의 참여자는 대부분 승려였다. 조선후기 서적의 생산과 유통과정에서 사찰의 위력이 대단히 컸지만, 이처럼 도교경전까지 생산한 사례는 이채롭다. 즉 『옥추경』이 담고 있는 질병의 퇴치 영험이 조선후기 사회에 널리 필요했고, 사찰이 생산을 담당하였다는 사실이다.[15] 조선시대 천재지변과 가뭄 등 다양한 재해를 물리치기 위한 조처가 시행되었다. 이 가운데 불교와 도교, 무속 등의 의식이 자주 동원되면서 불교와 도교의 교류가 진행된 결과라고 보

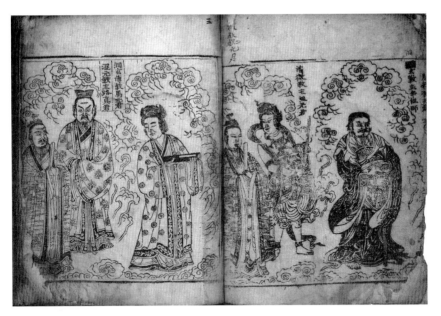

『옥추경』, 1570년 무등산 안심사安心寺 간행, 서울 법장사 소장

인다.

　앞에서 살펴보았듯이 여러 불교 경전과 다라니류에서 질병 퇴치의 해법이 제시되었으나, 실제로 그 내용을 담은 경전이 생산, 유통된 사례는 매우 드물다. 관음경과 약사경을 제외하면, 여타의 경전과 다라니류의 간행 사례를 찾아볼 수 없다. 즉 현실 사회에 크게 영향을 미치지 못하였다는 반증이다.

---

15 『옥추경』과 관련한 지정문화재는 4건이나 된다. 강원도 원주 고판화박물관과 서울 법장사의 안심사본 『옥추경』이 유형문화재로 지정되었고, 이 경을 염송하는 '충청도앉은굿', '서울맹인독경'이 각각 무형문화재로 지정되어 있다.

3. 고려불교와 역병

고려시대 국가에서 진행한 도량과 법석, 재 등의 불교행사는 83종, 1,200회 이상이었다.[16] 이러한 불교의례의 목적은 국태민안이었다. 불교행사는 불교적 분위기를 조성하여 국민적 안심을 도모하는데 크게 기여하였다. 나아가 사회 발전의 저해 요소에 대한 종교적 대응의 실천 신앙 행위로서 고려사회의 유지 발전에 중요한 기능을 담당하였다.

고려불교는 국가불교라고 규정하듯이 사회의 전반에서 중요한 역할을 하였다. 그러므로 역병이라는 국가의 위기 때마다 다양한 불교적 대응책을 찾고자 하였다.[17] 다양한 도량과 재라는 이름의 의례가 설행되었다. 대표적인 사례가 반야도량般若道場, 경행經行, 불정도량佛頂道場, 마리지천도량摩利支天道場, 점찰회占察會, 소룡도량召龍道場, 수륙재, 약사도량, 관음기도 등이었다.

1) 반야경 의례: 반야도량과 경행

반야도량은 『반야바라밀다경』(대반야경)을 강설하는 의식이다. 고려시대 총 21회가 확인된다. 경전명을 표방한 화엄법회, 법화도량, 능엄도량

---

16 서윤길, 『한국밀교사상사연구』, 불광출판부, 1994, pp.316~331. ; 김형우, 앞의 글, p.35.
17 김영미, 「고려시대 불교와 전염병 치유문화」, 『이화사학연구』 34, 이화사학연구소, 2007, pp.123~155. ; 강호선, 「역병과 불교의례 : 고려~조선전기를 중심으로」, 불교사회연구소 호국불교연구 학술세미나, 『불교의례와 국가1 - 국가 재난에 대한 불교의 의례적 대응』, 대한불교조계종 백년대계본부 불교사회연구소, 2020, pp.73~88.

등의 대승경전 도량 중 가장 많이 설행되었다. 반야경 독송의 공덕으로 외적을 물리치고, 천변이나 질병을 제거하는 등의 현세이익적 목적으로 설행되었다.[18]

1102년(숙종 7)에는 송충이의 해를 막기 위해 2천 명의 승려들이 네 패로 나뉘어 개경 주변의 산을 돌며 『반야경』을 독송한 일이 있었다. 또한 기우祈雨를 위해 반야도량을 열기도 하였다.[19]

역병을 위해 반야도량을 개설한 사례는 7건이 전하는데[20] 대표적인 사례는 다음과 같다.

① 1109년(예종 4) 4월

왕이 박연朴淵 및 여러 신묘神廟에 측근 신하를 보내 비를 빌고, 5부에서 온신(瘟神, 역병의 신)에게 제사를 지내게 했다. 이어 반야도량을 열어 돌림병을 물리쳐 달라고 빌었다.[21]

② 1120년(예종 15) 8월

여름부터 시작된 가뭄이 이달까지 계속되어 모든 곡식이 여물지 않았고, 전염병이 크게 돌았다. 신미일. 왕이 외제석원外帝釋院에 행차하여 5부로 하여금 사흘 간 『반야경』을 독송하여 역병을 물리치도록

---

18 "반야경은 지금 東都의 僧司藏 안에 있는데 매년 봄과 가을에 轉讀하여 재앙을 물리쳤다." 『삼국유사』 감통 제7, 「善律還生」.
19 "회경전에서 반야도량을 개설하고 왕사 德昌을 불러 불경을 강하고 비를 빌게 하였다." 『고려사』, 예종 원년(1106) 가을 7월 경인일.
20 김영미, 앞의 글, pp.126~129.
21 『고려사』, 예종 4년(1109) 4월.

지시하였다.[22]

③ 1189년(명종 19)

공은 성품이 청렴하고 공평하며 총명하였고, 일체 번잡한 것을 털
어버리고 다스리고 정돈함을 마음에 두었으니, 이러한 까닭에 가는
곳마다 모두 능력이 있다는 칭찬을 받았다. 처음에 조음祖蔭으로 관
리 명부에 올랐고, 기유년(1189)에 이르러 황려(黃驪, 여주)의 장관長
官으로 임명되었다. 바야흐로 부임하자마자 전 경내에 역병이 돌았는
데, 공이 즉시 몸소 승려와 도사를 이끌고 『대반야경』을 읽게 하며
마을을 두루 돌아다녔다. 사람들은 법라法螺와 경쇠 소리를 듣고 마
치 술에서 깨어나고 꿈에서 깨어나는 것과 같이 여겼다. 이로 인하여
약간의 차도를 얻어 생명을 구한 자가 매우 많았다.[23]

④ 1203년(신종 6)

삼천대천세계의 자비하신 분은 우리 석가세존만한 분이 없으시고
12부 중의 가장 훌륭한 경은 바로 이 『반야경』을 말하는 것이니, 선
양宣揚을 진실로 절실히 한다면 많은 도움이 있을 것입니다. 지금 우
리의 군사들이 다 종군하고 있는데 어느 한 사졸인들 공을 세우려 노
력하지 않겠습니까. 화는 소홀한 데서 생기는 것인데 군사들이 병들
어 일어날 수 없으니, 통솔의 책임을 맡고 있는 사람으로서 당연히
물리칠 계책을 서둘러야 하겠습니다. 그래서 성대하게 불교의 의식을

---

22 『고려사』, 예종 15년(1120) 8월.
23 權敬中 찬, 「任益惇墓誌銘」, 1227년(국립중앙박물관 소장).

갖추고 이름 있는 승려들을 소집하여, 특별히 군루軍壘의 네 모퉁이
에서 이 진전眞詮을 7일 동안 열람하오니, 조금이라도 막힌 것이 있
으면 원만히 살피시어 바로 통하게 하여 주십시오 삼가 바라건대 신
음 소리가 노래로 변하여 약을 안 써도 병이 낫고, 지친 말은 한번 채
찍을 가하면 금방 재빨라져 향하는 곳에 대적하는 자가 없게 되고,
적의 소굴을 모두 뒤엎고 빨리 서울로 돌아가게 하여 주소서.[24]

사례 ①은 역병을 물리치기 위한 불교의례의 첫 사례이다.[25] 1109년
개경에서 병명을 알 수 없는 역병이 창궐하였다. 12월에도 역병 퇴치 제
사를 계속하였으나 이듬해 1110년 4월까지 사망자가 속출하였다고 한
다.[26]

반야도량은 고려시대 전 기간에 걸쳐 꾸준히 설행되었다. 역병은 물론,
가뭄과 송충이 피해 등 자연재해를 물리치기 위한 목적이었고, 외적의
침탈에 대항하는 호국적 도량이기도 하였다. 『대반야경』이 불교경전의
대표라는 상징성이 중요시되었기 때문이라 보인다. 그런데 반야도량이
구체적으로 어떤 절차와 형식으로 진행되었는가는 알 수 없다. 주로 경
을 독송하는 의례로 일관한 듯하다. 고승을 초빙하여 3일 또는 7일 경을
읽는 사례가 대부분이다. 다만 위의 자료 ③ 임익돈(1163~1227)의 묘지명
에서 "공이 승려와 도사를 이끌고 『대반야경』을 읽게 하며 마을을 두루
돌아다녔다. 사람들은 법라法螺와 경쇠 소리를 듣고 마치 술에서 깨어나

---

24 「疾疫祈禳般若法席文」, 『동국이상국전집』 권38.
25 강호선(2020), 앞의 글, p.75.
26 『고려사』, 예종 5년(1110) 4월.

고 꿈에서 깨어나는 것과 같이 여겼다."라고 하여 거리를 돌며 경을 읽는데 법라와 경쇠 등의 법기法器가 수반되었음을 알 수 있다.

임익돈의 사례는 『반야경』을 읽으며 거리를 도는 이른바 '가구경행街衢經行'으로 진행되었다. 이러한 경행으로 역병에 대처하는 사례가 더 있다.

> 저 궐정闕庭에서 장차 『반야경』을 주어 길을 돌겠으므로, 먼저 변
> 두籩豆를 베풀어 선침仙寢에 아뢰나이다. 바라옵건대 조선祖先의 신령
> 을 힘입어 길이 질역疾疫의 기운을 제거하게 하옵소서.[27]

고려의 경행은 1046년(정종 12) 처음 시작하였다.[28] 정종이 당시 시중 최제안(崔齊顏, ?~1046)을 시켜 구정毬庭으로 가 분향한 후 불경을 메고 거리를 순행하는 가구경행을 거행하게 하였다.[29] 행사는 다음과 같이 진행하였다. 먼저 개경의 거리를 세 방면으로 나누어 각각 채색한 누각 모양의 들것에 『반야경』을 넣고 행진한다. 승려들은 법복차림으로 불경을 외면서 걸어가고 감압관監押官도 공복차림으로 따라가며 거리를 순행하다. 그 뒤에 백성들이 불경을 따라 외며 행렬에 참여한다. 이는 백성들의 복을 비는 행사이므로 경행經行이라 이름 지었으며, 이때부터 관례적으로 거행되었다.

경행은 연중행사로 진행되었으나 설행기록은 몇몇에 불과하다. 그 이

---

27 이규보, 「經行日景靈殿告事祝」, 『동국이상국전집』 권40.
28 경행은 원래 출가자들의 선수행의 일부였다. 특정한 날 특별한 목적으로 행하는 의례가 아니라 일상의 수행법이었다. 그런데 고려시대 경행은 정종 때부터 매년 3월마다 개최하는 정기적인 국가의례로 상례화되었다. 강호선, 「고려 국가불교의례와 經行」, 『한국사상사학』 62, 한국사상사학회, 2019, pp.34~44.
29 『고려사』, 정종 12년(1046) 3월.

유는 조선초 『고려사』를 편찬하면서 세운 규칙 때문이다.

　　춘추관에서 『고려사』를 고쳐 편찬하기를 논의하였는데, 의논이 일치하지 않았다. 사관 신석조辛碩祖·최항崔恒 …… 등이 의논하였다. "사기史記를 짓는 체體는 반드시 기紀·전傳·표表·지志 등이 있어서, 사적事跡을 갖춰 실어 각각 조리가 관통貫通됨이 있어야 하니, 사마천司馬遷·반고班固 이후로 모두 이 체를 이어받아서, 고치는 이가 없고, 편년법編年法은 본사本史를 은괄檃括하여 보기 편리하도록 하는 것입니다. 이제 본사를 짓지 아니하고 곧 편년에다 갖춰 싣고자 하니, 서술하기가 심히 어렵고, 따로 세계世系와 지리地理가 있으니, 쓸데없이 덧붙임이 심합니다. 또 범례 안에 조회·제사·가구경행·춘추 장경도량春秋藏經道場·생신 수하生辰受賀·왕자 탄생·사교 예물賜敎禮物·인일 반록人日頒祿·연향 중국사신燕享中國使臣 등과 같은 것은 모두 예사 일이라 하여, 생략하여 쓰지 아니하고, 다만 처음 보는 것만 썼습니다. 만약 본사가 있고 편년을 짓는다면 가하거니와, 이제 본사가 없는데 이처럼 요약하면 자못 사체史體를 잃은 것이오니, 원컨대, 역대 사가史家의 구례舊例에 의하여 기·전·표·지 등을 남김없이 갖춰 쓴 뒤, 이에 편찬한 편년에다가 다시 깎고 보태어 따로 한 책을 만들어서, 본사와 아울러 전하게 하면, 옛 사람의 역사를 닦는 제도에 거의 합할 것입니다."[30]

---

30 『세종실록』, 세종 31년(1449) 2월 5일.

『고려사』의 개찬에 참여한 사관들의 건의 가운데 "범례에 가구경행은 조회나 제사처럼 예사 일이므로 처음 보는 것만 쓰고 생략한다.(皆以常事略而不書 只書初見)"라고 하였다. 신석조 등의 이러한 개정 건의는 결국 인가되지 않았고, 위의 범례는 그대로 유지되었다. 그 결과 '예사 일' 경행은 고려시대 기록에 남겨지지 못한 것이다.

오히려 조선시대 기록에 경행의 모습이 잘 전한다. 1422년(세종 4) 경행을 폐지하면서 고려 경행의 절차를 설명하였다. "전조前朝 때로부터 매년 봄가을의 중월仲月에 각 종파의 승려들을 모아서, 『대반야경』을 외게 하고, 나발螺鉢을 울리고, 번幡과 개蓋를 늘어세우고 향불을 들고 앞에서 인도하여 길거리를 돌아다니면서 역병과 재앙을 물리친다고 한다. 2품 이상의 관원이 명령을 받아 향불을 피우고, 감찰監察이 이를 살피고 모두 걸어서 따라다니게 되니, 이를 경행이라 불렀다. 이때에 와서 임금이 특명으로 이를 폐지하게 하였다."[31] 즉 질병과 재액을 물리치기 위해 나발과 번, 개를 행렬에 세워 향불을 피우고, 『반야경』을 외우며 거리를 돌았다고 한다. 『반야경』의 위신력과 효험이 4백년이 넘게 지속되며 숭유억불의 조선초까지 여전히 유효했음을 보여준다.

31 『세종실록』, 세종 4년(1422) 2월 19일.

2) 불정도량과 마리지천도량

1120년(예종 15)

8월. 여름부터 시작된 가뭄이 이 달까지 계속되니, 모든 곡식이 여물지 않았고 전염병이 크게 돌았다. 신미일. 왕이 외제석원外帝釋院에 행차해서 5부로 하여금 3일간 『반야경』을 독송해 전염병을 물리치도록 지시하였다. 갑술일. 억울하게 수감된 죄수가 없는지 재심사했다. 문덕전文德殿에서 7일 동안 불정도량佛頂道場을 열었다.[32]

불정도량의 개설 목적은 명기되어 있지 않으나 이보다 앞서 전염병을 물리치기 위해 『반야경』을 독송한 사례가 있으므로 역시 같은 목적이라 보인다. 불정도량은 『불정존승다라니경佛頂尊勝陀羅尼經』을 외면서 재액을 없애고 복을 비는 의식이다. '대불정오성도량大佛頂五星道場', '불정심도량佛頂心道場'이라고도 하였다. 고려시대에 39회나 되는 개설 사례가 전하고,[33] 불정다라니佛頂陀羅尼를 새긴 불정다라니당幢이 평양과 개성, 해주 등에 남아 있어 당시에 매우 성행하였음을 알 수 있다.[34] 1255년(고종 42) 12월 개경에 전염병이 창궐하였는데, 이보다 앞선 3월의 불정심도량이 이와 관련된 것으로 추정된다.[35]

다음은 마리지천도량이다.

---

32 『고려사』, 예종 15년(1120) 8월.
33 김수연(「고려시대 불정도량 연구」, 『이화사학연구』 38, 2009, p.30)은 총 38회로 집계하였고, 1255년의 불정심도량(『고려사』, 고종 42년 3월 갑자일)까지 포함하면 모두 39회가 된다.
34 홍윤식, 「불교행사의 성행」, 『신편 한국사』 16, 국사편찬위원회, 2002, p.181.
35 『고려사』, 고종 42년(1255) 3월 갑자일.

1152년(의종 6) 6월

계미일. 왕이 묘통사妙通寺에 행차하여 마리지천도량을 열었다. 이
날 수창궁壽昌宮에 돌아와 명인전明仁殿에서 72성星에 초제醮祭를 지
냈다. 또 천황대제天皇大帝와 태일太一 및 16신에게 초제를 지내 역질
을 물리쳐 달라고 기도하였다.[36]

마리지천도량의 개설 목적은 명기하지 않았으나 개설 직후 궁으로 돌
아와 도교의 초제를 지내며 역질의 기양을 발원하고 있으므로 역시 같은
목적임을 짐작할 수 있다.

인도에서 마리지천摩利支天은 일광日光을 주재하는 신이다. 재난을 없애
중생들에게 만복을 준다고 한다. 또한 승리의 신이며 군인의 수호신이기
도 하다. 얼굴이 셋, 팔이 넷인 마리지천을 본존으로 봉안하고 『마리지천
경』을 외우면서 각종의 재난이 없어지기를 기원하는 도량이 바로 마리지
천도량이다.

부처님께서 여러 비구들에게 말씀하셨다. "만약 선남자 선여인이
이 경을 베껴 쓰고 받아 지녀 독송하려는 자는 일심으로 재계하고,
깨끗한 방에서 향수를 섞은 진흙을 바닥에 바르고, 이레 동안 밤낮
으로 이 마리지천다라니주를 지송하라. 108번을 채우면 모든 진영을
넘는 일체의 원적이 모두 칼을 멈추게 된다. 길을 갈 때는 이 다라
니를 써서 머리나 옷에 넣어 지니고 다니면, 일체의 악한 것이 해치

---

36 『고려사』, 의종 6년(1152) 6월.

지 못하며 모두 물러나 흩어져 감히 당할 것이 없다. 만약 질병을 만나면 반드시 깨끗하게 계를 지키는 비구·비구니·우바새·우바이를 청하고, 전과 같이 바닥에 향수를 섞은 진흙을 바른 깨끗한 방에서 여러 가지 이름난 향을 태우고, 쟁반 7개에 과일과 떡을 차리며 오색의 베를 펼치고 오색의 밥을 차린 후, 마리지천을 청한다. 7일 동안 밤낮으로 계속 등불을 밝히고, 이 마리지천다라니주경을 읽어 200번을 채우면, 일체 병귀病鬼가 자비심을 내어 병자에게서 떨어지고 병이 낫게 된다. 만약 관官에 구금되면 또한 전과 같이 깨끗한 방에서 법에 따라 공양물을 차리고 자리를 편 후, 7일간 밤낮으로 계속 등불을 밝히고 이 마리지천다라니주를 500번 읽어라. 원하는 대로 되면 재齋를 차리고 자리를 흩어 놓는데, 일체의 액난이 소멸되지 않는 것이 없다."[37]

『불설마리지천다라니주경』에서 설하는 역병에 대한 대처법이다. 고려에서 모두 9회의 개설사례가 확인되는데 모두 묘통사妙通寺에서만 개설되었다. 이곳에 마리지천상이 봉안되어 있었음을 짐작할 수 있다.

3) 점찰회와 소룡도량

점찰회는 『점찰경』에 의거하여 목륜木輪으로 인간의 선악을 관찰, 참회

---

[37] 『佛說摩利支天陀羅尼呪經』, ABC, K0311 v11, p.1237a01~a05.

하는 법회이다. 목륜을 통해 숙세의 선악 업을 관찰하고 악업이 나온 경우 신·구·의 3개 목륜 중 그에 해당하는 목륜을 던져 업의 강약·대소를 확인, 참회한다. 수행한 지 7일 후부터 신·구·의 3개의 목륜을 던져 모두 선업을 얻어야 비로소 참회가 이루어진 것으로, 이후 수계할 수 있다. 그리고 마지막으로 6개의 목륜을 3회 던져 과보차별상을 관찰하는데, 그 차별상은 189가지이다. 신라 원광(圓光, 555~638)이 처음 도입하였고, 8세기 중엽 진표眞表가 점찰회를 개설한 이래 널리 유포되었다.[38]

고려시대에는 역병의 퇴치를 위해 점찰회가 개설되기도 하였다.

> 진표眞表스님의 부지런함은 마침내 미륵불에 감통感通하였습니다. 부처님의 가르침은 영세토록 행하여지고, 부처님의 은택은 항하恒河의 모래같이 많은 대천세계에 흡족합니다. 생각하건대 어린 내가 외람되게 왕위에 군림하여, 역대 임금들의 간고艱苦하던 일을 계승하고, 다년간 누적된 폐단의 나머지를 만나게 되었으니, 깊은 못가에 선 것 같고, 살얼음을 밟는 것과 같아서, 내 마음이 겁나고 두렵습니다. 자비로운 구름을 덮어 주시어 감로를 내려 주심과 같은 부처님의 은덕에 의지하기를 바랍니다. 갑자기 재앙을 만나 병들어 눕게 되었습니다. 무당과 의원의 방술方術을 찾음이 진실로 한 번이 아니며, 신성神聖의 영靈에 기도한 일 또한 이미 많건만, 아직 효험이 나타나지 않아서 더욱 근심이 극심합니다. 그윽이 두려운 것은 조부 숙종肅宗께서 재위하시던 때와 이씨(李氏, 李資謙)가 정권을 잡고 있을 즈음에 사

---

38 박미선, 「『점찰선악업보경』의 구성과 점찰법회의 전승」, 『정토학연구』 32, pp.26~33.

람들을 죽이고 귀양 보내고 하여 귀신과 사람들을 뒤흔들었으므로 아마 분하게 여기는 기운이 답답하게 막히고, 원통하게 여기는 원망이 닫히고 뭉쳐져 있는가 봅니다. 이제 그 헤매고 있는 넋을 의지하게 하고, 그 떠돌아다니는 혼을 안정하게 하여 팽생彭生의 요수夭壽를 짓지 아니하게 하고, 길이 백유伯有가 죽어서 되었다는 전염병이 사라지게 하려면, 다시 다른 방도가 없습니다. 모름지기 진승(眞乘, 진실한 교리)에 의탁하여야 하겠습니다. 측근에 시어侍御하는 자를 이름난 절에 보내어 불전에 법단法壇을 높이 마련하였습니다. 향화香火와 헌화獻花는 빽빽하게 벌여 놓았으며, 범패는 화열和悅하고 부지런합니다. 그들의 정신을 뽑아 모아서 부처님을 보며 설명을 듣게 하며, 악업의 장애를 열어서 드러내고, 기어이 고뇌에서 벗어나서 하늘에 왕생하게 하소서. 부처님의 밝으신 거울이 나의 지성을 모두 비쳐 주신다면, 저 헤매는 혼백들이 저승길에서 반드시 그들의 뜨거운 번뇌를 사라지게 할 것입니다.[39]

김부식(金富軾, 1075~1151)이 인종을 대신해 1128년(인종 6)에 쓴 것으로 추정되는 점찰회의 소문이다.[40] 이해 정월에 왕이 전염병에 걸리자 신하들이 종묘, 사직, 산천, 사찰 등에서 치병을 기원한 일이 있었다. 무당과 의원을 동원하고, 신성神聖에 기도하였으나 차도가 없자 점찰회를 개설하였다.

전통시대 전염병을 비롯한 난치병에 대처하는 방식은 대개 이러하다.

---

39 김부식, 「俗離寺占察會疏」, 『동문선』 권110 疏.
40 김영미, 앞의 글, p.132.

발병의 원인도 이유도 모르는 시대에서 할 수 있는 일이란 초자연적인 신성과 영혼, 산천 등에 기도하는 일 뿐이다. 이를 통해 원통한 영혼을 위무하고 군주 스스로의 부족함을 참회하여 감응을 받고자 하였다. 점찰회는 원통한 영혼을 구제하는 추선追善과 스스로의 참회를 통해 부처님의 가피를 얻고자하는데 본뜻이 있다. 이에 따라 선왕대의 영혼을 추선하고, 스스로를 참회하며 전염병의 치유에 영험이 있기를 기원한 사례이다.

다음은 소룡도량으로 2건의 사례가 전한다.

① 돌이켜 보건대, 시절이 고르지 못하여 백성들이 역병에 걸렸나이다. 임금은 민중이 없으면 나라를 지킬 수 없사오니 크게 불쌍히 여기어 구휼할 마음을 냈사오며, 하늘이 지은 죄는 피할 수 있다기에 가만히 재앙 없애는 회양禬禳을 생각해보니 마땅히 법보法寶에 정성을 드려야 하겠으므로 부처님의 음덕을 빌려고 절에 나가서 불법의 자리를 베풀고, 용궁에 간직했던 신령한 경전을 연설하나이다. 엎드려 원합니다. 참된 부처님의 바람이 불어 온 세계에 고루 퍼지고 음양의 고르지 못한 것이 영영 없어져서 모두 즐겁고 편안하며, 어질고 장수하는 곳에 살며 번성하여 지이다.[41]

② 여래의 역병을 구제하는 법문은 병에 알맞게 약을 주셨고, 어진 임금이 백성을 구휼하는 정치는 마치 자기가 해자에 떨어지는 것 같은 마음으로 하나이다. 진실로 부처님을 높이 모시고 받들어 행하면,

---

41 이규보, 「東林寺行疫病祈禳召龍道場文」, 『동문선』 권114, 도량문.

곧 영험으로 보호해 주는 음덕을 입을 것입니다. 생각하건대, 덕이 엷은 몸으로, 중하고 어려운 자리를 세습하였으니, 항상 백성들을 염려해서 한 물건이라도 안정된 것을 잃게 하려하오나, 해가 흉년이 들면 추鄒나라 백성 마냥 구렁에 뒹굴게 될까 두려워하며, 더위가 혹 찌는 듯하면 주周나라 임금처럼 더위 먹은 이에게 부채질해주려 하였는데, 하물며 병에 걸린 이가 있으면 어찌 잠깐이라도 차마 그냥 보고만 있겠나이까? 평등 자비하신 부처님께 의지해서 우러러 잘 구제하여 주기를 빌고자, 가장 수승한 경전을 선양하여 영부靈府와 함께 즐기려 하나이다. 엎드려 원합니다. 크게 평화로운 것을 불어 주셔서 마을 집의 묵은 병들을 쓸어버리고, 순수한 복을 두텁게 주시어 국가의 안녕을 이루게 하여 지이다.[42]

소룡도량에 관해서는 이 이규보의 소문 2건만이 전한다. 고려시대 83종의 각종 재와 도량에 포함되지 않은 사례이다. 역병을 물리치기 위한 도량인데 『고려사』나 『고려사절요』 등의 정사류에는 등장하지 않는다. 자료 ①은 1211년(희종 7), ②는 1228년(고종 15년) 경 찬술된 것으로 추정한다.[43]

이규보는 1196년(명종 26) 29세 때 학질[말라리아]에 걸려 5개월이나 고통을 겪은 일이 있었다.[44] 누구보다 전염병의 고통을 잘 알고 있었고 이를 퇴치하기 위한 다양한 방책을 강구하였다. 즉 이규보는 소룡도량의

---

42 이규보, 「疾疫祈禳召龍道場文」, 『동문선』 권114 도량문.
43 이현숙, 「전염병, 치료, 권력 : 고려 전염병의 유행과 치료」, 『이화사학연구』 34, 2007, pp.27~30.
44 李植, 「甲申至月吏曹判書救免再疏」, 『澤堂先生別集』 권3.

제문뿐만 아니라 앞서 살펴본 반야도량의 축문, 「경행일경령전고사축經行
日景靈殿告事祝」을 지어 역병을 물리치는데 동참하기도 하였다.

위의 제문에서 알 수 있는 소룡도량의 의식은 역병을 물리치기 위해
경을 연설하거나[演靈文於虬藏], 선양하였다[俾暢眞詮之最勝]는 사실 뿐이다.
이름으로 표방한 용龍과 어떤 관련이 있는지 알 수 없다. 『천안천비관세
음보살다라니신주경千眼千臂觀世音菩薩陀羅尼神呪經』에 12가지의 신묘한 다라
니가 제시되었다. 그 중 7번째가 '호소천룡팔부신귀집회인呼召天龍八部神鬼
集會印'이다.⁴⁵ 이 '호소천룡呼召天龍'에서 소룡도량이라는 이름이 유래한 듯
하다. 인도의 용신앙은 불교로 계승되어 부처와 불법을 호위하는 호불신
護佛神, 호법신護法神으로 변용되었다.⁴⁶ 즉 호불, 호법의 상징인 '용을 불러
역병을 물리치는 도량을 개설한 사례이다. 한편 한국불교에서 용은 물과
의 필수 관계에서 주로 기우의 주체로 여겨졌고, 기우제를 '용왕도량이
라고 부르기도 하였다.⁴⁷

고려시대 역병과 관련한 의례로 수륙재가 있었다. 수륙재는 주로 왕
실에서 구병의 의례로 개설되었는데⁴⁸ 역병과 관련하여 특이한 사례가
있다. 즉 고려인이 원元에서 역병을 구제하기 위해 수륙재를 개설한 경
우이다.

지정至正 18년(1358)에 경사京師에 큰 기근과 역병이 돌았다. 이때

---

45 『千眼千臂觀世音菩薩陀羅尼神呪經』, ABC, K0292 v11, p.941a01.
46 김현정, 「조선전기 사찰건축의 용신앙 의장 연구」, 전남대 석사학위논문, 2011, pp.10~12.
47 "貞州의 배 위에서 용왕도량을 베풀고, 7일간 기우제를 올렸다." 『고려사』, 의종 5년(1151) 7
   월.
48 "왕의 병환 때문에 공주가 전 찬성사 李君侅를 시켜 天磨山에서 수륙회를 열고 기도하게
   했다." 『고려사』, 충목왕 4년(1348) 11월.

하남河南·하북河北·산동山東의 군현이 모두 병화를 만나 백성들 늙은이와 어린이, 남자와 여자가 병화를 피하여 경사에 모여서 거처하고 있었는데, 죽은 자들이 서로 베고 누웠다. 박불화朴不花가 일시의 명예를 구하고자 하여 황제에게 요청하여 저자거리에 그들을 거두어서 묻고자 하였다. 황제가 초鈔 7,000정錠을 하사하고 중궁中宮 및 흥성興聖·융복隆福 양 궁宮, 황태자·황태자비가 금은 및 다른 물건들을 차등있게 하사하였다. 중서성中書省과 추밀원樞密院에서 준 것은 헤아릴 수 없었다. 박불화가 옥대玉帶 1개, 금대金帶 1개, 은 2정, 쌀 34곡斛, 보리 6곡, 청색 담비와 변색 족제비 갖옷 각 1벌씩을 내어 비용으로 삼았다. 남북 두 성城으로부터 노구교盧溝橋에 이르는 땅을 택하여 샘에 미치도록 깊이 팠다. 남녀는 구덩이를 달리하였다. 사람마다 시신 1구씩을 가지고 이른 자들은 그에 따라 초를 지급하니, 마주 들고 지고 오는 자들이 서로 연이었다. 흙을 덮고 나서는 만안수경사萬安壽慶寺에 나아가서 무차대회無遮大會를 열었다. 지정 24년(1364) 4월에 이르니, 전후로 묻힌 자가 200,000명이요, 사용된 초가 27,090여 정이고 사용된 쌀은 560여 석이었다. 또 대비사大悲寺에서 수륙대회水陸大會를 3일 밤낮으로 설행하였다. 모든 경사에 거처하는 민으로 병이 있는 자들에게는 약을 주고 상喪을 치를 수 없는 자에게는 관棺을 주었다. 한림학사승지翰林學士承旨 장저張翥가 글을 지어 그 일을 칭송하여 선혜지비善惠之碑라고 하였다.[49]

---

[49] 『元史』 권204, 열전91, 宦者, 朴不花.

박불화朴不花는 고려인으로 원에서 환관을 지낸 인물이다. 당시 북경에 전염병이 발생하자 환자를 돌보고 망자를 매장하는 등 선업을 베풀었다. 망자를 위해 만안수경사와 대비사에서 수륙재를 개설하였고, 환자들을 구휼하였다고 한다. 역병과 수륙재의 관계를 잘 보여준다. 이 사례는 원에서 진행된 일이지만 그가 고려인이었다는 점에서 고려의 문화전통을 그대로 계승했다고 생각된다.

4. 조선불교와 역병

조선시대 홍수, 역질, 황충蝗蟲, 전쟁 등은 국가의 제사, 즉 사전祀典의 대상이었다. 천재지변과 역병이 발생하면 국가가 나서서 위민爲民과 인정仁政을 위한 최선의 노력을 기울인다. 해당 지역의 백성에게 조세와 부역을 감해주고, 또 진휼도 해준다. 역병에는 의관과 의약을 내려 보내는 한편, 무격巫覡·경사經師·도류道流 등을 보내 종교적 기양의례祈禳儀禮를 거행하기도 했다.[50] 의학적 방법이 효험을 발휘하지 못할 경우, 단약丹藥이나 벽사향 또는 부적과 경문經文 등의 주술적·종교적 방책을 시행하기도 하였다.

조선시대 역병에 대처하는 불교적 해법은 수륙재와 경행 두 가지이다. 고려시대에는 다양한 도량과 재, 법석을 통해 역병에 대처하였지만, 억불의 사회에서 그 방책은 수륙재와 경행만으로 축소되었다.

---

50 김효경, 「조선시대의 祈禳儀禮 연구-국가와 왕실을 중심으로」, 고려대 박사학위논문, 2008, pp.1~3.

1) 수륙재와 역병

조선 불교의 큰 특징은 신앙불교이다.[51] 신앙불교는 경전에 의거한 체계적 사상이 아니라 염불과 기도, 재의식 등을 통한 기원적 신행활동을 말한다. 억불의 시대에서 교리와 사상을 이끌 출가자가 부족하고 또 공식적으로 출가의 길이 막혀 있었다. 불교계는 기층민의 문화로 자리 잡은 상례喪禮와 제례祭禮에 적극적으로 참여함으로써 수륙재, 49재의례, 천도의례 등의 다양한 신앙불교를 전개하였다. 신앙 중심의 불교는 구원적 기능만을 강조할 위험이 있었지만, 조선 불교의 보편적 경향이었다.

신앙불교의 흐름에 따라 조선후기에는 많은 의례집·진언집이 간행되었다. 조선시대에 간행된 의례집, 염불집은 대략 70여 종에 이른다. 현존하는 판본 중에서 진언집류를 제외하고 가장 많이 남아 있는 의례집은 『수륙무차평등재의촬요』, 『천지명양수륙재의찬요』, 『예념미타도량참법』, 『예수시왕생칠재의찬요』 등이다.[52] 이상과 같이 많은 의례집의 간행은 조선시대 신앙불교, 혹은 의식불교의 다양성을 잘 보여주는 사례이다.

조선시대 신앙불교의 전개에서 가장 중요한 의례가 수륙재이다. 수륙재가 처음 등장한 것은 고려 전기 10세기 후반이었지만 국가·사회적으로 주목받기 시작한 시기는 조선시대부터이다. 억불의 사회에서 수륙재가 중시되었다는 사실은 다소 모순적인 현상이었지만, 태조의 정치적 상황과 신앙심이 결부된 결과였다.

태조의 수륙재 설행은 1395년(태조 4) 삼화사 등을 시작으로 1397년(태

---

51 홍윤식,『한국불교사의 연구』, 교문사, 1988, pp.311~313.
52 국립문화재연구소,『불교민속문헌해제』, 문화재청, 2005, pp.181~191.

조 6)에는 진관사에 국행수륙사國行水陸社를 설치하면서 절정에 이른다. 태조의 국행수륙재 설행은 좁은 의미에서 보면 고려 왕족의 참수에 대한 자신의 과거를 지우려는 개인적 차원이었다. 태조는 개인의 신앙적 기원을 표방하였지만, 그 내면에는 국가적, 사회적 배경이 자리 잡고 있었다. 즉 신왕조 건국 직후 국가의 안정을 위해 민심을 결집할 수 있는 방안을 수륙재에서 찾고자 하였다. 수륙재는 불교의 영혼 천도의식 중에서 가장 효율적이었고, 대규모의 의식을 통해 많은 사람이 참여함으로써 공동체의 일체감을 불러일으키는 좋은 기회였다. 국왕이 수륙재에 참여하여 고려 왕족을 비롯한 신왕조의 개창과정에서 사망한 영혼들을 천도함으로써 신왕조의 포용성과 관용을 보여주었다. 즉 수륙재를 통해 자신의 행위를 참회하는 동시에 과거와 단절하는 사회적 공감을 이끌어내고자 하였다.

진관사에 국행수륙사를 설치하여 수륙재를 상설화한 이후 수륙재는 본래의 목적인 영혼천도 뿐만이 아니라, 역병 구제, 수명 장수, 해운의 안전, 후손의 발복發福, 천재 퇴치 등 다양한 목적으로 설행되었다. 이처럼 수륙재는 종교적 차원을 넘어서 전통문화와 풍속으로 자리매김해 나갔다. 이와 같이 수륙재는 억불의 시대에서 불교가 존립할 수 있었던 중요한 토대를 제공하였다.[53]

역병을 물리치기 위한 수륙재의 사례를 보자.

경기 감사京畿監司가 아뢰기를, "도내 원평原平・교하交河 등지에

---

53 한상길, 「조선시대 수륙재의 위상」, 이 책 제5장, pp.177~179.

모든 잡된 질병이 전전해 전염되어 인근 군읍까지 침투되고 있는데, 비록 의약으로 치료하여도 즉시 효력을 보지 못하고 있습니다. 신이 주야로 생각하여도 구료救療의 방책을 얻지 못하여 향촌을 순회하면서 부로父老들에게 물었더니, 모두 말하기를, '지난번에 황해도 황주 등지에 악질이 한창 치성熾盛하여 사람들이 이르기를, 제사 없는 원혼寃魂들의 빌미라 하여 수륙재를 베풀고 기도를 드린 연후에야 여기 여기厲氣가 점차 그치게 되었으니, 이제 원컨대 수륙재를 황주에서 베푼 것과 같이 개설하고 지성으로 기도하면, 병기운이 조금은 그치게 될 것입니다.'라고 하였습니다. 부로父老들의 말이 비록 탄망誕妄하나 그 습속이 이미 오래되어 이같이 하고자 하는 것도 그들 마음 가운데에서 우러나온 것이니, 원평 등지에 어느 산수 좋은 곳을 택하여 지계승持戒僧으로 하여금 수륙재를 주관하여 행하게 함으로써 민간의 희망에 좇도록 하소서."라고 하니, 임금이 그대로 따랐다.[54]

1451년(문종 1) 경기지방에 역병이 발생하자 이를 물리치기 위해 수륙재를 열었다. 당시 경기 감사는 향촌 노인들의 의견에 따라 산수 좋은 곳을 택하여 지계승으로 하여금 수륙재를 주관하려는 계획을 신청하였다. 수륙재는 이미 오래된 습속이라는 점을 강조하였다.

그런데 당시 사헌부의 박팽년(朴彭年, 1417~1456) 등은 일찍이 황해도에서도 질병을 물리치고자 수륙재를 개설하였지만 모두 소용없었다며 중지할 것을 청하였다. 이에 문종은 "이것은 내 몸을 위하여 복을 구하려

---

54 『문종실록』, 문종 1년(1451) 9월 15일.

는 것이 아니다. 민간에 질병이 있어 인심이 흉흉하고 답답해하기 때문에 우선 수륙재를 베풀어서 그 마음을 위안하려는 것이다. …… 만약 수륙재의 한 행사가 이단을 더욱 일으키는 것이 되어 장차 큰 해가 있다면 할 필요가 없지만, 이는 다만 백성들의 간절한 바람에 좇아 우선 그 마음의 위안을 주려는 것이다. 대저 병이란 마음으로 말미암아 비롯하는 것이어서 마음에 편안함을 얻으면 병도 또한 간혹 그치게 된다."[55]라며 수륙재를 그대로 개설하도록 하였다.

1453년(단종 1)에도 황해도 황주에서 역병을 물리치기 위해 수륙재를 설행하였다.

> 처음에 못된 병이 몹시 심하여 관찰사 배환裵桓, 권극화權克和 등이
> 계문하여 수륙재를 극성棘城과 봉산鳳山의 성불사成佛寺에 베풀었습
> 니다. 그 뒤로 역병의 기운이 조금 누그러졌으니, 바라건대 경상도 견
> 암사見巖寺의 예에 따라 전지를 지급하고 매년 춘추로 관원을 보내셔
> 서 향을 내려 제사하게 하소서.[56]

황주 사람들이 단종에게 올린 시폐時弊에 관한 건의 사항 중에 수륙재를 설행할 것을 요청하는 내용이다. 임금은 예조의 의견에 따라 수륙재의 설행을 불허하였지만, 당시 백성들은 수륙재가 돌림병과 같은 악질의 구제에 효험이 있다는 믿음을 지니고 있었다. 앞서의 1451년 사례에서 문종은 수륙재가 효험이 없더라도 백성들의 마음을 위무하고 화합시키

---

55 『문종실록』, 문종 1년(1451) 9월 18일.
56 『단종실록』, 단종 1년(1453) 1월 21일.

는데 중요한 역할을 한다고 단언하였다. 수륙재에 관한 이러한 문종의 입장이 불교의식에 대한 정확한 이해라고 생각된다. 의식을 통해 간절히 기원하는데 그 기원의 목적이 역병의 구제이거나 망자의 천도이거나 백성들은 위안을 얻고 공동의 결속력을 증진시키게 된다는 믿음이었다.

1471년(성종 2)에도 황해도에 역질이 창궐하자 성불사에서 역시 수륙재를 개설하였다.

> 황해도 관찰사 이예李芮에게 하서하기를, "본도本道의 여러 고을에서 악질이 심히 성하므로, 이미 의원 이유성李由性으로 하여금 약을 가지고 가서 치료하게 하였고, 또 봉산의 성불암成佛菴에 나아가 계행戒行이 있는 승려들을 가려 수륙재를 베풀게 하였으니, 경은 마땅히 곡진曲盡하게 조치하라."고 하였다.[57]

15세기에 황해도 등의 한반도 북부에 역질이 자주 발생하였다. 당시에는 악질惡疾 또는 악병惡病이라고 하였는데 16세기에는 전국적으로 확산되었다. 주로 수인성 전염병들인데 홍역과 천연두, 말라리아 등이었다. 조선인들은 이러한 역병의 원인을 무주고혼인 역귀疫鬼의 소행이라고 믿었다. 즉 돌아갈 곳이 없는 역귀와 천지간의 부정한 기운이 어우러져 역병이 발생한다고 하였다.[58] 이에 여귀厲鬼에 대한 제사, 여제厲祭를 지내면 전염병이 퇴치될 수 있다는 것이다. 이러한 관점에서 보면 수륙재도 여제와 다를 바 없게 된다.[59] 조선중기 이후 수륙재를 여제로 대체하라는

---

57 『성종실록』, 성종 2년(1471) 11월 8일.
58 김효경, 앞의 글, pp.5~9.

여론이 이러한 배경에서 등장하기도 하였다. 그런데 여제는 국가정치의 도구적 존재에 불과할 뿐이었고, 현실사회에서는 체험적 신앙에서 우러나오는 수륙재를 중시하였다.[60]

2) 경행과 역병

경행은 고려시대부터 역병을 물리치는 의례로 시행되었고 이 전통이 조선시대까지 계속 이어졌다.[61]

> 도성 안에서 행하는 경행을 폐지하였다. 전조前朝 때로부터 매년 봄가을의 중월仲月에 각 종파의 승려들을 모아서, 『대반야경』을 외게 하고, 나발螺鈸을 울리고, 번幡과 개蓋를 늘어세우고 향불을 들고 앞에서 인도하여 길거리를 돌아다니면서 역병과 재앙을 물리친다고 한다. 2품 이상의 관원이 명령을 받아 향불을 피우고, 감찰監察이 이를 살피고 모두 걸어서 따라다니게 하니, 이를 경행이라 불렀다. 이때에 와서 임금이 특명으로 이를 폐지하게 하였다.[62]

---

59 "임금이 말하기를 '똑같은 사람인데 僧服을 입고 행하면 佛事라 이르고, 儒服을 입고 행하면 祭祀라 이르는데, 여제나 수륙재가 그 神을 섬기는 것은 일반이다.'라고 하였다." 『문종실록』, 문종 1년(1451) 9월 18일.

60 김용조, 「조선전기의 국행기양불사연구」, 동국대 박사학위논문, 1990, pp.162~164.

61 "승록사에서 아뢰었다. '고려 왕조의 법에는 해마다 춘 3월에 禪敎의 福田을 모아서 城中의 街路에서 경을 외게 하고, 이를 經行이라 하였사오니, 원하옵건대, 거행하기를 허가하소서.'라고 하니, 그대로 따랐다." 『태조실록』, 태조 2년(1393) 3월 12일.

62 『세종실록』, 세종 4년(1422) 2월 19일.

1422년 2월 경행을 폐지하라는 임금의 특명이다. 경행은 1046년(정종 12) 처음 시작하여 이때까지 약 4백 년간 지속되었다. 폐지하는 이유는 알 수 없으나, 경행의 목적인 역병과 재앙을 물리칠 필요가 없어졌기 때문인 듯하다. 그러나 경행은 폐지되지 않았다. 1451년(문종 1) 7월에도 경행이 진행되었다.

> 의정부에서 예조의 정문呈文에 의하여 아뢰기를, "경성으로부터 진관수륙사津寬水陸社까지 향을 받들고 경행하는 길에 혹 버려진 주검이 있으면 매우 미편未便합니다. 청컨대 한성부 및 소재관所在官으로 하여금 엄중히 고찰하게 하고, 아울러 진관사 동구의 좌우에 사람의 매장을 금하여 길을 깨끗하게 하소서."라고 하니, 그대로 따랐다.[63]

경성에서 진관사에 이르는 경행을 진행하는데 도중의 시신을 수습하고, 절 입구에는 매장을 금하도록 하였다. 시신과 매장은 전염병과 밀접한 연관이 있으므로 경행의 의미를 짐작할 수 있다. 이 경행은 12km가 넘는 먼 길이다. 『반야경』을 가마에 싣고, 향로와 각종 번개가 행렬을 장엄하는 가운데 목탁과 나발, 독경소리가 어우러진 장면은 억불시대를 무색하게 만든다. 정치적 입장 보다는 역질을 타개하고 민심을 수습하기 위한 현실적 선택이었을 것이다.

조선시대 설행된 불교의례는 수륙재와 경행을 비롯하여 기우제, 예수재, 영산재, 천도재 등이 있다. 이 가운데 국가의 불교의례는 수륙재와

---

63 『문종실록』, 문종 1년(1451) 7월 10일.

경행, 기우제 정도이고 나머지는 불교계 내부의 자체 의례였다. 국가 불교의례 중 역병과 관련한 의례는 수륙재와 경행 두 가지만 확인된다. 고려의 사례에서 보았던 10여 종의 다양한 역병 의례는 자취를 감추었다. 대부분의 의례가 수륙재로 통합되었는데 이는 수륙재가 지닌 효용성, 대중성을 잘 보여준다.

불교의례의 소멸과 축소는 숭유억불의 기조에서 당연한 결과였다. 다른 한편으로는 국가의 기원적·주술적 의례에서 불교 보다는 도교와 무격의례가 중시되었기 때문이다. 특히 소격서昭格署를 기반으로 한 도교가 조선중기까지 국가의 양재기복禳災祈福 의례를 전담하였던 것이다.

역병과 관련한 국가의 수륙재와 경행은 대략 1471(성종 2)년 이후에는 보이지 않는다. 진관사의 국행수륙재 역시 중종대 이후 사림파가 득세하고 주자가례朱子家禮가 정착되면서 점차 사라졌다. 이러한 흐름은 억불정책의 영향이 아니라 이 무렵 도교와 무속의례 등도 폐지된 것으로 보아 국가의례를 유교적으로 일원화한 결과라고 생각된다.

5. 맺음말

경전과 다라니에는 역병에 대처하는 다양한 이야기가 전한다. 경전에서는 대체로 역병의 발생 원인을 불법이 쇠퇴하는 말세의 현상으로 진단하고 그 해결책으로 불법의 회복과 정법의 실현을 강조한다. 다라니에서는 보다 구체적인 방법, 즉 역병퇴치 의례를 제시한다. 제단을 만들고 도량을 장엄하며, 청정한 물과 우유 등을 활용한다. 이러한 차이는 있지만 경전과 다라니의 대처법에서 나타나는 공통점은 모두 독송을 강조한다는 점이다.『금광경』과『반야경』등을 읽거나 특정한 다라니를 지성으로 외우면 역병을 물리칠 수 있다고 하였다.

중세시대 대부분의 역병은 의학으로 해결할 수 없었다. 인간의 힘으로 어찌할 수 없는 재난의 상황에서 경을 읽고, 기도하며 주문을 외는 행위는 불교만이 아니라 도교와 무속에서도 마찬가지였다. 국가불교라고 칭하는 고려에서 도교와 무속의 기양의례가 성행하였고, 유교사회였던 조선에서도 불교의례는 여전히 지속되었다. 즉 역병을 물리치기만 한다면 종교나 신앙의 종류는 중요하지 않았다. 성리학의 가치와 윤리를 첫째로 내세우면서도 소격서를 운영하며 도교를 국가의 의례에 포함시켰던 이유도 이 때문이다.

고려, 조선의 역병과 관련한 많은 불교의례가 이러한 특성을 반영한다. 즉 고려의 반야도량과 경행, 불정도량과 마리지천도량, 점찰회와 소룡도량, 약사도량, 관음기도, 그리고 조선의 수륙재와 경행 등 이렇게 많은 종류의 의례가 진행되었던 이유는 소의경전이나 신앙의 독창성, 의례의 형식 등이 중요하지 않았기 때문이다. 그저 역병을 물리치기 위한 현실적 필요에 의해 그때마다 의례의 방식을 선정했던 것이다. 그 결과 이러한 의례를 관통하는 어떤 일관성이나 체계적 경향성을 발견할 수 없게 되었다.

역병의례의 종류는 많았지만 경행을 제외하면 실재로 의례의 형식과 절차를 전하는 기록은 거의 없다. 대부분 관찬의 정사 기록이기 때문이지만, 그 형식과 절차가 크게 다르지 않았던 이유도 포함될 것이다. 수륙재는 본래 무주고혼을 천도하는 의식이지만 역병은 물론, 장수, 해운의 안전, 발복, 천재 퇴치 등 인간사의 다양한 기원의식으로 전개되었다. 즉 의례의 종류나 형식, 절차가 중요한 것이 아니라 재난을 물리치려는 간절한 기도와 중생의 안심이 불교의례의 궁극적 목적이었다.

1451년 문종은 수륙재를 개설하면서 다음과 같이 말했다. "민간에 질병이 있어 인심이 흉흉하고 답답해하기 때문에 우선 수륙재를 베풀어서 그 마음을 위안하려는 것이다. 대저 병이란 마음으로 말미암아 비롯하는 것이어서 마음에 편안함을 얻으면 병도 또한 간혹 그치게 된다." 지금 우리가 겪고 있는 이 역병의 시대에 불교가 필요한 이유이다.

2

한국 탑돌이의 역사와 현황

---

1. 머리말

예로부터 우리나라는 탑의 나라라고 불렀다. 불교의 수용과 함께 시작
된 탑의 조성은 산과 들, 계곡 곳곳에 불국토의 장엄을 이룩하였다. 『삼
국유사』에서 일연은 "절들이 별처럼 들어서고, 탑들은 기러기가 줄지어
나는 듯하다."[1]고 하였다. 고려시대에는 풍수지리사상과 비보설神補說에
따라 절은 물론이고 산꼭대기, 동네 어귀 할 것 없이 많은 탑이 들어섰
다. 탑은 석가모니의 진신사리를 봉안한 묘탑에서 출발하였으므로 그 자

---

1 "寺寺星張 塔塔雁行" 『삼국유사』 권3, 흥법 제3 「原宗興法厭髑滅身」.

체가 부처님이었고, 불교였다. 불상의 조성과 함께 신앙의 중심이 옮겨갔으나 탑은 여전히 귀의 대상이었고, 가람을 이루는 필수 요소였다.

탑신앙의 대표적인 의례가 탑돌이이다. 『무구정광대다라니경』을 비롯한 여러 경전에서 탑신앙의 공덕을 강조하고, 그 신앙의례로서 탑돌이가 제시되었다. 굳이 경전의 이야기가 아니더라도 우리 민족은 자연스럽게 탑을 향한 예경과 발원의 행위로서 탑돌이를 진행하였다. 그런데 우리 역사 속의 탑돌이 사례는 그다지 많지 않다. 불교가 민족의 종교로 정착하고, 민속화하면서 탑돌이는 특별한 의례이기보다는 일상의례로 귀결되었기 때문이라 보인다. 최근 들어 다양한 불교문화와 의례에 대한 연구가 시도되고 있지만 탑돌이가 별다른 주목을 받지 못하고 있는 원인이기도 하다. 이에 본고는 고대부터 현재에 이르기까지 한국불교사의 전개과정에 나타나는 탑돌이의 성격과 특징을 고찰하여 탑돌이 문화의 복원에 관한 이해를 돕고자 한다.

2. 한국불교의 탑돌이

우리나라에 처음으로 탑이 건립된 때는 4세기 후반 고구려에 불교가 들어오면서 부터이다. 고구려 최초의 절은 초문사와 이불란사였다. 그 후 392년(광개토왕 2) 평양에 9개의 절을 창건하였고, 금강사, 반룡사, 영탑사, 백록원사 등이 잇따라 들어섰다. 지금은 대부분 터만 남아 있지만 원래의 금강사로 추정되는 청암리사지, 그리고 정릉사지는 탑·중문·금당·강당·동서의 전각 등으로 이루어져 있었다. 이어 백제와 신라가 불교를 공인하면서 불교는 고대문화의 주축으로 성장하였다. 불교의 성행은 많은 사찰의 건립으로 나타났고, 대부분의 사찰에는 탑이 들어섰다. 즉 고대 가람의 기본 양식은 문과 탑, 법당, 그리고 강당으로 정착되었다.

탑이 없는 가람은 생각하기 어려웠고, 때로는 사찰이 아닌 산과 들에도 석탑이 들어섰다. 신라는 '석탑의 나라'라고 불릴 만큼 많은 탑이 조성되었다. 그러므로 탑에 대한 예경과 기원신앙으로 탑돌이가 번성하였음을 짐작할 수 있다. 신라시대부터 고려, 그리고 조선에 이르는 한국불교의 탑돌이 사례를 살펴보고자 한다.

1) 신라의 탑돌이

『삼국유사』에 신라의 탑돌이에 관한 이야기가 두 편 전한다.[2] 먼저 의상義相의 탑돌이이다.

> 의상이 황복사에 있을 때 여러 제자들과 함께 탑을 돌았는데, 항상 허공을 밟고 올라가 공교하게도 계단을 밟지 않았으므로 그 탑에는 돌사다리를 설치하지 않았다. 그의 제자들도 계단에서 3척이나 떠서 허공을 밟고 돌았기 때문에 의상은 제자들을 돌아보면서 말했다. 세상 사람들이 이것을 보면 반드시 괴이하다고 할 것이다. 그러니 그들

---

2 大賢이 용장사에 머물면서 미륵불을 돌며 예경하였는데 그때마다 불상의 얼굴이 대현을 따라 돌았다는 이야기가 있다(『삼국유사』 권4, 의해 제5, 「賢瑜伽海華嚴」). 이는 불상신앙의 사례로서 탑돌이 신앙과는 거리가 있어 제외하였다.

에게는 가르치지 못한다.[3]

　의상(625~702)은 우리나라 화엄종의 개조開祖이다. 황복사는 경주 구황
동에 있었는데, 의상의 출가 사찰이다. 의상은 당나라 유학을 마치고 돌
아와 674년부터 이곳에서 화엄학을 가르쳤다. 당시 3천여 명의 제자가
법문을 들었는데 함께 탑돌이를 하였다는 제자들이 바로 그들이다. 신라
땅에 화엄의 진리를 설파하면서 의상은 틈틈이 탑돌이를 한 것이다.
　황복사지에는 지금도 석탑이 남아 국보로 지정되었다.[4] 그런데 이 석
탑은 의상 당시가(674년) 아니라 692년(효소왕 원년)에 효소왕이 아버지 신
문왕의 명복을 빌기 위해 세운 것이다. 1943년 탑을 해체, 수리하면서 2
층 지붕돌 안에서 금동 사리함과 금동 불상 2구를 비롯한 여러 유물을
발견하였다. 성덕왕이 706년(성덕왕 5)에 신문왕과 효소왕의 명복을 빌면
서 봉안한 불상과 사리 등이다. 사리함 뚜껑 안쪽에 탑을 건립하게 된
경위와 발견된 유물의 성격이 기록되어 있어 탑의 건립 연대와 조성 의
도를 분명히 알 수 있다. 사리함 명문은 금동 외합의 뚜껑에 사방으로
18행 20자씩 해서체의 묵서로 썼다. 명문의 내용은 신문왕의 승하, 신문
왕비와 효소왕의 3층석탑 건립, 신문왕비인 신목왕후와 효소왕이 차례
로 승하하자 사리와 『무구정광대다라니경』을 봉안한 사실, 기원문, 조
성 담당자 등이 기록되어 있다. 이 명문으로 인하여 702년에 중국에서

---

3 "湘住皇福寺時 與徒衆繞塔 每步虛而 工上 不以階升 故其塔不設梯磴 其徒離階三尺 履空
　而旋 湘乃顧謂曰 世人見此 必以爲怪 不可以訓世"『삼국유사』 권4, 의해 제5, 「義相傳教」.
4 황복사지 석탑은 국보 제35호였다. 그런데 2021년 11월 문화재 지정 번호 제도가 폐지되었
　다. 지정 번호를 문화재의 서열이나 우열로 오인하는 경우가 많기 때문이라고 한다. 이에 따
　라 공식 명칭은 '국보 황복사지 삼층석탑'으로 바뀌었다.

한역된 『무구정광대다라니경』이 곧바로 신라에 유입되어 706년 당시 사리신앙이 확산되었음을 알 수 있다.

의상이 탑돌이를 하였다는 674년 무렵과 탑을 건립한 692년과는 다소 차이가 있다. 아마도 효소왕이 3층석탑을 건립하기 이전에 다른 석탑이 있었을 것으로 짐작된다. 왜냐하면 의상이 탑돌이를 하던 탑에는 사리를 봉안하지 않았다고 구체적으로 서술하였기 때문이다. 이후 692년에 효소왕이 신문왕의 원찰로 지정하고 가람을 중창하면서 지금의 3층석탑을 새로 조성하였을 것이다.

의상은 한국불교의 위대한 고승으로서 현존하는 우리나라 탑돌이 역사의 첫 주인공이기도 하다. 4세기 후반 한국불교의 시작과 함께 탑 신앙이 수용되면서 탑돌이가 비롯되었을 것이 분명하지만 실제 사례로 등장하는 주인공이다. 한편 그가 저술한 「화엄일승법계도華嚴一乘法界圖」는 지금도 해인사 등의 탑돌이에 적용되고 있어 의상은 한국 탑돌이의 역사에서 매우 큰 위상을 지니고 있다고 하겠다.

다음은 신라 원성왕(785~798) 때의 김현金現과 호랑이에 얽힌 탑돌이 이야기이다. 신라 풍속에 해마다 2월이 되면 초파일에서 15일까지 서울의 남녀가 다투어 흥륜사興輪寺의 전탑殿塔을 도는 복회福會를 행하였다. 원성왕 때에 김현이라는 낭군이 있어서 밤이 깊도록 혼자서 탑을 돌기를 쉬지 않았다. 그때 처녀로 분신한 호랑이가 염불을 하면서 따라 돌았고, 둘은 서로 마음이 맞아 정을 통하였다. 이 호랑이에게는 오빠 셋이 있었는데 악행을 저질러 천벌을 받을 처지였다. 처녀는 오빠들의 처벌을 대신 받고자 하였고, 김현으로 하여금 자신을 죽여 공을 세우도록 당부하였다. 마침내 처녀는 김현의 칼을 빼앗아 스스로 자결하였다. 김현은 이 공으로 벼슬에 올라 서천西川가에 절을 지어 호원사虎願寺라 하고 항상 『범

망경』을 강론, 호랑이의 저승길을 축원하였다.[5]

김현이라는 인물이 탑돌이를 인연으로 호랑이를 만나 겪은 신이한 경험담이다. 역사적 사실이라기보다는 설화로서의 완성된 이야기 구조를 지니고 있어 주로 국문학 분야에서 연구되어 왔다.[6] 여기서 주목하는 것은 "신라 풍속에 해마다 2월이 되면 초파일에서 15일까지 서울의 남녀가 다투어 흥륜사의 전탑을 도는 복회를 행한다."는 사실이다. 흥륜사는 544년(진흥왕 5)에 완성된 신라 최초의 사찰이다. 경주시 사정동에 터만 남아 있는데 원래 공인 이전에 신라에 들어와 포교하던 아도阿道가 창건한 사찰이라 전한다. 진흥왕은 만년에 스스로 삭발하여 법운法雲이라는 법명으로 이곳에 머물렀다고 한다. 이후 왕실과 국가의 재앙을 물리치고 복을 비는 영험의 도량으로 존중되었다. 법당에는 미륵삼존불상을 봉안하였고, 금당에는 신라십성新羅十聖의 상을 그린 벽화가 있었다. 절에서 출토된 유물로는 석조石槽와 배례석 등이 있다.

기록상으로 흥륜사의 탑돌이에 관한 이야기는 김현의 사례가 유일하다. 그런데 탑의 명칭을 '전탑殿塔'이라고 한 점이 눈에 띈다. 전탑은 고대 사회의 일반적인 석탑 혹은 벽돌로 짓는 전탑塼塔이 아니라 목재로 지은 전각과 같은 구조물이라 짐작된다. 즉 흥륜사의 탑은 석탑이 아니라 전각형식의 탑이었다. 『삼국유사』의 다른 기록에서도 절의 탑을 전탑이라고 표기하였다. "921년(태조 4) 5월 15일에 제석신이 이 절(흥륜사) 왼쪽 경루經樓에 내려와 열흘 동안 머무르니 전탑殿塔과 풀, 나무와 흙, 돌 등이

---

5 『삼국유사』 권5, 감통 제7, 「金現感虎」.
6 박은애, 「『삼국유사』 감통 '김현감호'조에 나타나는 신라 탑돌이의 양상과 성격」, 『신라문화 제학술발표논문집』 32, 동국대 신라문화연구소, 2011. pp.115~117.

60 한국불교 의례문화 연구

모두 이상한 향기를 풍기고, 오색 구름이 절을 덮었으며 남쪽 연못의 물고기와 용들도 기뻐서 뛰놀았다."[7]고 한다. 전탑은 전각과 마찬가지로 목재와 기와 등으로 짓는다.[8] 고대 중국에서는 석탑보다는 목조탑 즉 전탑을 주로 조성하였고 지금도 많이 남아 있다. 우리 불교가 중국불교의 긴밀한 영향을 받았음을 생각해보면, 이러한 전탑의 사례가 적지 않았을 것이다. 현재 법주사 팔상전이 유일한 전탑으로 남아 있지만, 신라 황룡사 9층 목탑 등의 기록에서 여러 사례를 볼 수 있다. 신라 최초의 공식 사찰인 흥륜사에는 석탑이 아니라 목조의 전탑을 조성하였던 것이다.

원성왕대 이 전탑을 도는 탑돌이 의식은 복회福會라는 이름으로 신라사회에 정착되어 있었다. 2월 초파일에서 15일까지 경주의 남녀들이 앞 다투어 흥륜사로 몰려 가 탑돌이를 하였다는 것이다. 중국과 일본의 목조 전탑을 보면 대체로 석탑 보다 월등히 큰 규모이다. 목재를 사용하므로 석탑보다 훨씬 규모가 크고 높게 지을 수 있기 때문이다. 흥륜사가 국가의 공식적인 최초 사찰이었던 사실을 감안하면 그 규모가 상당했을 것이고, 전탑 역시 큰 규모로 짐작된다. 그래야 많은 남녀들이 탑돌이를 할 수 있었을 것이다.

우리나라의 탑 신앙은 불교의 수용과 함께 동시적으로 진행되었다. 이후 8세기 초 『무구정광대다라니경』에 의해 탑신앙의 공덕이 강조되면서 본격적으로 성행하였다. 702년에 중국에서 한역된 『무구정광대다

---

7 "貞明七年辛巳五月十五日 帝釋降于寺之左經樓 留旬日 殿塔及草樹土石 皆發異香 五雲覆寺 南池魚龍喜躍跳擲" 『삼국유사』 권3, 탑상 제4, 「興輪寺壁畫普賢」.
8 『삼국유사』 권4, 의해 제5, 「良志使錫」에 "良志가 靈廟寺 殿塔의 기와를 만들었다."는 구절이 있다. 즉 전탑의 건립에는 기와가 필요하였고, 이는 일반적인 목조의 전각, 堂과 같은 구조물임을 알 수 있다.

라니경』이 706년의 황복사 3층석탑에 봉안되었던 사실은 탑신앙의 공덕이 얼마나 유효했는가를 잘 말해준다. 이후 742년(경덕왕 원년)의 불국사 석가탑은 이 경을 봉안하여 아예 '무구정광탑'이라는 이름을 붙이기도 하였다.[9] 『무구정광대다라니경』은 9세기말까지 꾸준히 탑에 봉안되었다. 황복사와 불국사를 포함하여 확인된 사례는 16건으로 다음과 같다.[10]

신라 『무구정광대다라니경』 봉안탑 사례

No	탑명 및 기록명	조성 시기
1	황복사 석탑사리함기	706년
2	불국사 석가탑(무구정광탑)	742년
3	영태2년명 석조비로자나불조상기	766년
4	법광사 석탑지	828년
5	창림사 무구정탑지	855년
6	민애대왕 석탑사리함기	863년

---

9 1966년 석가탑을 보수하는 과정에서 2층 탑신부에 봉안되었던 금동제 사리외함 안에서 현존하는 세계 최고의 목판 인쇄본『무구정광대다라니경』이 발견되었다. 8세기 중엽의 간행본으로 너비 약 8㎝, 전체길이 약 620㎝이며 한 행에 8~9자의 경문을 인쇄한 12장의 종이를 두루마리 형식으로 제본하였다. 이와 함께 묵서로 쓴 「佛國寺無垢淨光塔重修記」가 발견되었다. 1024년(현종 15)에 탑을 중수하면서 남긴 기록인데, 1038년(정종 4)에 다시 옮겨 적었다고 하였다(최연식, 「불국사 석가탑 묵서지편의 기초적 검토」, 『석가탑 발견 묵서지편의 내용을 통해 본 고려시대 불국사의 현황과 운영』, 재단법인 불교문화재연구소, 2008). 이 중수기에 탑의 이름을 '無垢淨光塔'이라고 하였다. 즉『무구정광대다라니경』의 경설에 따라 건립한 탑이라는 의미이다. 지금까지는 불국사의 쌍탑을『법화경』에 전하는 이른바 석가여래는 설법하고, 다보여래는 증명한다는 내용에 따라 각각 석가탑과 다보탑이라고 불렀다. 건립 당시의 명칭은 아니지만 가장 오래된 기록에 분명히 無垢淨光塔이라고 하였으므로 제 이름을 찾아주는 것이 옳을 듯하다.
10 박은애, 앞의 글, p.133.

7	취서사 납석사리함기	867년
8	보림사 석탑지	870년
9	황룡사 9층목탑사리함기	872년
10	중화3년명 금동사리함기	883년 중수
11	백성산사 묘길상탑지	895년
12	성주사 3층구무정탑	9세기
13	선림원지 3층석탑	9세기
14	동화사 금당서탑	9세기
15	봉화 서동리탑	9세기
16	공주 동원리 3층석탑	9세기

위의 표와 같이 『무구정광대다라니경』을 봉안한 석탑은 706년의 황복
사탑을 시작으로 꾸준히 이어져 9세기에 집중되고 있다. 앞서 살펴보았
듯이 『무구정광대다라니경』은 탑신앙의 공덕을 강조하고, 특히 탑돌이의
구체적 시기와 방법을 제시하고 있다.

초파일이나 13일, 14일이나 15일에 사리탑을 오른쪽으로 일흔 일
곱 바퀴를 돌면서 이 다라니 일흔 일곱 번을 외운다. 단을 만들어 위
를 깨끗이 하고 이 다라니 일흔 일곱 번을 쓰되, 법을 소중하게 여기
는 마음으로 다라니를 쓰는 사람에게 향과 꽃과 음식과 의복을 이바
지한다. 목욕하고 향을 바르고 향을 피워 공양하며, 혹은 칠보로 보시
하고 힘써 보시할 것이니라. 쓴 주문은 탑 속에 넣고 그 탑에 공양하
며, 혹은 진흙으로 작은 탑 일흔 일곱 개를 만들고 주문 한 벌씩을 탑

속에 넣어 공양할 것이니라.[11]

이처럼 탑돌이 시기를 초파일, 13일, 14일, 15일로 규정하였다. 몇 월
인지는 명시하지 않았지만 신라의 탑돌이가 2월 초파일에서 15일까지
진행되었던 사실과 날짜는 일치한다.[12] 즉 신라의 복회 개최 시기는『무
구정광대다라니경』의 영향을 받았을 것이라 짐작된다. 한편 탑돌이를 복
회라고 불렀는데, 탑돌이의 공덕으로 복을 비는 법회, 모임이라는 의미로
보인다. 여러 경전에서 '무량복회無量福會'라는 술어를 자주 볼 수 있는
데.[13] 이에 따라 해석하면 곧 신라의 탑돌이는 "무량한 복을 비는 모임"
이라는 의미이다.

2) 고려·조선의 탑돌이

고려시대는 국가불교라고 할 만큼 불교가 융성한 시대였다. 백성으로
부터 국왕에 이르기까지 모든 고려인이 신앙하면서 불교는 문화와 의례

---

11 "當於月八日或十三日 或十四日或十五日 右遶舍利塔滿七十七匝 誦此陀羅尼亦七十七遍
應當作壇於上護淨 書寫此呪滿七十七本 尊重法故於書寫人 以香花飲食淨衣洗浴 塗香熏
香而爲供養 或施七寶或隨力施 當持呪本置於塔中供養此塔 或作小泥塔滿足七十七 各以
一本置於塔中而興供養如法作已"『無垢淨光大陀羅尼經』(高麗藏12, 78a14).
12 박은애, 앞의 글, pp.137~141. 신라의 탑돌이가 2월 초파일에서 15일 사이에 열렸던 것은 2월
초파일이 붓다의 탄생일이고, 2월 15일이 열반일이었기 때문이라고 해석한다.
13 "舍利弗又問 族姓子 如來至眞無量福會有所宣暢 其所說者豈墮短乏"『佛說無言童子經』
권상 (高麗藏7, 1208a06). "阿難 轉輪聖王 以少福故 尙得無病 豈況如來無量福會 普勝者
哉 行矣"『維摩詰所說經』권상,「弟子品」제3 (高麗藏9, 984a18). "乃況如來無上至眞等正
覺 無量福會普勝者哉"『佛說心明經』(高麗藏12, 8a04).

등 사회 전반에 거의 미치지 않는 영역이 없을 정도였다. 그런데 이상하게도 고려의 탑돌이에 관한 기록은 찾아보기 어렵다. 그렇다면 고려에서는 탑돌이를 하지 않았던 것일까. 고려의 탑돌이는 연등회와 팔관회 등의 각종 행사와 법회의 일부로 포함되면서, 독립적인 문화로서의 위상에 변화가 있었지만 여전히 계속되고 있었다고 생각된다.

고려 전 기간에 개설된 불교의례는 83종이 되고, 그 횟수는 1,038회에 이른다.[14] 평균적으로 보면 한 왕이 일 년에 두 번 이상의 불교의례를 시행한 셈이다. 고려를 국가불교의 시대라고 하는 배경에는 이처럼 수많은 불교의례의 개설 사실이 있다. 정기적인 불교의례로 인왕백고좌도량, 화엄도량, 담선법회, 불탄일행사, 보살계도량, 축수도량, 추복기신도량 등이 있었다. 또한 비정기적인 의례로서 인왕경도량·금광명경도량·반야도량·화엄신중도량 등이 천재지변이나 외적의 침입, 질병, 가뭄 등의 재앙을 물리치기 위해 시행되었다. 이들 의례는 몽고의 침입이 잦아지는 고종대 이후 빈번하게 보인다. 이처럼 고려의 불교의례는 이름과 의식을 달리하였지만, 공통적으로 호국적 성격과 현세 이익적 신앙이라는 특성을 지녔다. 즉 불교행사는 종교의식의 발전이라는 측면도 있지만, 국가의 성쇠와 발자취를 같이 하기 마련이다.[15] 『무구정광대다라니경』을 비롯한 여러 경전에서 설하는 탑돌이의 공덕은 고려불교의 현세 이익적 신앙과 잘 부합될 수 있었다. 그러므로 탑돌이는 바로 이러한 수많은 법회와 의례의 부속 행사로서 명맥을 이어 나갔다.

고려의 여러 불교 의례 가운데 탑돌이와 구체적인 관련이 있는 행사가

---

14 김형우, 「고려시대 국가적 불교행사에 대한 연구」, 동국대 박사논문, 1992.
15 홍윤식, 「불교행사의 성행」, 『한국사』 16, 국사편찬위원회, 1994.

연등회이다. 연등회는 불상이나 탑 등에 등불을 켜 공양하는 의식이다. 즉 야간에 환한 등을 밝혀 불법의 진리를 밝힌다는 의미에서 일찍이 신라 진흥왕 때부터 시작되었다. 연등회가 탑돌이와 밀접하게 관련되어 있다는 사실은 원성왕대에 해마다 2월에 탑돌이가 밤늦게까지 성행했다는 『삼국유사』의 기록이 잘 말해준다. 이때 탑돌이를 행한 시기는 부처님 출가절(2월 8일)과 열반절(2월 15일)로 뜻 깊은 날을 맞아 사찰마다 등을 밝혔고, 사찰로 모여든 백성들은 어두운 밤을 밝힌 연등 아래서 탑돌이를 하며 복을 빌었던 것이다.[16]

고려 태조는 즉위한 해(918)부터 팔관회와 연등회를 개최한 후 「훈요십조」를 통해 후대에도 중단하지 말고 반드시 시행하도록 당부하였다.[17] 이후 연등회는 불교신앙과 의례가 어우러진 민속으로 정착하면서 고려인의 축제의 장이 되었다.[18] 이러한 연등회의 다양한 의례에서 시행하던 의식, 연희, 가무, 놀이의 과정에서 탑돌이는 자연스런 행사의 일부가 되었다.[19] 탑돌이에 관한 구체적인 기록은 남아있지 않으나 이처럼 연등회를

---

16 구미래, 「탑돌이와 연등의 종교민속적 의미」, 『2018 평창 동계올림픽의 무형문화 연구를 위한 월정사 8각9층석탑과 불교의 탑돌이』 세미나 자료집, 월정사·한국선학회·강원일보 2013. 10. 18.

17 "其六日 朕所至願在於燃燈八關 燃燈所以事佛 八關所以事天靈及五嶽名山大川龍神也 後世姦臣建白加減者 切宜禁止. 吾亦當初誓心會日不犯國忌 君臣同樂 宜當敬依行之" 『고려사』 권2, 태조 26년(943) 4월.

18 김형우, 「고려시대 연등회 연구; 설행 실태를 중심으로」, 『국사관논총』 55, 국사편찬위원회, 1994. ; 김명자, 「세시풍속으로서의 연등회와 관등놀이」, 『연등제의 역사와 전통』, 대한불교조계종 총무원, 2008.

19 김준오·천득염, 「탑돌이 유형과 민속적 전개」, 『남도민속연구』 22, 남도민속학회, 2011, pp.55~56. 연등회와 탑돌이와의 관계에 대하여 "사월초파일은 절에서 불공을 드리고 연등의 식과 제등행렬, 혹은 등을 들고 불탑 주위를 도는 탑돌이를 하게 되는데 이러한 풍속은 고려시대 연등회에서 민속적인 형태를 띠면서 연행되었다. 고려 연등회는 탑돌이 등의 불교의식이 점차 민속화되어가는 과정을 이해하는 중요한 요소"라고 한다.

비롯한 팔관회 등의 다양한 의례와 행사에서 탑돌이의 존재를 충분히 유추할 수 있다.

다음으로 조선시대 탑돌이에 관해 살펴보자. 조선은 건국의 이념을 숭유억불로 내세우면서 다양한 억불정책을 시행하였다. 그 결과 국가불교의 지위를 누렸던 불교는 급속히 위축되었고, 조선중기 이후 불교는 서민불교로 변화해 나갔다. 이 시기 탑돌이에 관한 기록은 몇몇에 불과하다. 억불정책의 영향 탓이기도 하지만, 탑돌이는 이미 고려시대 이후 민속화되어 기층사회에 일상적으로 자리 잡고 있었으므로 조선왕조실록 등의 역사서에 기록을 남길만한 특이 사항이 없었던 때문이라 생각된다. 조선시대 탑돌이를 유추할 수 있는 사례가 원각사圓覺寺이다. 원각사는 고려 때 흥복사興福寺로 창건되었는데, 1464년(세조 10) 세조가 창건을 시작하여 1467년(세조 13) 10층석탑의 완공과 함께 낙성되었다.

원각사를 창건하는데 중요한 역할을 한 인물이 태종의 둘째아들 효령대군(1396~1486)이었다. 돈독한 신앙심을 가졌던 그는 양주 회암사에서 원각법회를 열다가 탑의 사리가 분신分身하는 영험을 체험하였다.

> 근일에 효령대군이 회암사에서 원각법회를 베푸니, 여래가 현상現相하고 감로가 내렸다. 황가사黃袈裟의 승려 3인이 탑을 돌며 정근하는데 그 빛이 번개와 같고, 또 빛이 대낮과 같이 환하였고 채색 안개가 공중에 가득 찼다. 사리 분신이 수백 개였는데, 곧 그 사리를 함원전에 공양하였고, 또 분신이 수십 매였다. 이와 같이 기이한 상서는 실로 만나기가 어려운 일이므로, 다시 흥복사를 세워서 원각사로 삼고자 한다.[20]

효령대군의 영험담을 전해들은 세조는 마침내 원각사를 짓고 탑을 조성하여 사리를 봉안한 것이다. 여기서 주목하는 대목이 "황가사의 승려 3인이 탑을 돌며 정근"하였다는 사실이다. 즉 회암사에서 원각법회를 개최할 때, 탑돌이를 행한 사실을 알 수 있다. 탑돌이의 결과, 마침내 사리가 분신하였고, 원각사와 석탑의 건립으로 이어졌다. 4월 8일 탑이 완성되는 날, 낙성식을 기념하여 연등회를 시행하였다.[21] 앞서 고려의 사례에서 보았듯이 연등회를 개최할 때는 탑돌이가 빠지지 않는 중요한 의식이었다. 더구나 탑 조성의 연기緣起가 탑돌이에서 비롯되었음을 생각하면 이 날의 행사 하이라이트는 역시 탑돌이가 되었을 것이다.

원각사탑은 지금도 그 뛰어난 조형미와 예술성에 감탄하지만, 당시부터 천하제일의 탑으로 일본에까지 유명하였다.[22] 원각사는 곧 한양의 명소가 되었고, 한양 사람들의 탑돌이 장소가 되었다. 달 밝은 보름날 밤의 원각사는 탑을 도는 사람들로 마치 달 속의 궁전을 방불케 하였다고 한다.[23]

20 『세조실록』, 10년(1464) 5월 2일.
21 "원각사 탑이 완성되자 연등회를 열어 낙성하도록 하였다." 『세조실록』, 13년(1467) 4월 8일.
22 ① "일본 승려 道間 등이 拜辭하고, 이어서 아뢰기를, "僧은 중국의 사찰을 두루 관람하여 보았는데, 듣건대 원각사의 탑이 천하에서 제일이라 하니, 원컨대 오늘 구경하고자 합니다." 『세조실록』, 13년(1467) 3월 6일.
② "예조에 전교하기를, 옛날부터 일본국의 사신이 오면 틀림없이 원각사와 흥천사 두 절을 보려고 요구하니, 허술하고 소홀한 일이 있게 하여 다른 나라 사람으로 하여금 그것을 보도록 할 수는 없다. 두 절의 주지로 하여금 미리 먼저 布置하도록 하라." 『성종실록』, 25년(1494) 5월 7일.
23 이규태, 『한국인의 재발견-서민의 의식구조』, 문리사, 1977, p.237.

3. 오늘날의 탑돌이

탑돌이는 일제강점기를 거치면서 거의 사라져갔다. 일제는 1912년 「각 본산사법」을 제정하여 범패와 작법무 등을 금지하였다. 불교 전반에 걸 친 제한, 금지사항을 규정하였는데 이 중 제7장 '법식'에서 "법회 의식의 방법은 종래에 거행하던 청규를 따른다. 다만 화청和請·고무鼓舞·나무鑼 舞·작법무作法舞 등은 일체 폐지한다."고 하여 범패를 금지시켰다. 일제 는 화청과 작법무 등의 범패를 금지한 이유를 명확히 설명하지 않았지 만, 범패 등이 단순히 불교의례에 그치지 않고 한민족의 문화전통으로서 민족성을 발현하는 중요한 기능을 한다고 판단했기 때문이라 생각된 다.[24] 불교의례는 집단이 지닌 공통 감정을 상징으로 표현하는 것이므로 의례를 집행함으로써 집단의 결합력을 굳게 하는 기능을 지닌다고 한 다.[25] 즉 일제는 원활한 식민통치를 위해 한민족의 결속을 강화하는 불온 한 불교의례를 일체 금지할 필요가 있었다고 보인다.[26]

탑돌이에는 범패와 작법무가 반드시 수반되므로, 이를 금지한다는 것 은 곧 탑돌이를 금지한다는 것과 같은 의미이다. 일제는 대중집회가 민 족정신을 고취한다는 우려 속에 철저히 봉쇄하였고, 많은 군중이 집결,

---

24 한상길, 「한국 근대불교의 의례와 범패」, 이 책 제9장, pp.309~310.
25 홍윤식, 『영산재』, 대원사, 1991, pp.13~14, "불교의례가 지니는 종교적 의의는 첫째 종교적 대상에 대한 실재감을 고양시키며, 둘째 집단과 사회에 대한 확인이라는 점이다. 여기서 의 례는 집단이 지닌 공통 감정의 상징화라고 할 수 있다. 상징화 작용, 다시 말해 의례를 집행 함으로써 집단의 결합력을 굳게 하며 나아가 사회적 관습으로까지 진행되어 사회를 이끌어 가는 원동력이 되거나, 사회 집단 구성원의 무의식에까지 침투하여 구성원 개인의 안정감은 말할 것도 없고 사회 집단 전체의 방향성을 부여하기도 한다."
26 한상길, 「근대 화계사의 역사와 위상」, 『대각사상』 19, 대각사상연구원, 2013, pp.346~348.

동참해야 하는 탑돌이는 어쩔 수 없이 사라져 갔다.

탑돌이는 1970년대 들어 다시 등장하였다. 이 무렵 민족 고유의 공동
체문화와 놀이 등이 주목받으면서 탑돌이가 복원되었다. 그 첫 시작이
법주사 탑돌이였고, 뒤이어 월정사, 중원탑, 해인사, 만복사, 불국사, 원
각사 등이 이어졌다.

1) 법주사 팔상전 탑돌이

1970년 10월 전남 광주공설운동장에서 제11회 전국민속예술경연대회
가 열렸다. 이때 충북팀의 법주사 팔상전 탑돌이가 참가하여 문공부장관
상을 수상하였다. 법주사는 553년(진흥왕 14) 의신義信이 창건한 유서 깊은
사찰이다. 776년(혜공왕 12) 진표眞表와 그의 제자 영심永深 등이 중창하여
절 이름을 길상사吉祥寺라 하고 미륵신앙의 중심 도량으로 삼았다. 고려
충렬왕 때 자정국사慈淨國師가 머물면서 경론의 주석서 92권을 찬술하였
다. 조선시대에 들어와 세조 때 신미信眉가 절을 크게 중창했으나, 임진왜
란 때 대부분의 전각이 불탔다. 1605년(선조 38)부터 1626년(인조 4)에 걸
쳐 사명당 유정(1544~1610)이 중창하면서 팔상전을 중창하였다. 팔상전
(국보)은 우리나라 유일의 목조 5층탑이다. 탑 안에는 4면에 각 2폭씩 8폭
의 팔상도가 있고 그 앞으로 4면에 열반상을 포함한 삼존불상과 천불상
을 봉안하였다.

법주사의 탑돌이는 바로 이 팔상전을 중심으로 전개된다. 신라의 대표
적인 탑돌이인 홍륜사 탑돌이가 전탑, 즉 목탑을 대상으로 하였듯이 법
주사의 탑돌이는 신라문화를 계승하는 유일한 목탑 탑돌이이다.

법주사 탑돌이에 관해서는 자세한 연구보고서와 논문이 있다.[27] 홍윤식이 1972년 법주사 탑돌이에 관한 종합적인 보고를 하면서 현대 들어 탑돌이 연구에 관한 관심이 시작되었다. 이후 법주사 탑돌이에 관한 연구는 대부분 홍윤식의 보고에 기반을 두었고, 1997년 이창식이 현장 조사하였다.[28] 이를 토대로 법주사 탑돌이를 정리해본다.

〈그림 1〉 법주사 탑돌이. 1978년 제19회 전국민속예술경연대회

27 홍윤식, 「법주사탑돌놀이」, 무형문화재 조사보고서 제14집[103호], 문화재청, 1972, pp.417 ~535. ; 국가기록원 나라기록(http://contents.archives.go.kr) ; 이창식, 「보은 속리산 법주사 탑돌이」,『속리산의 민속과 축제』, 민속원, 1999. ; 윤덕경, 「속리산 법주사 팔상전 탑돌이에 대한 연구」,『한국무용연구』21, 한국무용연구회, 2003. ; 오출세, 「3.법주사 탑돌이」,『한국불교민속문학연구』, 집문당, 2008.
28 법주사 탑돌이는 무형문화재로 지정되지 않았다. 그런데 몇몇의 연구에서 이를 '무형문화재 103호'로 지정되었다고 서술하고 있다(이창식, 「보은 속리산 법주사 탑돌이」, p.85. ; 오경후, 「월정사 8각9층석탑과 한국의 탑돌이」 p.109.). 1972년 홍윤식이 법주사 탑돌놀이를 보고하였고, 문화재관리국에서 행정상의 관리번호로 제103호라고 명명하였다. 즉 무형문화재 지정번호가 아니고 관리번호일 뿐인데 이를 착각한 듯하다.

(1) 복원 · 재현

법주사 탑돌이는 1970년 당시 충청북도 교육위원회에 재직 중이던 박
재용이 발굴, 제12회 전국민속경연대회에 참가하였다. 충청북도로서는
처음으로 민속놀이 부분에서 문공부장관상을 받았다. 조선후기 이래 단
절되다시피 한 탑돌이를 본격적으로 복원한 의미 깊은 일이었다.

그 후 청주에서 열린 제15회 민속예술경연대회에서는 시범종목으로
초청받았고, 1978년 춘천에서 열린 제19회 민속예술경연대회에 참가하
였다.[29] 당시의 시연 모습을 사진으로 확인할 수 있다.[30] 행사장에는 법
주사 팔상전을 축소 재현한 모형이 있다. 이를 중심으로 승복을 입고 고
깔모자를 쓴 스님이 호적 등의 악기를 연주하며 탑돌이를 선도한다. 그
뒤로 나비춤을 추는 스님, 한복을 입은 신도들이 합장하며 돌고 있는 광
경이다. 시연 이후 법주사 탑돌이는 크게 주목받았고 마침내 무형문화재
로서의 본격적인 조사보고가 진행되었던 것이다. 근래에는 매년 사월초
파일에 보은문화원이 주관하는 '속리축전' 행사의 하나로 진행되고 있다.

법주사의 탑돌이가 조선시대에 어떻게 진행되었는가를 알려주는 자료
는 남아 있지 않다. 1626년 팔상전을 중건한 이후 이 탑은 법주사의 중심
전각으로 자리 잡아 여러 차례의 탑돌이가 시행되었을 것이 틀림없다.[31]
아쉽게도 전하는 자료가 없다. 다만 1910년대까지 이어졌다는 사실만이

---

29 당시 명칭은 '속리산탑돌이'였다.
30 『한국민속대관』 제4권, 고려대 민족문화연구소, 1982.
31 "옛부터 많은 신도와 일반주민 그리고 수도승들이 모여 이 팔상전을 돌며 수도, 염원, 송덕,
   공양을 올렸고, 불탄일이나 중추 달 밝은 보름밤이면 俗離齋와 아울러 범패에 맞추어 즐겁
   고 흥겨운 탑돌이가 이루어졌던 것이다." 홍윤식, 「법주사탑돌놀이」, 앞의 글, p.421.

전한다.

(2) 진행 절차

법주사 탑돌이는 육바라밀 또는 십바라밀의 정진 과정에 따라 진행된
다. 현재의 탑돌이는 십바라밀정진도에 따라 진행되는데 연행 방법과 의
미는 다음과 같다.[32]

십바라밀정진도(건봉사 바라밀석주, 편집)

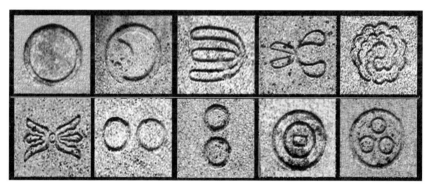

- 상 : 보시 – 지계 – 인욕 – 정진 – 선정
- 하 : 지혜 – 방편 – 원 – 역 – 지

① 보시布施

의미 : 둥근 달의 형태로 돈다고 해서 원월圓月이라 한다. 중생의 마음

---

32 홍윤식, 앞의 글, pp.427~436.

을 만족하게 하는 것이 청정허공淸淨虛空에 광명월륜光明月輪이 무사원조無邪圓照하는 것과 같음을 나타낸다.

연행 : 탑을 중심으로 왼쪽에서 오른쪽으로 둥글게 원을 그리며 돈다.

② 지계持戒

의미 : 반월형半月形이며, 방비防非, 지악止惡, 정계淨戒를 점차 수행하는 것은 초승달이 어둠을 뚫고 밝음을 낳게 하는 것과 같음을 의미한다.

연행 : 반달형으로 돌면서 춤을 춘다.

③ 인욕忍辱

의미 : 신날[鞋經]형으로 외욕을 참고 법성을 밝힘은, 신의 날이 발 바깥쪽의 가시를 막아서[外刺防禦] 장애물을 막아주듯이 충족하는 마음[足心]을 갖게 한다는 의미를 지닌다.

연행 : ㄷ자로 오른쪽에서 왼쪽으로 돈다.

④ 정진精進

의미 : 가위[剪子]형이며 일체의 지혜가 그 방향을 바꾸지 않는 것이 가위가 물건을 자를 때 유진무한[有進無限]함과 같다는 것을 나타낸다.

연행 : 열 십자를 옆으로 눕혀 놓은 ×자형으로 왼쪽에서 오른쪽으로 돈다.

⑤ 지혜智慧

의미 : 절구형[金剛杵]이며 지혜로움을 내세워 진행에 장애가 없다는 것
  을 나타낸다.

연행 : 절구형으로 돈다.

⑥ · ⑦ 방편方便과 원願

의미 : 방편과 원은 동시에 이루어진다. 방편은 중생을 성숙하게 하여
  사해를 건너는 것이 마치 한 샘에서 두 우물을 만들어[双井分作]
  동서가 두루 편하다는 것을 의미하고, 원은 일체의 불찰佛刹과
  일체의 중생이 보살행을 닦는 것이 전후 두 우물에서 귀천貴賤
  이 각각 물을 각각 얻는다는 것을 의미한다.

연행 : ⑥ 방편 : 좌우로 두 개의 원을 그리며 돈다.

  ⑦ 원 : 앞뒤로 두 개의 원을 그리면서 돈다.

⑧ 역力

의미 : 두 개의 고리[卓環二周]형으로 바른 힘[正力]을 표시하며 인가에
  울타리를 지어 밤낮으로 순환하며 외침을 방지한다는 뜻을 담
  고 있다.

연행 : 작은 원 밖에 다시 큰 원을 만들어 두 겹으로 돈다.

⑨ 지智

의미 : 별 가운데 둥근 달과 같은 모습[星中圓月形]으로 삼세일체법을 여
  래지如來智로서 알아내는데 아무 거칠 것이 없음[無障無碍]은 둥근

달이 원근을 두루 비추는 것과 같음을 의미한다.

연행 : 작은 원 세 개를 별개로 돌고 이를 감싸는 큰 원을 그리며 왼쪽
에서 오른쪽으로 돈다.

이와 같이 십바라밀정진의 의미를 구현하기 위해 열 종류의 도상에 따
라 탑돌이를 행한다. 다만 십바라밀 중에서 선정형禪定形은 복잡한 구름모
양이어서 구현하기가 어렵기 때문에 실제 탑돌이의 연행에서는 생략한
다.

법주사 탑돌이는 속리산 지역의 산신제, 탑신제, 서낭제, 거리제 등의
민속문화를 바탕으로 진행되었다. 법주사 탑돌이의 민속연희는 불교신앙
의 테두리에 갇혀 있는 것이 아니라 세시풍속이라는 연중의례에 따르는
개방적인 불교의례의 민속화 현상을 보여준다고 한다.[33]

2) 월정사 탑돌이

월정사 탑돌이는 1977년 9월에 재연하였다. 춘천에서 열린 제1회 태백
문화제에 참여하면서 오랫동안 단절되었던 탑돌이를 재구성하였다.[34] 월
정사의 대표적 성보문화재인 8각9층석탑(국보)은 절의 성쇠를 함께 해왔
다. 한국전쟁의 와중에서 절이 전소되는 비운을 겪었지만 탑만은 고려전
기 조성 당시의 모습을 그대로 간직하고 있다. 그러므로 탑은 일찍부터

이창식, 앞의 글, pp.179~181.
34 원행, 「월정사 탑돌이 구성과 의식전래-1970년대 월정사탑돌이 의식을 바탕으로」, 『오대산
의 불교와 전통문화』 세미나 자료집, 월정사, 2010. 10. 13.

월정사의 중심이었고, 이에 따른 다양한 신앙 행위가 이루어졌음을 짐작할 수 있다. 1977년의 탑돌이는 노스님들의 구전을 종합하여 재구성하였다. 노전스님이 총지휘를 맡아 50인이 30분간의 민속놀이 형태로 진행하였다. "법주法主가 맨 앞에 서서 게송을 선창하면 바라지가 뒤따르며 후렴을 받고, 그 뒤의 선남선녀가 합창하며 탑을 돌았다.[35] 같은 해 10월 월정사 탑돌이는 수원에서 열린 제18회 전국 민속예술 경연대회에도 참여하였다. 당시 다양한 민속놀이 22개 종목이 참가하였고, 월정사 탑돌이는 강원도 대표로서 민속예술과 불교의례를 선보여 주목을 받았다.[36] 법주스님의 게송을 선창하면 뒤의 바라지스님이 후창을 받는 범패의 문답식 화창으로 이어졌다. 범패와 승무를 맡은 9인의 스님 등 50여 명이 참가하였다.

1978년에는 평창군이 주관한 제1회 노성제魯城祭에 참가하였다. 진행과 절차, 시간 등 전년도와 크게 달라지지 않았다. 당시 민속 문화의 발굴과 계승에 대한 사회적 열망이 고조되었고 이를 보급하기 위한 공연 형식의 탑돌이였다. 2000년대 들어서 이러한 경험을 바탕으로 탑돌이는 사월초파일 등 중요행사의 일환으로 정착되었다. 2013년부터는 탑돌이보존회를 설립하고 매달 음력 14일을 탑돌이 날로 지정, 정례화 하였다. 아울러 여러 차례의 학술대회를 개최하여 원형을 계승하고, 창조적으로 발전시키려는 노력을 기울이고 있다.[37] 이러한 노력의 결과 월정사 탑돌이는

---

35 「제1회 태백문화제」 안내장. 예총강원도지부, 1977.
36 「오늘에 되살린 '옛 슬기와 얼' 민속예술 경연」 『동아일보』 1977. 10. 27.
37 월정사는 탑돌이를 주제로 한 세 차례의 학술대회를 개최하였다. 대표적인 연구는 다음과 같다. 홍윤식, 「오대산의 불교문화와 월정사 탑돌이의 역사」 ; 심효섭, 「월정사 탑돌이의 구성과 발전방향」 ; 원행, 「오대산 월정사 탑돌이」 ; 이재수, 「월정사 탑돌이의 불교문화콘텐츠 개발 및 활용방안」 이상, 『월정사 탑돌이 원형복원을 위한 세미나』 자료집 수록. 월정사,

2016년에 강원도 무형문화재로 지정되었다. 탑돌이가 무형문화재로 지정된 유일한 사례이다.

3) 충주 중원탑돌이

중원탑돌이는 1992년부터 시작하였다.[38] 충주시 가금면 탑평리에는 9세기초에 조성된 7층석탑이 있다. 정확한 이름은 중원탑평리 7층석탑(국보)인데 중원의 위치가 우리나라 중앙부이므로 속칭 '중앙탑'이라고도 한다. 높이 14.5m로 통일신라시대 석탑 중에서 가장 규모가 크다. 이 석탑은 당연히 가람의 일부분이었지만, 지금은 터만 남아 절 이름조차 알 수 없다.

1992년 충주지역 불교총연합회에서 남북통일기원 대법회 차원에서 영산대재, 방생법회 등과 함께 탑돌이를 시작하였다. 중원탑돌이는 법주사와 해인사, 불국사, 상원사 등의 탑돌이와 함께 원형성과 제의성祭儀性을 지니고 있다고 한다.[39] 그런데 2001년의 실제 시행과정과 절차를 보면

2010. 10. 13. ; 자현, 「불탑의 기원과 탑돌이 문화의 성립」 ; 홍대한, 「월정사 8각9층석탑의 한국적 위상」 ; 오경후, 「월정사 8각9층석탑과 한국의 탑돌이」 ; 이철헌, 「월정사 탑돌이의 전승과 현재」 이상, 『2018 평창 동계올림픽의 무형문화 연구를 위한 월정사 8각9층석탑과 불교의 탑돌이』 세미나 자료집 수록, 월정사·한국선학회·강원일보 2013. 10. 18. ; 홍윤식, 「월정사 탑돌이의 역사적 전개」 ; 윤광봉, 「월정사 탑돌이의 예능고찰」 ; 김용덕, 「월정사 탑돌이의 문화재적 가치」 ; 구미래, 「월정사탑돌이의 민속과 계승방안」 ; 자현, 「월정사탑돌이에 대한 문화철학적 배경 검토」. 이상, 『2013년 월정사탑돌이보존회 학술 보고회』 자료집 수록, 월정사, 2013. 11. 23.
38 이창식, 「충주지역 중앙탑돌이의 현상과 활용방안」, 『충북개발연구』 13-1, 충북개발연구원, 2002.

앞서 언급한 법주사 탑돌이와 거의 일치하고 있다. 즉 십바라밀 정진도에 따른 도상, 바라춤, 나비춤 등이 법주사 사례와 동일하다. 아마도 중원탑 만의 탑돌이 기록이나 과거 시행 사례가 없어 법주사의 사례를 차용한 듯하다.

역사속의 문화를 복원, 재현하는 일은 부단한 노력과 연구가 필요하다. 더구나 탑돌이와 같이 민속화된 의례는 불변의 정형성定型性을 지니는 것이 아니라 시대에 따라, 주도자에 따라 변화하는 속성을 지녔다. 이 과정에서 특정 지역의 기층문화가 자연스럽게 습합되면서 독특한 지역성을 지니게 된다. 중원탑돌이에 관한 기록이 전혀 없는 실정이지만, 그렇다고 해서 법주사 등의 사례를 획일적으로 적용한다는 것은 진지하게 고민해볼 문제일 것이다. 나아가 탑돌이를 지역축제로서의 일회성 행사로 인식하는 행정적 사고부터 바꿔야 할 듯하다.

4) 해인사 탑돌이

해인사의 탑돌이는 기존의 탑돌이와는 다르다. 일반적으로 탑돌이를 행할 때, 합장하거나 각종 등을 들고 탑을 돈다. 해인사에서는 이와 달리 머리에 대장경판을 지고 탑을 돈다. 그래서 이름도 '해인사 호국팔만대장경 정대불사'라고 한다. 정대頂戴는 글자 그대로 '머리에 이는, 또는 머리

---

39 이창식, 앞의 글, pp.73~74.

에 받드는 행위'를 가리킨다. 이것을 불교적인 의례로 부연한다면 '불상이나 경전 등을 머리에 받드는 행위'로, 가장 지극한 존경의 뜻을 표시하는 것이다. 정대신앙은 관세음보살에게서 유래한다. 관세음보살이 본사本師인 아미타불을 예경하기 위하여 머리의 보관寶冠에 불상을 모시고 있는데 여기서 정대신앙이 유래하였다는 것이다. 머리를 중시하는 습속은 동서고금을 막론한 것이겠지만, 불교에서도 가장 극진한 존경과 예경을 표현하기 위해 이러한 정대신앙이 발생한 것으로 보인다. 결국 대장경 정대불사는 경전신앙을 가장 극진하게 표현하는 의례 행위라고 정의할 수 있다.[40]

우리 역사에서 경판을 정대하는 의례는 없었다. 다만 중국의 양무제(502~549)가 지은 다음 기록에서 그 유래를 어느 정도 짐작할 수 있다.

> 원하옵건대 여러 불보살께서 반야의 인연으로 동시에 모이셨으니, 만품萬品을 불쌍히 여기고 온갖 중생을 보살펴서서 은혜로운 흐름에 들게 하여 부처님의 바다로 다 함께 돌아갈 수 있도록 하여 주시옵고, 금강의 묘한 보배를 얻고 금첩金牒의 깊은 경전을 깨닫게 하여 주시옵소서. (이것을) 머리에 이고 받들어 모시면서 죽을 때까지 떼지 않겠나이다.[41]

양무제는 경전을 머리에 이고 받들어 모시면서 평생토록 떼지 않겠다

---

40 김상영, 「경판 정대신앙의 유래와 의의」, 『월간 해인』 218, 해인사, 2000.
41 "願諸佛菩薩以般若因緣同時集會 哀怜萬品護念群生 引入惠流同歸佛海 得金剛之妙寶見 金牒之深經 頂戴奉持終不捨離" 「金剛波若懺文」, 『廣弘明集』 권28(高麗藏33, 632c10).

고 부처님께 다짐하였다. 경전을 정대하는 것은 최고의 존경을 표하는 행위이지만, 아울러 경전에 햇빛을 보게 하여 벌레나 먼지 등을 방지한다는 실용적 의미도 포함되어 있다. 조선왕조실록 판본도 정기적으로 햇빛에 말리는 포쇄曝曬를 하였다.[42] 사서史書 등의 목판을 포쇄하는 일은 우리 역사에서 흔히 볼 수 있는 일이었지만, 대장경을 포쇄한 사례는 발견하지 못했다. 즉 대장경을 정대하면서 포쇄하는 의식은 전통시대의 문화가 아니라 근래부터 시작되었다. 1959년 해인사의 영암스님이 일제의 식민지 잔재를 청산하고 팔만대장경에 담긴 호국정신을 다시 세운다는 의미로 정대불사를 시작하였다. 이후 현재까지 매년 4월 중순이면 어김없이 정대불사를 시행하고 있다.

해인사의 정대불사에서 이채를 띄는 것은 신라 의상이 찬술한 「화엄일승법계도」의 도상에 따라 탑돌이를 한다는 점이다. 「화엄일승법계도」는 『화엄경』의 근본정신과 깨달음의 과정을 210자로 풀이한 명저인데, 그 도상이 갖는 현대적 이미지를 탑돌이에 활용하고 있다. 즉 대적광전 앞의 3층석탑[庭中塔]을 중심으로 법계도의 도상에 맞춰 구획을 나누어 탑돌이를 행한다. 머리에 대장경판을 이고,[43] 법계도를 도는 모습은 해인사에서만 볼 수 있는 색다른 장관이다. 구체적인 과정은 다음과 같다. 아침 일찍 괘불을 대적광전 앞에 봉안한다. 스님들의 목탁소리에 맞춰 의상의 법성게[一乘發願文]를 독송하며 먼저 대장경판전을 돌아 나온다. 3층석탑에 이르러 법계도의 동선에 따라 한 바퀴 돈다.

---

42 "命同副代言李明德 賜醞于春秋館 循舊例曝曬國史也"『태종실록』, 16년(1416) 7월 21일.
43 대장경 목판의 보존 문제 때문에 실제로는 모각 경판으로 대신한다. 정대불사 초기에는 목판 대신 화엄경 등의 인출본을 사용하였다고 한다.「(기획대담-종성)호국팔만대장경 정대불사」,『월간 해인』 326, 해인사, 2009.

해인사의 정대불사는 탑돌이를 변용한 현대 불교의례의 성공적인 사례이다. 역사 속의 해인사가 지닌 문화 콘텐츠를 훌륭하게 활용하고 있다. 의상은 절의 창건주 순응順應과 이정利貞의 스승이었고, 그가 찬한 법계도와 법성게에 따라 고려인의 호국정신이 담긴 팔만대장경을 정대하며 탑을 돈다. 모든 의례와 절차가 해인사가 지닌 중요한 문화자원인 것이다.

화엄일승법계도

5) 통도사 탑돌이

통도사 탑돌이는 절의 대표적인 성보인 금강계단(국보)에서 진행한다. 절이 창건된 이래 매년 초파일에 탑돌이를 했다고 전한다. 특별한 의식구를 이용하지는 않지만, 스님과 신도들이 염주를 들고 탑돌이를 한다. 진행 절차는 스님이 선두에서 독경하고, 대중이 합장한 채, 그 뒤를 도는 비교적 단순한 과정이다. 그러나 부처님의 진신사리를 봉안한 금강계단이므로 탑돌이의 의미와 가치는 남다를 것이라 보인다. 매월 초하루와 초파일, 개산대제 등 특별한 날에 개최한다.[44] 2005년 7월에는 양산시의 양산예술전통보존회가 전래하는 통도사 탑돌이를 작품화하여 경상남도 민속예술축제(진주 공설운동장)에서 시연하기도 하였다.[45]

6) 만복사 탑돌이

전북 남원의 만복사萬福寺 탑돌이는 절이 창건된 고려 문종 때(1046~1083) 시작되었다고 한다. 조선전기에 김시습(金時習, 1435~1493)이 지은 한문소설 『만복사저포기萬福寺樗蒲記』에 보면 음력 3월 24일에 남원의 젊은 남녀와 지역 주민들이 만복사를 찾아와 향불을 피우고 저마다 소원을 빌었다. 이 때 토성밟기와 함께 탑돌이가 행해졌다고 한다.[46] 토성밟기는

---

44 '통도사 탑돌이' 『한국향토문화전자대전』(http://www.grandculture.net)
45 『양산신문』 2005. 6. 21.(http://www.yangsanilbo.com/news/articleView.html?idxno=26600)
46 '만복사 탑돌이' 『한국향토문화전자대전』

남원의 전통 축제로서 이 지역에 전해오는 가장 오래된 민속 축제이다. 만복사는 남원부의 비보사찰로 창건되었는데, 풍수지리에 따르면 남원 지역은 행주형行舟形이어서 무거운 돌이나 토성을 쌓아야 한다고 하였다. 토성을 쌓은 이후 나라의 안녕을 기원하고 풍년을 비는 토성밟기 행사가 민속으로 정착되었다. 고려 때 절이 창건된 후 만복사가 이 행사를 주관하였고, 아울러 탑돌이도 진행되었다. 언제인가부터 중단되었다가 1982년 남원문화원에서 탑돌이와 토성밟기를 다시 재현하였고, 2002년부터는 남원시 사암연합회와 불교신행단체연합회 주관으로 대대적인 불교행사로 개최되고 있다.

탑돌이를 하기 위해서는 먼저 절 마당 곳곳과 주변의 나무에 등불을 단다. 등에는 등을 단 주인의 이름과 소원을 적는다. 저녁이 되면 등마다 촛불을 켜고 스님들이 크게 원을 만들면서 탑 주위를 돈다. 그 뒤를 대중과 탑돌이에 참가하는 사람들이 따른다. 탑돌이를 할 때 청춘 남녀들이 많이 모이기 때문에 특히 미혼 남녀에게 인기 있는 행사였다. 1982년 그동안 단절되었던 만복사 탑돌이와 토성밟기를 남원문화원에서 처음 발굴 재현한 이래 2002년부터는 남원시 사암연합회와 불교신행단연합회가 개최하고 있다.

7) 원각사 탑돌이

원각사는 태조가 세운 흥복사興福寺를 대규모로 중창하여 1467년(세조 13)에 완성하였다. 사월초파일 10층석탑이 완성되자 낙성식을 하면서 탑돌이를 비롯한 연등회를 개최하였다. 석탑을 비롯한 가람의 위용은 억불의 시대를 무색케 할 만큼 장엄하였고, 국왕과 신하, 도성안의 많은 백성들이 한자리에 모여 밤늦도록 연등회를 펼쳤다. 절은 궁궐에서 가까운 종로거리의 한복판에 위치하여 왕실은 물론, 외국 사신까지 방문을 원하는 명소가 되었다. 무엇보다 저마다의 소원을 지닌 백성들의 발걸음이 이어졌고, 그때마다 탑돌이는 이들의 마음에 편안한 안식을 주기에 충분하였을 것이다. 연산군이 절을 기방으로 전락시킬 때까지 원각사 탑돌이는 한양 백성의 소중한 기원 의례였다.

원각사에는 현재 10층석탑과 대원각사비 정도만 남아 있다. 절터이지만 1919년 3.1운동의 독립만세운동이 이곳에서 시작되어 독립운동의 역사적 성지로 보존되고 있다. 현대 들어 이곳에서 탑돌이가 재현되었다. 1988년 8월 14일에 <8.15남북불자공동기원법회 전야제-통일기원 탑돌이 법회>가 열렸다.[47] 대한불교청년회와 조계사청년회 등 청년불자들이 연합하여 통일을 기원하는 탑돌이 법회를 개최하였다. 1972년의 7·4남북공동성명에서 합의한 조국통일의 3원칙을 천명하고, 실천을 발원하는 자리였다. 1980년대 통일운동의 시대성이 탑돌이에 반영된 사례이다.

이날 탑돌이에서는 전래의 「탑돌이 노래」를 개사하여 통일의 의지를 담아 함께 불렀다. "우리선조 피땀으로 가꾸시고 빛내신 영광조국 우리나라 어이한들 나뉠손가. 물과 물이 합하듯이 불과 불이 합하듯이 우리같이 우리동포 한맘한맘 이뤄지어 육천만이 얼싸안고 해방춤을 추어보세."[48] 80년대의 사회상에 따른 탑돌이의 변화 모습을 보여주는 사례이다. 90년대 들어서도 원각사의 탑돌이는 계속되었다. 특히 절의 위치가

---

47 민주화운동기념사업회 Open Archives (http://archives.kdemo.or.kr/isad/View/00869874)
48 「탑돌이 창」, 앞의 주 46)과 동일.

부처님 오신날 연등행렬이 지나는 곳이어서 탑돌이는 물론, 각종 법회와 공연이 이루어졌다. 2004년 8월에도 통일기원탑돌이를 하였고, 최근에도 계속 이어지고 있다.

4. 맺음말

불교의 수용과 함께 시작된 탑돌이는 한민족의 문화와 민속으로 자리 잡았다. 탑돌이는 특별한 의례 절차나 의식구 등을 필요로 하지 않는다. 그저 합장하거나 등을 들고, 때로는 발원문을 독송하며 탑을 도는 행위 만으로 소원을 이룰 수 있다는 어렵지 않은 의례이다. 현실의 고통과 어려움을 극복하는 대중적인 기원신앙으로 성행할 수 있었던 배경이다. 특히 신분제 사회에서 탑돌이는 빈천한 이들이 쉽게 행할 수 있는 기도였고, 의지처였다. 신라 경덕왕 때(742~765) 진주의 미타사彌陀寺에서 현신으로 성불한 욱면郁面이라는 여종의 이야기에서 탑돌이의 가능성을 엿볼 수 있다.[49] 즉 욱면은 주인을 따라 절에 가지만 법당에는 들어가지 못하는 신세였다. 이에 마당에 서서 스님의 염불을 따라하였다. 법당 앞에는 탑이 있었을 것이고, 이 탑을 돌면서 기도하는 모습을 떠올리게 한다. 마침내 욱면은 감응을 받아 즉신성불卽身成佛하였다는 이야기이다. 고귀한 신분이라면 노천에서의 탑돌이 보다는 법당에 올라 편안하게 참배하게 마련이다.

---

49 『삼국유사』 권5, 감통 제7, 「郁面婢念佛西昇」

탑돌이는 주로 개인이나 소수가 아닌 집단적, 공동체적 의식으로 진행되기 때문에 대중적 성격을 지니게 된다. 고려시대 많은 사람이 운집한 각종 법회와 도량에서 탑돌이가 성행한 사실은 이를 잘 말해준다. 조선시대 원각사의 탑돌이도 연등회의 일환으로 진행되면서 많은 대중이 참여한 축제의 한마당이었다. 이러한 공동체적 성격이 바로 우리나라 탑돌이의 중요한 특성이다. 조선시대 이후 등장하는 여러 탑돌이 노래 역시 이러한 성격을 반영한다. 노래는 혼자가 아니라 대중이 함께 하는 것이므로 공동체 의식과 일체감을 고조시킨다.

탑돌이는 일제강점기에 단절되었다가 근래에 다시 재현하고 있다. 법주사를 시작으로 월정사, 중원탑, 해인사, 만복사, 원각사지, 통도사, 불국사 등 곳곳에서 진행된다. 그런데 이들 탑돌이의 공통점 가운데 하나가 모두 축제의 일환으로 진행한다는 사실이다. 부처님 오신날을 기념하거나 지역 축제의 한 프로그램이다. 탑돌이가 지닌 공동체적 성격이 축제라는 의미와 잘 부합하기 때문이다. 이 과정에서 역사적인 원형성이나 불교의례로서의 신성성이 결여되기도 하지만, 이 역시 우리 문화의 현재를 반영하는 것이라 생각된다. 『무구정광대다라니경』은 탑돌이를 할 때, '근본다라니주根本陀羅尼呪' 일흔 일곱 번을 외우라고 하였지만, 우리 민족은 이를 대신하여 탑돌이 노래를 만들었고, 해인사에서는 의상의 법성게를 암송하기도 한다. 문화의 원형을 중시해야 하지만, 문화는 고정불변하지 않는다. 대중의 생각과 행위가 다수의 공감을 받으며 보편화될 때, 비로소 문화가 된다. 여러 사찰과 문화단체에서 탑돌이를 복원, 재현하려는 현시점에서 진지하게 검토해 볼 문제이다.

3

팔관회의 복원과 재현을 위한 과제

1. 머리말

고려시대의 수많은 불교의례 중에서 팔관회만큼 장기간에 걸쳐 지속적으로 개설된 사례는 매우 드물다. 팔관회는 5백년에 이르는 고려의 역사 가운데 불과 22년의 공백기만 있었을 뿐, 큰 단절없이 계속되었고 강화도로 피난하던 국난의 시기에도 중지되지 않았다. 이러한 중요한 의례였음에도 불구하고 오늘날 팔관회에 대한 관심과 이해는 많이 부족한 실정이다. 여기에는 여러 가지 원인이 있겠지만, 그동안 학계와 불교계 등에서 연등회의 복원에만 관심을 집중한 데 큰 이유가 있는 듯하다. 고려 불교의례의 꽃이라고 할 수 있는 연등회의 복원과 재현은 문화전통의 확립과 확산이라는 측면에서 당연한 일이다. 그러나 연등회는 2012년 국가 유형문화재로 지정되었고, 2020년에는 유네스코 인류무형문화유산으로 등재, 발전의 기틀을 마련하였다. 따라서 이제는 새로운 분야로 관심을 확대해야 할 필요가 있다. 그 대안이 바로 팔관회라고 생각한다.

역사적으로 팔관회는 매년 10월과 11월 보름에 거행되었다. 이 전통에 따라 팔관회를 복원하여 10월 또는 11월에 거행한다면, 현재 5월의 연등회 이외에 별다른 축제가 없는 불교계에 또 하나의 새로운 문화축제가 될 수 있을 것이다.

최근들어 팔관회를 복원, 재현하는 노력이 있었다. 2000년 이후 부산과 대구, 나주 등에서 팔관회의 명칭을 내세운 불교행사가 몇 차례 있었다. 이 중에서 부산의 팔관회가 가장 먼저 시작되었고, 2022년 현재까지 매년 재현 행사를 개최하였다. 부산 팔관회는 이 지역 불교종단의 협의체인 부산광역시불교연합회의 적극적인 주도로 불교계와 시민들이 참여하여 회를 거듭하며 발전하고 있다. 부산이 팔관회의 복원과 재현의 중심 주체가 됨으로써 서울 중심의 편중된 문화적 편차를 극복하는 하나의 대안이 될 수 있다. 팔관회는 역사적으로 11월 15일에는 수도인 개경에서, 10월 15일에는 제2의 수도인 서경에서 각각 개설하였다. 이 전통에 따라 팔관회를 제2의 수도인 부산에서 개최한다면 문화의 지역 균등 발전이라는 측면에서도 매우 바람직한 일이 될 것이다.

이 글은 '5월 연등, 10[11]월 팔관'이라는 고려시대의 문화전통을 오늘에 되살리고, 불교문화의 균형 발전을 도모하기 위한 방안으로써 '부산 팔관회'가 나아가야 할 방안을 모색하는데 목적이 있다. 이를 위해 그동안 부산에서 개최한 팔관회의 구체적 면모를 소개하고, 팔관회의 특징적 요소를 통해 그 원형의 복원과 재현을 위해 노력해야 할 과제를 검토하고자 한다.

2. 팔관회 복원·재현 현황

팔관회는 조선이 건국되던 1392년(태조 1) 중지된 이래 역사 속으로 사라졌다. 고려시대 5백년의 유구한 문화전통이었지만, 새로운 유교적 사회질서에서 국가 차원의 불교의례는 더 이상 시행되지 못하였다.[1] 팔관회는 이제 연구자들의 책상에서만 근근이 오르락내리락 할 뿐이었다. 억불의 시대를 마감하고 근대사회의 불교가 재출발하였으나 불교계는 종단을 건립하고 승가의 체계를 정비하는데 전념하느라 전통문화와 의례 등에 관심을 둘 여유가 없었다. 2000년대에 들어서야 불교계는 비로소 민족의 문화전통으로서 불교의례에 눈을 돌리기 시작하였고, 연등회를 시작으로 영산재, 수륙재, 생전예수재 등이 최근들어 각광을 받고 있다.[2] 이러한 불교계의 전통문화에 대한 관심이 비로소 팔관회까지 이어졌고, 10여 년 전부터 이를 복원하려는 노력이 몇 차례 시도되었다.

---

1 조선시대에 국가차원의 불교의례로서 개설된 사례는 수륙재가 유일하다. 즉 1397년(태조 6) 진관사에 水陸社를 건립하여 왕실의 수륙재를 봉행하기 시작하였고, 연산군에 이르는 1백년이 넘은 기간 동안 국가의례로서의 수륙재가 지속되었다. 한상길, 「조선시대 수륙재의 위상」, 이 책 제5장, pp.167~168.
2 불교의례가 국가문화재로서 지정되면서 불교의 전통문화에 대한 관심이 고조되고 있다. 영산재는 일찍이 중요무형문화재가 되었고, 연등회는 2012년 문화재로 지정되었으며 2020년에는 유네스코 인류무형문화유산으로 등재되었다. 2013년 12월에는 동해 삼화사와 서울 진관사, 마산 백운사의 수륙재가 국가중요무형문화재로 지정되었다. 2019년에는 서울과 경남에서 생전예수재가 문화재로 지정되었다.

최근의 팔관회 재현 행사

사 례	연 도	명 칭	장 소	주최 기관
부산 팔관회	2000~2022 (현재)	불교문화엑스포 팔관회 전통문화팔관회 팔관회 등	해운대백사장 어린이대공원 범어사 등	부산광역시불 교연합회
대구 팔관회	2011. 5. 6~8.	2011 대구 밀레니엄 팔관회	대구 두류공원	대구시
나주 팔관회	2011. 10. 26.	팔관회	영산강 둔치	나주시

이와 같이 현대들어 팔관회 재현 행사는 모두 16회 이루어졌다. 부산에서 2000년에 시작하여 2022년 '2022 팔관회'에 이르기까지 매년 10월에 개설하였다. 위의 사례에는 포함하지 않았지만 1951년 무렵 팔관회(재)를 개설하였다는 증언이 있다. 조계종 원로의원이었던 인환(印幻, 1931~2018)스님이 1951년 부산 백양산 선암사(仙巖寺)에서 수행할 무렵, 당시 주지인 석암 혜수(錫巖 慧秀, 1911~1987)스님이 팔관재를 개설하였다고 한다.

삼장재월의 초하루에 오전 8시에 모여 수계법회를 합니다. (석암스님이) 법상에 올라가 팔관계를 줍니다. 세속의 오계 더하기, 출가스님들이 받는 계 가운데 세 계를 줍니다. 결국 출가스님들이 받는 십계와 같습니다. 그 가운데 꽃으로 장식하고 향을 뿌리고 노래 부르고 춤추고 화려한 것을 보고 이런 것을 하지 말아라 등이 십계에서는 나누어져 있어요. 계를 받게 하고는 일찍이 열시쯤되면 마지 올리고 열시 사십분이나 열한시 전에 법당 의식을 다 마쳐요. 11시 무렵 공양을 하고 12시 전에 모두 마친 후, 법당, 큰방 등 각기 나누어서 각자 자기 수행하는 겁니다. 참선하는 이들은 참선하고, 염불하는 이들은 염불하고, 주력하고, 경을 읽거나 기도하거나 제각기 꼭 어떤 것을 해야 한다는 것은 아니었습니다. 하룻밤이니까 신도들이 거의 안자고 수행하고, 이튿날 8시가 되면 법당에 모여 환계식還戒式을 합니다. 계라는 것은 받기도 하지만, 받은 거 내놓을 수도 있습니다. 계를 받았으면 받은 기간동안 길든 짧든 철저하게 계를 지켜야 하고, 내놓고 본래로 다시 돌아가는, 이것이 불교 계의 특색입니다.[3]

당시 6.25전쟁의 와중에서 많은 사람들이 부산에 피난왔지만 대부분 생존의 위기에 처해 있었다. 석암스님은 이러한 어려운 시기에 불교적인 방법으로 사람들의 마음을 순화하고, 윤리 도덕을 바로 잡아 나가는 것이 필요하다고 생각했다. 팔관재를 개설하는 날이면 70평 남짓한 법당에 4, 5백 명의 신도가 꽉 들어차 성행리에 진행되었다고 한다. 선암사의 팔관재는 1953년까지 대략 12회 정도 진행되었다.

다음으로 나주 팔관회는 1010년 거란의 2차 침입 때 현종이 영산강을 거슬러 나주로 몽진하여 지금의 금성산 심향사에서 나라의 무사 안녕을 기원했던 천 년 전의 역사적 사실을 재현하는 기념행사였다.

대구 팔관회는 2011년 '초조대장경 천년의 해'를 맞아 기획된 여러 행사 중의 하나였는데 이에 맞춰 '밀레니엄 팔관회'라는 명칭을 붙였다. 대구 팔관회는 전체적인 원형과 전통을 복원하기 보다는 일부의 의례만을

3 인환스님 증언, 최동순 대담 · 촬영. 2012. 11. 26.

차용, 재현한 일회성 이벤트였다. 대구 세계육상선수권대회를 기념하기 위한 문화행사의 일환이기도 했다.

1) 부산 팔관회의 현황과 목적

부산 팔관회는 2000년에 시작되어 현대의 팔관회로서는 가장 연원이 오래되었고, 그 규모나 열의, 지속성 등에서 가장 중시되는 사례이다. 구체적인 개설 현황과 특징을 살펴보자.[4]

부산 팔관회 개최 현황

회차	시 기	명 칭	장 소
1	2000. 10. 28.	팔관회	해운대 백사장
2	2001. 9. 23.	팔관회	해운대 백사장
3	2002. 11. 22.	국태민안과 부산발전 기원 고승대덕 증명 팔관회	사직실내체육관
4	2003. 10. 19.	국태민안과 부산발전 기원 고승대덕 증명 팔관회	해운대 해수욕장
5	2004. 11. 12.	국태민안과 2005 APEC 성공개최기원 팔관회	해운대 해수욕장
6	2005. 10. 15.	국태민안과 2005 APEC 성공개최기원 팔관회	광안리 해수욕장
7	2006. 10. 29~30.	팔관회 및 수륙공천도대재	광안리 해수욕장

---

4 이 글은 2013년에 작성하였다. 그러므로 이 시기까지의 현황이다.

8	2007. 11. 6.	팔관회 및 불교수호대법회	부산 KBS
9	2008. 12. 4~7.	2008 불교문화엑스포 팔관회	해운대 벡스코 1층 제2전시관
10	2009. 12. 3~6.	2009 불교문화엑스포 팔관회	해운대 벡스코 1층 제3전시관
11	2010. 12. 2~6.	2010 불교문화엑스포 팔관회	해운대 벡스코 1층 제2전시관
12	2011. 11. 5~6.	2011 전통문화팔관회	초읍어린이대공원내 학생교육문화회관
13	2012. 10. 12~14.	팔관회	범어사 일원
14	2013. 10. 24~26.	팔관회	삼광사, 범어사 등

표에서 보듯이 부산 팔관회는 14회에 이르기까지 명칭과 시기, 개최 장소 등은 변화가 있었지만 한 해도 거르지 않고 꾸준히 지속되었다. 부산에서 팔관회를 개설한 목적은 팔관회가 지닌 소통과 화합의 정신을 고취하는데 있었다고 보인다.

> (팔관회는) 불교가 중심이었지만 특정 종교 행사가 아니라 민족 전체의 소망이 이루어지길 비는 범국가적 행사이자 우리 민족 고유의 전통의례가 결합한 국가 축제로, 외국의 사신과 상인들이 모여드는 국제적인 문화교류의 장이기도 하였습니다. …… 나라와 민족의 성쇠 고락을 함께 해온 불교였던 만큼 팔관회를 통해 우리 사회가 갖고 있는 계층간, 지역간, 종교간의 갈등을 뛰어넘어 온 국민이 하나로 단결하는 계기가 되어야 합니다.[5]

---

5 「2011 팔관회 팸플릿」, 부산광역시불교연합회, 2011, p.10.

팔관회는 주지하듯이 순수한 불교의례만은 아니었다. 최초의 사례인 신라 진흥왕대부터 팔관회는 이미 고유신앙과 습합된 모습으로 시작되었다.[6] 불교의 팔재계를 수지하는 법회에서 비롯되었지만, 민족과 문화의 다양성에 따라 토착신앙과의 결합이 이루어졌다. 이에 따라 고려 태조는 팔관회를 "부처를 공양하고 귀신을 즐겁게 하는 모임"[7]이라 하고, 또 "천령天靈과 오악五嶽, 명산, 산천, 용신龍神을 섬기는 것"[8]이라 하였다. 신라의 팔관회가 전사자를 위령하고,[9] 나라의 평안을 기원하는[10] 등의 제의적祭儀的 의식에서 출발하였다가, 고려시대에는 신앙과 제사, 놀이 등 문화의 융합 양상을 보인다. 이러한 변화의 과정에서도 팔관회를 개설하는 목적만은 변하지 않았고, 이는 바로 국가와 백성이 소통하고 화합하는 것이라고 생각된다. 고려시대의 기사 가운데 대표적인 사례를 보자.

경건한 의식을 갖추어 성대한 예전禮典을 거행하오니, 지성이 하늘을 감동하여 모든 신들이 다 흐뭇해하고 화기和氣가 두루 통하여 만물이 모두 고무되나이다. 삼가 듣건대, 태조신성대왕께서 장차 흥기하실 때 풍진이 들끓고 검극劍戟이 종횡하였으니, 천명에 응하고 인심에 순하여 삼한에 쌓인 난을 고치시고, 왕업을 창건하여 황통皇統을 드리우사 천 년의 국조國祚를 여실 때, "숙살肅殺이 행하여진 뒤에

---

6 최남선, 『조선상식문답』, 삼성문화재단, 1972, p.148. ; 안계현, 「팔관회고」, 『동국사학』 4, 동국대 사학과, 1956, p.32.
7 『고려사절요』 권1, 태조 원년(918) 11월.
8 『고려사』 권2, 태조 26년(943) 4월.
9 『삼국사기』 권4 신라본기 제4, 진흥왕 33년(572).
10 『삼국유사』 권3, 탑상 제4, 「황룡사구층탑」

는 양화陽和가 오고, 뇌정雷霆이 내린 뒤엔 고택膏澤이 흡족해야 한다."고 이르셨습니다. 이에 잔치를 준비하여 신과 인간을 기쁘게 하고자, 환히 장래를 제시하시어 전하여 고사故事로 삼으셨나이다.[11]

즉 고려 팔관회는 "태조의 창업을 기리고, 나라의 운수가 크게 형통하여 신과 인간이 기쁘게 감화받기를 기원"하는 의례였다. 팔관회에 관한 연구자들은 공통적으로 그 개설 목적과 취지를 '국가적·정치적'이라고 한다. 즉 국왕의 권위를 강화하려는 호국의례로서 왕권을 신성화하고 계급사회의 위계와 질서를 확인하려는 목적이었다고 평가한다.[12] 그런데 팔관회를 지나치게 정치적 입장에서만 바라보면 불교의례가 지닌 다양성의 가치를 놓치기 쉽다. 고려 전 기간에 개설된 불교의례는 팔관회를 포함하여 83종이 되고, 그 횟수는 1,038회에 이른다.[13] 평균적으로 보면 한 왕이 일 년에 두 번 이상의 불교의례를 시행한 셈이다. 고려를 국가불교의 시대라고 하는 배경에는 이처럼 수많은 불교의례의 개설 사실이 있다. 여기서 주목하는 점이 바로 불교의례와 국가와의 긴밀한 관계이다. 결론적으로 말하면 고려의 불교의례는 국가와 불가분의 관계를 지닌다는 사실이다.

11 金富軾, 「賀八關表」, 『동문선』 31.
12 김형우, 『고려시대 국가적 불교행사에 대한 연구』, 동국대 박사논문, 1992. ; 김혜숙, 「고려 팔관회의 내용과 기능」, 『역사민속학』 9, 역사민속학회, 1999. ; 김종명, 『한국 중세의 불교의례: 사상적 배경과 역사적 의미』, 문학과지성사, 2001. ; 한기문, 「고려시기 정기 불교 의례의 성립과 성격」, 『민족문화논총』 27, 영남대 민족문화연구소, 2003. ; 구미래, 「팔관회의 국가축제적 성격」, 『역사민속학』 16, 역사민속학회, 2003.
13 김형우(1992), 앞의 글. ; 양은용, 「고려시대의 불교의례와 그 사상」, 『원불교사상과 문화』 49, 원광대 원불교사상연구원, 2011, p.244.

고려의 정기적인 불교의례는 인왕백고좌도량, 화엄도량, 담선법회, 불탄일행사, 보살계도량, 축수도량, 추복기신도량 등이 있었는데 모두 국가와 왕실이 발원 주체였다. 또한 비정기적인 의례로서 인왕경도량 · 금광명경도량 · 반야도량 · 화엄신중도량 등은 천재지변이나 외적의 침입, 질병, 가뭄 등의 재앙을 물리치기 위해 시행되었다. 이들 의례는 몽고의 침입이 잦아지는 고종대 이후 빈번하게 보인다. 이처럼 고려의 불교의례는 이름과 의식을 달리하였지만, 공통적으로 호국적 성격과 현세 이익적 신앙이라는 특성을 지녔다. 즉 불교행사는 종교의식의 발전이라는 측면도 있지만, 국가의 성쇠와 발자취를 같이 하기 마련이다.[14]

오늘날 팔관회를 복원, 재현하려는 목적도 크게 보아 고려시대의 그것과 크게 다르지 않다고 생각한다. 즉 고려의 국가적, 호국적 기원의식은 오늘날의 개념으로 보면 국가와 시민이 소통하고 종교가 화합하며, 다민족이 상생하기위한 한마당을 펼치는 것이라고 하겠다.

2) 부산 팔관회의 의식과 행사

부산 팔관회는 다양한 의례와 행사를 진행하였다. 2000년부터 2001년까지는 주로 해운대 백사장 등에 가설무대를 마련하여 법회를 진행하였다. 8가지 계율, 즉 팔재계를 수호하겠다는 서원을 발하는 자리였다. 2002년과 2003년에는 '국태민안과 부산발전 기원 고승대덕 증명 팔관회',

---

14 홍윤식, 「불교행사의 성행」, 『한국사』 16, 국사편찬위원회, 1994.

그리고 2004년과 2005년에는 '국태민안과 2005 APEC 성공개최기원 팔관회'라는 명칭이었다.

2006년에는 '팔관회 및 수륙공천도대재'라는 이름으로 팔관재 법회를 개설하고 물과 뭍, 하늘의 고혼을 위문하는 천도재를 함께 개최하였다.

제8회인 2007년에는 '팔관회 및 불교수호대법회'라는 이름으로 개최하였다. 당시 일부의 몰지각한 타종교인이 불교를 폄훼하고 비방하는 등 종교 갈등이 연일 사회문제로 비화되고 있었다. 여기에 대응하여 행사를 '수계의 장'과 '수호의 장'으로 이분하여 불자단결과 수호를 위한 결의를 서원하는 자리였다.

2008년부터 2010년까지는 '불교문화엑스포 팔관회'라는 이름으로 각종의 불교문화 장엄물과 상품 등을 전시, 홍보하는 '박람회'의 성격을 표방하였다. 장소 또한 부스를 마련하기 위해 야외 광장이 아닌 전시회장을 택하였다. 2008년의 행사는 "올해 팔관회는 팔관재계 수계와 같은 불교법회의 전통과 각종 다양한 불교문화를 함께 어우르는 전시컨벤션을 결합하여 법회와 문화축제라는 고려 팔관회의 원형을 복원하려는"[15] 취지였다. 이에 따라 개최 목적을,

- 고려시대 팔관회의 역사적 계승
- 불교 전통문화의 보존과 새로운 불교문화 창달
- 수준 높은 불교문화 체험을 통한 자긍심 고취
- 불교관련 산업의 활성화

---

15 「2008 불교문화엑스포 팔관회 팸플릿」, 부산광역시불교연합회, 2008.

라고 하였다. 전시장에 수십 개의 공간을 구획하여 사찰건축과 불교용품, 종단 및 사찰 단체·차 및 식품·불교장례문화 등의 코너를 마련하였다. 2009년에도 이러한 박람회적 행사가 계속되어 부산광역시불교연합회 30년특별회고전, 대한민국불교미술대전수상전, 금니사경특별전, 해인사팔만대장경 특별전, 한국전통등특별전, 지화전, 세계불교유물대전, 세계화폐전 등을 준비하였다. 전년도에 비해 전시회에 참여하는 단체와 부스가 대폭 증가하여 1백여 개에 이르렀고, 2010년에도 이러한 흐름이 이어졌다.

2011년 제12회 때는 '전통문화팔관회'라는 이름으로 '신라·고려시대 호국불교 의식을 재현하다'라는 부제를 달았다. 즉 그동안 진행해왔던 전시와 공연 등을 대폭 축소하고 '전통문화'로서의 팔관회에 초점을 맞췄다. 이어 2012년의 팔관회 또한 일체의 부대행사를 제외하고 '팔관회'라는 원형의 이름 그대로 복원과 재현에 힘을 기울였다.

> 국가 차원의 축제를 불교계의 힘만으로 온전히 복원·계승하는 일은 현실적으로 많은 어려움이 있었지만 14년 전 해운대해수욕장에서 제1회 팔관회를 개최한 이래 오늘에 이르기까지 다양한 변화와 시도로 전통팔관회 계승을 위한 노력을 다해 왔습니다. 그 결과 팔관회가 진정한 우리들의 축제로 그 옛날 그 모습을 되찾기 위해서는 무엇보다도 "국가지정 무형문화재 등재"가 시급한 과제임을 알게 되었으며 이번 2012 팔관회는 이러한 시민·불자들의 열망을 모아 고증을 통한 전통 재현에 그 초점을 맞추었습니다.[16]

수불스님(부산광역시불교연합회 회장)의 인사말과 같이 올해의 팔관회는

'옛날 그 모습'을 찾는 데 목적을 두었다. 이를 실현하기 위한 구체적 일정을 기획하여, 학술세미나, 호국영령위령대재, 고려국왕 친영행렬 재현, 팔관회 호국기원법회, 대신 조하의식 재현, 팔관재계 수계법회 등으로 진행하였다.

2011년부터 시작한 이러한 팔관회 재현의 방향 선회는 매우 바람직한 모습이다. 과거의 전통문화는 무엇보다 원형성에 충실해야 하고, 이를 바탕으로 새로운 문화의 융합과 도전이 시도되어야 할 것이다. 특히 팔관회의 원형을 찾기 위해 세미나를 개최하여 연구자들의 발표와 토론, 검증 등을 시도함으로써 팔관회를 둘러 싼 다양한 이견을 수렴하는 자세가 필요하다.[17] 최근에는 팔관회를 불교의례가 아니라며 불교적 성격을 부정하는 연구도 있다.[18] 이러한 비판적 지적에도 귀를 기울일 때, 팔관회의 올바른 모습에 한발 가까이 다가갈 수 있다.

이상과 같이 14회의 팔관회 현황을 돌아보면, 미흡하고 아쉬운 점이 하나 둘이 아니다. 때로는 팔관회의 본질에 부합하지 않는 행사가 있기도 했고, 주객이 전도되어 무엇보다 우선되어야 할 팔관재회 법회가 부수적으로 밀려난 느낌이 들기도 한다. 전문가의 고증과 자문이 생략된 채, '축제'를 펼쳐야 한다는 조급함도 있었던 것 같다.

팔관회는 고려시대 5백년의 역사를 거치면서 다양한 문화의 수용과 적용을 통해 변천해왔다. 12년에 불과한 재현의 시행착오는 어쩌면 당연

---

16 「2012 팔관회 팸플릿」, 부산광역시불교연합회, 2012, p.7.
17 2011년과 2012년에 각각 팔관회 세미나가 있었다. 「고려 팔관회의 종합적 고찰」(2011. 4. 7. 해운대 벡스코 3층 301호), ; 「팔관회의 불교문화적 전승가치와 계승을 위한 세미나」(2012. 10. 5. 진각종 범석심인당)
18 한흥섭, 「백희가무를 통해 본 고려시대 팔관회의 실상-팔관회는 불교의례인가?-」, 『민족문화연구』 47, 고려대 민족문화연구원, 2007.

한 일일지도 모르겠다. 최근에 국가문화재로 지정된 연등회의 사례를 보면, 팔관회가 나아갈 길은 아직 멀어 보인다. 현대사회에 들어 연등회의 재현이 시작된 것은 1955년부터이다.[19] 고려를 거쳐 조선시대, 그리고 주권상실기에도 꾸준히 지속된 연등회이지만, 정작 국가문화재로 지정받기까지는 적지 않은 시간을 필요로 했다. 이에 비하면 팔관회의 복원은 겨우 걸음마를 뗀 수준인 듯하다. 그러므로 지난 세월의 오류를 탓하기 보다는 올바른 방향을 제시하고, 함께 동참하여 미래지향적인 방향을 모색할 시점이다.

3. 팔관회의 성격과 복원 과제

팔관회를 복원, 재현하기 위해서는 팔관회가 지닌 구체적인 성격을 이해해야 한다. 팔관회는 연구자에 따라 다양한 성격으로 설명한다. 예를 들면, 토착신앙적 성격,[20] 제천의식의 성격,[21] 예악사상적 성격[22] 등이다. 이처럼 팔관회가 지닌 종합적이고 복합적인 성격을 어느 한 면만으로 정의내리기가 쉽지 않지만, 복원과 재현을 위한 전제로서 대략 다섯 가지로 구분할 수 있을 듯하다. 즉 1. 수계호지적 성격, 2. 호국불교적 성격,

---

19 부처님오신날을 기념하는 거리 행진이 시작된 것은 1955년부터이다. 이후 1996년부터 '연등축제' 라는 이름으로 연등회를 재현하고 있다. 『초파일 행사 100년 - 연등축제를 중심으로』, 부처님오신날 봉축위원회 · 대한불교조계종 행사기획단, 2008, p.130, p.598.
20 최남선, 『조선상식문답』, 삼성문화재단, 1972, p.148. ; 도광순, 「팔관회와 풍류도」, 『한국학보』 21, 일지사, 1995.
21 이원태, 「고려 팔관회의 종교적 성격과 의미」, 『도교문화연구』 30, 한국도교문화학회, 2009.
22 이민홍, 「고려조 팔관회와 예악사상」, 『대동문화연구』 30, 성균관대 대동문화연구원, 1995.

3. 사회통합적 성격(정치적 기능) 4. 문화축제적 성격, 5. 국제교류적 성격 (교역의 경제적 기능도) 등이다. 이 5개의 성격과 특징을 이해하고 각각의 특징들이 팔관회에 포함될 때, 복원과 재현의 구체적 방향이 제시될 수 있을 것이다.

1) 수계호지적 성격

팔관회는 팔관재계를 지키는 팔관법八關法에서 유래하였다. 팔관재계는 재가의 신도가 하루 동안 받아 지니는 계율이다. 즉 날을 정해 사찰에 모여 여덟 가지 기본적인 계율(① 살생하지 말라, ② 도둑질하지 말라, ③ 사음하지 말라, ④ 거짓말하지 말라, ⑤ 술 마시지 말라, ⑥ 화려한 장식과 유흥을 즐기지 말라, ⑦ 좋은 자리에 앉지 말라, ⑧ 오후에 음식을 먹지말라)을 지키며 수행하는 법회이다. 이 공덕으로 재앙을 물리치고, 망자들의 왕생을 기원하였다.[23] 즉 하루 동안 여덟 가지 계율을 지키는데 오전 한 끼만 먹고, 오후에는 일체의 금식을 통해 마음을 맑히는 의식이므로 팔관회는 수계호지적受戒護持的 성격을 지녔다고 볼 수 있다.

고대 인도에서 석존 재세 시 이미 팔계재가 시행되고 있었다.[24] 또한 육재일六齋日이라 하여 매월 6번의 재일齋日에 종교의식의 장소에 모여 경건한 삶을 보냈던 관습이 있었다. 육재일에 대해『우바이타사가경』은 매월 8·14·15·23·29·30일이라고 하였고,『기세인본경起世因本經』에서

---

23 대한불교조계종 교육원,『조계종사, 고중세편』, 조계종출판사, 2004, pp.142~144.
24 안지원,『고려의 국가 불교의례와 문화』, 서울대출판부, 2005, p.120.

는 백흑白黑의 두 달 중 8·14·15일 등의 사흘은 재를 닦는 날[受齋日]이라고 하였다. 『중아함경』의 "선남자 선여인으로 성스러운 여덟 가지 재계를 지키면 목숨이 다할 때 타화락천에 태어난다."는 표현은 팔재계의 공덕을 잘 설명한 부분이다.[25] 또한 『불설팔관재경佛說八關齋經』에도 팔관재의 공덕을 자세하게 묘사하기도 하였다.[26]

고려시대의 팔관회 의례 절차에서는 팔관재계의 구체적 모습은 확인되지 않는다. 팔관회 의례의 진행 과정을 자세하게 규정한 「중동팔관회의仲冬八關會儀」를 보면 팔관회의 불교적 성격을 찾아보기 어렵다.[27] 즉 궁궐에서의 의례만 자세하게 기록하였다. 개경의 팔관회 때는 국왕이 법왕사法王寺에 행차하였고, 서경의 팔관회에는 흥국사興國寺, 장경사長慶寺 등에 행차하는 것이 상례였는데도 『고려사』 등의 기록에는 사찰에서의 의례는 수록하지 않았다. 원래 고려시대에 팔관회의 불교의례에 관한 규정이 없었을지도 모르지만, 『고려사』 등이 숭유억불의 조선시대 유자儒者들에 의해 편찬되었다는 점[28]은 이러한 기록의 누락 가능성을 전혀 배제할 수 없게 한다.

결국 기록에는 행향行香 사실만 전할 뿐 자세한 내용이 없어 경전 등에 의거한 팔계 수호 의례가 시행되었는지는 알 수 없다. 다만 신라 때부터 팔관회는 국통國統 혜량慧亮이 주재하였고, 개경의 팔관회 때 당시의 왕사 정오丁午, 혼구混丘 등이 국왕과 함께 의봉루에 배석하였던 사실에서[29] 어

---

25 동국대 불교문화연구원 편, 『한국불교문화사전』, 운주사, 2009, p.330.
26 沮渠京聲譯, 『佛說八關齋經』, 이 경전은 고려대장경(K0823)에 수록되어 있으므로 고려초기 팔관재의 존재를 가늠할 수 있다.
27 『고려사』 권69, 「仲冬八關會儀」.
28 한흥섭(2007), 앞의 글, pp.377~378.
29 『고려사절요』 권23, 충선왕 5년(1311) 11월.

떤 모습으로든 승려의 역할이 있었음을 짐작할 수 있다. 비록 현전하는 기록에서 불교의례의 모습을 볼 수 없다고 해서, 팔관회 자체가 지니는 계율수호 의례적 성격까지 부정해서는 안 될 것이다.[30]

오늘날에도 오후불식은 일상적인 불교의 수행 가운데 하나이다. 타종교에서는 이러한 금식 관련 의식이 다양하고, 또 현대인들은 건강을 위해 금식을 행하기도 한다. 그러므로 팔관재계 의식을 통해 수계법회를 개최하고, 이날 금식을 통해 마음을 청정히 하는 각오를 다지는 의식은 불교적 계율을 일상화하는 좋은 기회가 될 수 있다. 구체적으로는 팔관회의 본 행사를 개최하기 하루 전날을 설정하여 오후불식하고, 팔재계를 수계·호지하는 서원을 발하는 팔관재계 법회로 진행할 필요가 있다.

2) 호국불교적 성격

고려 팔관회에 관한 기록에서 호국불교적 성격은 어렵지 않게 확인된다. 고려불교 자체가 국가불교로서의 위상을 지녔으므로 그 호국적 성격은 당연한 귀결이다. 태조는 즉위한 이듬해인 918년 개경에 10개의 사찰을 창건하였다. 그 중의 하나인 법왕사는 팔관회 때 국왕이 반드시 행향하는 중심 사찰이었다. 어느 해 팔관회 날에는 이곳에서 경전을 설법하는 법회가 있었다.

---

30 한기문은 "팔관회 내용을 보면 연등회와 마찬가지로 八戒를 지키기 위한 불교적 의식과는 거리가 있지만, 팔관회는 법왕 곧 불력의 힘을 빌리는 불교의례로서의 성격을 지닌다."고 하였다. 앞의 글(2003), p.45.

세 척의 배에서 본 것이 하나의 달[三舟一月]이라 한 것은 모든 법이 하나로 돌아감을 비유한 것이지마는, 1천 병에 다섯 가지의 물[五水千甁]을 쓰는 것은 팔관八關의 청정한 계율이므로, 선조로부터 깊이 믿었으니 이는 갑령甲令에 나타난 불문율이었나이다. 후손이 선대의 제도를 따라서 중동仲冬의 좋은 달에, 넓은 궁정에 예식을 차렸사온데, 종과 북 등의 모든 악기를 갖춘 것은 스스로 즐기려는 것이 아니라, 사람과 하늘이 모두 기뻐하여서 태평을 누리려는 것입니다. 이에 절에 나가서 엄숙히 불사를 행하여, 영취산의 스님들을 청하고, 용궁의 신령스러운 경전을 연설하옵니다. 엎드려 원하옵건대, 부처님 신력의 가피를 입어서 온 백성들의 마음이 편안하여 지이다. 나라의 운수가 크게 형통하여서 먼 곳까지 다 감화를 받게 되고, 경사스러운 기초가 만세까지 보전하여 다함없는 복이 누려지이다.[31]

국왕이 팔관회 때 법왕사에 나아가 스님들을 청하여 경전을 강설하니, 모두 부처님의 가피를 입고자 함이라고 하였다. 팔관회는 국왕이 주관, 참석하는 국가의례였으므로 당연히 호국적 목적을 담고 있다. 여기에 수반되는 불교의례 역시 호국적 역할을 담당하여 1275년(충렬왕 1)의 팔관회에서는 반야도량般若道場을 개설하기도 하였다.[32] 반야도량은 '인왕반야도량仁王般若道場'의 준말로 불·보살상·나한상·사자좌獅子座 등을 각각 백 기씩 받들고 1백인의 법사를 청하여 『인왕호국반야바라밀다경仁王護國

---

31 李奎報, 「法王寺八關說經文」, 『동문선』 권114.
32 "11월 갑진에 팔관회를 개설하였는데 의봉루에 행차하여 般若道場를 시행하였다." 『고려사』 권28 충렬왕 2년(1276) 11월.

般若波羅蜜多經』을 송경함으로써 내란·외란의 방지와 국가의 안녕을 기원하던 의식이었다.[33] 3년에 한 번씩 열리는 것이 원칙이었으나 위의 경우처럼 필요에 따라 수시로 열렸다.

팔관회에서 반야도량을 개설하였다는 사실은 곧 팔관회의 호국적 성격을 보여주는 사례이다. 즉 팔관회 때, 국왕이 법왕사와 의봉루 등에 행차하는 것은 선조에 대한 배향이나 연희를 관람하는 목적이었지만, 아울러 호국불교 의례에 참석함으로써 국가의 안녕을 기원하였던 것이다.

이와 같이 팔관회는 국가의 중요한 호국불교 의례였다. 그러므로 팔관회의 복원, 재현을 위해서는 법왕사의 사례와 같은 경전 강설법회나 의봉루에서의 인왕반야도량과 같은 불교의례를 시행해야 한다. 오늘날의 복원 팔관회에서는 이러한 호국불교 의례를 찾아볼 수 없고, 팔관재계 수계법회가 중심이 되었다. 2011년 부산 팔관회의 '팔관재계 수계법회' 절차를 보면, "법고 및 타종, 삼귀의례 및 반야심경 봉독, 수계의식(청법가·설계·합동연비), 사홍서원"의 순서로 되어 있다.[34] 즉 일상적인 수계법회의 순서와 다를 바 없다. 팔관회의 전통을 복원하기 위해서는 팔관회가 지니는 원형을 충실히 반영해야 하므로 신라의 사례에서 나타난 전몰장병 위령천도재, 고려의 경전 설경법회, 인왕반야도량 등과 같은 호국불교 의례를 재현해야 한다.[35]

---

33 "기해일에 왕이 宣旨하기를, 우리 조상 태조 때부터 불교를 신봉하여 부처의 은밀한 보호를 받아 왕실의 운명을 연장하여 왔는바, 仁王般若는 나라를 수호하고 백성을 안녕케 하는, 가장 위력 있는 法文이니라. 경전에 밝혀져 있는 바와 같이 百師子 등의 法寶와 威儀는 곧 도량을 차리는 데 긴급히 요구되는 도구이다." 『고려사』 권26, 원종 5년(1264) 7월.
34 「2011 팔관회 팸플릿」, 부산광역시불교연합회, 2011, p.7.
35 "개경에서는 법왕사, 서경에서는 흥국사나 장경사에 주로 거둥하였고, 왕은 태자나 대신 등을 대신 보내기도 했다. 스님들을 청하고 경전을 강설하는 등 불사를 행하고 호국영령들을

3) 사회통합적 성격

팔관회 의례는 크게 보아 사찰 행향, 군신조하의례, 백희가무 공연의 세 부분으로 구분된다. 이 가운데 의례의 규모나 절차 등에서 군신조하의례가 가장 많은 부분을 차지하는데, 공식적인 국가의례의 성격상 당연한 일이기도 했다.『고려사』「중동팔관회의」의 의전 내용이 바로 이 군신조하의례의 자세한 절차와 과정을 적은 기록이다. 팔관회를 이해할 때 '왕족과 지배층 위주의 고도로 전략화된 축제'[36]라거나, '국가통치의례'[37]라는 규정은 이러한 군신간의 엄격한 의례를 중시한 결과이다. 상하의 신분관계가 철저했던 중세사회에서 국왕과 지배관료를 중심으로 하는 계층질서는 곧 국가를 유지하는 근간이었다. 즉 왕권의 절대화를 강조하고, 관료와 백성을 계층 지움으로써 국가의 안녕을 보장받을 수 있다는 믿음은 다양한 의례를 발생시켰다. 특히 국왕을 부처와 동일시하는 불교의례는 왕권의 신성화에 좋은 기제였고, 이에 따라 팔관회를 비롯한 불교의례가 다양하게 운용되었던 것이다.

예를 들어 매년 6월에 거행한 보살계법회는 왕권의 전제권을 확인하는 정기의례였다. 보살계법회에서 시행한 관정의식灌頂儀式은 왕을 세속의 단순한 권력자가 아닌 십지보살十地菩薩과 동등한 자격을 가진 전륜성왕으로서의 자격을 부여하는 의식이었다. 국왕이 이타행을 행하는 보살로

위로하거나 佛에게 전쟁이 없어 나라가 태평하고 풍요와 번영을 누릴 수 있도록 기원하던 의식으로, 팔계 등 팔관회 본래의 종교적 성격에 가장 근접한 내용이다." 김혜숙(1999), 앞의 글, pp.43~44.

36 구미래, 「팔관회의 국가축제적 성격」, 『역사민속학』 16, 역사민속학회, 2003, p.260.
37 한흥섭, 앞의 글(2007), pp.381~383.

서의 지위를 가짐으로서 중생을 구제하고 불국토를 건설하려는 통치사상의 하나로서 행해졌다고 한다.[38] 전륜성왕은 불교에서 말하는 가장 이상적인 군주의 표상이다. 고려의 국왕은 불교의례를 통해 전륜성왕임을 표방하려 하였고, 팔관회 역시 그러한 방편 중의 하나였음이 사실이다. 그런데 팔관회 의례에서 군주간의 질서를 강조하고 확인하는 과정은 결국 계층간의 소통과 화합을 유지하는 사회통합의 기능을 수행한다는 점에 유의할 필요가 있다.

팔관회가 단순히 왕권의 전제화를 위한 의례였다면 무신집권기의 혼란한 시기와 몽고의 침입으로 위기에 처했던 강화도시대에도 여전히 지속되었던 사실[39]을 설명하기가 어려워진다. 즉 국운이 다하는 위기에서 왕권의 신성함을 강조하는 의례는 공허한 허례허식일 뿐이다. 그러나 팔관회에는 국난을 극복하기 위한 국가의 단결과 사회 통합의 기능이 포함되어 있었기 때문에 지속될 수 있었다고 생각된다. 그러기에 팔관회를 폐지하자, 백성들이 달가워하지 않았던 것이다.[40] 팔관회 때 국왕은 죄인을 사면하였고 조세를 줄여주었으며, 관직과 음식을 하사하는 등 다양한 시혜를 베풀었다. 이러한 일련의 조처와 과정은 곧 팔관회가 지니는 사회통합의 의미를 잘 보여준다.

오늘날 우리 사회는 곳곳에서 소통과 화합을 이야기한다. 갈등과 대립을 해소하기 위한 다양한 처방이 제시되기도 하지만 무엇보다 소중한 것

---

38 한기문, 앞의 글, pp.44~45.
39 "당시는 비록 도읍을 옮긴 초창 시기였으나 毬場, 궁전, 사원 등 일체 시설을 다 松都에 있던 이름과 같이 하였고 팔관회, 연등회, 행향, 도량 등을 다 종전의 방식대로 하였다." 『고려사』 권23, 고종 21년(1234) 2월 계미.
40 『고려사』 권94, 열전7 徐熙.

은 공존의 가치를 중시하는 일이라 생각된다. 너와 나, 남과 우리가 따로 떨어진 별개가 아니라 함께 어울리며 공생하는 상생의 정신이 필요하다. 일찍이 '여민동락與民同樂'[41]이라는 공존의 정신을 지녔던 고려 팔관회를 오늘의 현실에서 어떻게 구현할 것인가를 고민해야 할 것이다.

4) 문화축제적 성격

팔관회의 의례절차를 기록한 「중동팔관회의」에는 한 치의 오차도 불허할 만큼 질서정연한 군신의례가 규정되어 있다. 태자와 상공이 국왕에게 올리는 예를 보자.

> 근시관이 차를 드리면 집례관은 전을 향하여 몸을 굽히고 다음에 땅에 술을 조금 뿌린다. 다음 전중감이 잔을 들며 근시관이 주전자를 들고 먼저 올라간다. 태자와 상공은 동편 층계로부터 전상에 올라 머리를 숙이고 엎드렸다가 일어나 왕의 좌석의 왼쪽으로 가서 서쪽으로 향하고 꿇어앉는다. 태자는 잔을 받들고 상공은 태자의 왼쪽으로 가서 주전자를 들어 술을 붓는다. 왕이 잔을 들 때 협률랑이 깃발을 들면 악관들은 가곡 천온향天醞香을 연주한다. 왕이 술을 마신 다음 태자가 빈 잔을 받는다. 전중감은 잔을 물려받고 근시관은 주전자를

---

41 "팔관회의 아름다운 자리를 마련하여, 백성들과 함께 즐거움을 나누니 온 나라의 기쁜 마음이 한결 같습니다. 기쁨이 천지에 가득하고 경사가 조야에 넘치나이다." 『동국이상국집』권 12, 「教坊賀八關表」.

받아 가지고 조금 물러나 꿇어앉고 협률랑이 깃발을 눕히면 주악이 멎는다. 태자와 상공은 머리를 숙이고 엎드렸다가 일어나 전에서 내린다. 합문閤門은 그들을 인도하여 사지沙墀가 절하는 자리로 간다.[42]

여기서 보듯이 왕에게 술을 올리는 간단한 의식인데도 소임자의 명확한 역할 분담과 순서, 동작을 치밀하게 규정하였다. 국가의례로서의 팔관회의 위엄을 잘 보여준다. 그럼에도 불구하고 팔관회는 종합적 문화축제였다. 국왕이 참석하는 구정에 화려한 무대를 설치하고, 여기서 온갖 가무와 기예, 놀이가 진행되는 한마당 축제였다. 수많은 백성이 운집하여 마음껏 오락을 펼치는 등 지위와 신분을 초월하는 대동제의 모습을 지녔다.

① 구정毬庭의 한 곳에 윤등輪燈을 설치하고 향등香燈을 사방에 늘어놓아 밤새도록 땅에 불빛이 가득하게 비추었다. 또한 오색 비단으로 꾸민 채붕彩棚을 두 곳에 설치하였는데, 높이가 각각 5장 남짓하고 모양이 연대蓮臺와 같았다. 이 무대를 바라보면 형상이 아른아른하였다. 그 앞에서 온갖 놀이판을 벌이고 노래와 춤을 공연하였다. 사선악부四仙樂部와 용·봉황·코끼리·말·수레·배 등의 도구는 모두 신라의 옛 행사를 따른 것이었다. 모든 관리들은 도포와 홀(笏)을 갖추고 의례를 거행하는데 구경꾼들이 수도를 가득 메우고 주야로 즐겼다.[43]

---

42 『고려사』 권69, 「仲冬八關會儀」.
43 『고려사절요』 권1, 태조 원년(918) 11월.

② 선왕의 유훈을 이어 받들어 천축의 도량을 장엄하게 배설하고 한 대漢代의 연회[酺]를 본받아 큰 잔치를 벌입니다. 어룡(魚龍, 서역에서 전해온 놀이) 등 갖가지 놀음이 다투어 광장에 연출되고, 난로鸞鷺 천 행千行이 높은 자리에 즐거움을 함께 하니, 관민이 모두 즐거움에 흐 뭇하여, 온 누리에 인자하신 은택이 흐르나이다.[44]

이밖에도 팔관회의 축제적 모습을 볼 수 있는 기록은 다양하게 확인된 다. 팔관회가 개경과 서경 두 곳에서만 개최되었다는 점을 들어 전국적 인 행사가 아니라 제한적인 지역행사라고 평가하기도 하지만,[45] 그렇다 고 그 문화축제적 의미가 감소되는 것은 아니다. 팔관회는 이미 세시풍 속으로 정착된 연등회 등과는 다른 국가의례였고, 또한 서경의 팔관회는 지역축제[46]로 발전해 나갔다.

팔관회를 재현하기 위해서는 우선 위의 자료 ①에서 보듯이 윤등과 향 등, 채붕 등으로 장엄한 무대가 필요하다. 특히 그 모양이 연대와 같다는 점에 주목하게 된다. 연대는 곧 연화대蓮花臺이므로 무대 전체를 연꽃모양 으로 가설하였다는 의미라 보인다. 현대에 들어 시도하였던 팔관회 복원 행사에서 이러한 연화대를 마련한 사례는 한군데도 없다. 그저 공연을 위한 임시 무대만을 가설했을 뿐이다. 국가적 불교의례로서의 팔관회의 전통을 계승하기 위해서는 이러한 무대장엄에 대한 엄밀한 조사와 고증 이 이루어져야 할 것이다.[47]

---

44 朴浩, 「賀八關表」,『동문선』권31.
45 구미래(2003), 앞의 글, pp.162~163.
46 김혜숙(1999), 앞의 글, p.37.
47 팔관회의 무대 장엄 등에 관해서는 다음의 연구가 참고된다. 전경욱, 「팔관회의 전통과 현대

그렇다고 해서 과거의 정형화된 틀에 고정할 필요는 없다. 왜냐하면 팔관회 자체가 어느 특정 시기에 모든 의례가 결정된 것이 아니기 때문이다.[48] 즉 팔관회의 의례와 백희가무 등은 고착화된 것이 아니라 시대와 문화에 따라 다양한 공연과 놀이가 추가되면서 변천하였다. 그러므로 팔관회를 현대적으로 계승하는 데는 다양한 의례와 문화를 접목시켜도 무방하다. 예를 들면 탑돌이와 경함이운, 정대불사, 범패와 작법무 등을 창조적으로 결합시켜 현대사회의 새로운 문화축제를 창출하는 것도 의미 있는 일이다.

5) 국제교류적 성격

팔관회는 외국의 사신과 상인이 참여하는 국제문화 행사였다.[49] 팔관회에 참석하기 위해 입국한 사절단은 국왕에게 하례를 올리고, 함께 동석하여 팔관회를 관람하였다.

① 11월 신봉루에 거둥하여 사면령을 크게 내렸다. 팔관회를 개설하고 신봉루에 거둥하여 백관들에게 연회를 베풀었다. 법왕사에 행차

축제화 방안」,『팔관회의 불교 문화적 전승가치와 계승을 위한 세미나』 자료집, 부산불교연합회 2012팔관회 조직위원회. 2012.

48 1010년(현종 원년) 팔관회는 復設되는 과정을 거치면서 기존의 궁궐행사 이외에 사원 거둥과 齋祭 그리고 태조에 대한 의식을 포함하게 되며, 외국인의 참여도 조금씩 나타나기 시작했다고 한다. 김혜숙(1999), 앞의 글, p.36.

49 전영준,「팔관회의 설행과 국제문화교류」,『다문화콘텐츠연구』 3, 중앙대 문화콘텐츠기술연구원, 2010.

하여 그 이튿날 크게 팔관회를 열고 또 연회를 베풀었으며 음악을 관람하니 안팎에서 표문을 올려 경하하였다. 송나라 상인과 동東·서번西蕃과 탐라가 토산물을 바치니, 그들에게 앉아서 예식을 보게 해 주었다. 이것이 이를 일정한 절차가 되었다.[50]

② 합문관이 송나라 강수(綱首, 장사군 우두머리) 등을 인도하여 문 사위에 가 선다. 합문관은 왕에게 "송나라 도강都綱 아무개 등이 공손히 축하하러 왔습니다."라 아뢰고, 절하는 자리로 인도하여 꿇어앉아 예물 목록을 봉정하게 한다.[51]

팔관회를 통해 많은 신료들와 지방관들이 지켜보는 가운데 송, 여진, 탐라 등에서 특산물을 바치는 의식을 행하게 하여 국왕의 권위를 과시하는 정치적 효과를 극대화하고자 하였다.[52] 나아가 고려를 중심으로 하는 '다원적 천하관'을 천명하는 자리이기도 했다.[53] 연등회를 행할 때도 외국의 기예[54]가 공연된 사실이 있어 고려시대는 이미 국제 교역과 문화의 교류가 활발하게 이루어지고 있었음을 알 수 있다.

2012년 1월 지금, 국내의 외국인 거주자는 141만여 명에 달한다.[55] 외

---

50 『고려사절요』 권4, 덕종 3년(1034) 11월.
51 『고려사』 권69, 「仲冬八關會儀」.
52 전영준(2010), 앞의 글, pp.234~235. ; 추명엽, 「고려전기 '蕃' 인식과 동·서번의 형성」, 『역사와 현실』 43, 한국역사연구회, 2002. ; 이진한, 「고려시대 송상 무역의 재조명」, 『역사교육』 104, 역사교육연구회, 2007.
53 노명호, 「고려의 다원적 천하관과 해동천자」, 『한국사연구』 105, 한국사연구회, 1999.
54 『고려사』 권72, 지26 「上元燃燈」 의례에 등장하는 安國岐는 지금의 우즈베키스탄 부하라 지방의 기예로 추정된다. 김용덕, 「연등회의 문화재적 가치와 세계화 방안」, 『남도민속연구』 19, 남도민속학회, 2009, p.53.

국인 거주자가 인구의 2%에 이르면 다문화사회라고 하는데 이 수치는 전 인구의 2.8%에 해당한다.[*2021년 현재 외국인 거주자는 5%(213만여 명)로 계속 증가추세에 있다.] 이러한 다문화사회로 변화하고 있는 현실에서 그들은 이제 더불어 함께 살아가야할 이웃이 되었다. 특히 외국인 거주자의 국적을 보면 중국, 베트남, 태국, 스리랑카 등이 다수를 차지하고 있는데 이들은 공통적으로 불교를 신앙하는 민족이다. 즉 불교문화는 이들을 포용하는 데 유효한 방안이 될 수 있고, 팔관회가 지녔던 국제교류적 성격은 더불어 살아가는 상생의 대안이 될 수 있을 것이다. 즉 팔관회의 문화축제를 통해 다문화가정과 외국인 노동자들이 적극 동참하는 프로그램을 개발할 필요가 있다. 나아가 해외 불교국가를 초빙하는 등, 이른바 다문화 팔관회를 개최하여 국제적 문화축제를 추구해야 할 것이다.

4. 맺음말

오늘날 팔관회의 복원과 재현을 위해 노력하는 단체는 부산광역시불교연합회가 유일하다. 종단을 초월하여 팔관회를 현대적으로 계승하고자 매년 지속하고 있다. 사실 문화의 원형성이라는 측면에서 보면 팔관회의 복원은 개경과 서경에서 이루어져야겠지만, 현실적으로 불가능한 일이다. 그러므로 누군가가, 어디에선가 이를 복원하고자 할 때, 부산은 적절한 대안이 될 수 있을 것이다. 즉 서경은 고려 제2의 수도였고, 오늘날

---

55 행정안전부(http://www.mopas.go.kr), 「2012 지방자치단체 외국인주민 현황」

부산 역시 제2의 수도이다. 비록 이곳에는 의봉루[개경]와 영봉루[서경]도 없고, 법왕사[개경]와 흥국사[서경]도 없지만 팔관회를 복원하려는 열정과 노력이 있으므로 얼마든지 가능한 일이라 생각한다.

다만 그동안 거듭했던 시행착오를 줄이고, 현대사회에서 바람직한 복원과 재현을 위해서는 다양한 노력을 필요로 한다. 이에 맺음말을 대신하여 향후 팔관회가 나아가야 할 방향을 몇 가지 제시하고자 한다.

첫째, 팔관회보존연구회를 설립한다.

팔관회 복원사업은 불교학과 역사학, 민속학, 미술사학, 공연예술학, 건축학 등 다양한 학문이 유기적으로 결합해야 한다. 따라서 복원과 재현을 위해 팔관회를 종합적으로 연구, 기획하는 '팔관회보존연구회'의 설립이 필요하다. 그 동안의 10여 차례 이상 시행된 복원행사는 팔관회의 일부 의례 혹은 특정한 행사만을 부분적으로 차용한 경우였다. 특히 팔관회의 문화재 지정을 추구한다면 이러한 학술적 토대는 반드시 갖추어져야 한다. 연구회를 통해 고려 팔관회에서 거행된 백희가무의 실체적인 모습이 무엇이었으며, 연화대라는 무대와 각종 장식의 구체적 면면에 대한 심도있는 역사적 고찰이 이루어져야 한다.[56] 구체적으로 말하면 팔관회에 관한 자료와 고려시대 민속놀이 등에 대한 학술조사 사업을 시행한다. 아울러 전문가 초청 세미나를 통해 팔관회의 종합적인 양상과 팔관회의 현대적 재현을 위한 행사의 단계별 진행과정 등을 연구할 필요가 있다.

---

56 연등회의 문화재 지정 과정에서 '역사성 부족'이라는 이유로 지정 보류된 일이 있었다. 『법보신문』 제1105호, 법보신문사, 2011. 7. 20.

둘째, 문화재 지정을 추진한다.

최근 국가의 문화재 지정 정책에 새로운 변화가 보인다. 즉 과거에는 무형문화재를 지정할 때 가장 우선시되었던 것은 '원형의 전승' 문제였다. 문화재의 원형을 얼마나 잘 보존하고 계승, 전수해왔는가가 중요한 관건이었다. 그런데 최근에는 이러한 원형의 보존과 아울러 '새로운 문화 전통의 발굴'에도 관심을 확대하고 있다.[57]

그러므로 팔관회를 복원한다면 국가 무형문화재로서 지정받을 수 있는 가능성이 충분하다. 연등회의 지정 과정에서 알 수 있었듯이 문화재 지정은 많은 노력과 상당한 시간을 필요로 한다. 그러므로 당장 국가문화재 지정을 추진할 것이 아니라 우선 지방문화재로 지정받는 방법도 하나의 대안이 될 수 있다. 이를 바탕으로 복원사업을 꾸준히 진행하면서 국가문화재로 승격하도록 노력해야 할 것이다.

셋째, 팔관회의 문화콘텐츠 성과물을 활용한다.

팔관회는 현재 문화콘텐츠로 제작되어 있다. 한국콘텐츠진흥원의 지원으로 개인사업자와 전문가가 팔관회의 의례 과정을 고증하여 그래픽과 디자인으로 구성하였으므로 팔관회를 복원, 현대화하는데 여러 도움을 받을 수 있다.[58] 그런데 여기에는 개성 의봉루와 구정 등에서의 의례를 콘텐츠로 제작하였을 뿐, 법왕사나 신중원, 흥국사, 장경사 등에 관한 결과물은 없다. 사찰 행향의 구체적 사료가 부족한 탓이지만, 팔관회에서 행향과 재회 등의 의례가 중요한 부분을 차지하므로 이를 반드시 콘텐츠

---

57 『법보신문』 제1106호, 2011. 7. 18.
58 KOCCA 문화콘텐츠닷컴 홈페이지 http://www.culturecontent.com

화해야 할 것이다.

넷째, 팔관회의 진행과정을 정립한다.

팔관회가 지닌 특징적 요소를 추출하여 의례의 진행과정을 3단계로 정립할 필요가 있다. 팔관회는 팔재계를 수호하는 계율수호 의식에서 기원하였으므로 먼저 1단계로 금욕·금식 기간을 설정하고 계율 수호를 서원하는 팔재계 수계법회를 개설한다. 2단계는 신라 팔관회에서 시행한 호국영령 기원제이다. 즉 국가에 헌신한 영령들을 천도하고 기원하는 호국법회를 개설한다. 끝으로 3단계는 백희잡희와 가무가 어우러진 팔관회 문화축제를 개설한다. 이와 같은 [팔관재 수계법회 ⇨ 호국영령 기원제 ⇨ 팔관회 문화축제]의 3단계 과정은 각각 경건한 수계의식을 통한 자기 성찰, 선조에 대한 감사와 축원, 그리고 이를 한바탕 축제로 승화시켜 회향한다는 의미를 지닌다.

팔관회의 3단계 진행 과정 제안

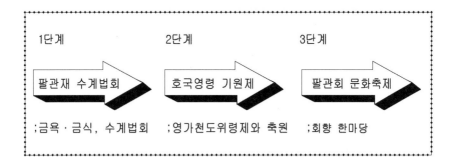

4

고려대장경의 해인사 이운 시기와 경로

---

1. 머리말

대장경이 지닌 가치와 중요성에 비해 우리가 알고 있는 역사적 사실들
은 너무도 적다. 그나마 잘 안다고 굳게 믿었던 사실조차도 잘못된 지식
인 경우도 있다. 일찍부터 경판의 원목을 자작나무라고 이해하였으나, 오
히려 산벚나무와 돌배나무 등이 주종을 이룬다는 실증적 연구는[1] 우리의
앎이 얼마나 부족한 것임을 새삼 깨닫게 한다.

대장경 조성에 참여했던 인물, 판각 과정, 판각 장소, 봉안처 등 많은

---

1 박상진·강애경, 「팔만대장경판의 수종」, 『목재공학』 24-3, 한국목재공학회, 1996.

사실들이 여전히 의문부호로 남아있다. 2011년은 초조대장경 조성을 시작한 지 천년이 되는 해이다. 이를 기념하는 대규모의 국제학술대회가 개최되어 큰 관심을 받았다.[2] 그런데 10개국의 학자가 27편의 논문을 발표하였는데도 고려대장경 조성을 둘러싼 의문과 역사적 사실 등을 규명하려는 주제는 보이지 않는다. 지나온 천년보다 다가올 천년을 더 중시한 듯하다. 다행히 이 해에 강화군청과 불교학연구회에서 각각 고려대장경의 역사적 사실과 문화사적 의미에 관한 여러 논문이 발표되어 대장경의 올바른 이해에 큰 도움을 주었다.[3] 미래는 과거의 사실을 정확히 이해하고, 현재의 점검을 통해서 예측하고 준비해야 한다. 이러한 의미에서 이 글은 대장경의 과거, 특히 강화도를 떠나 해인사에 이르기까지의 이운 과정과 시기를 살펴보고자 한다. 고려대장경은 해인사에 엄연히 존재하지만 강화도에서 언제 어떠한 경로로 옮겨갔는가에 대한 명확한 사실은 알려져 있지 않다. 『태조실록』에 전하는 강화 대장경의 한강 도착에 관한 짧은 기사와 『정종실록』의 해인사 대장경 인출에 관한 사실이 이와 관련한 기록의 전부이다. 부족한 자료로 인해 대장경의 이운 시기와 경로에 관한 명확한 이해가 없는 실정이다. 그러므로 본고는 선학들의 연구 성과를 기반으로 다양한 견해를 소개하고 종합하면서 대장경의 이운 시기와 경로에 관한 올바른 역사적 이해에 다가가고자 한다.

---

2 「대장경 : 2011年 고려대장경 천년 기념 국제학술대회」, 고려대장경연구소·금강대, 2011. 6. 26~29.

3 ① 강화군청·(사)진단전통예술보존협회, 「고려 초조대장경 판각 1000년과 재조대장경 강화 판당 봉안 760년 기념 학술회의, 고려대장경과 강화도」(2011. 8. 10. 강화역사박물관 세미나실) 이 논문은 이 학술회의에서 발표하였고, 이후 수정, 보완하였다. ② 불교학연구회 2011 추계학술회의 「고려대장경 천년의 재조명 - 고려대장경의 가치와 의의 -」(2011. 11. 12. 서울대)

2. 이운의 배경과 과정

1) 이운 배경

조성 이후 강화 서문밖 판당에 봉안되었던 대장경은 1398년(태조 7) 5월 10일 선원사를 떠나 한양의 지천사支天寺를 거쳐 해인사로 이운하였다. 150년 가까이 잘 보관돼있던 대장경을 왜 해인사로 이운하였을까? 무엇보다도 당시 강화도는 왜구의 노략질이 끊이지 않는 위험한 곳이라는 걱정이 있었던 것 같다. 선박을 이용한 왜구의 극심한 노략질은 고려말부터 계속되어 조선초까지 이어지고 있었다. 1360년(공민왕 9)에는 왜구의 침탈에 선원사 등이 큰 피해를 입은 일이 있었다.

> 윤5월에 왜구가 강화를 침범하여 선원사·용장사 두 절에 들어가서 3백여 명을 죽이고, 쌀 4만여 석을 빼앗았다. 이때 심몽룡이란 사람이 왜적 13명을 베었으나 마침내 왜구에게 죽고 말았다.[4]

이처럼 왜구들이 침범하여 선원사와 용장사의 3백여 명을 살해하는 등 강화도는 항상 왜구의 위협에 노출되어 있었다. 십여 년간 국력을 동원하여 어렵게 조성한 대장경의 안전을 보장할 수 없었다. 이에 이운을 결정하였던 것이라 생각된다.

그러면 왜 많은 사찰 중에서 해인사가 선택된 것일까. 정확한 자료가

---

4 『고려사절요』 권27, 공민왕 9년(1360) 윤5월.

남아 있지 않으나 대략 몇 가지 배경을 생각해 볼 수 있다. 우선 해인사가 경판을 보관하는데 적합한 지리적, 환경적 조건을 갖추었다는 사실을 감안하였을 것이다. 해인사는 풍수지리상 삼재팔난三災八難이 침범하지 못한다는 요새지라고 한다. 특히 절은 내륙 깊숙한 가야산의 심산유곡에 자리잡고 있어 외적의 침탈을 피할 수 있다는 생각을 하였던 것 같다. 해인사는 이미 고려시대에도 고려왕조의 실록을 보관했던 사고지史庫地였다. 또 다른 배경으로는 고려시대부터 해인사는 많은 경판을 판각, 소장하고 있었던 불교사적 배경이 작용했던 것이라 보인다. 해인사에는 대장경 도착 이전에 이미 여러 경판을 소장하고 있었는데 이를 '사간판寺刊板' 혹은 '잡판雜板'이라고 한다. 1098년(숙종 3)의 간기가 있는 『화엄경』을 비롯하여 1349년(충정왕 원년)에 간행된 『화엄경약신중華嚴經略神衆』 등 고려시대 경판 54종 2,835장이다. 이 가운데 『화엄경』과 『시왕경』의 변상도 등 전통 판화 자료와 원효·의상·대각국사의 문집 등 고승들의 저술은 불교사와 사상의 연구뿐만 아니라 한국 전통문화의 귀중한 자료이다.[5] 이와 같이 해인사는 지리적으로 안전한 위치였고, 이미 오래전부터 사간판을 소장한 경험이 있었으므로 대장경의 이운처로 결정된 것이라 생각된다.

2) 이운 과정

대장경의 해인사 이운에 관한 사료는 아주 소략하다. 당시의 실록 기

---

5 서수생, ① 「海印寺 寺刊藏經板 研究」, 『국어교육연구』 5, 국어교육연구회, 1973. ② 「大藏經의 補遺藏經板 研究(1)」, 『경북대 논문집』 22, 경북대, 1976.

사는 이렇게 전한다.

① 임금이 용산강龍山江에 거둥하였다. 대장경의 목판을 강화의 선
   원사로부터 운반하였다.[6]

② 대장隊長과 대부隊副 2천 명으로 하여금 대장경의 목판을 지천
   사로 운반하게 하였다.[7]

③ 검교 참찬문하부사 유광우兪光祐에게 명하여 향로를 잡고 따라
   오게 하고, 오교·양종의 승도들에게 불경을 외우게 하며, 의장
   대가 북을 치고 피리를 불면서 앞에서 인도하게 하였다.[8]

대장경 이운에 관한 자료는 이 짤막한 기사가 전부이다. 즉 1398년 음
력 5월 10일 용산강에 도착하였다.(자료 ①) 용산강은 지금의 원효대교 부
근으로 추정되는데 이 날은 장마철이라 계속 비가 내리고 있었다. 비를
피하기 위해 11일까지 이틀을 이 곳에서 머물던 대장경은 12일 지천사로
운반하였다.(자료 ②) 지천사[9]는 고려시대부터 국가의 재난이나 기상의 이
변이 있을 때, 재앙을 물리치는 소재법회를 자주 열었던 소재도량으로
유명하였다. 조선초에도 성변星變을 기양祈禳하는 법석을 몇 차례 개설하
였고, 태조가 두 차례나 행향하기도 하였다.

---

6 "丙辰 幸龍山江, 大藏經板, 輸自江華禪源寺" 『태조실록』, 7년(1398) 5월 10일.

7 "令隊長隊副二千人, 輸經板于支天寺" 『태조실록』, 7년(1398) 5월 12일.

8 "命檢校參贊門下府事兪光祐行香, 五敎兩宗僧徒誦經, 儀仗鼓吹前導" 『태조실록』, 7년
   (1398) 5월 12일.

9 支天寺를 興天寺의 오기로 보기도 하지만(문명대, 「大藏都監 禪源寺址의 發見과 高麗大
   藏經板의 由來」, 『한국학보』 17, 일지사, 1976, p.204) 구체적 근거가 없다.

그런데 절 옆에 태평관太平館이라는 외국사신의 숙소가 있어 절은 수행원의 처소로 자주 이용되다가 1408년(태종 8년) 결국 폐사되고 말았다. 오늘날의 서울시청 앞, 프라자호텔 자리로 추정한다.

3) 해인사 도착

이후 대장경이 언제 어떠한 경로로 해인사까지 이운되었는가에 대한 기록이 전혀 없다. 대장경이 다시 역사 기록에 등장하는 시기는 1399년(정종 1년) 1월이다.

> 경상도 감사에게 명하여 불경을 인쇄하는 승도에게 해인사에서 공궤供饋하게 하였다. 태상왕이 사재私財로 대장경을 인쇄하여 만들고자 하니, 동북면에 저축한 콩과 조 5백 40석을 단주端州·길주吉州 두 고을 창고에 납입하게 하고, 해인사 근방 여러 고을의 미두米豆와 그 수량대로 바꾸게 하였다.[10]

즉 태조가 사재를 출연하여 해인사의 대장경을 인출하라는 명을 내렸다. 1398년 5월 10일 용산강에 도착한 대장경은 이틀 후에 지천사로 옮겨졌고, 이듬해인 1399년 1월에는 해인사에 도착해 있었다. 이 7개월 사이의 대장경에 관한 자료가 전혀 없어 이운 경로에 대한 명확한 사실을

---

10 "命慶尙道監司, 飯印經僧徒于海印寺. 太上王欲以私財, 印成大藏經, 納東北面所畜菽粟五百四十石于端, 吉兩州倉, 換海印寺傍近諸州米豆如其數" 『정종실록』, 1년(1399) 1월 9일.

확인할 수가 없는 것이다.

3. 이운 시기

이상에서 살펴 본 실록의 3건의 기사가 대장경의 해인사 이운을 살필 수 있는 전부이다. 숭유억불을 국가시책으로 표방한 조선왕조라 하더라도 고려인의 국운을 건 대역사임을 생각한다면 지나치게 인색한 기록이다. 이러한 자료의 절대 부족으로 인해 이운 시기와 경로에 관한 제반사항이 모두 의문으로 남게 되었다. 더욱이 연구자에 따라서는『태조실록』의 기록조차도 부인하는 등, 이운 시기에 대한 다양한 견해를 제시하였다. 대표적 인물이 다카하시 토오루(高橋亨), 이능화, 한용운, 김영수, 문명대 등이다.

1) 다카하시 토오루의 견해

다카하시는 대장경이 강화도에서 해인사로 이운된 시기를 1318년(고려 숙종 5)에서 1381년(우왕 7) 사이의 63년간이라 주장하였다.[11] 고려말에 여주 신륵사에는 대장경 간행본을 봉안한 2층의 대장각大藏閣이 있었다. 당시 이숭인(李崇仁, 1347~1392)이 지은 「여흥군신륵사대장각기驪興郡神勒寺大

---

11 高橋亨, 「海印寺大藏經板に就いて」, 『哲學雜誌』 29권-327호, 岩波書店, 1914.

藏閣記」에 대장경과 대장각에 관한 자세한 조성기가 전한다.[12] 이 기록은 이색(李穡, 1328~1396)이 죽은 부친의 뜻에 따라 대장경을 간행하고 신륵사에 대장각을 건립, 봉안한 과정을 담고 있다. 그런데 다카하시는 이 대장경이 해인사에서 간행되었다고 주장한다. 즉 이색은 혼자 힘으로 대장경을 간행하기 어려워 나옹 제자들의 힘을 빌렸는데,[13] 이숭인이 쓴 "수암장로睡庵長老가 해인사의 장경을 간행하여 봉정하다."[14]라는 시가 있고 여기에 등장하는 수암장로가 나옹의 제자로 추정된다고 한다. 이색이 대장경을 간행하기 위해 나옹에게 도움을 청하자, 나옹은 제자인 수암장로에게 간행을 명했다는 것이다. 따라서 신륵사의 간행본이 곧 해인사의 대장경이었고, 이미 1318~1381년 사이에 강화도의 대장경이 해인사에 가 있었다는 주장이다.

그러나 이러한 주장에 대한 반론이 제기되었다. 즉 '장경'이란 말은 경·율·론 삼장을 가리키기도 하고, 또 일부의 경전을 지칭하기도 한다. 해인사에는 팔만대장경보다 연대가 오래된 『삼본화엄경三本華嚴經』과 『금강경』 등 여러 고려판 경전이 봉안되어 있었으므로 반드시 싯구의 '장경'이 팔만대장경을 가리킨다고 볼 수는 없다. 그리고 『태조실록』의 기록에 대해서는 한마디 언급이 없으니 더욱 믿을 수 없는 주장이라고 한다.[15]

이후 신륵사 간행본은 1414년(태종 14) 7월에 모두 일본으로 건너갔다.[16] 최근에 이 간행본이 일본 오타니대학大谷大學의 도서관에 소장되어

---

12 『李崇仁, 「驪興郡神勒寺大藏閣記」, 『동문선』 권76.
13 "스스로 계획하여 보니 내 힘으로는 부족하였다. 힘입어서 이 일을 성취할 수 있는 자는 오직 나옹의 무리뿐이기에 즉시 편지를 보내 의사를 말하였다. 호가 無及, 琇峯이라고 하는 두 승려가 그의 무리를 거느리고 와서 격려하였다." 「驪興郡神勒寺大藏閣記」, 앞의 책.
14 「睡菴文長老印藏經于海印寺 戱呈」, 『陶隱集』 권3.
15 서수생, 「세계의 성보 팔만대장경」, 『월간 해인』 41, 해인사, 1985. 7.

있는 사실이 밝혀졌다.[17] 2006~2007년 직접 조사에 참여한 박상국朴相國은 각 함의 마지막 권에 "창룡신유蒼龍辛酉(1381) 9월 일九月 日 …… 한산군 이색발韓山君李穡跋" 등의 발문과 시주질을 확인하였다.[18] 이로써 이색과 염흥방(廉興邦, ?~1388) 등이 간행하여 신륵사에 봉안한 대장경의 전모가 세상에 알려졌다. 오타니대학의 대장경은 모두 5,605첩인데 이 가운데 고려판이 4,995첩으로 90% 이상을 차지하며, 이본(異本, 일본판)이 65책(7첩·58권), 사본寫本이 541첩이다. 이러한 오타니대학의 고려판은『대장목록大藏目錄』에 포함된 경전 전체의 규모와 거의 같으므로 1381년 당시 고려대장경의 거의 전체를 인경한 것이라고 한다.[19]

이와 같이 신륵사의 간행본은 고려대장경이 분명하지만 간행 당시 대장경이 어디에 있었는가에 대한 명확한 기록은 전하지 않는다. 이와 관련하여 이색이 쓴 시가 주목을 받는다. 즉 이색은「대장경을 인출하러 해인사로 떠나는 나옹의 제자를 보내면서(送懶翁弟子印大藏海印寺)」[20]라는 시를 썼다. 싯구 중에 '가야산의 해인사에서 대장경 전체를 인경(伽倻海印印全藏)'한다는 내용이 있다. 이름은 등장하지 않지만 여기서 나옹의 제자는 이숭인의 시에 보이는 수암장로일 가능성도 있다. 오타니대학의 대장

---

16 "예조에 명하여 여흥 신륵사에 소장된 대장경 전부를 일본 국왕에게 보내고, 寧山 任內 豊歲縣 廣德寺에 소장된 대반야경 전부를 圭籌에게 내려 주게 하였다."『태종실록』, 태종 14(1414)년 7월 11일.

17 『海外典籍文化財調査目錄-日本 大谷大學 所藏 高麗大藏經-』, 국립문화재연구소, 2008.

18 박상국,「大谷大學의 高麗版大藏經」,『海外典籍文化財調査目錄-日本 大谷大學 所藏 高麗大藏經-』앞의 책, pp.371~380.

19 최영호,「高麗國大藏都監의 조직체계와 역할」,『고려대장경과 강화도』학술회의 자료집, 강화군·진단전통예술보존협회, 2011. 8, pp.82~83.

20 李穡,「送懶翁弟子印大藏海印寺」『牧隱詩藁』권28, 詩. "舍利光芒照刹塵 門生幹事有精神 伽倻海印印全藏 自道無爲閑道人 天闊春光方浩蕩 雲收山勢更嶙峋 歸來明效非難見 九五箕疇獻紫宸"

경에는 간기가 여럿 보이는데 이 중에는 간행에 참여한 승려들의 이름이 있다. '화엄대선사華嚴大禪師 상총尙聰, 양산대선사陽山大禪師 행제行齊, 보림사주寶林社主 각월覺月, 선동사주禪洞社主 달검達劒, 혜종惠宗, 지정智正'[21] 등이다. 여기에 수암장로라는 이름은 보이지 않는다. 승려의 호칭은 법명, 법호, 당호 등 다양하게 사용하므로 이들 가운데 누군가 수암장로라는 이름을 지녔을 수도 있다.

이처럼 이색의 대장경 간행은 다카하시의 말처럼 나옹의 도움으로 이루어졌고, 그 제자들이 해인사에서 고려대장경을 간행하였을 개연성이 높다. 그러나 이러한 주장이 구체화되기 위해서는 몇 가지 사실이 규명되어야 한다. 먼저 앞의 간기에 보이는 인물들의 분석을 통해 이들이 나옹의 제자라는 사실이 규명되어야 한다. 다음으로 이숭인의 대장각기에 서술된 "임술년(1382) 정월에 화엄종 영통사靈通寺에서 거듭 교열하고 4월에 배에 실어 여흥군 신륵사에 이르니 나옹이 입적한 곳이다."라는 내용이 해결되어야 한다. 만약 대장경이 해인사에서 간행되었다면, 교열을 하기 위해 굳이 영통사까지 갈 일이 아니다. 왜냐하면 영통사는 개성에 있는데 해인사에서 출발한 인출본을 여주를 지나쳐 북쪽의 개성까지 가지고 올라가 교열하고, 다시 신륵사로 가져오는 불합리한 여정이기 때문이다.

---

21 박상국, 앞의 글, p.374. 다른 간기에 尙聰은 華藏寺 주지, 行齊는 陽山寺 주지로 표기되어 있다. p.375.

2) 이능화의 견해

이능화는 1917년 한국불교사 연구의 최대 역작인 『조선불교통사』를 집필하고 이듬해에 발간하였다. 이 가운데 「대법보해인장경판大法寶海印藏經板」이라는 항목에서 대장경의 조성과 이운 등에 관해 자세히 고찰하였다. 조성 시기에 관한 우리 민족 최초의 고찰이다. 그의 견해를 요약하면 다음과 같다.

이 고려장경 판본을 살펴보면 곧 고종 24년(1237)부터 조성을 시작하여 16년이 지난 뒤 비로서 불사가 완성되었다. 대개 북송본과 거란본 등을 참조한 것이다. 사문 수기守其가 왕명을 받아 교감하였다. 처음에는 강화부 선원사에 두었다가 후에 조선 태조 7년(1398)에 이르러 선원사에서 경성의 지천사로 옮겨 봉안하였다. 또한 지천사에서 해인사로 옮겼는데 다만 어느 해인지는 알지 못한다. 일본인 다카하시高橋亨는 일찍이 해인사 대장경 판본의 내력에 대하여 서술한 적이 있었는데, 내가 그 원고를 구해 보았다. 대장경 판본이 완성된 후 어느 곳에 보관하였는지는 사서에 기록이 없다. 다만 충숙왕 5년(1318)에 강화도에 있었다는 사실만을 알 수 있다. 충숙왕 원년(1314)에 보면 천태종스님으로 국통인 무외無畏가 영봉산 용암사龍巖寺의 주지가 되었는데 5년에 왕이 이 절을 중창하고 구 대장경이 부식되었으므로 다시 새로 인출하여 봉납한 일이 있었다. 또 『고려사』를 살펴보면 곧 경인년부터 왜구의 횡포가 극에 달하여 해가 지나 임진년에는 교동 갑산창甲山倉을 불지르기도 하였다. 당시 장경판본이 만약 강화도에 있었다면 분명 안전하지 못했을 것이다. 그러므로 판본을 해인사로 옮겨 봉안한 것이다. 이상에서 여러 가지를 고증해 보니, 대장경판본은 강화에서 해인사로 옮겨온 것은 고려조의 일이다. 그러나 한 가지 의문이 남는다. 즉 태조 2년(1393) 계유년 7월 해인사의 옛탑을 중창하면서 "대장경을 완성하여 이 탑에 안치하기를 비옵니다."라는 태조 어제御製의 발문이 있으므로, 대장경을 완성하였을 때는 강화경판이 해인사에 있지 않았음이 분명하다. 그러한 즉 분사分司에서 조성한 경판을 해인사에 안치하였을 지도 모르는 일이다.[22]

주지하듯이 이능화는 한국불교에 대한 방대한 자료 수집과 연구를 통해 불교사의 거목으로 평가받는다. 대장경의 이운 시기에 관해서도 다양한 자료를 섭렵하여 1398년 이운설을 수용하면서도 고려시대의 대장경 인출 사례 또한 중시하였다. 즉 우왕 7년(1381)에 이미 해인사에서 대장경을 인출하였으므로 남해의 분사도감에서 조성한 대장경이 이미 해인사에 와있을 가능성을 제기하였다.

3) 한용운의 견해

한용운은 일찍이 1932년 「해인사순례기海印寺巡禮記」에서 대장경의 이운에 관한 새로운 자료를 발굴하고 그 시기를 추정하였다. 그는 1932년 8월 해인사 장경각을 참배하다가 음각의 기록이 있는 경판 하나를 발견하

---

22 이능화 편, 동국대불교문화연구원 역주, 『역주조선불교통사』 권5, 「하편이백품」 제2, 동국대학교출판부.

였다.

　이 경판을 해인사에 봉안한 시일은 아직 분명하지 못하나 조선역
대실록에 "太祖七年 戊寅五月丙辰 幸龍山江, 大藏經板, 輸自江華禪源寺. 戊
午 令隊長隊副二千人, 輸經板于支天寺"라 한 것이 있고, 본 장경판 중 『
화엄교분기』 제10권 10장판張板의 윤곽輪廓 외외에 "丁丑年 出陸時 此
闕失 與知識道元 同願開板入上 乙酉十月 日 首座 冲玄"이라 음각하여 있
으니, 이로써 보면 장경판을 조성한 후에 강화 선원사에 안치하였다
가 이태조 시에 이를 지천사로 옮겼다가 다시 해인사에 이안한 것인
데 강화에서 이수移輸한 연대에 대하여 실록에는 무인戊寅이라 하였
고, 충현의 기각記刻 중에는 '丁丑年 出陸'이라 하여 1년의 차가 있으나
정사인 실록을 따름이 마땅하고 충허의 기각말記刻末에 '乙酉十月 日
首座 冲玄'이라 하였으니, 을유乙酉까지에는 이 경판이 해인사에 이안
된 것이 확실한즉 이 장경판의 해인사에 이안한 연대는 이태조 7년
(1398) 무인 5월로부터 그 후 을유년까지의 8년간에 있는 것은 명확한
사실이다.[23]

　한용운이 본 화엄교분기華嚴敎分記는 『석화엄교분기원통초釋華嚴敎分記圓通
鈔』이다. 고려초기의 화엄학승인 균여(均如, 923~973)가 당나라 법장法藏
(643~712)이 쓴 『화엄교분기』 3권을 주석한 책으로 전10권이다. 균여가
959년(광종 10)에서 962년까지 마하갑사摩訶岬寺・법왕사法王寺 등에서 『화

---

23 萬海, 「海印寺巡禮記」, 『佛敎』 100, 佛敎社, 1932, p.112.

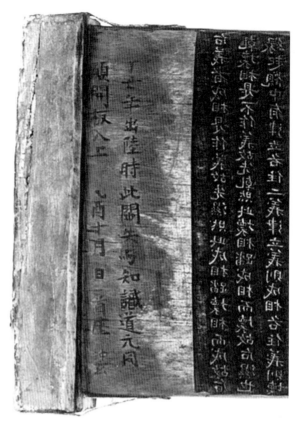

『석화엄교분기원통초釋華嚴敎分記圓通鈔』 제10-10

엄오교장華嚴五敎章』을 강설한 것을 제자 그의 현원現原·혜장惠藏 등이 기
록하였다. 이후 고종 때 천기天其가 개태사의 방언본方言本, 광교사본光敎寺
本, 가야산 법수사法水寺의 삭방언본削方言本 등의 사본을 발견하여 교정하
였고, 다시 제자들이 1251년(고종 38)에 대장도감 강화본사에서 개간하였
다. 후에 원본이 발견되어 충현沖玄의 보입판補入板은 현재 고려대장경 보
유판의 '함涵'함으로 옮겼다. 한용운은 이 『화엄교분기』의 10장 왼쪽에
음각되어있는 정축년(1397)은 『태조실록』의 무인년(1398)과 맞지 않으므

로 잘못되었다고 지적하였다. 또한 충현이 이 음각기陰刻記를 표기한 때가 을유년(1405)이므로 이운 시기는 1398년~1405년 사이라고 단언하였다.

사찰의 사적기 등을 비롯한 고문서에서 간기의 오류는 흔한 일이다. 한용운의 판단대로 충현은 8년 전의 사실을 기록하면서 간기를 착각했을 수도 있다. 그런데 이 음각기에서 주목하는 것은 간기 보다 '출륙시出陸時'라는 표현이다. 즉 '육지로 나올 때'라는 사실은 착오가 될 수 없다. 이 짧은 구절은 그동안 많은 논란이 되어왔던 대장경의 판각 장소에 대한 중요한 단서를 제공해준다. 대장경이 해인사에 온 시기를 '육지로 나올 때'라고 하여 대장경이 섬에서 나온 것임을 의미하기 때문이다. 자세한 내용은 맺음말에서 다시 언급하겠다.

4) 김영수의 견해

김영수(金映遂, 1884~1967)는 1937년에 「해인장경판海印藏經板에 취就하야 이안移安은 정축년丁丑年 용재用材는 백화목白樺木」이라는 글을 통해 이운 시기와 경판 판목에 대한 자세한 고찰을 시도하였다. 먼저 다카하시와 이능화의 의견을 요약하면서 두 사람의 견해는 막연한 추정에 불과하다고 비평한 후. 대장경은 "1398년 5월 10일에 강화도로부터 지천사를 거치지 않고 직접 해인사로 이안된 것"[24]이라고 하였다. 『태조실록』의 "경판을 지천사로 옮겼다.(輸經板于支天寺)"라는 기사를 전면 부인하는 주장

---

24 김영수, 「海印藏經板에 就하야 移安은 丁丑年 用材는 白樺木」, 『一光』 8, 一光社, 1937, p.9.

이다. 그의 견해를 요약하면 다음과 같다.

　　균여의 『석화엄교분기원통초』는 해인사 대장경판 총목 중에는 없지만, 누락된 전적이 여럿 있는 사례를 보면 대장경판 정본임이 분명하다. 만약 정본이 아니고 해인사 전래의 판본이라고 한다면, '丁丑年出陸時'의 음각기에서 보듯이 '出陸'이라고 쓸 이유가 없다. 다음으로 '丁丑年'은 여말선초 사이에 두 시기, 즉 1337년(충숙왕 복위 6)과 1397년(태조 6)이 있지만 1397년이라고 생각한다. 왜냐하면 1337년 이전에는 대장경을 이운해야 할 필요가 없었다. 왜구의 침탈이 군산 이북의 경기지방까지 미치기 시작한 것은 40여 년 후인 우왕(1375~1389)대의 일이었다.

　　대장경의 해인사 이운 과정을 기록한 『태조실록』의 기사에는 착오가 있다. 먼저 "大藏經板, 輸自江華禪源寺"라는 구절이다. 대장경은 강화부의 서문밖 판당에 있었고, 이곳의 수호사찰로 용장사龍藏寺가 출현하였다. 대장경은 판당, 즉 용장사에서 선원사로 옮겨간 사실이 없는데 실록에서는 대장경판을 선원사에서 옮겨왔다고 하였으니 오류이다. 다음으로 용산강에 도착했다가 지천사로 옮겼다는 것도 사리에 맞지 않다. 1399년 1월 대장경은 분명히 해인사에 도착해 있었다. 서울로 나온 지 불과 8개월만인데 이 짧은 기간에 지천사로 옮겼다가 다시 해인사로 이운했다는 것은 불가능한 일이기 때문이다. 그러므로 선원사에서 옮겨왔다거나 지천사로 갔다는 말은 착오, 정확히 말하면 생략된 것이다. 실록의 편찬과정에서 필삭을 거치면서 잘못된 기록이 허다하다. 즉 실록의 기초시記草時에는 상세히 기록하여 "輸自江華禪源

寺 屬龍藏寺 輸經板于支天寺 屬海印寺"라고 하였으나 수사修史하면서 아래의 말은 생략하고 초두初頭의 사명寺名만 기록한 것이라 생각한다. 용장사는 처음에 화엄종 사찰이었다가 후에 조계종으로 바뀌었으므로 '禪源寺 屬龍藏寺'라고 한 듯하다. 지천사는 화엄종의 본사격 사찰이었다. 당시 종단은 한양에 본사격의 사찰을 두고 지방의 사찰을 통할하였는데, 해인사는 화엄종 소속이었다. 따라서 '支天寺 屬海印寺'라고 했었을 것이다.

『태조실록』의 기사에서 대장경이 용산강에 도착했다는 기사가 매우 중요하다. 『동국여지승람』 3권 한성부 산천조 용산강 주註에 "경상·강원·경기 등의 上流 漕轉은 모두 이 곳에 모인다."라고 하였고, 동同 서강西江 주註에 보면, "황해·전라·충청·경기 下流 漕轉은 모두 이 곳에 모인다."고 하였다. 즉 충주를 통해 경상·강원 등으로 가는 화물선은 모두 용산강으로 모인다는 것이다. 만일 강화도로부터 경성내에 있는 지천사로 오는 대장경판이라면 반드시 서강에 정박할 것인데 용산강까지 올라왔다. 이는 분명히 경성내로 들어올 대장경판이 아니라 충주지방으로 향하여 운송할 경판임을 암시하는 것이다. 결국 강화도 서문밖 용장사 판당에 있던 대장경은 1398년 5월에 출륙 出陸하여 경성 용산강을 거쳐 충주에 이르러 상륙한 후 조령鳥嶺을 넘어 해인사로 수송한 것이다. 다만 화엄교분기의 이운 시기가 실록보다 1년 앞서는 이유는 대장경 판당을 건축한 시기가 1397년이기 때문이다. 대장경을 이전하기로 결정하고 판당을 짓기 시작한 때가 1397년이므로 그렇게 기록한 것이다. 그러므로 대장경의 이운은 이론 異論의 여지없이 1397년부터 1398년 5월까지 완료되었다.[25]

김영수는 당시의 잡지글로서는 13쪽에 달하는 장문의 기고를 통해 대장경의 이운과정을 자세히 탐구하였다. 그는 『화엄교분기』의 음각기를 토대로 이운 시기를 글의 부제에서 보듯이 실록보다 앞선 1397년으로 추정하였고, 실록 기사가 원래의 사초史草와 다르게 생략하면서 출발지인 용장사와 도착지인 해인사를 누락시켰다고 하였다. 대단히 흥미로운 가설이고 또 그럴듯한 개연성을 지니고 있다. 다만 위에서 요약하였듯이 이운이 "1397년부터 1398년 5월에 완료되었다."고 하는 등 다소 납득하기 어려운 부분도 있다. 1398년 5월은 대장경이 용산강에 도착한 시기이고, 여기서 출발하여 최종 목적지 해인사까지 가는 데는 적어도 수개월이 소요된다. 또한 해인사가 왜 이운처가 되었는가를 설명하는 과정에서는 대장경이 화엄종의 소유물이고, 조성 작업을 전담한 곳도 화엄종이므로 화엄종의 대표사찰인 해인사로 결정되었다[26]고 하는 등 다소 무리한 억측도 보인다.[27]

5) 문명대의 견해

문명대는 1456년(세조 2)에 이운하였다고 주장한다. 『성종실록』에 다음과 같은 기사가 있다.

---

25 김영수, 앞의 글, pp.7~19.
26 김영수, 앞의 글, p.17.
27 대장경의 조성에는 화엄종만이 아니라 유가종·천태종·사굴산문·가지산문 등 여러 종파와 산문이 함께 참여하였다. 최영호, 『江華經板 高麗大藏經의 판각사업 연구』, 경인문화사, 2009, pp.179~246.

경상도 관찰사 朴楗에게 하서하기를, "도내 합천군 해인사에 소장된 대장경과 板子는 모두 先王朝 때에 마련한 것이고, 또 客人[외국인]이 구하는 바이며, 國用에도 없을 수 없으니, 만약 신중하게 지키지 못하여 혹 비가 새어서 썩거나 손실이 된다면 매우 不可한 일이니, 경은 숫자와 물목을 자세히 살펴서 아뢰라."고 하였다.[28]

위의 내용은 1478년(성종 9) 11월 21일의 기록이다. 이에 따라 대장경은 선왕조 때 해인사로 옮긴 것이 분명한데, 선조는 예종이지만 그는 겨우 1년 남짓 재위했으므로 선조는 세조로 보는 것이 순리라는 해석이다. 즉 "세조는 유명한 호불好佛의 왕이었던 만큼 대장경의 보관에 각별한 신경을 썼을 것으로 짐작되는 것이다. 1478년에 비가 새었다고 한 것을 보면 건물 퇴락의 경과로 보아 아마도 세조 초기인 1456년 경 해인사로 옮겼다고 생각할 수 있을 것"[29]이라고 하였다. 성종의 잘못된 지식에서 비롯된 내용을 바탕으로 한 막연한 추측이다. 또한『태조실록』등의 다양한 기록을 모두 도외시하였다.

이상과 같이 이운 시기에 관한 다양한 견해를 살펴보았다. 이를 요약하면 다카하시의 고려 말 이운설, 이능화의 조선초기설과 그에 따른 강화대장경과 해인사대장경의 별개 가능성, 한용운의『태조실록』에 입각한 1398년 설, 김영수의 1397년~1398년 설, 그리고 문명대의 1456년 설 등이다. 이 가운데 역사적 사실과 맥락에 가장 부합하는 주장이 실록 등에 입각한 김영수의 1397년~1398년 설이라고 생각된다. 무엇보다『태조실

---

28 『성종실록』, 9년 11월 21일.
29 문명대, 앞의 글, pp.203~205.

록』의 기사는 왕이 용산강에 나아가 맞이하였다는 등의 구체적 신뢰성이 있고,『정종실록』의 인출 사실과도 시기상의 모순이 없다. 또한 이운에 대한 기록에서 전혀 보이지 않는 해인사의 존재를 추정한 점이 탁월한 견해라고 여겨진다.

4. 이운 경로

대장경 이운 벽화, 해인사

대장경은 경판 1장당 평균 무게가 약 3.5kg이다. 모두 81,350장[30]으로 전체 무게는 약 285톤에 달한다. 8톤 트럭 35대가 필요한 분량이다. 이처럼 엄청난 무게의 대장경을 옮기는 작업은 기계화된 장비가 없었던 조선시대에는 수많은 인력과 시간이 소요되는 말 그대로의 대장정이었다.

『태조실록』에 보이는 바와 같이 용산강에서 지천사로 이운하는데 2천

---

30 고려대장경의 총 매수는 조사자마다 다르다. 최근 해인사는 대장경판 보존관리 시스템 구축 사업을 통해 경판의 수가 81,350매로 조사되었으며, 이에 대한 경판의 수량에 대해서는 별도 의 정밀조사 연구를 통해 규명할 예정이라고 한다.(해인사 팔만대장경 웹사이트, http://www. i80000.co.kr)

명의 인원이 동원되었다고 하였다. 이를 통해 보면, 봉안처였던 강화도 판당에서 배가 기다리고 있던 갑곶까지 이운하는 과정도 크게 다르지 않았을 것이다. 대장경을 보내는데 절의 모든 대중과 강화 사람 수천 명이 참여하여 머리에 이고, 때로는 소달구지에 실어 운반하는 모습은 보기 드문 진풍경이었을 것이다. 8만장이 넘는 대장경을 운반하기 위해서는 400기 이상의 소달구지가 필요하다고 한다. 1915년 조선총독부 총독 데라우치(寺內正毅)가 대장경 전부를 일본으로 반출하려고 했으나, 400기의 소달구지를 구하지 못해 포기했다는 이야기가 전한다.

1398년 5월 10일 갑곶에서 배를 탄 대장경은 한강나루 용산강에 도착하였다. 이 날은 비가 내렸고 11일에도 계속되었다. 12일, 마침내 비가 그치자 출발하였다.『태조실록』의 기사를 다시 인용해보자.

> 대장隊長과 대부隊副 2천 명으로 하여금 대장경의 목판을 지천사支天寺로 운반하게 하였다. 검교 참찬문하부사 유광우兪光祐에게 명하여 향로를 잡고 따라오게 하고, 오교·양종의 승도들에게 불경을 외우게 하며, 의장대가 북을 치고 피리를 불면서 앞에서 인도하게 하였다.[31]

이와 같이 대장경은 지천사로 출발하였다. 그러나 대장경이 지천사로 갈 이유가 전혀 없었다. 앞서 김영수의 견해에서 보았듯이 대장경의 목적지가 지천사였다면, 강화를 출발한 배가 굳이 가까운 서강을 지나 용산강까지 올라올 필요가 없었다. 또한 지천사에 옮길 예정이었다면, 국왕

---

31 "命檢校參贊門下府事兪光祐行香, 五敎兩宗僧徒誦經, 儀仗鼓吹前導"『태조실록』, 7년 (1398) 5월 12일.

이 비를 맞아가며 용산강까지 나가 참관할 필요도 없었다. 지천사는 지금의 서울시청 근처에 있었으므로 궁궐에서 가까운 곳이다. 지천사에 도착한 후에 편안히 찾아가 볼 수 있는데 왜 용산강까지 갔는지 의문이다. 결국 김영수의 추정대로 대장경의 목적지는 지천사가 아니라 '화엄종의 본사격인 지천사에 속한 해인사'였을 것이다. 그래야만 용산강에 도착한 지 8개월 후에 대장경이 해인사에 이운되어 있었다는 사실을 수긍할 수 있을 듯하다.

대장경을 해인사로 이운하는 길은 세 가지가 있다. 첫 번째가 육지길이고, 두 번째는 물길, 세 번째는 물길과 육지길을 모두 거치는 방법이다. 육지길은 한양에서 출발하여 장호원과 충주를 지나고, 다시 조령·문경·점촌·구미를 통과하여 개경포를 거쳐 해인사에 도착했다는 추정이다. 두 번째의 물길은 배를 통한 운반으로 한강을 떠나 서해를 거쳐 남해, 그리고 낙동강을 통해 해인사에 이르는 길이다. 세 번째는 한강에서 배로 충주에 이르고, 다시 육지길로 조령·문경·구미 등을 거쳐 해인사에 이른다. 지금까지 어떠한 기록에서도 이운길에 대한 언급을 찾아볼 수 없는 실정이다. 그러므로 오로지 가능성과 타당성만으로 이운 경로를 추정할 뿐인데, 위의 세 가지 길에 대해 구체적으로 살펴보자.

먼저 육지길은 전통사회의 일반적인 운송 방식과 일치하지 않는다. 즉 옛날 사람의 물류의 이동은 일단 물길을 따라 옮길 수 있는 곳까지 간 다음 최단거리만 수레와 인력을 이용한다고 한다.[32] 8만장이 넘는 막대한 무게의 대장경을 한양에서 해인사까지 300km에 이르는 먼길을 육로

---

32 박상진, 『나무에 새겨진 팔만대장경의 비밀』, 김영사, 2007, p.161.

로만 이동한다는 것은 사실상 불가능한 일이다.

다음으로 물길, 해상운송이다. 대장경이 용산강에 도착한 이틀 후, 태조는 서강에 행차하여 전라도에서 온 조운선을 시찰한 일이 있었다.[33] 짤막한 기사이므로 행차의 목적 등은 전혀 알 수 없으나, 이 기록이 해상이운의 가능성을 보여준다고 한다. 즉 전국에서 국가에 납부하는 각종 공물은 대개가 조운선을 통해 한강으로 집결되었다. 대장경이 도착한 용산강을 비롯하여 서강, 마포 등이 이러한 공물의 집결지로 일찍부터 번성하였다. 태조는 '전라도에서 온 조운선'을 통해 대장경을 해인사로 이운할 계획으로 이 조운선을 시찰하였다는 것이다.

팔만대장경 이운 행렬, 경남 고령군 개진면 개경포

---

33 "幸西江, 觀全羅道漕舶" 『태조실록』, 7년(1398) 5월 12일.

해상이운의 또 다른 근거는 해인사 법당에 전하는 벽화에 대한 다른 해석이다. 벽화에는 동자가 선도하고 스님이 독송하는 뒤로 대장경을 실은 소달구지와 경판을 지게에 짊어진 사람, 머리에 이은 사람이 뒤따르고 있다. 지금까지 이 벽화에 묘사된 내용이 바로 육상운송의 전형적인 모습이라고 생각하였다. 그런데 같은 벽화를 두고 이 모습은 한양에서 운반하는 모습이 아니라, 해인사 인근의 낙동강 포구인 개경포[지금의 고령군 개진면 개포리]에서 해인사까지 운반하는 모습이라는 설명이다. 즉 한강에서 출발하여 남해를 거쳐 낙동강으로 거슬러 올라와 이곳에서 하선했다는 이야기이다. 개포마을의 예전 이름이 경經을 풀었다는 의미에서 '개경포開經浦'라고 했다는 구전의 설명을 덧붙인다.

이상과 같은 대장경의 해상이운설은 일견 긍정적인 측면도 있으나, 의문은 여전히 남는다. 먼저 처음부터 해상이운 계획을 세우고 있었다면, 왜 강화도에서 한강까지 옮겨왔을까 하는 의문이다. 강화에서 직접 해상으로 나아가 서해와 남해를 거쳐 낙동강으로 향했다면, 번거롭고 힘든 작업을 거치지 않아도 되었을 것이다. 즉 '강화도 ⇒ 용산강 ⇒ 서해'의 운반과정은 전혀 불필요한 헛수고가 되는 셈이다. 강화도에서 용산강, 다시 서해의 강화해협으로 되풀이하는 반복 과정은 수천 명 이상의 인력이 동원되는 대규모 작업이었다. 이를 어떻게 이해해야 할까.

해상이운의 또 다른 문제점은 태조가 왕위에서 물러나 대장경을 인출한 1399년 1월이라는 시기와 관련이 있다. 만약 대장경을 해상으로 이운하였다면, 그 기간은 1개월이면 족하다. 대개 경상도와 전라도의 조운선이 지방을 출발하여 한강에 도착하는 시일은 20일 정도 소요된다고 한다. 따라서 1388년 5월 12일 용산강을 떠난 대장경은 서해와 남해를 거쳐 다시 낙동강으로 올라와 개경포를 통해 늦어도 7월 이전에는 해인사에 도착했어야 한다. 그러나 아쉽게도 도착 시기에 관한 자료가 전혀 전하지 않는다.

대장경의 인출을 지시한 1월은 한 해 중에서도 가장 추운 때이고, 더구나 인경작업은 적당한 온도와 바람이 매우 중요함을 감안할 때 한겨울의 인경은 거의 무모한 작업이었다. 왜 태조는 이처럼 어려운 시기에 인경을 감행하였을까? 비를 맞아가며 용산강에 나가 대장경을 참관할 만큼의 정성을 지닌 태조와 1월의 한겨울에 인경을 지시하는 무모한 태조의 모습이 조화를 이루지 않는다. 조운선으로 해상이운했다면 대장경은 이미 7월 중에는 해인사에 봉안되어 있었을 것이고, 이후 인경할 수 있는 기간은 충분하였을 것이다. 그럼에도 불구하고 이듬해 1월에 인경을 감행했던 이유는 이 시기 직전에 대장경이 해인사에 도착한 때문이 아닐까라는 추측을 하게 한다. 즉 도착하자마자 서둘러 인경작업을 지시했던 것이라 생각된다.

이러한 상황을 감안할 때, 이운 경로로서 가장 사실과 가까운 것은 세 번째의 물길과 육지길을 모두 거치는 방법이라 생각된다. 이와 관련하여 "대장경을 용산강으로 옮겼다."는 『태조실록』의 기사가 주목된다. 용산강은 경상도와 강원도 등의 조운선이 출입하는 곳이었다. 『동국여지승람』 '용산강' 조에 "경상·강원·경기 등의 상류 조전漕轉은 모두 이곳에 모인다."[34]라고 하였다. 즉 조선시대에 경상도로 가는 물건은 모두 용산강에서 출발하였다. 해인사로 가기 위한 대장경도 예외가 아니었을 것이다.

박상진은 대장경이 강화도에서 이운되었다는 가정 하에 다양한 이운

---

34 『신증동국여지승람』 3권, 한성부 산천, 용산강.

경로를 추정하였다. 그 중 물길과 육지길을 거치는 경로를 다음과 같이 정리하였다.

> 용산나루를 출발한 배는 한강을 따라 양수리까지 간 다음 뱃머리를 남한강으로 돌려 장호원·여주를 거쳐 조선초기의 대표적인 세곡稅穀 보관 창고였던 충주의 가흥창에 도착한다. 여기까지는 대체로 조선시대의 세곡 운반로로, 배만 확보된다면 경판을 옮기는 데 별 무리가 없다. 이제 경판을 배에서 내려서 문경새재를 넘어 경상도 낙동강으로 가야 한다. 예로부터 새재 길은 사람이 겨우 걸어 다닐 정도였는데, 수레가 다닐 만큼 길이 넓어진 것은 조선후기라고 한다. 당시에는 이고 지는 순수 인력으로 넘을 수밖에 없었을 것이다. 적어도 수백 명이 동원되어야 가능한 일이다. 온갖 어려움을 이기고 새재를 넘은 경판은 문경·점촌을 거쳐 낙동강 변에 도착한다. 강배에 다시 실려 낙동강을 타고 내려와서 고령의 장경나루[개경포]에 도착하여 육로로 해인사로 운반한다.[35]

충주의 가흥창可興倉은 조선초기 전국의 수운창水運倉 5곳 가운데 하나였다. 한양에서 경상도로 운반하는 물자는 모두 배를 타고 와 이곳에 모였고, 문경새재를 넘어 각지로 퍼져 나갔다. 문경새재는 한강과 낙동강을 잇는 가장 빠른 지름길이었다. 용산강에서 출발한 대장경은 가흥창에 도착하였고, 문경새재를 넘어 낙동강으로 향하였을 것이다. 다시 낙동강에

---

35 박상진, 앞의 책, pp.163~164.

서 배를 타고 개경포에 도착하였다. 개경포는 낙동강 수로의 중심지였다. 낙동강 연안에서 내륙으로 들어오는 중요한 물산의 집산지로서 교통의 중개지였다.[36] 개경포에서 해인사까지는 약 40km 거리이다. 여기서부터는 달구지에 실거나 사람이 직접 짊어지고 옮겨야 했다. 마침내 힘들고 오랜 여정 끝에 해인사에 도착하였다.

대장경 이운 추정 경로

36 박진형·이종필, 『고령의 나루터』, 고령문화원, 2003, pp.121~217.

5. 맺음말

이상으로 대장경의 이운 시기와 이운 경로를 살펴보았다. 지금까지 대장경에 관한 논문과 저술, 조사 보고서 등은 3백 편에 달하는 방대한 분량이지만 이운 시기와 경로에 대한 체계적인 연구는 거의 없었다고 해도 지나친 말이 아니다. 그 원인은 이에 대한 자료가 절대적으로 부족하다는 데 있다. 『태조실록』의 단편적이고 불명확한 기사에 의존하다보니 대장경이 강화도에서 나온 것은 사실이지만, 언제 어떠한 경로로 해인사에 도착했는지 전혀 알 수 없었다. 이러한 실정에서 연구자들은 아예 실록의 기사를 인정하지 않고, 그 시기를 고려말 또는 세조대로 추정하는 등 혼란이 가중되어 왔다.

그런데 일찍이 한용운과 김영수는 대장경판 중에서 새로운 기록을 발견하고 이운 시기에 대한 탁견을 제시하였다. 『화엄교분기』에 음각된 1405년의 충현의 기록에 따라 판전의 조성 등 예비 작업은 이미 1397년에 시작하였고, 1398년 5월 10일에 강화도를 출발하여 1399년 1월 이전에 이운을 완료하였다고 하였다. 필자 역시 사료를 검토하고 연구자의 견해를 종합한 결과 이러한 결론에 동감한다.

이운 경로 역시 이운 시기와 밀접한 관계를 지닌다. 이운 경로에 대해서는 그동안 육지길과 바닷길이 제기되었지만 물길과 육지길을 모두 거쳤을 것이라 생각한다. 즉 강화에서 배를 타고 한강에 도착하였다가 다시 한강을 떠나 충주에 이르고, 육지길을 통해 문경새재를 넘어 남하한다. 낙동강에 이르러 다시 배를 타고 고령의 개경포에 도착하여 육지길로 해인사에 도착하였을 것이라 추정한다.

끝으로 대장경의 판각지와 보관처를 이해하는데 중요한 단서를 제공하는 충현의 기록에 관한 이야기를 덧붙이고자 한다. 즉 충현은 즉 "정축년丁丑年 출륙시出陸時 차궐실此闕失 여지식도원與知識道元 동원개판입상同願開板入上"이라고 하였는데 이 가운데 '출륙出陸'이라는 서술에 주목하게 된다. 대장경이 섬에서 "육지로 나왔다."는 뜻이다. 대장경의 판각지에 대해서 많은 논란이 있고[37] 남해와 강화도뿐만 아니라 해인사, 가야산 하거사下鋸寺, 산청 단속사斷俗寺, 경주 동천사東泉寺 등의 여러 지역이 판각에 참여하였다고 한다.[38] 심지어 그동안 정설이었던 남해나 강화도를 부정하고 판각지를 해인사 자체 및 인근 지역으로 이해하기도 한다.[39] 그렇다면 '출륙'을 어떻게 이해해야 할지 궁금하다. 충현의 기록은 대장경이 해인사에 도착한 지 불과 7년 뒤의 기록으로서 사료로서의 가치와 신뢰성이 높다. 즉 대장경은 분명히 '섬에서 육지로 나온' 것이다.[40]

---

37 박상국, 「해인사 고려대장경 간행과 판각장소」, 『고려 팔만대장경과 강화도』, 새얼문화재단·인천광역시, 2001, pp.129~161.
38 최영호, 『江華經坂 高麗大藏經의 조성기구와 판각공간』, 세종출판사, 2009.
39 박상진, 앞의 책, pp.179~182.
40 대장경은 남해도와 그 반대편 해안에 있는 진양군에서 조성되어 강화도로 옮겨간 것으로 이해하기도 한다. 민영규, 「高麗大藏經新探-바로 잡아야 할, 그리고 새로운 몇가지 사실들」, 고려대장경연구소, 세미나 자료집, 1994. 남해도라고 하면 섬이므로 '出陸'의 개념에 부합되지만, 해인사로 이운하기 전까지 대장경은 분명히 강화도에 있었다.

5

조선시대 수륙재의 위상

1. 머리말

조선시대는 흔히 억불의 시대라고 한다. 조선은 불교국가였던 고려의 정치·사회적 모순을 타파하고 새로운 정치이념으로 성리학을 표방하면서 불교를 탄압과 제거의 대상으로 삼았다. 국가불교라는 이름이 붙을 정도로 고려시대는 불교가 극성에 달했던 시기였다. 신왕조의 개창과 함께 구체제의 사회·경제적 기반은 무너지기 시작하였고, 국가불교로서 불교계가 누렸던 지나친 권력과 경제적 기반 역시 하나, 둘 사라져갔다. 국가에서 전국의 사찰 수를 대폭 축소·철폐하였고, 사찰이 지녔던 전답과 노비를 압수하였다. 나아가 승려의 출가를 금지시켰으며 부녀자의 사찰 참배를 금지시키는 등 총체적인 불교말살 정책을 시행하였다.

그러나 이러한 억불정책은 건국초부터 이루어진 것은 아니었다. 신왕조의 개창자 태조 이성계는 오히려 불교를 적극 신봉하였고, 때로는 사찰을 중수하여 왕실의 원찰로 삼기도 하였다. 즉위 전부터 무학대사無學大師 등의 승려를 가까이 두고 국가운영의 자문을 받았고, 각종의 불교의식을 거행하여 백성을 위무하는 등 다양한 불교시책을 펼쳐 나갔다. 태조의 불교옹호 시책 중에서 가장 대표적인 사례가 바로 수륙재의 설행이다.[1] 수륙재는 뭍과 물의 외로운 영혼을 천도하는 대표적 영혼천도의식이다. 재를 개설하기 위해서는 많은 인력과 재원을 필요로 하였고, 무엇보다 구체제와의 단절을 꾀하려는 신진관료들과 맞서야 했다. 그러나 신왕조의 새로운 사회질서를 서둘러 구축해야 할 시점에서 국왕의 호불행사護佛行事는 성리학으로 무장한 관료들의 입장에서는 구체제의 답습이었고, 척결의 대상이었다. 이러한 신하들의 반대에도 불구하고 태조의 수륙재 설행은 1395년(태조 4) 삼화사三和寺 등을 시작으로 1397년(태조 6)에는 진관사津寬寺에 국행수륙사國行水陸社를 설치하는 등 오히려 확대되었다.

조선초기 수륙재의 설행은 태조 이후에도 계속되어 다양한 지역에서 빈번하게 이루어졌다. 따라서 이 글은 억불의 시대에서 왜 수륙재를 설

---

1 조선시대 수륙재에 관한 연구는 다음과 같다.
　윤무병, 「국행수륙재에 대하여」, 『백성욱박사송수기념 불교학논문집』, 1959.
　홍윤식, 『韓國佛敎儀禮硏究』, 隆文館, 1976.
　김용조, 『조선전기 국행기양불사연구』, 동국대학교 박사학위논문, 1989.
　이영화, 「조선초기 불교의례의 성격」, 『청계사학』 10, 한국정신문화연구원 청계사학회, 1993.
　김희준, 「조선전기 수륙재의 설행」, 『호서사학』 30, 호서대학교 사학회, 2001.
　이 욱, 「조선전기 원혼元魂을 위한 제사의 변화와 그 의미 -수륙재와 여제를 중심으로-」, 『종교문화연구』 3, 한신인문학연구소, 2001.
　양지윤, 「조선전기 수륙재 연구」, 동국대학교 석사학위논문, 2002.
　심효섭, 「조선전기 수륙재의 설행과 의례」, 『동국사학』 40, 동국대 사학과, 2004.
　『삼화사 수륙재 역사』, 『삼화사 수륙재 문화』, 삼화사수륙재보존회 엮음, 2020.

행하였으며, 그 국가적·사회적 의미가 무엇인가를 이해하는데 목적이 있다. 나아가 이를 통해 조선시대 불교의 위상을 제고하는 계기가 되고자 한다.

삼화사 수륙재

2. 조선 초기 국행수륙재의 설행

조선시대 수륙재가 처음 개설된 것은 1395년(태조 4) 10월이었다. 태조는 건국한 지 3년만인 이 해 2월 수륙재를 설행할 것을 명하였다.

> 임금이 수륙재를 관음굴·견암사·삼화사에 베풀고 매년 봄과 가을에 항상 거행하게 하였다. 고려의 왕씨를 위한 것이었다.[2]

태조는 신왕조의 개창 이후 민심을 수습하고, 화합을 이루기 위하여 유화정책을 펼쳤다. 고려왕조의 관원을 그대로 수용하여 재배치하고, 논공행상을 광범위하게 행하면서 전왕조의 세족들에게도 은덕을 베풀었다. 그러나 신왕조의 개창에 반대한 고려 신하들에 대해서는 개국 즉시 처벌을 단행하였다. 즉 즉위한 지 11일 만에 우현보(禹玄寶, 1333~1400)·이색 (李穡, 1328~1396) 등 56인의 고려관료들을 유배보냈다.[3] 개국초의 국가기강을 수립하기위한 당연한 조처였지만, 얼마 후 태조는 이들을 모두 사면하고 관직에 재등용시켜 주었다. 이와 같은 조처는 태조의 너그럽고 온화한 성품을 그대로 반영한다. 고려신하에 대한 처분과 마찬가지로 고려왕족에 대한 처분도 처음에는 관대하게 이루어졌다. 즉 태조는 즉위년에 신하들의 건의를 받아들여 공양군(恭讓君)을 강원도 간성에 유배보내고, 고려왕족들을 도서지방과 먼 지방으로 안치, 생활을 보장해 주었다.[4]

---

2 『태조실록』, 태조 4년(1395) 2월 24일.
3 『태조실록』, 태조 1년(1392) 7월 30일.
4 『태조실록』, 태조 1년(1392) 8월 7일.

1393년(태조 2)에는 섬에 안치하였던 왕족들을 육지에 나와 살게 하고, 재질이 있는 사람은 관직에 임용하는 등의 후의를 베풀었다. 왕조가 교체된 후 1년이 넘었지만, 구체제의 반발이나 조직적 저항의 움직임이 전혀 없었기 때문이다. 그러나 얼마 후 왕족들을 몰살하게 되는 비극적 사건이 발생하였다. 즉 태조 3년 동래 현령 김가행金可行과 염장관鹽場官 박중질朴仲質 등이 왕씨들의 명운을 점치는 일이 발생하자,[5] 대간臺諫과 형조刑曹에서는 고려왕족들을 위험세력으로 간주하고 이들을 모두 먼 지방으로 유배시킬 것을 상소하였다. 그러나 태조는 이 사건은 단순히 왕씨의 명운을 점쳐 본 것뿐이라며 처벌 요구를 받아들이지 않았고, 여전히 유화적 입장이었다. 대간 등의 세력들은 이에 굴하지 않고 고려왕족과 구세력들이 왕씨복립운동을 일으킬 것이라며 거듭 이들의 처벌을 요구하였다.

대간과 형조 등의 신하들은 사건의 발단을 일으켰던 김가행과 박중질을 국문한 결과, 고려왕실의 복립운동이라는 자백을 강제로 얻어냈다. 이에 따라 김가행 등은 모두 주살하였고, 공양왕과 그 아들들은 간성에서 다시 삼척으로 유배시켰다. 이들은 여기서 그치지 않고 1394년(태조 3) 4월에는 공양왕을 비롯한 전 왕씨들의 참형을 주장하는 상소를 빗발같이 올렸다. 태조는 더 이상 자신의 뜻을 관철하기 어렵다는 판단에서 도평의사사로 하여금 신하들의 여론을 물어 최종 결정하라고 하교하였다. 멀리 섬으로 유배하자는 온건 여론이 일부 있었지만, 결론은 참형이었다. 마침내 태조는 참형의 여론을 따른다고 결정하였다.[6] 이에 따라 공양왕

---

5 『태조실록』, 태조 3년(1394) 1월 16일.
6 『태조실록』, 태조 3년(1394) 4월 14일.

과 두 아들은 삼척에서 교살하였고, 나머지 왕족들은 유배지 강화도와 거제도 등에서 모두 바다에 수장水葬시켰다.[7]

태조는 처음부터 이러한 피의 숙청을 원치 않았다. 신왕조의 국가 기틀을 화합과 단결의 기조에서 이룩하고 싶어 하였다. 그러나 대신들의 강한 반발에 부딪쳤고, 결국 그들의 힘에 따를 수밖에 없었다. 삼척에 있던 공양왕에게 참형을 내리면서 신하를 보내 죽일 수밖에 없었던 자신의 입장을 알아달라는 듯이 다음과 같이 설명하였다.

> 정남진鄭南晉 등이 삼척에 이르러 공양군에게 교지를 전하였다. "신민臣民이 추대하여 나를 임금으로 삼았으니 실로 하늘의 운수요. 군(君, 공양왕)을 관동에 가서 있게 하고, 그 나머지 동성(同姓, 고려의 왕족 왕씨)들도 각기 편리한 곳에 가서 생업을 보안保安하게 하였다. 지금 동래현령東萊縣令 김가행과 염장관 박중질 등이 반역을 도모하고자 하여, 군君과 친속親屬의 명운을 맹인 이흥무李興茂에게 점쳤다가, 일이 발각되어 복죄伏罪하였다. 군君은 비록 알지 못하지만, 일이 이 같은 지경에 이르러, 대간臺諫과 법관法官이 장소章疏에 연명連名하여 청하기를 12번이나 하였다. 여러 날 동안 굳이 다투고, 대소 신료들이 또 글을 올려 간하므로, 내가 마지못하여 억지로 그 청을 따르게 되니, 군은 이 사실을 잘 아시오."[8]

이와 같이 공양왕은 5백년 고려의 마지막 군왕으로서 1394년 4월 17

---

7 "尹邦慶 등이 王氏를 강화 나루[江華渡]에 던졌다." 『태조실록』, 태조 3년(1394) 4월 15일.
8 『태조실록』, 태조 3년(1394) 4월 17일.

일 교살되고 말았다.

　이상에서 살펴보았듯이 공양왕을 비롯한 고려왕족의 참살은 원래 태조의 의지가 아니었다. 태조는 관대하고, 자비로운 성품을 지닌 인물이었다. 무장 출신이었지만 공격적 성향보다는 합리적이고 온후한 인품의 소유자였다. 특히 역성혁명의 반윤리적 여론을 잘 알고 있었으므로 왕위에 오른 직후부터 화합과 단결을 위한 다양한 조처를 시행하였다. 이를 위해 고려왕족과 관료들을 임시로 유배 조치하였다가, 다시 관직에 등용하는 등 민심을 수습하는데 힘을 기울였다.

　그러나 신왕조의 기반과 질서를 갖추기 위해서는 건국에 참여한 신하들의 도움과 지지가 반드시 필요하였다. 즉 이제 막 왕조를 세운 태조의 입장에서 신하들의 입장과 세력은 무시못할 상황이었다. 그들은 구체제의 회생 가능성을 완전히 차단시키기 위해 12차례나 상소를 올려 왕족의 처벌을 청하였다. 그때마다 태조는 간신히 물리쳤다. 그러나 결국 대간과 형조를 중심으로 한 신권臣權의 위세를 더 이상 막아내지 못하고, 자신의 뜻과는 다르게 고려왕족을 멸족시켰던 것이다.

　이러한 건국초의 정치적 상황이 바로 삼화사 수륙재 개설의 직접적 배경이 되었다고 생각된다. 태조는 신하들과 맞서면서까지 고려왕족을 보호하려 하였다. 이는 고려왕족이 회생하여 조선을 위협할 가능성이 없다는 판단이었고, 또 그에 대처할 만한 자신감이 있었기 때문이기도 하다. 그러나 결과는 자신의 명으로 고려왕족을 몰살하게 되었고, 태조는 이에 대한 자책감과 미안함을 지녔던 듯하다. 온후한 성품의 태조는 이 자책감을 해소하는 방안으로 마침내 수륙재를 생각해냈다. 이에 따라 왕족을 멸한 지 10개월 만인 이듬해 1394년 2월 관음굴과 견암사, 그리고 삼화사에 수륙재를 개설, 매년 봄과 가을에 항상 거행하게 하였다. 『태조실록』 4년

2월 24일 기사의 말미에 보이는 "고려의 왕씨를 위한 것이었다."는 짤막한 기사를 통해 이러한 저간의 사정을 이해할 수 있다.

한편 당시 문신으로서 지공거知貢擧를 맡고 있었던 권근(權近, 1352~1409)은 구체적인 사실을 다음과 같이 표현하였다.

수륙의문발 봉교찬 水陸儀文跋 奉敎撰

자고로 왕자가 일어날 적에, 반드시 인후仁厚한 은택이 있어 깊이 민심을 결합하고 유명幽明을 흡족히 한 뒤에야, 하늘이 돕고 백성이 붙좇아 천명天命이 집성되는 것입니다. 전조(前朝, 고려)의 말년에 정형政刑이 잔혹하였으므로, 지금 우리 주상 전하[태조]께서는 너그럽고 어진 도량으로 그 사이에 주선하여 무고한 백성을 불쌍히 여겨 구제한 바 많았고, 죽은 자에게는 반드시 사실을 밝혀서 그 원통함을 풀어 주었으니, 이른바 인후한 은택으로 민심을 결합하고 유명을 흡족히 함이 지극한 것입니다. 중외의 인심이 다 추대하여 임금으로 삼기를 원하였고, 왕위에 오르자 우선 너그러운 교지를 내려 한 사람도 형벌하지 않아 조야가 안정되었습니다. 그 왕씨 종족에 대해서는 필히 보전시키고자 외방에 나누어 보내 편안한 안식처를 얻게 하는가 하면, 그 어진 이를 발탁하여 조정에 벼슬시켜서 장차 영원한 세대에 나라와 같이 경사와 복을 누릴 것을 기하였는데, 왕씨가 하늘의 버림을 받아 스스로 멸망해 갔습니다.

그때부터 3년이 지나 갑술년(1394) 봄에 감히 모반을 논의하는 자가 있으매, 뭇 신하들이 처벌하여 후환을 제거하기를 간청하므로 전하께서는 마지못하여 따르셨으나, 측은히 여기고 슬퍼하는 생각이 항상 마음에 간절하여, 명자(冥資, 불경)를 펴내어 혼백을 위로하고자 이해 가을에 금물로『묘법연화경』3부를 써서 특별히 내전에 친히 납시어 전독轉讀하였습니다. 또『수륙의문水陸儀文』37본을 간행하고는 무차평등대회無遮平等大會를 세 곳에 베풀게 하고, 각각『연화경』1본,『의문儀文』7본씩을 비치하되, 영구히 그곳에 보관해 두고서 거행하게 하였습니다. 하나는 천마산天磨山의 관음굴觀音窟에 있으니 이는 강화江華에서 처형한 왕씨의 천제薦祭를 위함이요, 하나는 아무 고을 아무 산에 있으니 이는 삼척에서 처형한 왕씨의 천제를 위함이요, 하나는 아무 고을에 있으니 이는 거제에서 처형한 왕씨의 천제를 위한 것입니다.[9]

수륙재는 물과 육지에서 헤매는 외로운 영혼과 아귀를 달래고, 위로하기 위하여 불법을 강설하고 음식을 베푸는 불교의식이다. 불교의 영혼천도의식 가운데 그 설행의 목적이 영혼천도에 집중되어 있고, 또한 가장 규모가 크다. 다른 말로 수륙도량水陸道場・비재회悲齋會・시아귀식施餓鬼食[10]이라고도 한다.

이 의식은 중국 양나라 무제(武帝, 502~549)가 시작하였다. 불교에 대한 신심이 두터웠던 무제는 유주무주有住無住의 외로운 영혼들을 널리 구제하여 공덕을 쌓기를 다짐하였다. 우리나라에서 수륙재가 시작된 것은 고려 때부터이다. 970년(광종 21) 갈양사葛陽寺(화성 용주사의 전신)에서 개설된

---

9 權近,『陽村集』권22, 跋語類「水陸儀文跋(奉教撰)」.
10 宗鑑,『釋門正統』제4, 利生志.

수륙도량이 그 최초의 사례이다. 이후 1093년(선종 10)에는 태사국사太史局事로 있었던 최사겸崔士謙이 수륙재의 의식절차를 기록한 『수륙의문水陸儀文』을 송나라에서 구해 왔다. 이를 계기로 보제사普濟寺에 수륙당水陸堂을 새로 세우고, 『수륙의문』에 따라 수륙재를 성대히 개설하였다. 또한 『삼국유사』를 지은 일연(一然, 1206~1289)의 제자 혼구(混丘, 1250~1322)가 고려불교의 독자적인 의식을 첨가하여 『신편수륙의문新編水陸儀文』을 찬술하는 등[11] 수륙재는 고려중기 이후 계속되었다.

수륙재는 대개 7일간 진행하는데, 때에 따라서는 49일 동안 계속 하기도 한다. 또한 참여하는 인원도 기간에 따라 수십에서 수백 명까지 다양하였다. 태조의 명으로 개설한 국행수륙재는 매년 봄, 가을 두 차례나 시행되었다. 의식의 구체적인 모습은 전하지 않으나 권근의 「수륙의문발」에서 보듯이 『수륙의문』에 따라 대규모로 진행되었음을 짐작할 수 있다.

이와 같이 수륙재는 물과 뭍의 모든 영혼을 천도하는 의식이므로 고려왕족의 영혼을 천도하는 제사의식으로서 가장 적합하였다. 왜냐하면 고려왕족들은 멸족되기 전까지 거제도와 강화도 등에 안치되어 있다가 모두 바다에 수장되었기 때문이다. 그리고 앞에서 보았듯이 공양왕 일가는 삼척에서 참수에 처해졌다. 즉 고려왕족들은 물과 뭍에서 죽음을 당했고, 이들의 영혼을 모두 천도하는 의식은 수륙재가 가장 적합하였던 것이다. 한편 수륙재를 개설하기 위한 사찰은 이들 고려왕족을 처형한 지역으로 정하였다. 이에 따라 개성의 관음굴,[12] 거제의 견암사,[13] 그리고 삼척의

---

11 李齊賢, 「有元高麗國曹溪宗慈氏山 瑩源寺寶鑑國師碑銘(幷序)」, 『동문선』 권118.
12 관음굴은 개성에 있었다. 기왕의 연구는 강화도에 있었다고 하였으나,(차장섭, 「삼화사 국행수륙재의 배경과 전개」, 「삼화사와 국행수륙대재」, 2008 동해시 삼화사 국행수륙대재 학술대회 논문집, 2008, 10. p.45.) 다음과 같은 『성종실록』의 기록을 통해 관음굴은 개성에 있었

삼화사에 수륙재를 개설하였던 것이다.

즉 권근이 「수륙의문 발」에서 밝혔듯이, "관음굴의 수륙재는 강화에서 처형한 사람들을 위해서, 아무 고을 아무 산의 [삼화사] 수륙재는 삼척에서 처형한 왕씨를 위해서, 아무 고을의 [견암사] 수륙재는 거제에서 처형한 왕씨의 천제를 위한 것"이었다.

태조는 수륙재를 설행한 이후, 관음굴에 여러 차례 행차하였다. 설행 이듬해인 1396년(태조 5) 2월 9일 왕비와 함께 관음굴에 행차하여 재를 올렸고,[14] 왕위에서 물러난 1399년(정종 1) 3월 13일에도 좌우 근신과 내관을 거느리고 관음굴에 거동하여, 2일간 머물며 능엄법석楞嚴法席을 베풀었다.[15] 또한 같은 해 12월 1일에도 관음굴에 행차하였고,[16] 1400년(정종

음을 확인할 수 있다. "禮曹에서 開城府의 關文에 의거하여 아뢰기를, '이번 5월 16일 밤에 크게 천둥하고 山石이 무너져, 觀音窟寺가 거의 다 덮여 눌리고, 불상도 간 곳을 모른다고 합니다. 신 등이 생각하건대, 관음굴은 바로 本朝에서 王氏를 위하여 수륙재를 행하는 곳인데, 이제 무너져서 수리하기가 어렵습니다. 청컨대 開城府로 하여금 다시 수륙재를 감당할 만한 寺社를 가리어 啓聞하게 하소서.' 하니, 그대로 따랐다." (『성종실록』, 성종 8년(1477) 5월 7일) 원래 관음굴은 조계종에 소속되었다가 1424년(세종 6) 4월 5일 모든 종파를 선·교 양종으로 나누고, 36개소의 절만을 남겨두는 조처가 시행되었을 때, 선종으로 귀속되었다. 당시 恒居僧은 70명이고 원속전은 45결이었는데, 이번에 1백 5결과 水陸位田 1백결을 더 주라는 조처가 내려졌다.(『세종실록』, 세종 6년 4월 5일) 즉 관음굴은 1395년 국행수륙재가 설행된 이후, 꾸준히 사세를 확장하여 1424년에는 수륙재를 운영하기 위한 수륙위전이라는 전답을 국가에서 하사받기도 하였다.

13 見巖寺는 거제도에 있는 사찰이 아니라 지금의 경남 거창군 가조면 수월리 우두산에 있다. 『世宗實錄地理誌』 경상도 진주목 거창현 기록에 "견암사는 加祚縣 牛頭山에 있다. 教宗에 속하며, 給田이 1백 50결이다. 우리 태조가 명하여, 水陸社를 만들고, 매년 춘추로 香을 내려 齋를 베푼다."고 하였다. 거제현은 1271년(고려 원종 12)에 거창현의 屬縣인 가조현에 편입되었다. 그 후 1414년에 거제현과 거창현은 하나로 통합되어 濟昌縣이 되었다가 이듬해 다시 분리되었다. 1442년(세종 14) 거제현은 원래대로 지금의 거제도로 환원되었다.(김희준, 「조선전기 수륙재의 설행」, 『호서사학』 30, 호서대학교 사학회, 2001. p.31) 즉 1395년 당시 거제는 거창에 편입되어 있었고, '거제 견암사'는 곧 '거창 견암사'를 말한다. 현재는 古見寺로 이름이 바뀌었다.

14 『태조실록』, 태조 5년(1936) 2월 9일.

15 『정종실록』, 정종 1년(1399) 3월 13일.

2) 1월 1일에도 또 행차하였다.[17] 이와 같이 태조는 4차례 이상 관음굴에 행차하여 각종의 재와 법회를 베풀었다. 이 무렵 권근은 태조의 명으로 「관음굴에서 행하는 수륙재의 소문疏文」을 지었다.

관음굴행수륙재소 觀音窟行水陸齋疏

혁명하여 덕을 대신하는 것은 실로 천도天道를 여는 떳떳한 도가 아니요, 중생을 제도하여 이롭게 하는 것은 오직 부처님의 거리낌 없는 자비를 힘입어야 하므로, 이에 정성을 다하여 덮어주심을 바라나이다. 돌아보건대, 부족한 자질로 높은 지위에 처하였습니다. 책임이 크고 중하여 여러 신하들의 계책을 좇아야 했으므로, 사세가 급박하여 전조의 왕족들을 보전하지 못하였습니다. 왕법王法에는 부득이한 것이지 어찌 내 마음이 그렇게 하고 싶었겠습니까. 고려왕족들과 함께 살 수는 없었지만, 극락세계로 잘 가도록 천도하려 하여, 금자로 법화경을 썼으며, 매양 맹동(孟冬, 음력 10월)에는 또 수륙재를 베풉니다. 이 주선한 것이 부처님의 살펴 비추심에 감응되기를 엎드려 원하나이다. 왕씨의 여러 영혼이 모두 원한을 풀고 환희심을 내어, 길이 윤회의 길을 벗어나고, 유루(有漏, 번뇌)의 인연을 벗어나 극락세계로 왕생하여 무생인(無生忍, 세상 모든 일이 공空한 것이라는 이치를 터득하는 것)을 깨달아 지이다.[18]

---

16 『정종실록』, 정종 1년(1399) 12월 1일.
17 『정종실록』, 정종 2년(1400) 1월 1일.
18 權近, 『陽村集』 권28, 跋語類, 「觀音窟行水陸齋疏(奉敎撰)」.

이 소문은 정확한 시기는 전하지 않으나, 수륙재를 설행하라는 명을 내린 1395년 10월 무렵으로 짐작된다. 태조는 이 글에서 자신이 명한 고려왕족에 대한 처형은 불가피한 상황이었음을 다시 한 번 해명하였다. 국왕으로서 부득이하게 여러 신하들의 의견을 좇아야 했고, 내심은 그렇게 하고 싶지 않았으니, 부디 수륙재를 통해 극락왕생하기를 기원한다는 것이다.

태조의 불교신앙은 알려진 바와 같이 즉위 전부터 매우 돈독하였다. 따라서 그의 관음굴 행차는 자연스런 신앙심의 발로이기도 하겠지만, 유독 다른 사찰보다 관음굴에 자주 행차하였던 사실은 수륙재와의 관련성을 떠올리게 한다. 즉 자신의 어쩔 수 없는 정치적 한계로 말미암아 죽음을 명했던 고려왕족에 대한 참회의 심정으로 관음굴을 자주 찾았던 것이라 생각된다.

한편 거제의 견암사에서 수륙재를 설행할 때는 태조가 직접 참여하지는 않았지만, 신하를 대신 보내 수륙재의 목적이 고려왕실의 천도에 있음을 재차 강조하였다. 고려말 이조판서와 정당문학 등을 역임하다가 조선왕조의 건국에 참여한 정총(鄭摠, 1358~1397)이 태조의 명을 받아 「견암사행수륙재見岩寺行水陸齋」라는 발원문을 썼다. "고통받는 중생을 구제하는 데는 무차회[수륙재]만한 것이 없고, 고려왕실은 천명이 다하여 망하였지만, 나의[태조] 마음이 슬퍼 금으로 사경하고, 특별히 성대한 재를 베푸니, 전왕조 왕씨 등은 제불諸佛의 가피를 받아 구품연대九品蓮臺로 왕생하기를 기원한다."[19]는 내용이다. 이러한 국행수륙재 덕분에 견암사는

---

19 "了諸緣如夢幻, 實惟妙法之宗, 爲苦類濟沈淪, 莫若無遮之會. 擧揚苟切, 饒益奚稽, 伏念某當高麗之旣終, 致恭讓之不道, 因臣民之效力, 有邦國以爲君, 王氏云亡. 雖天命之已去,

1424년(세종 6) 불교종파를 선·교양종으로 통합하는 과정에서 무사히 교종에 편입되어 사세를 유지할 수 있었다.[20]

3. 수륙재 설행의 사회적 의미

1) 억불시대 국가행사로서의 수륙재

수륙재는 다른 말로 '수륙무차평등법회水陸無遮平等法會'라고도 한다. 삼화사가 소장하고 있는 1547년(명종 2) 간행 『천지명양수륙대재의찬요天地冥陽水陸大齋儀纂要』에서는 그 의미를 "처지로 말하면 나와 남의 차별이 있겠지만, 마음은 미워하고 친근히 여기는 차이가 끊어질 것이니, 원수와 천지가 모두 평등하고, 범부와 성인이 원만하게 융화하는 수륙무차법회라 이름 지어 말한다."라고 하였다.[21] 즉 나와 남의 차별이 없고, 원수와 천지가 평등해지는 법회라는 의미이다. 또한 이 책의 제1편 「수륙재를 설행하게 된 유래(設會因由)」 첫머리에서는 "양나라 황제가 수륙재를 계승한 이후, 중생들은 귀의할 곳이 생겨 원수와 친한 이가 평등하게 은혜를 입고, 범부와 성인이 모두 함께 이익을 얻게 되었다."[22]고 하여 원수와 천

我心則怛, 欲冥禧之是資, 爰命工而泥金, 旣爲書其貝牒, 伻趨淸淨之寶刹. 特設平等之熏筵, 盛饌雲蒸, 感通悉均於凡聖, 圓音海布. 蒙, 益咸及於幽明. 伏願前朝王氏等, 承諸佛之加持, 賴多天之攝護, 三途火宅, 永離陋之形, 九品蓮臺, 皆獲超升之路." 鄭摠, 『復齋集』下, 佛道疏, 「見岩寺行水陸齋」.

20 『세종실록』, 세종 6년(1424) 4월 5일.
21 임종욱 역주, 『천지명양수륙대재의찬요』, 동해시, 2007, p.28.
22 앞의 책, 2007, pp.25~26.

지, 범성凡聖의 평등을 강조하였다. 여기서 말하는 천지와 범성은 모든 만물을 뜻하는 종교적인 의미로 이해되는데, 유독 원수라는 용어에 주목하게 된다. 왕조의 멸망과 함께 비명에 간 고려왕족의 입장에서 보면, 그 주모자 태조 이성계는 바로 원수가 된다. 누구보다 이를 잘 알고 있었던 태조는 그들의 목숨을 부지시키고자 힘써 노력하였으나, 결국은 참형을 내리고 말았다. 결국 태조는 '원수와 천지만물이 평등해지고 원만하게 융화하는' 수륙재를 설행하여 고려왕족의 원혼을 풀어주려 하였던 것이다.

국행수륙재는 좁은 의미에서 보면 태조의 고려왕족에 대한 참회의 행위였지만, 수륙재의 설행은 신왕조 개창 초기의 민족화합과 사회적 결속을 강화하는데 이바지하였던 것이라 생각된다. 국행수륙재를 개설한 이듬해인 1396년(태조 5) 2월에는 한양 성문 밖 세 곳에서 수륙재를 개설하여 도성을 건립하다가 사망한 역부役夫들의 혼령을 위로한 일이 있었다.[23] 국가의 공역工役에 참여한 백성들의 희생을 소중히 여기는 군주의 모습이 수륙재를 통해 잘 드러나고 있다.

태조는 이러한 몇 차례의 수륙재를 설행하면서 개인적으로나 국가적으로나 좋은 성과를 얻었다고 판단하였던 것 같다. 그 결과 삼화사 등에 처음 수륙재를 개설한 2년만인 1397년(태조 6) 태조는 국행수륙재를 상설화하기 위한 수륙사水陸社를 진관사에 건립하기에 이르렀다.

당시 태조의 명을 받은 권근이 수륙사 조성의 시말을 기록한 「진관사 수륙사조성기津寬寺水陸社造成記」가 전한다.

---

23 『태조실록』, 태조 5년(1396) 2월 27일.

근본에 보답하고 근원을 따르는 일은 왕정王政의 우선적인 일이고, 모든 생명들을 두루 제도하고 이롭게 하라함은 부처님의 가르침에서 중히 여기는 것이다. 둘[왕의 정치와 부처의 가르침]이 비록 다르나 다 인간의 마음에 자비와 효순孝順의 정성을 발하게 하고자 함이니 능히 자기가 할 수 있는 것이 아니다.

옛적에 거룩한 황제와 밝은 왕의 도는 조상을 존숭하고 종묘사직을 경건히 받듦으로써 그 효를 넓히며, 널리 베풀고 대중을 구제하여 그 인仁을 넓히니, 근본에 보답하는 일이 지극하다 할 수 있고 물건을 이롭게 하는 것을 넓힌다고 할 수 있다. 부처님의 말씀에, "사람이 죽어도 멸하지 않으니, 그가 이룬 선과 악에 따라 윤회하여 생生을 받게 되는데, 부처님은 능히 자비로써 고뇌를 뽑아내어 즐거움을 주고 물에 빠진 것을 구제하시지만, 산 사람이 만약 부처를 섬기며 승려들을 공양하여 화합으로 인도하게 한다면, 죽은 사람의 영혼은 굶주리다가도 배부를 수 있고 괴롭다가도 즐거움을 얻을 수 있어 성불에 이르게 되고, 영원히 윤회의 응보를 면하게 되며, 산 사람 또한 배부름과 이익을 얻게 된다."고 하였다. 이에 효자, 어진 손주에서 어리석은 장부와 어리석은 아낙네에 이르기까지 휩쓸려서 부처에 귀의하지 않는 이가 없고, 오히려 미치지 못할까 두려워하며, 온 세상이 풍조를 따라 이것을 높이고 이것을 숭상하는데, 수륙무차평등水陸無遮平等의 모임은 더욱 그 법이 가장 수승한 것이다.

홍무 정축년(1397, 태조 6년) 1월 을묘일에, 임금이 내신 이득분李得

芬과 사문 조선祖禪 등에게 명하여 말하기를, "내가 국가를 맡은 것은, 오직 조종祖宗께서 경사를 쌓아놓은 것에 의뢰하였으니, 선덕先德을 보답하려고 도모함에 힘쓰지 않은 것이 없다. 또 생각하건대 신하와 백성들이 나랏일에 죽거나 혹은 스스로 운명하였지만, 제사를 주관하는 이가 없어서 저승길 가운데 굶주려 쓰러져도 그들을 구원하지 못하니, 내가 심히 불쌍히 여기는 바라. 오래된 사찰에 수륙도량水陸道場을 세우고, 해마다 개설하여 조종의 명복을 추모하고, 또한 중생을 이롭게 하고자하니, 너희들은 가서 마땅한 곳을 찾아보라"고 하였다. 3일이 지나 정축일에 득분 등이 서운관 신하 상충달尙忠達과 사문 지상志祥 등과 더불어 삼각산에서 도봉산에 이르기까지 둘러보고, 복명復命하여 말하기를, "여러 사찰이 진관사의 명승지에 미치지 못합니다."라고 하니, 이에 임금이 여기에 도량을 설치하게 하였다. 이에 대선사 덕혜德惠, 지상 등에게 명하여, 승려들을 소집하여 절 짓는 일을 하게 하였고, 내신 김사행金師幸도 더욱 힘을 다했다. 그 달 경진일에 불사를 시작하였으며, 임금이 친히 와서, 수륙사의 3단壇 위치와 차례를 정하였다. 3월 무오일에 또 행차하여 그것을 구경하였다. 가을 9월에 이르러 공사가 곧 끝났음을 알리니, 3단이 집이 되었는데, 모두 3칸이며, 중단中壇, 하단下壇 두 단은 좌우에 각각 욕실 3칸이 있으며, 하단의 좌우에는 별도로 조종祖宗의 영실靈室을 각각 8칸씩 두었다. 대문, 행랑, 부엌, 곡간이 갖추어지고 시설되지 않은 것이 없으니 무릇 59칸이나 사치스럽지도 않고 누추하지도 않아 그 제도에 맞았다. 이 달 24일 계유일에 임금이 또 친히 임하여, 신하 권근을 불러 그 시작과 끝을 기록하여, 후세에게 보이게 하도록 명하였다.[24]

진관사 수륙재

　진관사의 수륙사는 1397년 1월에 시작하여 9월에 완공되었다. 태조는 신왕조 조선을 건국한 후 나랏일에 목숨을 바친 신하와 백성들, 그리고 조종祖宗의 명복을 추모하고 중생들을 이롭게 하기 위해 수륙사를 조성하였다. 불사가 진행되는 과정에서 몸소 두 차례나 왕림하였고, 수륙사의 제단 위치를 직접 지정하기도 하였다. 이렇게 해서 이루어진 수륙사에는 중단과 하단을 마련하고, 각각 그 좌우에 욕실을 두었다. 또 하단 좌우에는 영가를 모시는 영실靈室을 배치하였다. 모두 59칸에 이르는 큰 규모였고, 대문을 따로 두어 독자적인 영역으로 구성하였다.

　이와 같이 수륙사를 갖춘 후, 태조는 수륙재를 국가의 법령으로 공식

24　權近, 「津寬寺水陸社造成記」, 『동문선』 권78.

규정하기에 이른다. 즉 조선시대 최초의 공식 법전인 『경제육전經濟六典』을 1397년(태조 6) 12월 26일 공포하면서 그 중에 수륙재 관련 조항을 포함시켜 명실공히 국가의식으로서의 위상을 갖추게 하였다.

조선시대 국행수륙재의 절차는 다음과 같다.[25] 먼저 왕과 왕비는 재계齋戒를 한다. 선왕의 신주神主를 사찰 일주문 밖 동구洞口에서 모셔오는데, 백색의 평상平床이나 가마 위에 신주를 모시고, 대열의 앞뒤에서 목탁과 징, 북 등을 치는 스님들이 옹호한다. 이를 '하단시련下壇侍輦'이라 하여 재를 설행하는 법당 아래의 영실靈室로 모시는 과정이다.

이어서 '대령의對靈儀'를 행한다. 아직은 정결하지 못한 영가이기에 불단에 나아가지 못하고, 불보살을 맞이할 차비를 하는 의례이다. 다음은 영가를 불단으로 모시고 가 불법을 듣기 전에 더럽혀진 몸을 깨끗이 씻는 '관욕의灌浴儀'를 행한다. 진관사의 수륙사에는 이러한 관욕의를 행하는 욕실이 중단과 하단의 좌우에 따로 마련되어 있었다. 이제 정결한 몸으로 영가는 불법을 들을 수 있게 되었고, 도량을 청정하게 한 후 공양을 올리는 '신중작법神衆作法'이 이어진다.

다음은 '상단권공上壇勸供'으로 불보살께 예배공양을 올린다. 국왕이 보낸 행향사行香使가 분향하고, '유치청사由致請詞'로 재회의 취지를 아뢴 후, 불보살이 도량에 강림하기를 발원한다. 대례大禮를 행할 경우, 거불전擧佛前에 재회의 취지를 아뢰는 '상단소上壇疏'의 순서가 있었다. 국왕이 자신의 이름을 쓰거나 수결手決한 소문疏文을 상단의 불전에 놓는 절차이다. 이 소문은 공통적으로 '보살계제자菩薩戒弟子 조선국왕朝鮮國王 이모李某'로

---

25 1989. ; 홍윤식, 「수륙재의내용과의미」, 『삼화사수륙재역사』, 삼화사수륙재보존회 엮음, 2020, pp.47~65. ; 김희준.

시작하여 '무임건도지지無任虔禱之至'로 끝맺는다. 그런데 1424년(세종 6)에는 기신재 때, 대신들이 첫머리의 '보살계제자'라는 구절을 쓰지 말 것을 건의하기도 하였다.[26] 국왕은 부처의 제자가 아니므로 제자라고 말하는 것은 옳지 않다는 주장이었다.

다음으로 '중단권공中壇勸供'을 행하는데 지장보살과 명부시왕에 대한 권공의식이다. 때로는 '공승供僧'이라 하여 스님에게 공양을 올리는 의식을 중단권공에 앞서 행하기도 하였다. 사람이 죽으면 극락 또는 지옥에 이르기 전에 지장보살과 명부시왕, 판관들에 의해 생전의 죄업을 심판받게 되므로 이들에게 공양을 올리는 절차가 중단권공이다.

중단권공을 마치면, '시식施食'이라 하여 재의 주인공에 대한 제사를 올린다. 이때 국왕이 내린 축문祝文을 축관祝官이 낭독하면서 재를 개설한 후손의 공덕을 영가에게 회향하며 극락왕생을 발원한다. 이어서 '전시식奠施食'은 무주고혼과 아귀들에게 법식法食을 베푸는 의식이다. 1432년(세종 14) 한강에서 개설한 무차수륙재에서 7일 동안이나 길가는 행인에게 공양을 베풀고 날마다 쌀 2, 3섬을 강물의 물고기에게 뿌려준 일이 있었다. 모든 중생에게 차별없이 공양을 베풀어 공덕을 쌓는다는 의미였다.

끝으로 '봉송의식奉送儀式'은 재를 위해 도량에 모셨던 모든 불보살과 영혼을 다시 되돌려 보내는 절차이다. 이러한 수륙재의 절차는 1090년(선종 9)에 송에서 가져온 『수륙의문』에 의거하여 이루어지는데 조선시대에도

---

26 "忌晨齋 疏式에 대하여 의논하기를, 前例에 처음에 쓰기를 菩薩戒弟子라 하였고, 끝에는 弟子는 無任虔禱之至라 하였는데, 대제학 卞季良이 말하기를, '불법이 개혁되지 못하였으니 전과 같이 하는 것이 어떠냐.' 하였고, 이조판서 許稠는 말하기를, '제자가 아니면서 제자라고 말하는 것은 옳지 아니하니, 처음에는 朝鮮國王이라 하고, 끝에는 다만 無任虔禱之至라고 하는 것이 어떠냐.'고 합니다." 하니, 전대로 하라고 명하였다." 『세종실록』, 세종 6년 (1424) 3월 12일.

여러 차례 간행되었다. 1467년(세조 13년)에는 세조가 친히 『수륙문』을 간행하였고, 1469년(예종 원년)에도 『수륙잡문水陸雜文』을 간행하였다.

1395년 조선시대 최초로 삼화사 등에서 국행수륙재가 개설된 이래, 1397년 진관사에 수륙사가 갖춰지면서 진관사는 국가의 공식적인 수륙재 도량이 되어 이후 십여 차례의 재를 개설하였다. 수륙재를 개설하는 목적이 국가를 위해 헌신한 조상들을 위로하는 목적이었으므로 재를 개설할 때마다, 왕과 왕실, 그리고 대신들이 대거 참여하였다. 억불의 사회에서 수륙재 개설을 반대하는 몇몇 여론이 있었으나, 국가의 사직과 종묘를 기린다는 명분에 묻힐 수밖에 없었다.

태조를 본받아 척불에 앞장섰던 태종도 수륙재만은 철폐하지 않고, 오히려 더욱 성대하게 개설하였다. 즉 1418년(태종 18) 진관사에서 성녕대군誠寧大君을 위한 수륙재를 열어 향과 제교서祭敎書를 내렸으며,[27] 수륙재위전水陸齋位田 100결을 하사하여 재를 계속하였다. 1415년(태종 15)부터는 1월 15일로 변경하여 실시하였다. 이후 세종대의 수륙재는 왕실의 명복을 기원하는 추천재追薦齋와 합설合設되어 왕실의 천도재로 정착되어 갔다.[28]

이상과 같이 조선시대에 들어서도 수륙재의 번성은 계속되었다. 숭유억불을 국가의 기본정책으로 내세우면서도 국가가 주관하는 수륙재, 즉 국행수륙재가 계속되었다. 태조 이후 연산군까지 1백년이 넘는 동안 진관사에서는 모두 32회 이상의 수륙재와 기신재 등이 개설되었다. 진관사를 비롯하여 삼화사·상원사上元寺·장의사莊義寺·봉선사奉先寺·봉은사奉恩寺·정인사正因寺·영국사寧國寺·견암사 등 여러 사찰에서 개설한 수륙

---

27 『태종실록』, 태종 18년(1418) 3월 3일,
28 심효섭, 「조선전기 수륙재의 설행과 의례」, 『동국사학』 40, 2004, pp.229~231.

재까지 감안하면 자못 불교의 번성을 떠올릴 정도의 착각을 일으키게 한다. 한편 삼화사는 이러한 국행수륙재의 개설도량이라는 높은 위상을 인정받아 1407년(태종 7) 국가의 자복사資福寺를 88개 사찰로 축소하는 과정에서도 무사히 선정되었다. 수륙재는 대체로 1515년(중종 10) 무렵까지 큰 변동 없이 계속되었다. 그러나 중종대 이후 조광조(趙光祖, 1482~1519) 등의 사림파가 득세하고 주자가례朱子家禮가 확립되면서 수륙재는 점차 약화되었다.[29] 이후 국가의 수륙재는 더 이상 설행되지 않았지만 사찰과 민간에서는 단절되지 않고, 다양한 목적을 위하여 여전히 지속되었다.

2) 전통문화와 풍속으로서의 수륙재

수륙재는 국가와 왕실의 천도재로 그치지 않았다. 고려초기에 처음 설행된 이래 조선시대에 이르는 5백여 년간 수륙재는 민족의 전통문화로서 생활 곳곳에 깊숙이 자리 잡고 있었다. 새로운 왕조의 통치이념으로 성리학을 채택하면서 불교는 억압의 대상이었지만, 불교의 전통은 오랫동안 사람들의 정신과 의식 속에 깊숙이 자리 잡고 있었다. 문화전통과 풍속은 법제와 규칙으로 쉽게 강제할 수 없는 없었다. 더욱이 수륙재의 경우, 국가와 왕실에서 공식적으로 설행하였기 때문에 민간사회에서는 더욱 더 성행할 수 있는 외적 기반을 갖춘 셈이다.

1420년(세종 2) 세종과 여러 신하들이 각종의 불교의식을 논의하는 과

---

29 윤무병, 「국행수륙재에 대하여」, 『백성욱박사송수기념 불교학논문집』, 1959, p.642.

정에서 민간사회에서의 수륙재의 성행 사실을 엿볼 수 있다.

　　박은朴틀·변계량卞季良이 헌의獻議하기를, "전부터 법석法席에서
『법화경』·『화엄경』·『삼매참』·『능엄경』·『미타경』·『원각경』·『참
경』 등의 불경을 외었는데, 이제 법석을 혁파하였사오니, 지금부터는
국가에서 거행하는 수륙재에는 이상의 여러 불경을 칠칠일에 분속分
屬시켜서 각각 그 날에 읽게 하십시오. 또 사대부의 집에서 추천하는
수륙재에는 정한 제도를 초과하지 못하게 하고, 그 집이 가난한 자는
재산의 유무에 따르게 하소서." 라고 하였다. 유정현·이원·허조 등
이 아뢰기를, "국가에서 거행하던 법석은 이제 이미 혁파하여 없앴는
데, 만약 법석에서 읽는다는 여러 불경을 칠칠일에 분속시키면, 그 불
경의 권수가 많아서 하루 동안에 다 읽지 못할 것이므로, 반드시 승
도 백여 명을 불러 모아서 법대로 하고야 말 것이니, 그러면 법석과
다를 것이 없어서 폐해가 여전할 것이니, 전날에 내리신 교지에 따라
서 그대로 수륙재만 거행하게 하소서." 하니, 상왕[태종]이 말하기를,
"이미 법석을 혁파하였는데 무슨 일로 불경을 읽어야 하는가. 아주
없애 버려라."라고 하였다.[30]

　　위의 기사를 통해 조선 초기 각종의 불교의식을 혁파하였지만, 국가의
수륙재만은 여전히 설행되고 있음을 알 수 있다. 앞에서 살펴보았듯이
국행수륙재는 고려왕실을 천도하고, 국가의 안위를 기원하는 의식이었으

---

30 『세종실록』, 세종 2년(1420) 9월 24일.

므로 혁파하지 못했던 것이다. 그런데 국가의 수륙재와 더불어 사대부 가문에서도 수륙재를 설행하였고, 심지어 가난한 집에서도 의식을 성대하게 진행하자 재산 규모에 맞게 설행하도록 권하였다. 이와 같이 수륙재는 조선초기 전 계층에 골고루 확산되어 있었다. 1432년(세종 14) 2월 효령대군(孝寧大君, 1396~1486)이 한강에서 대규모의 수륙재를 열자, 백성들이 구름같이 모여들었다.

> 임금이 향을 내려 주고, 삼단三壇을 쌓아 승도 1천여 명에게 음식 대접을 하며 모두에게 보시하였다. 길가는 행인에게 이르기까지 음식을 대접하지 않는 자가 없었다. 날마다 백미白米 두어 섬을 강물 속에 던져서 물고기들에게 먹이를 베풀었다. 나부끼는 깃발과 일산日傘이 강을 덮으며, 북소리와 종소리가 하늘을 뒤흔드니, 서울 안의 선비와 부녀자들이 구름같이 모여들었다. 양반의 부녀자도 또한 더러는 맛좋은 음식을 장만하여 가지고 와서 공양하였다.[31]

이 기사는 조선초기 수륙재의 모습을 가장 생생하게 보여준다. 승도 1천여 명과 사대부, 부녀자, 그리고 구경꾼이 한데 어울리는 가운데 의식의 장엄함이 하늘을 덮는 모습은 일찍이 고려시대에서도 흔치 않았던 장관이었다. 열흘이 넘게 진행된 수륙재에 남녀 귀천을 막론하고 모여들어 도시는 텅 빌 지경이었다.[32]

효령대군은 세종의 형으로서 돈독한 신앙심으로 유명하다. 세종의 지

---

31 『세종실록』, 세종 14년(1432) 2월 14일.
32 『세종실록』, 세종 16년(1434) 4월 11일.

원이 있었지만 한강수륙재는 국행수륙재가 아니었음에도 수많은 인파가 모여들었다. 수륙재가 조선사회에 뿌리 깊은 전통의식으로 자리 잡고 있었음을 잘 보여준다.

1451년(문종 1) 4월에는 수륙재 이외의 모든 재를 금지하는 조처가 내려졌다. 즉 사회 전반에 다양한 재의식이 성행하자, 도첩이 없는 승도를 모두 환속시켜 불사의 범람을 막고자 하였다. 또한 문종은 "『육전』에는 다만 수륙재를 베푸는 법이 있을 뿐이다. 내가 듣건대 이 법을 세운 뒤로 사람마다 불사를 크게 벌인다 하니, 어찌하여 금하지 않고, 드디어 이 지경에 이르게 하였는가?"라며 수륙재만을 설행하도록 하였다.[33]

이상과 같이 조선 초기 억불의 다양한 조처가 내려지는 가운데서도 수륙재만은 중단되지 않고 설행되었다. 1465년(세조 11) 원각사에서 수륙재가 개설되었는데, 세조는 이 수륙재에 동참하기를 권하는 계문契文을 직접 짓기도 하였다. 최근 세조가 원각사의 수륙재에 동참하기를 권하며 지은 '계문' 즉 「수륙재동참계문」이 발견되면서 새롭게 확인한 사실이다.[34] 1465년 4월 11일 원각사의 낙성을 맞아 세조는 중신들과 함께 절에 행차하면서 계문을 직접 지었다. 세조는 자신의 이름 '유瑈'를 친필로 서명하였고, 대선사 홍준弘濬과 효령대군, 신숙주와 한명회, 그리고 조흥주趙興珠와 조안趙安 등이 동참하였다.

33 『문종실록』, 문종 1년(1451) 4월 18일.
34 「1465년 원각사 창건 때 세조가 지은 '계문' 나왔다」, <한겨레>, 2021. 12. 16.

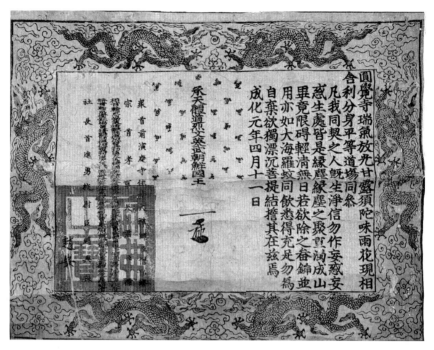

圓覺寺瑞氣放光甘露陀味雨花現相
含利分身平等道場同紊
凡我同契之人既生淨信勿作妄惑妄
感生處皆是緣塵緣塵之聚頁澗成山
畢竟限礙無日若欲頁除之春鍇並
用亦如大海羅蚊同欲悉得充足勿寫
自棄欲獨漂沉善提結撐其在玆焉
成化元年四月十一日

承天體道烈文英武朝鮮國王

社炎首進男
菜首甫演庭供
宗首孝

세조 찬, 「수륙재동참계문」 (사진출처, 한겨레)

   1496년(연산군 2)에는 안순왕후(安順王后, ?~1498) 한씨가 성종을 위하여 금강산 표훈사에서 수륙재를 베풀었는데, 이 때 내탕금으로 수륙재의 의식집인 『천지명양수륙잡문天地冥陽水陸雜文』 2백 부를 간행하였다.[35] 수륙재 의식집이 다량으로 간행, 유포되었다는 사실은 조선중기에도 수륙재의 번성이 계속되고 있었음을 말해준다. 이러한 배경에서 1606년(선조 39) 5월 창의문彰義門 밖에서 개설한 수륙재에는 길을 메울 정도로 많은 대중이 운집하였다.[36]

---

35 『천지명양수륙잡문』, 국립중앙도서관 소장 고서, 청구기호 b2-1775-3.

이러한 수륙재의 성행은 국가의 지원과 보호라는 외적 바탕위에서, 수륙재 자체가 지니는 내적 요인이 있었기에 가능하였다. 즉 수륙재가 신분과 계층을 초월하여 인기를 누릴 수 있었던 것은 그 의식이 지니는 폭넓은 기원의식으로서의 효험이 입증되었기 때문이라고 생각된다. 즉 수륙재는 영혼천도는 물론이고, 수명 장수, 질병 구제, 해운의 안전, 후손의 발복發福, 천재天災 퇴치 등 다양한 목적을 위해 설행되었다.

먼저 수명 장수를 위해 설행한 사례를 보면, 1401년(태종 1) 1월,

> 수륙재를 관음굴에 베풀었다. 임금이 시독侍讀 김과金科에게 일렀다. "나라에서 행하는 불사는 내가 이미 파하였으나, 궁중의 부녀들이 그 아들의 수명 연장하기를 바라며 사재를 써서 혹은 예참禮懺을 베풀고, 혹은 수륙재를 행하니, 금하고자 하나 금하지 못한다.[37]

태종은 조선초기 억불정책을 처음으로 시작한 인물이다. 1405년(태종 5) 11월 대대적인 탄압책을 시작하여 종파와 사원 수를 감축하였고, 사원 토지와 노비를 몰수하였다. 또한 사찰의 창건과 불상의 조성, 그리고 각종 재회齋會를 금지시켰다. 태종대에 몰수당한 사원 토지와 노비의 규모는 고려시대의 10분의 9에 해당할 만큼 불교계의 피해는 막심하였다.[38] 이처럼 철저한 억불조처가 시행되는 와중에서도 수륙재는 전통적인 민간의식이므로 금하지 못했던 것이다.

---

36 『선조실록』, 선조 39년(1606) 6월 1일.
37 『태종실록』, 태종 1년(1401) 1월 17일.
38 『조계종사 고중세편』, 대한불교조계종 교육원 불학연구소, 2004, p.273.

다음으로 질병 구제를 위해 설행한 경우를 살펴보면, 일찍이 1408년(태종 8) 태종은 상왕 태조의 병환이 쾌차하기를 기원하기 위해 수륙재를 설행한 일이 있었다.[39] 1451년(문종 1)에는 경기지방에 악질이 발생하자 이를 물리치기 위해 수륙재를 열었다. 당시 경기 감사는 잡된 질병이 창궐하자 향촌 노인들의 의견에 따라 산수 좋은 곳을 택하여 지계승持戒僧으로 하여금 수륙재를 주관하여 민의를 따를 것을 청하였다.[40]

그런데 당시 사헌부의 박팽년(朴彭年, 1417~1456) 등은 일찍이 황해도에서도 질병을 물리치고자 수륙재를 개설하였으나 모두 소용없었다며 중지시킬 것을 청하였다. 이에 문종은 "이것은 내 몸을 위하여 복을 구하려는 것이 아니다. 민간에 질병이 있어 인심이 흉흉하고 답답해하기 때문에 우선 수륙재를 베풀어서 그 마음을 위안하려는 것이다. …… 만약 수륙재의 한 행사가 이단을 더욱 일으키는 것이 되어 장차 큰 해가 있다면 할 필요가 없지만, 이는 다만 백성들의 뜻과 발원에 좇아 우선 그 마음의 위안을 주려는 것이다. 대저 병이란 마음으로 말미암아 비롯하는 것이어서 마음에 편안함을 얻으면 병도 또한 간혹 그치게 된다."[41]라며 수륙재를 중지시키지 않았다.

---

39 "임금이 두 번이나 덕수궁에 나아갔다. 知申事 黃喜에게 이르기를, '父王의 병환이 위독[彌留]하니, 부처를 섬기는 것이 비록 非禮가 되기는 하나, 不忍之心을 스스로 제지하지 못하여 僧徒를 소집해서 정근 기도를 행하고자 하는데, 어떠한가?' 하니 황희가 대답하기를, '부모를 위해 병을 救하는 것이니 해로울 것이 없을 것 같습니다.' 하였다. 드디어 예조 참의 변계량을 불러 佛疏를 짓고, 덕수궁 곁에 장막을 베풀고 승도 1백 명을 모아 藥師精勤을 행하고, 임금이 입은 옷을 벗어서 藥師의 像 앞에 드리고, 몸소 스스로 향을 태우고 팔뚝에 불을 살랐는데, 새벽에 이르러서야 파하였다. 또 中官 朴獻를 시켜 延壽道場을 덕수궁 북쪽 정자에 베풀고, 도승통 雪悟는 수륙재를 德方寺에 베풀었는데, 태상왕의 병이 조금 나았다."『태종실록』, 태종 8년(1408) 1월 28일.

40 『문종실록』, 문종 1년(1451) 9월 15일.

41 『문종실록』, 문종 1년(1451) 9월 18일.

또한 얼마 후인 1453년(단종 1)에도 황해도 황주에서 질병을 물리치기 위해 수륙재를 설행하였다.

처음에 못된 병이 몹시 심하여 관찰사 배환裵桓·권극화權克和 등이 계문하여 수륙재를 극성棘城과 봉산鳳山의 성불사成佛寺에 베풀었는데, 그 뒤로 병기病氣가 조금 누그러졌으니, 빌건대 경상도 견암사의 예에 따라 전지를 지급하고 매년 춘추로 관원을 보내셔서 향을 내려 제사하게 하소서.[42]

황주 사람들이 단종에게 올린 시폐時弊에 관한 건의 사항 중에 수륙재를 설행할 것을 요청하는 내용이다. 임금은 예조의 의견에 따라 수륙재의 설행을 불허하였지만, 당시 백성들은 수륙재가 돌림병과 같은 악질의 구제에 효험이 있다는 믿음을 지니고 있었다. 앞서의 1451년의 사례에서 문종은 재의 설행이 질병의 퇴치에는 효험이 없더라도 백성들의 마음을 위무하고 화합시키는데 중요한 역할을 한다고 생각하였다. 수륙재에 관한 이러한 문종의 입장이 불교의식에 대한 정확한 이해라고 생각된다. 의식을 통해 간절한 바람을 기원하고, 그 기원의 대상이 망자의 천도이든 질병의 구제이든 참여자들은 한결같은 일체감과 공동체적 동질성을 불러일으키는 것이다.

다음으로 해운의 안전을 기원하기 위한 수륙재는 1464년(세조 10)부터 충남 태안의 안파사安波寺에서 설행되었다. 안파사의 수륙재는 국가의 세

---

42 『단종실록』, 단종 1년(1453) 1월 21일.

곡을 운반하는 조운선의 무사 운항을 기원하는 수륙재로서 재에 필요한 물자는 도내의 각 군에서 각출하였다. 그러나 1494년(성종 25) 성종은 수륙재의 설행 여부는 조운의 이해와 무관하다는 대신들의 건의를 받아들여 혁파를 명하였다.[43]

다음은 후손의 복을 기원한 사례로서 1554년(명종 9) 9월 "재상의 집에서도 몰래 수륙재를 지내 뒷날의 복을 빈다."[44]고 하였다. 천재天災를 물리치기 위한 사례로는 1401년(태종 1) 10월 오대산 상원사의 수륙재가 있었다.[45]

이 밖에 수륙재는 국가의 부역 중에 사망한 영혼을 위해 설행하기도 하였다. 1396년(태조 5) 2월 태조는 역부役夫로서 죽은 자의 혼령을 위해 성문 밖 세 곳에서 국행수륙재를 설행하였다.[46] 이 무렵에 권근이 찬한 「수륙재소水陸齋疏」를 통해 부역 중에 희생당한 이를 위해 설행하는 수륙재의 의미를 살펴볼 수 있다.

> 모든 부처께서 여러 중생을 불쌍히 여기어 자비를 베푸시니, 제도되지 않는 것이 없사오며, 백성들이 임금의 일을 하다가 목숨을 바친 이는 더욱 구제해야 하겠습니다. 성심을 다하여 죽은 혼령들이 해탈되기를 비나이다. 돌아보건대, 덕이 박薄한 몸으로 국가의 큰 기초를 시작하여, 땅을 가려 도읍을 정하여 궁실의 제도를 마련하였으며, 험한 곳을 지키고 나라를 견고하게 하려고 또한 성곽의 규모도 만들었습니다. 이에 판자를 대고 흙을 쌓는 공사를 일으켜서 재물과 인력을

---

43 『성종실록』, 성종 24년(1493) 12월 20일 및 25년(1494) 2월 18일.
44 『명종실록』, 명종 9년(1554) 9월 5일.
45 『태종실록』, 태종 1년(1401) 10월 2일.
46 『태조실록』, 태조 5년(1396) 2월 27일.

소비한 것은, 한 때의 나만을 위한 일이 아니라, 장차 만세에 백성들을 살게 할 계획이었습니다. 그러나 많은 역사를 하고 보니, 그 때문에 희생이 연달아 일어납니다. 어떤 이는 유행병을 만나거나 나무나 돌에 부딪쳐 상하고 또는 춥고 배고픔 때문이거나 또는 낭떠러지나 골짜기에 떨어졌습니다. 생명을 이미 잃었으니 영혼이 의지할 곳이 없습니다. 고향 산천으로 좋게 돌아가지를 못했으니 누구나 애통하는 부모 처자가 없으리요. 예까지 말하고 보니, 측은한 마음 말할 수 없습니다. 비록 태평세상에 오래 살지는 못했으나, 극락세계에 왕생하도록 천도하지 아니하겠습니까. 이에 수륙재 법회를 열어서 가는 길을 열도록 합니다. 장만한 것이 미미하오나 비추어 살피기를 뚜렷이 하소서. 엎드려 원하나이다. 부처님의 방편을 힘입어 길이 원한을 씻어 버리고, 감로甘露로 목구멍을 적시고 법수法羞의 음식을 배불리 먹으며, 눈과 귀로 자비한 광명을 눈으로 귀로 접하여, 모두 부처될 인연이 이루어지이다.[47]

또한 1606년(선조 39)에는 사현沙峴의 도로 수리에 참여했던 거사의 무리들이 공사과정에서 사망한 동료들의 넋을 기리고자 창의문 밖 탕춘대蕩春臺 근처에서 수륙재를 설행하였다.[48] 이 때 수륙재를 주관한 인물들은 모두 관아의 처벌을 받았다. 조선중기 이후 이와같은 횡사자의 원혼을 달래는 제사는 여제厲祭로 전환되면서[49] 국가의 수륙재는 물론 민간의 수

---

47 『동문선』 제113권, 「水陸齋疏」
48 『선조실록』, 선조 39년 6월 1일.
49 이 욱, 「조선전기 원혼을 위한 제사의 변화와 그 의미 -수륙재와 여제를 중심으로-」, 『종교

룩재도 모두 금지되었다.

그런데 조선중기 이후에도 다양한 수륙재의 의식집이 간행되고 있어 수륙재는 여전히 성행하고 있었음을 알 수 있다. 수륙재에 관한 의식집은 65종이나 될 만큼 많았으나, 이 가운데 실제로 조선시대에 간행된 의식집은 11종 정도였다.[50] 구체적인 책명과 현존 판본 수를 표로 나타내면 다음과 같다.

조선시대수륙재 관련 의식집 간행 현황[51]

번호	책 명	최초 간행시기	현존 판본 수
1	水陸無遮平等齋儀撮要	1467년(세조 13)	51
2	天地冥陽水陸齋儀纂要	1529년(중종 24)	35
3	天地冥陽水陸雜文	1496년(연산군 2)	16
4	天地冥陽水陸齋儀梵音刪補集	1709년(숙종 35)	13
5	作法龜鑑	1827년(순조 27)	13
6	法界聖凡水陸勝會修齋儀軌	1470년(성종 1)	12
7	天地冥陽水陸齋儀	1578년(선조 11)	8
8	水陸儀文撮要	1662년(현종 3)	3
9	仔夔刪補文	1568년(선조 1)	3
10	仔夔文節次條例	1724년(경종 4)	1
11	施食儀文	조선후기	1
판본 합계			156

문화연구』 3, 한신인문학연구소, 2001.

50 남희숙, 『조선후기 불서간행 연구-진언집과 불교의식집을 중심으로』, 서울대 국사학과 박사학위 논문, 2004. pp.57~71.

51 이 통계는 남희숙의 앞의 글과 국립문화재연구소, 『불교민속문헌해제』, 문화재청 2005, ; 송일기 편찬, 『조선사찰본서지연표』, 현재기록유산보존연구원, 2021. ; 동국대불교학술원, 「불교기록문화유산아카이브」(https://kabc.dongguk.edu/)를 참고하여 작성하였다.

위의 표에서 보듯이 조선시대에는 11종의 수륙재 의식집이 유통되었고, 이 가운데 156부가 현존한다. 현존하는 의식집은 대부분 목판 간행본인데, 목판본은 한번 간행할 때마다 수백 부를 찍는 것이 상례이다. 1496년(연산군 2)에 금강산 표훈사에서 수륙재를 베풀면서 『천지명양수륙잡문』 2백 부를 간행한 일이 있었다.

이러한 사정을 감안하면 조선시대 불교의식집 중에서 수륙재 의식집이 가장 많이 간행되었다는 사실을 실감할 수 있다. 더구나 국행수륙재가 중단된 조선 중기 이후에도 의식집이 꾸준히 간행, 유통되고 있었던 사실은 민간에서 수륙재가 얼마나 번성했었던가를 알게 해준다.

불교의식을 개설하기 위해서는 불교 내적 역량과, 외적 기반이라는 두 가지 조건이 충족되어야 한다. 불교 내적 역량이라 함은 불교의례를 거행할 수 있는 의식승과 의식문, 그리고 여기에 수반되는 각종 장엄구 등의 불교예술적 기능 등을 말한다. 외적 기반이란 불교의례를 거행하기 위한 사회적·재정적·물질적 토대 등이다. 이 두 가지 조건이 모두 갖춰져야 여법한 불교의식을 개설할 수 있다. 특히 국행수륙재는 의식의 규모와 위상이 국가적 차원이었으므로 당대 최고의 의식승과 도량의 장엄, 그리고 대규모의 재정적 지원이 뒤따랐음은 분명한 일이다.

여기서 조선시대 수륙재의 사회적 의미와 위상을 파악할 수 있다. 신왕조는 불교계가 지니고 있던 물리적 토대를 혁파하면서 억불정책을 시행하였지만, 고대사회 이래 면면히 이어져오는 불교신앙과 전통은 여전히 조선사회의 문화토대를 이루고 있었다. 즉 조선시대의 억불정책으로 불교는 사상적 기반이 약화되어 종교로서의 온전한 위상을 지니지 못하였지만, 신앙과 문화로서의 역할은 여전히 유지되고 있었다. 건국 초기 제반 불교의식을 모두 철폐하면서도 국가의 주도로 국행수륙재를 설행하여 왕실의 안녕과 민심의 화합을 꾀하였다. 이에 영향을 받아 민간에서는 다양한 기원과 목적을 지닌 수륙재가 번성하였고, 조선중기 국가의 금지 조치 이후에도 여전히 전통문화의 한 흐름을 형성하고 있었던 것이다.

4. 맺음말

이상으로 조선시대 수륙재의 설행 과정과 그 사회적 배경을 살펴보았다. 태조의 국행수륙재 설행은 좁은 의미에서 보면 고려왕족의 참수에 대한 자신의 업장 소멸이라는 개인적 차원이었다. 그러나 태조는 개인의 신앙적 기원을 표방하였지만, 그 내면에는 국가적, 사회적 배경이 자리잡고 있었다고 생각된다.

즉 신왕조 건국 직후 어수선한 사회 분위기와 민심을 수습하는데 수륙재가 중요한 역할을 하였던 것이다. 5백년을 지속하던 고려왕조가 무너지는 급격한 변화 속에서 민심은 불안할 수밖에 없었고, 태조는 국가의 안정을 위해 민심을 결집할 수 있는 방안을 수륙재에서 찾았다. 수륙재는 불교의 영혼천도의식 중에서 가장 효율적이었고, 대규모의 의식을 통해 많은 사람이 참여함으로써 공동체의 일체감을 불러일으키는데 더할 나위 없는 효과를 가져왔다. 태조는 삼화사와 관음굴, 견암사에 수륙재를 설행하면서 가까운 관음굴에는 여러 차례 직접 행차, 의식에 참례參禮하였다. 국왕이 수륙재에 참여하여 고려왕족을 비롯한 신왕조의 개창과정에서 사망한 영혼들을 천도함으로써 신왕조의 포용성과 관용을 보여주었다. 즉 수륙재를 통해 자신의 과거를 참회하는 동시에 사회적 공감과 결집을 이끌어낼 수 있었던 것이다.

태조는 국행수륙재를 설행한 지 2년만인 1397년에는 한걸음 더 나아가 진관사에 수륙재를 상설화하는 수륙사水陸社를 건립하였다. 조선의 건국에 목숨을 바친 신하와 백성, 그리고 조종祖宗의 명복을 추모하는 목적이었으므로 왕과 왕실, 그리고 대신들이 대거 참여하였다. 수륙재를 반대하는 일부 여론이 있었으나, 국가의 사직과 종묘를 기린다는 명분을 넘어서지는 못하였다. 이로부터 수륙재는 민간으로 더욱 확대되는 계기가되었고, 본래의 목적인 영혼천도 뿐만이 아니라, 수명 장수, 질병 구제, 해운의 안전, 후손의 발복, 천재 퇴치 등 다양한 목적으로 설행되었다. 바야흐로 수륙재는 불교의식의 종교적 차원을 넘어서 전통문화와 풍속으로 자리매김해 나갔다.

고려 후기 이래 성리학으로 무장한 신진관료들은 새로운 사회체재를 수립하기 위해 구체재의 모순을 개혁하기 시작하였고, 불교는 그 중심에 놓여 있었다. 불교계가 지니고 있었던 막대한 경제력과 사회적 지위를 단기간에 박탈하면서 철저한 척불을 시행하였다. 그러나 수륙재는 예외였다. 태조의 국행수륙재 이후 수륙재는 점차 조선사회의 전통문화로 정착하였고, 왕실과 사대부에서 가난한 백성에 이르기까지 전 사회의 이른바 '무차평등대회無遮平等大會'가 되었다. 이와 같이 수륙재는 억불의 시대에서 불교가 존립할 수 있었던 중요한 토대를 제공하였다는 점에서 중요한 의미를 지닌다.

6

조선시대 생전예수재와 의례불교

---

1. 머리말

조선은 고려 말의 혼란을 극복하고 새로운 국가를 건설하면서 통치이념으로서 숭유억불을 내세웠다. 불교는 고려중기 이후 권력과 결탁하면서 막강한 토지와 부를 지닌 개혁의 대상으로 지목받았다. 많은 사찰이 혁파되고, 여기에 소속되었던 토지와 노동력 역시 국가로 편입되었다.

억불정책의 결과 조선중기 이후의 불교는 사회의 주류에서 밀려날 수밖에 없었다. 물론 국왕과 왕실의 독실한 신앙이 있었지만 불교의 쇠퇴는 점차 더해져만 갔다. 이러한 흐름에서 불교계의 새로운 변화가 등장한다. 이른바 '신앙불교'라고 하는 신앙 중심의 불교이다. 종교의 본질 가운데 하나가 신앙이라는 점에서 본다면, 신앙불교는 새로울 것이 없지만

이 시대 불교는 교학이나 수행 보다 신앙에 역점을 두었다는 말이다. 성리학이 사회의 지배이념으로 견고하게 자리잡자 불교는 기층의 서민들 속으로 방향을 선회하였다. 국가의 시책이 숭유억불이라 하더라도 백성들의 입장에서 불교신앙은 이미 일상의 전통과 문화로 뿌리깊게 자리잡고 있었다.

신앙불교의 다른 말이 의례불교이다. 즉 교학과 수행은 상당한 교리적 수준과 근기를 필요로 하지만 신앙은 말 그대로 믿음만으로 불교에 다가갈 수 있는 쉬운 길이다. 이 믿음을 고양시키고 일체감을 일으키는데 의례가 중요한 역할을 담당하였다. 억불시책을 감행하면서도 수륙재를 국가의 공식 의례로 상정하고 마침내 이를 상설화하는 수륙사水陸社를 지정하기도 하였다. 수륙재를 비롯한 영산재, 각종 천도재 등의 불교의례는 조선시대 불교가 지속될 수 있었던 중요한 동인動因이었던 것이다. 수륙재와 영산재 등에 관한 연구는 일찍부터 이루어져 심도 깊은 이해가 가능하다. 그러나 생전예수재에 관한 연구는 기초적 수준이다.[1] 여러 가지 이유가 있겠지만 무엇보다 자료가 부족하다는 데 원인이 있는 듯하다.

조선시대 생전예수재를 살펴보기 위해 의례집 간행 사례를 모으고, 관

---

1 생전예수재에 관한 주요 연구는 다음과 같다.
　김응기(법현), 「생전예수재 의식 구성과 범패; 상단권공 의식 구성 중심으로」, 『선무학술논총』 12, 국제선무학회, 2002. ; 권지연, 「The Scripture of the Ten Kings from Haein-sa-An Overgrown Underworld Pantheon in the Koryo dynasty」, 『Comparative Korean Studies』 12-1, 국제비교한국학회, 2004. ; 이범수, 「불교의 예수재와 죽음 교육」, 『정토학연구』 11, 한국정토학회, 2008. ; 혜일명조, 『예수재』, 에세이퍼블리싱, 2011. 구미래, 『윤달과 신행생활, 나 그리고 우리를 위한 복짓기』, 인연, 2014. ; 한태식(보광), 「생전예수재 신앙 연구」, 『정토학연구』 22, 한국정토학회, 2014. ; 강민석, 「예수재의 교육적 의미」, 『종교교육학연구』 47, 한국종교교육학회, 2015. ; 구미래, 「생전예수재의 종교문화적 의미와 위상」. ; 노명열, 「생전예수재 발전방향에 대한 제언」. ; 이성운, 「한국불교 생전예수재의 특성」. ; 성청환, 「조계사 생전예수재의 역사와 의의」. 이상 4편은 『정토학연구』 23(한국정토학회, 2015) 수록.

련 문헌을 탐색하여 22건 정도의 설행 사실을 확인하였다. 생전예수재의
전체상을 이해하기에는 턱없이 부족하고, 그나마 설행 사실 정도만을 전
하는 단편적인 기록이다. 구체적인 개설 주체, 의례의 절차, 기간, 참여자
등을 헤아리기 어렵다. 비록 부족한 자료이지만 이 시대 생전예수재의
존재 양상을 가늠하고, 수륙재와의 관계를 통해 조선시대 의례불교의 역
사적 전개과정에서 어떠한 의미를 지니는가를 이해하고자 한다.

2. 생전예수재 의례집의 간행

　예수재의 소의 경전은 다양하다. 사후의 왕생과 복락을 기원하는 신앙
구조는 기본적으로 지장신앙과 같은 맥락이므로 넓게 보면 지장보살 관
련 여러 경전들이 소의 경전에 해당한다.[2] 직접적으로는 예수재의 신앙
체계, 즉 생전의 죄업과 빚을 갚기 위해 미리 닦아 복덕을 짓는다는 내
용의 『예수시왕생칠경預修十王生七經』과 『예수시왕칠재의찬요預修十王七齋儀纂
要』, 『예수천왕통의預修天王通儀』 등이다.

　우리나라에서 예수신앙預修信仰이 처음 시작된 시기는 고려시대이다. 예
수신앙의 주요 골격을 이루는 시왕신앙이 이미 고려초부터 등장하였다.[3]
10세기말 김치양(金致陽, ?~1009)이 개경의 궁성 서북쪽에 시왕사十王寺
를 창건하였고, 1102년(숙종 7)에는 홍복사興福寺에 시왕당十王堂을 건립하

2 한태식(보광), 「생전예수재 신앙 연구」, 『정토학연구』 22, 한국정토학회, 2014, pp.15~16.
3 라정숙, 「고려시대 지장신앙」, 『사학연구』 80, 한국사학회, 2005, pp.138~142.

였다. 낙성 축하 법회에 숙종과 왕실이 참석하는 등 시왕신앙은 고려불교의 중요한 흐름이었다. 그러므로 예수재 역시 이 무렵부터 시작되었을 것이라 생각된다. 그러나 아쉽게도 설행의 구체적 사례는 보이지 않는다. 고려불교는 국가불교라고 부를 만큼 국가적 차원에서 불교를 선양하면서 수많은 법회와 도량, 의례가 넘쳐 났지만,[4] 예수재 관련 의례는 찾아볼 수 없다.

고려시대 예수신앙의 흔적을 살펴볼 수 있는 유일한 사례가 『예수시왕생칠경』(국보 제206-10호)[5]의 간행이다. 현재 해인사 사간장경寺刊藏經 판본으로 남아있는 이 경은 1246년(고종 33)에 정안鄭晏(?~1251)이 주도하여 간행하였다. 정안은 최우(崔瑀, ?~1249)의 조카로 남해에서 고려대장경 조성을 주도했던 인물이다. 해인사에는 그가 주도하여 판각한 『묘법연화경』 7권, 『금강삼매경론』 3권, 『선문염송집』 30권 등 총 6종의 경판이 남아있다.[6] 예수재의 소의경전이 간행되었다는 사실은 곧 예수신앙이 성립되어 있었다는 사실을 말해준다. 즉 예수재 의례가 현실에서 전개되었다는 증거이다. 해인사 『예수시왕생칠경』 전체 9판 16장 중에 1~9장은 시왕과 사자, 판관을 새긴 변상도로서 윗부분에 각각의 명칭이 있다. 예수재를 행할 때 이러한 도상에 따라 각종 번이나 그림의 형태로 의식도량을 장엄했었을 것이다.

조선시대 들어 예수재 관련 의례집이 본격적으로 등장하였다. 고려시

---

4 김형우, 「고려후기 국가설행 불교행사의 전개양상」, 『한국문화의 전통과 불교 - 연사홍윤식 교수정년퇴임기념논총』, 2000, pp.275~296.
5 해인사 사간장경 판본은 모두 26종 110판이다. 이 중에 『예수시왕생칠경』은 2종이 있다. 1종은 정안의 발문이 있는 국보 제206-10호이고(9판), 다른 1종은 보물 제734-4호(6판)이다.
6 박은경, 「동아대학교 함진재 소장 해인사 사간판 인경변상판화의 조사현황과 특징」, 『석당논총』 57, 동아대 석당학술원, 2013, pp.86~87.

대에는 『예수시왕생칠경』이 유일한 사례였지만, 조선시대에는 이를 포함하여 『불설수생경佛說壽生經』, 『예수시왕생칠재의찬요』, 『예수천왕통의』등이 간행되었다. 현존하는 조선시대 생전예수재 관련 경전의 인출 현황은 다음과 같다.

조선시대 생전예수재 관련 경전 현황[7]

책 명	시 기	간행 장소	소장처
預修十王生七經	1454	평양 눌산 천명사	미상
佛說壽生經	1454	평양 눌산 천명사	미상
預修十王生七經	1469	미상	성암고서박물관
預修十王生七經	1564	襄陽 普賢寺	호국쌍용사
預修十王生七齋儀纂要	1566	成川 白蓮山 靈泉寺	고려대도서관
預修十王生七齋儀纂要	1574	順天 松廣寺	송광사
預修十王生七齋儀纂要	1576	安東 鶴駕山 廣興寺	고양 원각사
預修十王生七齋儀纂要 (附; 預修天王通儀)	1577	瑞山 普願寺	동국대도서관
預修十王生七經	1577	鷄龍山 東鶴寺	미상
預修十王生七經	1601	光敎山 瑞峰寺	국립중앙도서관
預修十王生七經	1618	順天 松廣寺	성암고서박물관
預修十王生七經	1618	高山 佛名山 花岩寺	용흥사

---

7 경전 간행 현황은 『한국불교찬술문헌총록』(동국대 불교문화연구소, 1976, pp.390~392). ; 불교민속해제국립문화재연구소, 2005). ; 혜일명조, 예수재에세이퍼블리싱, 2011). ; 정각, 「해인사 소장 儀式類 典籍考」(『해인사 고문헌 조사보고서』, 동국대 불교학술원, 2015, pp.468~469). 그리고 동국대 불교학술원 「불교기록문화유산 아카이브」 웹서비스의 조사 결과를 참조하였다.

預修十王生七齋儀纂要	1632	淸道 九龍山 水巖寺	지암정사
預修十王生七齋儀纂要	1632	朔寧 龍腹寺	벽송사
預修十王生七齋儀纂要	1639	安岳 月精寺	미상
預修十王生七齋儀纂要	1640	羅州 湧珍寺	국립중앙도서관
預修十王生七齋儀纂要	1647	順天 松廣寺	송광사
預修十王生七齋儀纂要	1656	靈巖 道岬寺	단국대도서관
預修十王生七齋儀纂要	1662	寶城 五峯山 開興寺	동국대도서관
預修十王生七齋儀纂要	1662	金剛山 表訓寺	고양 원각사
預修十王生七齋儀纂要	1663	順天 定慧寺	고양 원각사
預修十王生七齋儀纂要	1663	麗水 興國寺	용화사목담유물관
預修十王生七齋儀纂要	17세기중반	儀旺 淸溪寺	동국대도서관
預修十王生七齋儀纂要	1670	鷄龍山 岬寺	국립중앙도서관
預修十王生七齋儀纂要	1680	妙香山 普賢寺	미상
預修十王生七經	1718	求禮 華嚴寺	고양 원각사
佛說壽生經	1720	咸陽 靈覺寺	서울대도서관
預修十王生七經	미상	光州 證心寺	용화사목담유물관
預修十王生七齋儀纂要	19세기말	미상	국립중앙도서관

위의 표와 같이 지금까지 파악한 예수재 관련 경전은 4종 29건이다. 『예수시왕생칠경』(8건)이 가장 먼저 등장하고 『예수시왕생칠재의찬요』(19건), 『예수천왕통의』, 『불설수생경』(1건)이 뒤를 잇는다.[8] 4종 가운데 『예수시

---

8 경전 현황표 중의 8번, 1577년 서산 보원사본은 『예수시왕생칠재의찬요』와 『예수천왕통의』를 함께 간행하였다.

왕생칠재의찬요』가 가장 많은 사례를 보이고 있다.

『예수시왕생칠재의찬요』는『불설예수시왕생칠경』을 근거로 송당 대우松堂大愚가 예수재의 의식을 찬하였다. 예수재는 사후에 갚아야 할 빚과 과보를 생전에 미리[豫] 갚아[修], 살아 있는 동안에 사후의 복덕을 기원하는 의식이다. 책의 내용은 먼저 「통서인유편通敍因由篇」에서 예수재의 시원을 밝히고 이로 인하여 모든 중생들이 차별없이 극락으로 왕생할 수 있음을 밝혔다. 「엄정팔방편嚴淨八方篇」에서는 재를 개설하여 부처님의 가호 아래 기도에 따라 감응할 것을 기원한다. 총 31편으로 구성되어 있는데, 매 편마다 먼저 의식을 행하는 의의를 말하고 절차를 진행하는 순서로 되어 있다. 내용 중에는 도교의 여러 신들, 즉 일직사자·월직사자·명부시왕 등이 등장한다. 불교의 토착화 과정을 엿볼 수 있다.[9] 이 책에는 「예수천왕통의」가 합철되는 경우가 많으며, 이 둘을 합해『예수시왕의문預修十王儀文』 또는 『예수문豫修文』이라 통칭하고 있다.

「예수천왕통의」는 시왕 권속들에게 재공을 베풀게 된 내력을 서술하는 내용이다. 옛날 유사대국遊沙大國의 빈비사라왕[瓶沙王]의 예를 들어 예수재를 행함에 있어 시왕뿐만이 아닌 권속들에게도 재공을 올려야 한다고 설한다. 즉 지장대성과 시왕을 위시하여, 6대천조六大天曹, 도명존자, 무독귀왕, 6대천왕, 명부시왕, 16판관, 3원장군三元將軍, 선악2부동자善惡二部童子, 37위귀왕三十七位鬼王, 감제직부 호법선신 토지영관監濟直符護法善神土地靈官, 시왕각배종관十王各陪從官 등 도합 259위를 소개하고 있다. 빈비사라왕은 25년간 259위 중 매일 1위씩에 예배 공양하고 죄업을 참회하며 총

___

9 한상길, 「예수시왕생칠재의찬요」, 『한국불교전서 편람』, 동국대 불교학술원, 2015, p.361.

59차례나 예수시왕생칠재를 올렸다. 이 공덕으로 도솔천에 태어나 지장대성을 만나 수다원과須陀洹果를 얻었다고 한다. 즉 예수재 시행을 독려하는 가운데 시왕뿐만이 아닌 그 권속들에게도 정성을 다해야 함을 일깨워 주는 내용이다.[10]

『불설수생경』은 현장(玄奘, 602~664)이 인도 순례 중이었던 639년에 발견하였다고 한다. 『금강경』 및 『수생경』을 독송하지 않고, 또한 전생의 빚인 수생전壽生錢을 바치지 않으면 살아서 18가지 고난이 있으며, 죽은 뒤에는 천도받지 못한 채 중음신中陰神으로 남게 된다는 내용이다. 전생의 빚은 살아 있을 때 갚지 못했다면 죽은 뒤 49일 동안에 반드시 납입해야 한다. 이로서 후손들은 사자死者의 천도를 위해 『금강경』 또는 『수생경』을 독송하거나, 수생전을 대신 바치게 된다. 1720년(숙종 46) 영각사靈覺寺 간행본 뒷부분에는 12간지 띠별로 읽어야할 경의 분량과 수생전의 액수 등이 상단의 도상과 함께 기록되어 있다.[11]

생전예수재 신앙에 기반한 한국영화가 2017~2018년에 크게 인기를 끌었다. <신과 함께-죄와 벌>, <신과 함께-인과 연>의 두 연작물이었다. 두 편은 2천 7백만 명에 달하는 많은 대중이 관람하였다. 김용화감독은 영화의 도입부에 생전예수재의 기본 개념을 설명하는 『불설수생경』의 구절을 인용하여 영화의 모티브가 되었음을 나타냈다.

---

10 정각, 「해인사 소장 儀式類 典籍考」, 앞의 책, pp.468~469.
11 국립문화재연구소, 『불교민속해제』, 문화재청, 2005, pp.119~120.

아무도 본 적 없는 세계가 열린다

사람이 죽어 망자(亡者)가 되면
저승에서 사십구일에 걸쳐 일곱 번의 재판을 받게 된다.
저승의 일곱시왕은 거짓, 나태, 불의, 배신, 폭력, 살인, 천륜을 심판하며,
모든 재판을 통과한 망자만이 다음 생으로 환생한다.

―불설수생경[佛說壽生經]―

영화 「신과함께―죄와 벌」, 도입부 자막

　예수재 관련 경전의 인출 현황을 시기별로 보면 1454년(단종 2)을 시작
으로 16세기가 9건, 17세기가 16건, 그리고 18세기 이후가 4건이다. 즉
17세기에 인출이 집중되고 있는데 이로 보면 이 무렵 예수재가 널리 유
행하고 있었음을 알 수 있다.

한편 조선후기의 불교의례 중에서 가장 성행한 것은 수륙재였다. 15세기에서 18세기에 이르는 동안 수륙재 관련 의례집은 11종 156건이 확인되었다.[12] 여기에 비하면 예수재 의례집의 인출은 매우 적은 실정이다. 예수재 의례집은 대부분 목판 간행본으로 목판본은 한번 간행할 때마다 수백 부를 찍는 것이 상례이다. 1496년(연산군 2)에 금강산 표훈사에서 수륙재를 베풀면서 『천지명양수륙잡문』 2백 부를 간행한 일이 있었다. 예수재 의례집의 현존 수량은 많지 않으나 이처럼 수백 부를 간행했던 관례에서 보면 당시에 경이 널리 보급되고 있었음을 짐작할 수 있다.

3. 생전예수재의 설행

1) 조선전기의 생전예수재

의례집의 간행은 곧 의례의 설행을 의미한다. 조선시대 예수재 관련 경전이 4종이나 유포되어 있었으므로 실생활에서도 예수재 의례가 설행되었을 것이다. 여러 문헌에서 그 실례를 탐색하였다. 그 결과 『중종실록』과 『한국불교전서』의 승려 문집, 『동사열전』 등에서 10여 건의 예수재를 확인하였다. 먼저 『중종실록』에 등장하는 1518년(중종 13) 예수재 기사이다.

---

12 한상길, 「조선전기 수륙재의 위상」, 이 책 제5장, pp.180~182.

강원도 원주 사람 진사 김위金渭가 상소하였다. 대략에 …… "근일 이래로 두세 승니僧尼가 머리를 땋아 늘이고 속인의 복장으로 몰래 내지內旨라 일컬으며 산중에 있는 절에 출입합니다. 쌀과 재물을 많이 가져다가 재승齋僧을 공양하고, 당개幢蓋를 만들어 산골에 이리저리 늘어놓고, 또 시왕十王의 화상을 설치하여 각각 전번幾幡을 두며, 한 곳에 종이 1백 여 속束을 쌓아두었다가 법회를 설시設施하는 저녁에 다 태워 버리고는 '소번재燒幡齋'라 부릅니다. 이른바 '내지'란 궁중을 가리키는 말입니다. 전하께서 모르시는데 궁중이 행한다면 이는 궁중이 전하를 속이는 것이고 궁중에서 행하는데 전하께서 금하지 않으신다면 이는 전하께서 궁중을 가르치신 것입니다."

하니, 전교하기를, "불사佛事의 일을 일으킨 것은 내가 모르는 바인데, 떠도는 말이 내가 안다고 하는 듯하다. 이 선비를 불러 그 상황을 묻고, 이어서 그 말로 강원도 감사에게 하유下諭하여 추고推考하도록 하라."[13]

강원도 원주 진사 김위가 정승의 무사안일을 비판하고 궁중의 불사를 경계하는 상소이다. 이 가운데 예수재가 등장하였다. 즉 당시는 '소번재燒幡齋'라고 하였는데 머리를 기르고 속인의 복장을 한 두세 명의 비구니가 쌀과 재물을 들고 절에 들어가 재승, 즉 의식승을 공양하였다. 절에 이르는 산골 곳곳에 당간幢竿과 번개幡蓋로 장엄하고, 각각의 시왕상을 그린 번幡을 내걸었다. 그리고 법회를 시행한 날 저녁에 종이 1백 여 속束을 쌓

---

13 『중종실록』, 13년(1518) 7월 17일.

아두었다가 다 태워버렸다는 것이다.

이러한 설명은 예수재 의례 과정과 일치한다. 『예수시왕생칠경찬요』 등에 전하는 예수재의 과정을 보면 분명하게 드러난다. 『예수시왕생칠경 찬요』의 예수재 과정은 모두 31편으로 구성되었고, 이를 토대로 편찬한 『석문의범』에서는 4편을 추가하여 다음과 같은 35편으로 구성하였다.[14]

① 통서인유 通敍因由 : 예수재 시행의 의의를 아룀
② 엄정팔방 嚴爭八方 : 제불보살 및 여러 성인들이 강림하는 도량을 청 정하게 함
③ 주향통서 呪香通序 : 분향진언을 올리며 중생의 고통을 자비로 보살 펴주기를 아룀
④ 주향공양 呪香供養 : 오분법신五分法身에 향공양을 올림
⑤ 소청사자 召請使者 : 사자를 모셔옴
⑥ 안위공양 安位供養 : 사자들을 편안히 모셔 공양을 올림
⑦ 봉송사자 奉送使者 : 사자를 받들어 보냄
⑧ 소청성위 召請聖位 : 삼신불과 제보살, 도명·무독·사천왕 등을 청함
⑨ 봉영부욕 奉迎赴浴 : 제성중에게 목욕할 것을 아룀
⑩ 찬탄관욕 讚嘆灌浴 : 제성중을 목욕하고 삼신불에 감로수를 올림
⑪ 인성귀의 引聖歸依 : 목욕을 마친 제성중을 연화대로 모심
⑫ 헌좌안위 獻座安位 : 제성중을 편한 자리에 모심
⑬ 보례삼보 普禮三寶 : 시방삼보에게 예배

---

14 이범수, 「불교의 예수재와 죽음 교육」, 『정토학연구』 11, 한국정토학회, 2008, pp.356~367.

⑭ 소청명부 召請冥府 : 지장, 도명·무독, 시왕 등을 청해 모심

⑮ 청부향욕 請赴香浴 : 향탕수에 목욕하기를 청함

⑯ 가지조욕 加持澡浴 : 중단 성현을 관욕함

⑰ 제성헐욕 諸聖歇浴 : 시왕 등에게 목욕을 권함

⑱ 출욕삼성 出浴參聖 : 목욕을 마쳤음을 아룀

⑲ 참례성중 參禮聖衆 : 명부시왕이 성중에게 참례를 아룀

⑳ 헌좌안위 獻座安位 : 명부시왕 등에게 자리에 앉기를 권함

㉑ 기성가지 祈聖加持 : 시방삼보에게 기도함

㉒ 진신배헌 普伸拜獻 : 공양을 올리고 예배함

㉓ 공성회향 供聖回向 : 제불보살에게 공양을 올리고 축원함

㉔ 소청고사판관 召請庫司判官 : 고사단을 설해놓고 명부의 고사판관을 청함

㉕ 보례삼보 普禮三寶 : 고사판관 등이 시방삼보께 두루 참배함

㉖ 수위안좌 受位安座 : 고사판관을 자리에 편히 모심

㉗ 제위진백 諸位陳白 : 제성중에게 아룀

㉘ 가지변공 加持變供 - 상단 : 시방삼보에게 공양을 올림

㉙ 가지변공 - 중단 : 중단에 공양을 올림

㉚ 가지변공 - 하단 : 마구단에 공양을 올림

㉛ 공성회향 : 제위의 공양을 마치고 봉송을 준비함

㉜ 경신봉송 敬伸奉送 : 성인을 봉송함

㉝ 화재수용 化財受用 : 금은전을 불에 태움

㉞ 봉송명부 奉送冥府 : 명부제중을 봉송함

㉟ 보신회향 普伸回向 : 예수재의 종료를 알림

『중종실록』의 기사에서 ① "절에 이르는 산골 곳곳에 당간과 번개로 장엄"한 것은 도량을 시방삼보와 제성중이 강림하는 예수재 의식장소로 장식하기 위한 준비로서『석문의범』,『예수시왕생칠재의찬요』의 「② 엄정팔방편」에 해당한다. 그리고 ② "시왕의 화상을 설치하여 각각 전번䑓幡을 두었다."는 것은 예수재 의례의 핵심이라고 할 수 있는 시왕을 초청하기 위한 장식으로 「⑭ 소청명부」의 절차이다. 끝으로 ③ "법회를 시행한 날 저녁에 종이 1백 여 속束을 쌓아두었다가 다 태워버렸다."는 것은 생전에 빗진 저마다의 빗을 금은전으로 만들어 불태우는 「㉝ 화재수용편」에 해당한다. 『중종실록』의 내용과『예수시왕생칠재의찬요』의 절차를 간단히 표로 비교하면 다음과 같다.

『중종실록』과『예수시왕생칠재의찬요』의 예수재 비교

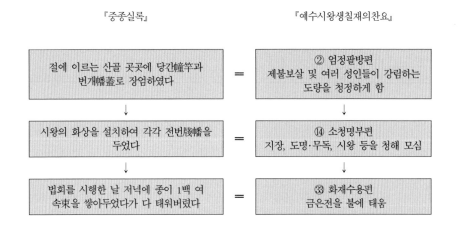

조선시대 현존하는 가장 오래된 예수재 소의경전『예수시왕생칠경』은 1469년 성암고서박물관 소장본이다. 이후 여러 차례 간행되었을 것이나

현존 사례는 확인되지 않고 1564년 양양襄陽 보현사普賢寺 간행본이 뒤를 잇는다. 이후 얼마 지나지 않은 1566년(명종 21) 『예수시왕생칠경찬요』의 판본이 확인된다. 조선시대 예수재는 이 두 경에 의거하여 진행되었다. 그런데 위의 『중종실록』 예수재 기록은 1518년의 사실이다. 즉 예수재 경전이 있기 전에 예수재가 설행된 셈이다. 의례가 성립되기 위해서는 반드시 그 절차와 방법 등을 규정한 의례문(집)이 있어야 한다. 그러므로 실록에 전하는 1518년의 예수재가 설행되던 당시에도 예수재 의례문이 간행, 유포되어 있었을 것이다. 비록 실록의 기사는 의례문에 관한 언급은 없지만, 의례의 내용이 『예수시왕생칠경찬요』 등에 기록된 절차를 그대로 따르고 있었음이 이를 반증한다. 1566년 본이 현존 최고본으로 남아 있지만 이미 16세기초에 예수재 의례집이 유통하고 있었고, 여기에 입각한 예수재가 민간에서 유행하고 있었던 것이다.[15]

2) 조선후기의 생전예수재

(1) 윤달 전통으로서의 예수재

조선전기의 예수재 사례는 앞서의 1건이 유일하다. 억불의 사회에서 국가의 정사류正史類에는 불교에 관한 기록을 찾아보기 쉽지 않다. 그나마

---

15 『중종실록』에 전하는 1518년의 예수재는 강원도 원주의 진사 김위의 상소문에 등장한다. 즉 김위는 원주 지역에서 예수재를 직접 보았다. 그런데 『예수시왕생칠경』의 가장 오래된 판본이 1564년의 강원도 양양 보현사 판본이다. 원주와 양양은 먼 거리가 아니다. 이를 통해 강원도 지역에서 예수재가 성행하였을 가능성을 조심스럽게 생각해 본다.

있는 자료들도 대부분 혁파의 대상이라는 부정적 입장으로 일관한다. 예수재에 관한 기록을 더 이상 볼 수 없는 한 이유이다. 또한 예수재 보다는 수륙재가 성행하였다는데도 원인이 있다. 수륙재는 국가의 천도의례가 되면서 사찰은 물론 민간에서도 다양한 목적과 양식으로 유행하였다. 즉 수륙재는 불교의례 중에서 가장 대표적인 망자의 천도의례로 자리 잡았다. 수륙재는 뭍과 물의 외로운 영혼을 위로하는 망자를 위한 천도재이고, 예수재는 이와 달리 망자가 아닌 생자生者, 즉 자신을 위해 미리[預] 닦는[修] 의례이다. 그런데 이러한 차이에도 불구하고 민간에서는 예수재와 천도재를 엄밀히 구분짓지 않고, 그저 망자의 천도재로 인식한 듯하다. 이러한 이유에서 예수재 보다는 의식의 목적과 절차가 보다 명료한 수륙재가 성행했던 것이라 생각된다.

조선후기의 대표적 천도재였던 수륙재는 중종대(1506~1544) 이후 유교식 관혼상제인 주자가례朱子家禮가 확립되면서 점차 약화되었다.[16] 이후 수륙재는 국가의 공적 의례가 아닌 사찰과 민간의 의례로만 지속되었다. 이러한 수륙재 일색의 흐름에서도 예수재의 명맥은 단절되지 않았다. 앞서 예수재 관련 경전의 현황에서 살펴보았듯이 17~18세기에 걸쳐 경전 간행이 꾸준히 이어지고 있었다. 이 전통은 19세기 중반까지 이어졌다. 1840년(헌종 6) 무렵에 완성된 『동국세시기東國歲時記』에 예수재는 민족의 전통 풍속으로 등장한다.

---

16 윤무병, 「국행수륙재에 對하여」, 『백성욱박사송수기념 불교학논문집』, 1959, p.642.

[윤달]

세속의 관념에는 윤달에는 장가가고 시집가기에 좋다고 하고, 수
의壽衣를 만들기에도 좋다고 하는 등 모든 일에 꺼리는 것이 없다.
경기도 광주廣州에 있는 봉은사奉恩寺에서는 매번 윤달을 만날 때마
다 장안의 여인들이 다투어 와서 불공을 드리며 불단 앞에 돈을 놓
는다. 이러한 일은 윤달 한 달 내내 끊이지 않고 계속되며, 이렇게
하면 극락세계로 간다고 하면서 사방의 노파들이 물밀듯이 분주히
달려와 다투어 모인다. 서울과 지방 대부분의 절에서 이런 풍속을 볼
수 있다.[17]

『동국세시기』는 홍석모(洪錫謨, 1781~1857)가 조선의 매달 풍속을 왕실,
양반, 서민의 순서로 기술하였고, 각 달의 끝부분에는 「월내月內」라고 하
여 그 달의 특정한 날을 지정할 수 없는 세시 내용들을 담았다. 마지막에
는 윤달의 풍속을 간략히 정리하여 실었다. 『열양세시기洌陽歲時記』, 『경도
잡지京都雜志』와 더불어 세시풍속 연구의 중요한 기본문헌이다.[18]

윤달 풍속에 장안의 여인들이 줄지어 봉은사(서울 삼성동)에 찾아와 돈
을 시주하는데 이 공덕으로 극락왕생한다고 믿는다는 것이다. 기사 내용
에는 예수재라는 말은 없다. 그러나 고려시대 이후 오늘날까지 예수재는
윤달에 시행하는 것이 관례로 정착되었으므로[19] 윤달에 불공을 올리는

---

17 『동국세시기』, 『조선대세시기』 III, 국립민속박물관, 2007, p.267.
18 『조선대세시기』 III, 앞의 책, pp.159~172.
19 "예수재는 고려 말부터 시작되어 언젠가부터 윤달에 행하고 있는데, 예수재와 윤달은 결합
   하기에 매우 적합한 요소를 지니고 있다. 예수재가 윤달민속의 핵심인 명부세계와 관련된
   일인 데다가, 열 명의 시왕이 일 년 열두 달과 인간의 육십갑자를 각기 나누어 관장한다는

의례는 곧 예수재를 가리키는 것으로 보인다. 이 책의 찬자 홍석모는 서울 출신이었으므로 봉은사의 예수재를 직접 목격하였을 것이다. 유학자의 신분에서 복잡한 예수재 의례에 관해서는 제대로 알지 못했는지 간단한 언급으로 그쳤다. 한편 그는 전라도 남원부사南原府使를 역임하였다. 이 지역에서도 예수재를 경험했던 듯, 윤달이면 대부분의 지방에 이러한 풍속이 있다고 하였다. 이상에서 보면 예수재는 19세기 중반에도 꾸준히 지속되었음을 알 수 있다. 그것도 특별한 사례가 아니라 전국적인 풍속이었다고 한다.

예수재가 언제부터 윤달의 풍속이 되었는지는 정확히 알 수 없다. 예수재 관련 경전이나 의례문 어디에도 윤달에 행한다는 구절은 없다. 그런데 왜 이러한 풍속이 정착된 것일까. 그 실마리는 수의壽衣에서 찾아야 할 것 같다. 망자에게 입히는 수의라는 용어는 17세기초에 처음 등장하였고,[20] 나이 많은 노인이 있는 집에서는 수의를 미리 준비하는 풍습이 시작되었다. 윤달은 몇 년 만에 한 번씩 들기 때문에 여벌달·공달 또는 덤달이라고도 부른다. 그래서 보통달과는 달리 걸릴 것이 없는 달이고, 탈도 없는 달이므로 이때에 수의를 준비해 두면 무병장수한다는 속설이 있다.

수의는 죽음에 대한 준비이다. 예수재 또한 죽음에 대한 준비이다. 생전에 지은 빚을 미리 갚고 공덕을 베풀어 극락왕생을 준비하는 예수재와 수의는 밀접한 연관이 있다. 즉 죽음을 공통분모로 한 준비 과정이라는

믿음과 연결되어 있기 때문이다. 따라서 '윤달에는 시왕이 한곳에 모여 휴가를 즐기는 시기이므로 이때 정성껏 공양을 바침으로써 업장을 소멸 받는다.'는 생각이 성립되었다." 구미래, 『윤달과 신행생활, 나 그리고 우리를 위한 복짓기』, 인연, 2014, pp.55~56.
20 『한국민족문화대백과사전』, 「수의壽衣」.

개념이 합치되면서 '윤달 = 수의 = 예수재'라는 등식이 고착화되었을 것이다. 조선후기 신앙불교로 매진하는 불교의 입장에서는 이러한 윤달의 풍속을 원용할 필요가 있었고, 마침내 이를 예수재에 접목시켰던 것이라 생각된다. 이와 같이 예수재를 통해 조선후기 불교의 중요한 특성을 가늠할 수 있다.

윤달과 예수재와의 관계

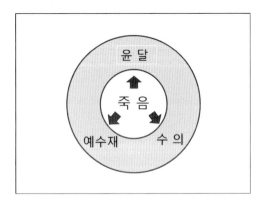

불교는 오랜 억불의 시대에서도 백성들의 변함없는 신앙이었고, 오히려 서민대중과의 긴밀한 유대를 통해 전통신앙으로서의 기반을 굳게 다질 수 있었다. 조선 불교가 신앙불교로 자리매김하는데 중요한 터전을 제공한 것이 바로 다양한 신앙의례였다.[21] 불교의례는 집단이 지닌 공통감정을 상징으로 표현하는 것이므로 의례를 행함으로써 집단의 결합력

---

21 홍윤식, 「조선후기 불교의 신앙의례와 민중불교」, 『한국불교사의 연구』, 교문사, 1988, pp.311~333.

을 굳게 하는 기능을 지닌다.[22] 예수재라는 불교의례가 민족의 전통 풍습으로 자리매김하는 과정에서 이러한 조선후기 신앙불교의 전형적인 단면을 볼 수 있는 것이다.

(2) 조선후기 예수재의 특성

18세기 이후 예수재는 조선의 전통 풍속으로 정착되어 있었다. 조선후기의 여러 승려 문집에서 사찰과 승가의 예수재 모습을 찾아볼 수 있다.

조선후기 생전예수재 사례

No	명 칭	시 기	전 거
1	預修十王齋疏	懶庵(1509?~1565)	『懶庵雜著』, 『한불전』 7권, p.587.
2	生前預修疏	奇巖 法堅(1552~1634)	『奇巖集』, 『한불전』 8권, p.167.
3	預修會	奇巖 法堅	『奇巖集』, 『한불전』 8권, p.170~171.
4	生前預修疏	奇巖 法堅	『奇巖集』, 『한불전』 8권, p.172.
5	生前疏	鞭羊 彦機(1581~1644)	『鞭羊堂集』, 『한불전』 8권, p.258~259.
6	預修會	鞭羊 彦機	『鞭羊堂集』, 『한불전』 8권, p.258.
7	預修文造錢願狀法	1652	『五種梵音集』, 『한불전』 12권, p.167.
8	預修排備	虛白 明照(1593~1661)	『僧家禮儀文』, 『한불전』 8권, p.401.
9	生前十王齋	月渚 道安(1638~1715)	『月渚堂大師集』, 『한불전』 9권, p.105.
10	生前發願齋	月渚 道安	『月渚堂大師集』, 『한불전』 9권, p.108.

---

22 홍윤식, 『영산재』, 대원사, 1991, pp.13~14.

11	徐允遑預修	雪嵓 秋鵬(1651~1706)	『雪嵓雜著』, 『한불전』 9권, p.325.
12	預修疏	雪嵓 秋鵬	『雪嵓雜著』, 『한불전』 9권, p.325.
13	愛雲堂豫修大禮疏	虛靜 法宗(1670~1733)	『虛靜集』, 『한불전』 9권, p.515.
14	生齋表白	涵月 海源(1691~1770)	『天鏡集』, 『한불전』 9권, p.627.
15	預修齋疏	涵月 海源	『天鏡集』, 『한불전』 9권, p.628.
16	預修大禮	振虛 捌關(?~1782)	『振虛集』, 『한불전』 10권, p.173.
17	祝十王疏	蓮潭 有一(1720~1799)	『蓮潭大師林下錄』, 『한불전』 10권, p.253.
18	預修緘合別文	應雲 空如(1794~?)	『應雲空如大師遺忘錄』, 『한불전』 10권, p.757.
19	十王生七齋	龍雲 處益(1813~1888)	『茶松文稿』, 『한불전』 12권, p.714.
20	預修齋	龍雲 處益	『東師列傳』, 『한불전』 10권, p.1045.
21	預修	1870	『淸珠集』, 『한불전』 11권, p.759.
22	預修無遮會	1906	『茶松文稿』, 『한불전』 12권, p.772.
23	十王生七齋	1920	『曹溪高僧傳』, 『한불전』 12권, p.422~423.
24	預修齋	曾谷 致益(1862~1942)	『曾谷集』, 『한불전』 12권, p.799.

위의 표에서 보듯이 『한불전』의 예수재 관련 기록은 모두 24건이다. 이 가운데 자료 7과 8은 각각 『오종범음집』과 『승가예의문』에 전하는 기록으로 예수재 관련 의례문을 설명하는 내용이다. 이 2건의 기록을 제외하면 설행 사례는 모두 22회이다.

이처럼 조선시대 5백여 년의 긴 역사에서 예수재는 불과 22회만 확인될 뿐이다. 이 밖에 금석문과 사지, 사적기 등의 다양한 자료를 검색하면 보다 많은 사례가 발견되겠지만 현재까지는 이 정도이다. 부족한 자료이지만 이를 통해 몇 가지 사실을 이해할 수 있다.

가. 예수재의 명칭

먼저 예수재에 관한 다양한 명칭이다. 오늘날 예수재의 명칭으로 가장 널리 사용하는 용어는 '생전예수재'와 '예수재'이다. 이는 조선시대 이래의 전통이다. 즉 『한불전』의 자료에서 '예수재'가 8회(자료 7·11·12·15·18·20·21·24)로 가장 많다. 다음은 '시왕생칠재十王生七齋'(자료 18·23), '예수회預修會'(자료 3·6), '생전예수재生前預修齋'(자료 2·4), 그리고 '예수대례預修大禮'(자료 13·16)가 각각 2회씩이다. 그밖에 '예수시왕재預修十王齋', '생전시왕재生前十王齋', '생전발원재生前發願齋', '생재生齋', '예수무차회預修無遮會' 등이 각각 1회씩 보인다.[23] 이처럼 예수재의 명칭은 10종이지만,[24] 공통적으로 '예수', '생전', '시왕'의 개념을 사용하여 재의 본질과 의미를 표방하고 있다. 이 가운데 '예수무차회'라는 명칭이 눈에 띄는데 뒤에서 그 의미를 자세히 살펴볼 것이다.

예수재의 다양한 명칭

명 칭	預修齋	十王生七齋, 預修會, 生前預修齋, 修大禮,	預修十王齋, 生前十王齋, 生前發願齋, 生齋, 預修無遮會
횟 수	8	2	1

---

23 자료 5·8·17의 3건은 명칭이 불분명하다.
24 예수재를 지칭하는 표현으로 '勝會'가 두 차례 보인다. '敬設萬善之勝會', '修設勝會'(會가 朶로 되어 있는데 오자임) 등이다.(「楡岾寺天王點眼落成疏二」, 『奇巖集』, 『한불전』 8권, pp.170~171) '勝會'는 흔히 '수승한 모임'이라는 술어로 많이 사용되므로 예수재의 고유한 명칭은 아니다.

나. 시대별 예수재 현황

『동사열전』과 승려 문집 등을 통해 조선시대 예수재의 개설 현황을 살펴보면 16세기가 1회, 17세기가 9회, 18세기가 4회, 19세기가 4회, 그리고 20세기초가 3회이다. 이러한 시대별 분포는 앞서 살펴본 예수재 관련 의례문의 간행 양상과 궤를 같이한다. 시대별 예수재 의례문 간행 현황과 설행 사례를 표로 나타내면 다음과 같다.

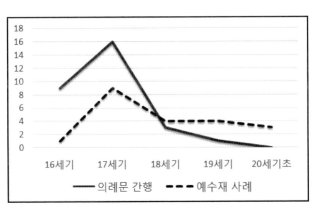

시대별 예수재 의례문 간행과 설행 추이

이 표에서 보듯이 의례문의 간행 빈도와 설행 빈도가 유사한 양상을 보이고 있다. 당연한 말이지만 의례가 설행되기 위해서는 의례의 절차와 과정, 의미 등을 규정하는 의례집이 있어야 한다. 의례문의 간행은 곧 의례의 설행을 의미한다. 지금까지 확인된 예수재 의례문의 간행 사례가 29건에 머물고, 또 예수재 설행이 22회 정도이지만 이 간행 사례와 설행 사례는 동일한 추이를 지니고 있음을 알 수 있다. 이를 통해 예수재의 변천 과정을 이해하게 된다. 즉 16세기까지 의례문과 설행의 합이 10건으로 예수재의 시동기라고 해야 할 듯하다. 17세기는 합 25건으로 예수재의 전성기에 해당하고, 이후 18세기 8건, 19세기 5건, 20세기초가 3건 등으로 점차 감소하였다.

위의 표에서 예수재 의례문 간행과 설행 사례를 구분하였지만 이 두 항목에 공통적으로 해당하는 자료가 있다. 즉 응운 공여(應雲空如, 1794~?)가 찬한 「예수함합별문預修緘合別文」이다.

예수함합별문 預修緘合別文

삼가 생각건대 머리로 하늘을 이고 발로 땅을 밟고 있는 중생의 십사十使 번뇌는 끝이 없고, 음陰에 거하여 양陽을 판단하는 명왕冥王의 1층 업경은 비춤이 있는데, 항하 물가에서 아난의 큰 지혜를 만나지 못하고 동태사同泰寺에서 양무제梁武帝의 깊은 마음을 얻기 어렵도다. 사덕四德과 삼심三心은 듣기 어렵고, 팔개八盖와 오욕五欲은 점점 더해 가네.

부처님을 받드는 제자 아무개는 삶의 악업을 제거하고 무루無漏의 선한 인연을 맺고자 시왕열문十王列門에 성의를 바치고 사직사자司直使者께 정성을 돌립니다. 판관判官 귀왕鬼王은 악을 끊는 날에 이 몸을 보호하고, 주동注童 녹사錄事는 선을 닦는 때에 이 목숨을 보존하소서. 한 구절 묘법을 들을 수 있으면 지옥이 변하여 연못이 되고, 시부왕정十府王庭에 참여하면 철성(鐵城, 맹렬하게 불타는 大焦熱地獄)이 변하여 선계仙界가 됩니다.

삼가 바치노니 빈번(蘋蘩, 개구리밥과 산흰쑥; 변변하지 못한 祭需) 공물을 깨끗이 하고, 덕을 닦아서 쭉정이라는 비난을 없애리다. 이렇게 하여 존귀한 영령을 항상 즐거운 마음으로 받들고 여러 중생을 크게 혼란한 곳에서 건지리다. 삼가 올립니다.[25]

함합별문 곧, 함합문은 흔히 함합소라고 하는데 예수재를 봉행함으로써 전생의 빚을 모두 갚았음을 증명하는 영수증이다. 예수재 동참자들은 사전에 이름과 주소, 자신의 '십이생상속十二生相屬'에 따라 갚아야 할 금액과 읽어야 할 경전 수를 적은 각자의 함합소를 받아 지닌다. 함합소를 반으로 나누어 한 쪽은 본인이 지니고 나머지 한 쪽은 재의 말미에 금은전, 경전 등과 함께 불태운다. 사후 명부세계에서 가져간 절반과 불태운 절반을 맞춰 공덕을 인정받는다는 것이다.[26]

이러한 함합소의 원형이 『예수시왕생칠재의찬요』 중에 「수설명사승회함합소修設冥司勝會緘合疏」라른 이름으로 전한다.[27] "사바세계 ○○에 사는 재자齋者 ○○는 엎드려 현증복수現增福壽를 기원하고 당생정찰當生淨刹을 기원하며 ○○사에 나아가 ○월 ○일에 예수시왕생재를 베풉니다."로 시작하여 금은전 ○관貫, 금강반야경 ○권을 납부하니 불력의 가피를 기원한다는 내용으로 끝맺는다. 대개 별도의 목판으로 제작, 인출하여 동참자의 이름과 주소 등만 달리 쓰도록 하였다.[28] 응운 공여의 함합별문은 의례문의 일부이지만, 예수재의 개설 사례이기도 한다. 예수재를 거행하면

25 공여, 이대형 옮김, 「예수함합별문」, 『응운공여대사유망록』, 동국대학교출판부, 2014, pp.261
　　~262.
26 구미래, 앞의 책, pp.150~153.
27 「修設冥司勝會緘合疏」, 『預修十王生七齋儀纂要』, 『한불전』 11권, p.440.
28 일제강점기에 제작한 목판이 한국미술관에 전한다. 「NAVER, e뮤지엄, '수설명사승회함합소'」

서 『예수시왕생칠재의찬요』의 함합소를 그대로 따르지 않고 '별문別文'이라는 이름으로 재의 의미와 공덕을 간결하게 표현하였다. 아마도 이 소문 뒤에 동참자의 이름과 금은전·경전의 양 등의 기록이 뒤따를 것이다. 재의 의미를 적은 별문은 본인이 갖고, 이름 등을 적은 부분은 불태우도록 했던 것이라 생각된다.

19세기 중엽의 예수재를 살펴볼 수 있는 자료가 『동사열전東師列傳』「용운선백龍雲禪伯전」에 있다. 용운(1813~1888)의 법명은 처익處益, 당호는 경암敬庵으로 전남 곡성 출신이다.

15세에 조계산 송광사로 출가하여 17세에 남일南日장로에게 머리를 깎고 스님이 되었다. 이어 기봉奇峯선사에게 구족계를 받고, 제봉霽峰선사에게 선참禪懺을 받았으며, 27세에 보봉寶峰선사의 법통을 이어받았다. 용운은 해남 대흥사의 표충사表忠祠 도총섭都摠攝과 밀양 표충사表忠祠의 도총섭을 지냈고, 1885년(고종 22)에는 조정으로부터 '판서判書'의 교지를 받기도 하였다. 선사는 평생 많은 사찰을 유력하며 수행하였다. 봉은사奉恩寺에서 경전을 간행하였고, 통도사, 태고사, 갈래사, 회암사, 송광사, 해남 표충사 등을 중수하였다. 선사의 생애를 평하는 과정에서 예수재가 등장한다. 즉,

안팎의 재물이 모두 넉넉했으며 법시法施로써 중생들을 구제하고 재시財施로써 예수재를 봉행하는 등 아끼고 탐하는 마음을 깨뜨려 없애는 삶을 살았음을 우리 스님에게서 볼 수 있다."[29]

---

29 "內外之財幷足 法施以濟人 財施以豫修 破除慳貪 吾於師見之". 『동사열전』, 『한불전』 10권, p.1045.

라고 하였다. 예수재를 행한 시기나 사찰 등에 관한 언급이 전혀 없어 더 이상의 사실은 알 수 없다. 그런데 이 예수재는 선사의 생애를 종합적으로 평가하는 맥락에서 등장한다는 사실이 눈길을 끈다. 선사에게 예수재는 "아끼고 탐하는 마음을 깨뜨리는" 수행 방법이라는 의미이다. 즉 선사는 수행 과정에서 예수재를 빈번히 행하였으므로 찬자는 어느 시기나 사찰을 특정할 필요가 없었던 것 같다.

한편 선사는 봉은사에 머물며 경전을 간행한 일이 있었다. 그 시기는 1842년 이전으로 추정된다.[30] 선사가 수행의 한 방법으로 예수재를 자주 개설하였다면 혹시 봉은사에 주석하던 이 무렵에도 예수재를 하지 않았을까. 앞서 『동국세시기』에서 1840년 무렵 봉은사의 예수재는 많은 사람이 앞 다투어 참여할 만큼 성행을 이루었다고 한다. 만약 선사가 봉은사에서도 예수재를 개설하였다면, 『동국세시기』의 편자 홍석모가 보았던 예수재가 그것일지도 모른다. 논리적 추론은 아니지만 그렇다고 그 개연성마저 부정할 필요는 없을 것 같다.

---

30 용운선사의 중요한 이력을 기술하는데 "또 스님은 봉은사에서 경전을 간행하는 일을 했고 해인사에서도 경전을 간행하였다. 통도사에서는 계단을 시설하였고 태고사를 중수하였다. 갈래사에서는 석탑 불사를 하였고, 회암사에서는 산문의 송사를 처리하였다. 1842년에는 본사 송광사의 중창에 화주의 임무를 수행하였고, 1860년, 1861년에는 智峯과 함께 해남 표충사를 중수하였다."고 하였다. 이러한 서술은 대체로 시간 순인 듯하다. 다양한 사찰에서의 활동을 차례대로 말하는데 정확한 시기를 모르는 사안은 내용만 적었고, 송광사와 표충사에서의 활동은 분명하게 시기를 밝혀 놓았다. 이로써 보면 봉은사의 경전 간행 사실은 1842년 이전의 일이 된다.

다. 예수재와 수륙재와의 관계

조선시대 예수재에서 수륙재와의 관계를 이해할 수 있는 의미있는 자료가 있다. 즉 예수재를 시행한 후, 수륙재를 행한다는 내용이다.

> 마음과 힘을 다해 널리 인연있는 단월을 모집하고 발에 굳은살이 박히고, 손이 틀 정도로 재원을 마련, 주간하여 사천왕상을 봉안합니다. 또한 향과 꽃을 갖추고 금강최승金剛最勝의 도량을 이루어 납자衲子와 노덕老德을 모아 먼저 예수회預修會를 개설하고 이어 수륙재水陸齋를 열어 명부사자에게 기도를 올려 앞날의 평탄함을 기원하는 법회를 개설합니다. 널리 너그럽게 원혼을 돕고 밝게 비추기를 (기원합니다)[31]

기암 법견(奇巖法堅, 1552~1634)[32]이 찬한 「유점사 사천왕상 점안 낙성소落成疏」의 일부이다. 여기서 주목하는 내용은 "먼저 예수회를 개설하고 이어 수륙재를 열었다[始以預修之會 繼以水陸之齋]"는 사실이다. 사천왕상의 봉안을 기념하는 낙성법회를 개최하는데 그 의례로서 먼저 예수재를 행

---

31 "是以心竭力殫 募廣緣於諸檀 足胝手胼 合幾資於主幹 旣辨塑擔 且備香花 就金剛最勝之場 集雲衲久衆之老 始以預修之會 繼以水陸之齋 頌禱冥司 冀前途之平坦 修設勝采(會) 普饒益於冤親 了了照詳". 法堅, 「楡岾寺天王點眼落成疏二」, 『奇巖集』, 『한불전』 8권, pp.170~171.
32 奇巖 法堅 ; 속성은 김씨로 전북 부안 출신이다. 청허 휴정의 제자로서 임진왜란 때 의승으로 활동하였다. 그의 문집 『奇巖集』에 전하는 「念佛觀」은 명문장으로 유명하다. 문경 대승사, 무주 안국사, 부여 무량사 등의 전각에 일부가 주련으로 전한다. 밀양 표충사에 진영이 있다. 「기암집」, 『한국불교전서 편람』, 앞의 책, p.230.

하고 다음에 수륙재로 이어가고 있다. 예수재는 생전에 사후의 극락왕생을, 수륙재는 망자의 극락왕생을 발원한다. 생과 사의 시간적 순차를 생각하면 자연스러운 모습이다. 이러한 사례가 더 있다.

> 삼가 청정 승려에게 명하여 정중하게 금강도량金剛道場에 나아가 경건하게 정성을 올립니다. 금金과 비단을 시주하여 먼저 예수승회預修勝會를 개설하고 다음에 수륙대재水陸大齋를 세우니 장차 이 깊은 마음으로 남을 생각하고 밝게 살피시기를(기원합니다)[33]

역시 기암 법견이 찬한 「생전예수소」 중의 일부인데 먼저 예수재를 개설하고 다음에 수륙재를 개설한다[先當修設預修勝會 次當建置水陸大齋]는 구조이다. 이러한 '선先 예수재, 후後 수륙재'의 절차가 17세기 전반의 통상적인 관례인지, 아니면 그저 특별한 사례인지 확실하지 않다. 전체 22회의 사례 가운데 2회만 보일 뿐이므로 통상적 관례라고 단언할 수는 없다.[34] 다만, 당시 예수재는 수륙재와 깊은 연관성을 지닌 것으로 인식하고 있었음은 분명하다.

일반적으로 의례를 구분할 때 자행의례, 타행의례라는 기준을 사용한다.[35] 의례의 수혜자가 발원자 본인일 때, 즉 본인이 자신의 안온과 왕생

---

33 "謹命淸淨僧侶 敬詣金剛道場 代致虔誠 自出金帛 先當修設預修勝會 次當建置水陸大齋 將此深心 想他明鑑". 法堅, 「生前預修疏」, 『奇嚴集』, 『한불전』 8권, p.172.
34 이성운은 "예수재의 상례화에 기여하는 또 하나는 수륙재와의 동시 설행"이라고 하여 『범음산보집』 등의 수륙재문에 예수재 의식의 흔적이 있음을 지적하였다. 「한국불교 생전예수재의 특성」, 『정토학연구』 23, 한국정토학회, 2015, pp.35~36.
35 홍윤식은 한국불교의 염불의례를 自修的 염불의례와 他修的 염불의례로 설명하였다. 「염불의례를 통해 본 한국의 정토사상」, 『한국불교사의 연구』, 교문사, 1988, pp.384~387.

등을 발원하는 경우 자행의례라고 한다. 생전에 사후의 왕생을 발원하며 미리 수행하는 예수재가 여기에 해당한다.[36] 이와 달리 타행의례는 내가 아닌 남을 위해 기도하는 경우이다. 영혼의 천도와 왕생을 기원하는 수륙재는 타행의례이다. 자행의례와 타행의례는 실제 의례에 있어서는 엄격하게 구분되지 않는다. 한국 불교의례가 갖는 한 특성이다. 남을 위한 기도는 곧 본인에게는 수행의 일환이고, 또 그 반대의 경우도 마찬가지라는 인식이 깔려 있다. 오늘날 대부분의 사찰은 예수재를 행할 때 수륙재 등에서 행하는 영혼 천도의식을 포함하고 있다. 이러한 현상을 예수재의 원형과는 차이가 있다고 지적하기도 하지만, 이는 이미 1566년 『예수시왕생칠재의찬요』가 간행될 때부터 유지되어 왔던 전통이다.[37]

주지하듯이 예수재는 명부세계의 시왕이 인간의 선악을 심판한다는 도교의 직접적인 영향을 받아 성립되었다.[38] 불교만의 고유한 문화가 아니다. 불교의례라는 문화현상은 원형을 고집하지 않고 시대와 지역에 따라, 또 수용 주체에 따라 얼마든지 변화 가능하다. 이러한 맥락에서 수륙재에서 사용하는 '무차회無遮會'라는 개념을 예수재에서 적용한 경우도 있다. 1906년 송광사의 시왕계十王契[39]에서 예수재를 개설하였는데, 그 이름

---

36 구미래는 예수재를 '자행의 천도재'라고 표현하였다. 「생전예수재의 종교문화적 의미와 위상」, 앞의 책, pp.112~114.

37 혜일명조는 이와 관련하여 "16~17세기, 『예수시왕생칠재의찬요』의 간행은 영가천도 목적인 수륙재와 생자의 복덕과 극락왕생을 발원하는 생전예수재가 공존하고 있었음을 의미한다."(『예수재』, 앞의 책, p.407)고 하였다. 또한 "금은전의 제작 목적은 살아 있는 자가 갚아야 할 전생 빚을 상징하기도 하지만 선망조상 영가들이 복을 받아 극락왕생하길 기원하여 법식에 맞춰 만들게 되었음을 짐작할 수 있다."(앞의 책, p.320)고 하였다.

38 한태식(보광), 앞의 논문, pp.21~22.

39 사찰계에서 예수재를 개설한 사례가 하나 더 있다. 曾谷 致益(1862~1942)이 찬한 통도사 창원포교당의 龍華契 서문에서 예수재가 확인된다. "原夫春種者 以待秋穫之計 預修者以待來生之益 此乃人皆所欲而之知者也 是以惟我教堂 始設龍華契者 竟令緇白 同得上生兜

을 '예수무차회預修無遮會'라고 하였다.

> 병오년 3월 본사 시왕계 중에 예수무차회를 개설하였다. 화주의 소
> 임을 맡아 재화와 단월을 모아 영혼을 천도하였다.[40]

금명 보정(錦溟寶鼎, 1861~1930)이 시왕계 예수재의 화주 소임을 맡았
는데 예수재의 이름을 '예수무차회'라고 하였다.

무차회無遮會는 고대 인도에서 유아기를 벗어나 소년기에 접어들 무렵
행해진 통과의례 중 하나였다. 오세회五歲會 또는 5년공덕회功德會의 의미
를 담고 있다. 『근본설일체유부니타나根本說一切有部尼陀那』의 "세존이 5세
에 정계頂髻를 깎은 일을 기념하여 급고독 장자가 오세대회를 열고자 한
다."[41]는 내용은 무차회의 연원을 말해준다. 그리고 『범망경고적기』에는
여덟 가지 복전 가운데 설무차회設無遮會를 들고 있으며, 『대당서역기』에
는 "5세가 되면 무차대회를 설하였다."는 기록이 있어 무차회는 인도 및
서역에 널리 행해졌음을 알 수 있다. 5세의 통과의례는 이후 보시회普施會
내지 반승飯僧 개념으로 발전하였다. 왕과 관민 등이 시주가 되어 도속·
귀천·상하에 제한을 두지 않고 불보살로부터 사람·지옥·아귀·축생
에 이르기까지 평등하게 베푸는 법회를 의미하게 되었다. 고려 태조가 1

率天 …… 是日布教師一牛 熱心勸告 發願叅契者多 善哉 叅契發願 今雖住娑婆 將歸兜
率 勉之勉之 是所謂春種預修者也 於是乎序". 致益, 「龍華契序(昌原布教堂)」, 『曾谷集』,
『한불전』 12권, p.799.

40 "丙午三月 本十王契中 設預修無遮會 推擔化主之任 鳩化壇門而薦靈". 寶鼎, 「行錄草」,
『茶松文稿』, 『한불전』 12권, p.772.

41 "世尊爲菩薩時 經於幾歲 而除頂髻 佛言 五歲 我今欲作五歲大會 佛言 應作", 「근본설일
체유부니다나」 권5, ABC, K0894 v22, p.939a09.

주야 동안 무차대회를 행한 이래로 중음천도中陰遷度 무차수륙회無遮水陸會
로 변천하였다. 이에 따라 조선에서도 수륙재는 수륙무차회라는 이름으
로 자주 개설되었다.[42] 수륙재는 다른 말로 '수륙무차법회水陸無遮法會'라고
도 하는데, 1547년(명종 2) 간행 삼화사 소장의 『천지명양수륙대재의찬요
天地冥陽水陸大齋儀纂要』에서는 그 의미를 다음과 같이 규정한다. "처지로 말
하면 나와 남의 차별이 있겠지만, 마음은 미워하고 친근히 여기는 차이
가 끊어질 것이니, 원수와 천지가 모두 평등하고, 범부와 성인이 원만하
게 융화하는 수륙무차법회라 이름 지어 말한다."라고 하였다.[43] 즉 나와
남의 차별이 없고, 원수와 천지가 평등해지는 법회라는 의미이다. 이와
같이 조선시대 번성하였던 수륙재가 무차회라는 이름을 사용하자, 예수
재에서도 이를 그대로 수용하여 마침내 '예수무차회'라는 이름이 등장한
것이라 생각된다.

4. 맺음말

지금까지 한국 불교의례의 연구에서 예수재는 별다른 주목을 받지 못
하였다. 고려시대 이후 수많은 의례가 존재하였고, 연등회, 팔관회, 수륙
재, 영산재 등이 역사적으로 또, 불교사적으로 중요한 의례들이었으므로
대부분의 관심이 여기에 집중되었다. 특히 영산재와 연등회, 수륙재 등의

---

42 「무차대회」, 『한국불교문화사전』, 동국대 불교문화연구원, 2009, p.116~117.
43 임종욱 역주, 『천지명양수륙대재의찬요』, 동해시, 2007, p.28.

국가 문화재 지정을 전후하여 불교계와 학계의 역량이 이들에 편중되었다. 불교의례에 관한 연구자가 손꼽을 정도로 적은 현실을 생각하면 수긍할 만한 일이다. 예수재에 대한 연구의 부족은 무엇보다 관련 자료가 적다는 데 있다. 예수재 자료는 영산재나 수륙재에 비할 바 없을 정도이다. 지금까지 조선시대 예수재 사례는 불과 1~2건만이 알려져 있었다. 이는 연구자들의 관심과 노력이 부족했던 탓이다. 그러나 조선사회에서는 다수의 예수재가 진행되고 있었다. 4종 이상의 의례집이 간행되었다는 사실은 당시 불교계에 이에 대한 수요가 있었음을 말해 준다. 즉 예수재 의례가 설행되고 있었다. 본고는 여기에 주목하여 의례집 간행 사례를 모으고, 조선왕조실록과 승려 문집, 『동사열전』 등에서 설행 사례를 탐색하여 다음과 같은 몇 가지 의미 있는 사실을 확인하였다.

조선시대 예수재 관련 경전은 4종 29건이 확인된다. 『예수시왕생칠재의찬요』(19건)가 가장 많고, 『예수시왕생칠경』이 8건, 『불설수생경』이 2건, 『예수천왕통의』가 1건이다. 예수재의 소의경전으로서 1454년 『예수시왕생칠경』과 『불설수생경』이 먼저 등장하고 뒤이어 의례집으로서 『예수시왕생칠재의찬요』(1566)가 간행되었다. 『예수시왕생칠경』이라는 소의경전보다 『예수시왕생칠재의찬요』라는 의례집이 월등히 많이 간행되었다는 사실은 예수신앙이 교학이나 사상 보다는 의례로서 발전하였다는 사실을 말해준다. 관련 경전과 의례집의 간행을 시기별로 구분하면, 16세기까지가 9건, 17세기가 16건, 그리고 18세기가 3건, 19세기가 1건이다. 이러한 분포는 예수재의 설행 사례와 대체로 일치한다. 22회의 설행 사례는 16세기가 4회, 17세기가 6회, 18세기가 5회, 19세기가 4회, 그리고 20세기 초가 3회이다. 이처럼 의례집의 간행과 예수재 의례의 설행은 서로 밀접한 관계를 지니고 있었다.

다음으로 설행 사례를 통해 조선시대 예수재의 특징을 이해할 수 있었다. 먼저 예수재의 명칭은 10종이 확인된다. '예수재'(8회)를 가장 널리 사용하였고, '시왕생칠재', '예수회', '생전예수재' 그리고 '예수대례'(각각 2회) 순이다. 그밖에 '예수시왕재', '생전시왕재', '생전발원재', '생재', '예수무차회' 등이다. 이들 명칭은 공통적으로 '예수', '생전', '시왕'의 개념을 사용하여 재의 본질과 의미를 표방하였다.

끝으로 예수재와 수륙재와의 관계를 살펴보았다. 17세기 2건의 자료에서 먼저 예수재를 열고 뒤이어 수륙재를 한다는 '선 예수재, 후 수륙재'의 사례를 확인하였다. 예수재와 수륙재는 분명히 별개의 의례이지만, 순차적으로 함께 설행한 것이다. 예수재와 수륙재와의 밀접한 연관은 이미 16세기의 『예수시왕생칠재의찬요』에서 비롯되었다. 조선후기 예수재라는 자행의례와 수륙재라는 타행의례는 사후의 극락왕생이라는 공통의 목적을 지니고 밀접한 연관을 맺고 있었다. 예수재의 경전적 원리는 생전에 사후의 극락왕생을 위하여 스스로 수행하고, 기도하는 자행의례이다. 그러나 조선시대인들은 자신을 위한 기도에 머물지 않고, 망자의 왕생까지 기원하는 타행의례로 발전시켰다. 여기에는 우리 민족의 조상을 중시하는 관습이 작용하였던 것이라 생각된다. 아울러 조선중기 이후 여러 차례의 국난을 겪으면서 많은 죽음이 발생하였던 데도 원인이 있다. 이에 따라 천도재로서 수륙재가 성행하였고, 예수재에서도 망자의 천도의례를 채용하게 되었다. 천도의례의 대표주자는 어디까지나 수륙재였지만, 예수재는 '예수무차회'라는 이름을 내세우는 등 변화와 모색을 통해 꾸준히 자리매김하였다. 그 결과 19세기 중엽 이미 조선사회의 윤달 전통 풍속으로 정착되어 있었던 것이다.

7

한국불교의 기우제

─────────────────────────────────────

1. 머리말

기우제는 농경사회에서 가뭄에 대처하는 가장 기본적인 의식이었다. 가뭄을 비롯한 많은 기상 이변은 말 그대로 하늘의 재앙이었고, 인간은 하늘의 노여움을 풀기 위해 다양한 의식을 거행하였다. 그러므로 기우제는 종교와 신앙, 지역과 신분을 국한하지 않았다. 그 결과 시대에 따라 매우 다양한 절차와 의식으로 진행하였다. 기우제의 종류를 크게 무속식, 도교식, 유교식, 그리고 불교식의 네 가지로 구분할 만큼 많은 사례가 전한다.

이 글은 불교의 기우제를 살펴보는데 목적이 있다. 주지하듯이 불교는 한민족의 사상과 신앙, 문화에 큰 영향을 미쳤다. 특히 중세시대까지 불교는 사상과 문화의 주류를 이루고 있었으므로 불교의 기우제 역시 일정한 역할을 하였을 것이라 짐작한다. 그런데 기우제에 관한 많은 연구 가운데 불교의 기우제에 관한 연구는 손꼽을 정도이다. 불교가 지닌 방대한 문화기반에서 기우제라는 비정기적이고 특수한 의례는 별다른 주목을 끌지 못하였다. 그러나 기우제에 대한 고찰은 한국불교의 다양성을 이해하고 불교가 국가와 사회의 요청에 어떻게 부응하였는가를 살펴보는데 유의미한 소재가 될 수 있다.

이를 위해 먼저 기우제에 관한 불교경전을 통해 가뭄에 대처하는 불교적 해법이 무엇인가를 살펴본다. 여러 경전에서 기우에 관한 이야기를 찾을 수 있다. 이 중 『대운륜청우경大雲輪請雨經』이 대표적으로 기우제의 소의경전이라 할 만하다. 이 경에 입각한 '운우기우제雲雨祈雨祭'의 개설 사례가 여럿 있었다. 이어서 고대, 고려, 조선시대까지의 사례를 일별하여 불교 기우제가 역사 속에서 어떻게 전개되었고 그 특징이 무엇인가를 살펴보았다.

기우제는 기본적으로 국가에서 행하는 공공의례였다. 따라서 사례를 전하는 기록 또한 관찬 기록 일색이고, 설행 사실만을 소략하게 남기는 경우가 대부분이다. 더구나 천 년 이상의 한국불교 전체를 대상으로 살펴 보았더니 일관된 경향성이나 공통점을 찾기가 쉽지 않다. 그저 각 시대에 따라 나타나는 기우제의 특성을 파악하고 한국불교의 다양한 입체상을 이해하는데 도움이 되고자 한다.

2. 기우제의 소의경전

한국불교의 기우제에서 사용하는 소의경전은 여러 종이 있다. 『대운
륜청우경』, 『금광명경』, 『법화경』, 『금광명최승왕경』 등이 대표적이다.
이 가운데 전적으로 기우제에 관한 내용을 담고 있는 경전이 『대운륜청
우경』이다. 여타의 경전은 부분적으로 기우에 관한 내용을 포함하고
있을 뿐이다. 즉 기우제의 대표적 소의경전은 『대운륜청우경』으로 흔
히 『청우경』, 『운우경』으로 약칭한다. 이하 『청우경』으로 줄여 쓴다.

『청우경』은 2종의 한역본이 있다. 수隋나라 나련제야사那連提耶舍가 585
년에 처음 번역하였고, 당나라 불공不空이 746년에서 774년 사이에 다시
번역하였다. 두 경전의 내용은 거의 동일한데 불공은 기우제단을 조성하
고 화상畵像을 그리는 방법 등은 생략하였다. 이역본으로 『대방등대운경
청우품제육십사大方等大雲經請雨品第六十四』, 『대운경청우품제육십사大雲經請雨
品第六十四』 등도 있으나 역시 내용은 별 차이가 없다. 나련제야사의 『청우
경』을 통해 기우제의 조건과 제단을 장식하는 방법, 기우제에서 염송하
는 다라니 등을 살펴본다.

『청우경』은 붓다가 용왕궁의 대운륜전大雲輪殿에서 대비구와 보살, 그리
고 수많은 대용왕大龍王에게 설법하는 내용으로 시작한다. 여러 용왕이 묻
고 붓다가 설법하는 형식이다. 먼저 기우의 조건에 관한 내용이다.

그대 대용왕이여, 만약 천신이나 사람 중에 큰 자비심을 행하는 자
가 있으면, 이러한 한량없고 끝없는 이익이 되는 일들을 얻는다. 그러
므로 용왕이여, 신身·구口·의意의 3업業에 있어서 항상 저 큰 자비

심을 행하여야 한다.

다시 용왕이여, 다라니가 있으니, 이것의 이름을 시일체중생안락施
一切衆生安樂이라고 한다. 그대 모든 용왕들이 이 다라니를 항상 독송
하며 끊임없이 생각하여 받아 지니면, 모든 용의 괴로움을 없애주고
안락함을 얻을 것이다. 이 말을 들은 저 모든 용왕들이 안락함을 얻
고 나서는, 곧 염부제에 때맞추어 단비를 내려 모든 나무·수풀·약
초·곡식의 싹들이 잘 자라서 맛있는 음식물을 내도록 할 것이다.[1]

윤개용왕이 모든 괴로움을 없애고 안락함을 얻으며 적기에 단비를 내
려 모든 생물이 잘 자라 쾌락을 얻을 수 있는 방법을 묻는다. 이에 대한
붓다의 대답은 '큰 자비심을 행하는 것'으로 요약된다. 큰 자비심의 위덕
으로 3업을 행할 때 모든 중생이 안락하게 된다고 한다. 여기서 큰 자비
를 행하는 주체는 천天이나 인간 누구나 할 수 있다고 하여 신분이나 자
격을 제한하지 않았다. 한국의 기우제 사례에서 공통적으로 등장하는 부
당한 죄인 사면, 무연고 시신의 매장 등의 사전 조처들이 모두 이러한 큰
자비심의 실천에 해당된다.

다음으로 기우제를 주관하는 자에 대한 구체적인 자세와 기우의 행법
에 관해 설명하였다. 주관자는 출가자의 경우 계행戒行이 청정해야 하고
만약 계를 어긴 일이 있다면 미리 7일간 참회해야 한다. 속인도 7일간 팔
관재계를 지켜야 한다고 한다. 이러한 주관자는 하루 세 번 향탕수로 목
욕하고, 청색 옷을 입는다. 오직 신선한 우유·쌀·과일·채소만을 먹는

---

1 『대운륜청우경』, <불교기록문화유산 아카이브 http://kabc.dongguk.edu, 통합대장경>. 이후의
  『대운륜청우경』 내용은 모두 여기서 인용하였다.

다. 대·소변 후에는 반드시 목욕한다. 기우제 자리에 올라갈 때는 먼저 시방의 모든 부처에게 예배하되, 향을 피우고 꽃을 뿌리면서 모든 부처와 보살, 천신과 용왕을 청한다고 하였다.

『청우경』에서는 기우 제단의 개설 방법을 구체적으로 적시하고 있다. 먼저 사방 10m 가량의 도량에 둘레 8m, 높이 30cm 정도의 단을 만든다. 단 중앙에 다시 높은 자리를 만들고 푸른 휘장을 두른다. 중앙 단에서 180cm 떨어진 사방에 소똥으로 용의 형상을 그린다. 도량의 사방에는 화병과 향로를 두어 장식한다. 또한 사방에는 3m 높이의 푸른 깃발 4개씩을 세운다고 한다. 끝으로 기우제에서 행하는 다라니 염송을 설명하였다. 즉 '진후분신용맹당다라니震吼奮迅勇猛幢陀羅尼'를 염송하면 비를 불러올 수 있다고 한다. 뿐만 아니라 이 다라니는 기근과 전염병, 비법非法의 혼돈, 별들의 변괴를 모두 물리친다고 한다.

이상과 같이 『청우경』은 가뭄에 대처하는 불교적 해법을 종합적으로 제시하고 있다. 기우제를 행하는 자비의 마음가짐, 계를 철저히 지키는 몸가짐, 기우제에서 염송하는 다라니, 그리고 기우 제단의 설단과 장엄에 이르기까지 구체적이고 상세한 내용을 담고 있다. 그런데 실제로 한국의 기우제에서 『청우경』을 사용한 사례는 많지 않다. 기우제에서 이 경을 강설하였다는 사례는 고려 1건, 조선 2건이 전부이다. 다만 기우제를 '운우도량雲雨道場'으로 이름붙인 몇 건의 사례에서 그 흔적을 짐작할 수 있다. 즉 『대운륜청우경』을 흔히 『운우경』으로 약칭하므로 운우도량은 '운우경에 입각한 기우도량'으로 풀이된다. 먼저 기우제에서 이 경을 강설했다는 사례이다.

경인일. 가뭄이 계속되므로 해당 관청에 명하여 임해원臨海院에서

이레 동안 『운우경雲雨經』을 강설하게 하고 또 산악에 비를 빌게 하

였다.[2]

1085년(선종 2) 4월 임해원에서 『운우경』을 강설하며 기우하였다는 기

록이다. 기우제에서 『운우경』을 강설했다는 유일한 사례이다. 이하의 사

례 3건은 『운우경』을 직접 언급하지 않았으나 기우제를 '운우도량'이라

고 명명하여 『운우경』을 사용했을 개연성이 높다.

먼저 이규보(1168~1241)는 기우제문을 쓰면서 '운우도량문'이라고 하였

다.[3] 내용 중에 "이에 부처님의 자비에 의하여 널리 제도해 주심을 받아

야 하겠으므로 승려를 소집하여 불경을 선양하나이다."[4]라고 하였다. 즉

기우제를 열어 '불경을 선양'한다고 하였다. 이규보는 제문을 '운우도량

문'이라 하였으므로 여기서의 불경은 곧 『대운륜청우경』을 말하는 것이

라 생각된다.

1243년(고종 30) 5월에도 '운우도량'을 개설하였고,[5] 고려후기까지 이

명칭은 계속 이어져 1354년(공민왕 3) 5월에도 운우도량이 이어졌다.[6]

---

2 『고려사』, 선종 2년(1085) 4월.
3 李奎報, 「望山樓上雲雨道場文」, 『동국이상국집』 권39, 佛道疏.
4 "茲扣等慈 佇蒙洪濟 召集腟衣之侶 敷揚貝牒之編" 「望山樓上雲雨道場文」, 앞의 책.
5 "가뭄 때문에 전국의 참형과 교수형 이하 죄수들을 사면하고 내전에서 닷새 동안 운우도량을
  열었다." 『고려사』 세가 권23, 고종 30년(1243) 5월.
6 "康安殿에서 운우도량을 여는 한편 산천의 신을 모신 神祠와 절에서도 기도를 올리도록 하
  였다." 『고려사』 세가 권38, 공민왕 3년(1354) 5월.

3. 한국불교 기우제의 현황

1) 고대의 기우제

삼국시대 이후 통일신라시대까지의 불교 기우제 사례는 4건이 확인된다. 그런데 이 가운데 1건만이 신라의 기우제이고 다른 3건은 일본의 사례이다. 3건은 일본에서의 기우제이지만 그 주관자는 한반도에서 건너간 고구려, 백제의 승려들이므로 여기에 포함하였다. 모두 7세기의 사실로서 전혀 자료가 전하지 않는 삼국시대의 기우제를 미루어 짐작할 수 있는 사례들이다.

> ① 석 혜관慧灌은 고구려국 사람이다. 수나라에 들어가 가상사嘉祥寺 길장吉藏에게서 삼론三論의 종지를 받았다. 추고 33년 을유(625) 봄, 정월에 본국에서 보내왔다. 원흥사元興寺에 머물게 하였는데 그 해 여름 천하에 큰 가뭄이 들자 혜관을 불러 비를 빌게 하였다. 혜관이 푸른 옷을 입고 삼론을 강설하자 즉시 큰비가 내려 상하가 크게 기뻐하였고, 승정僧正으로 발탁하였다. 훗날 내주內州에 정상사井上寺를 창건하여 삼론종을 펼쳤다.[7]
>
> ② 684년 7월. 이 달부터 8월까지 가뭄이 들었다. 백제승 도장道藏[8]

---

7 이능화 편, 동국대불교문화연구원 역주, 『역주조선불교통사』 권1, 동국대출판부, 2010, pp.123
~124.

8 道藏 : 백제 출신으로 일본에 가서 『成實論疏』 16권을 지어 성실종을 전하였다. 俱舍・三論에 능통하였다. 90세 가까운 나이에 南京에서 입적하였다.

이 기우제를 지내자 비가 내렸다.[9]

③ 691년 크게 기우제를 지냈다. 가뭄 때문이다. 20일 백제사문 도
장道藏에게 기우제를 올리도록 명하였다. 오전을 넘기지 않고
천하에 고루 비가 왔다.[10]

위의 세 기록을 통해 한반도에서 건너 간 승려들에 의해 일본의 기우
제가 설행되었음을 알 수 있다. ①의 사례는 625년 무렵으로 가장 빠른
시기의 불교 기우제 기록이다. 혜관이 원흥사에서 '삼론'을 강설하며 기
우제를 올렸다고 한다.

삼론은 중국 삼론종의 세 가지 저술이다. 용수龍樹의 『중론中論』과 『십
이문론十二門論』, 제바提婆의 『백론百論』이다. 삼론종은 『열반경』의 여래장
사상을 수용하여 '진공묘유眞空妙有'의 사상을 특화시켰다고 한다.[11]

이러한 삼론의 사상과 기우제가 어떻게 연결되는가는 알 수 없지만 혜
관은 일본에서 삼론종을 펼칠 만큼 삼론에 대한 절대적 믿음을 지녔다.
즉 기우제의 일반적인 소의경전, 『청우경』, 『금광명경』, 『법화경』이 아니
라 자신이 중시하는 삼론을 강설하며 기우제를 개설한 것이다.

②와 ③은 백제 출신의 도장이 684년과 691년에 개설한 기우제이다.
두 차례의 기우제가 모두 성공하여 비가 내렸다고 하였다.

다음은 753년에 통일신라에서 개설한 사례로 한국불교 최초의 기우제
이다.

---

9 『일본서기』 권제29, 천무천황 12년(683) 7월.
10 『일본서기』 권제30, 지통천황 2년(691) 7월 20일.
11 고익진, 『한국 고대 불교 사상사』, 동국대출판부, 1989, p.122.

경덕왕 천보天寶 12년 계사(753년) 여름에 가뭄이 심하니 대현大賢을 대궐로 불러들여 『금광경』을 강講하여 단비를 빌게 하였다. 어느 날 재를 올리는데 바라를 열어 놓고 한참 있었으나 공양하는 자가 정수淨水를 늦게 올리므로 감리監吏가 꾸짖었다. 이에 공양하는 자가 말했다. "대궐 안 우물이 말랐기 때문에 먼 곳에서 떠오느라고 늦었습니다." 대현은 그 말을 듣고 말했다. "왜 진작 그런 말을 하지 않았는가." 낮에 강론할 때 대현은 향로를 받들고 잠자코 있으니 잠깐 사이에 우물물이 솟아 나와서 그 높이가 일곱 길이나 되어 찰당刹幢의 높이와 가지런하게 되니, 궁중이 모두 놀라서 그 우물을 금광정金光井이라 하였다. 대현은 일찍이 스스로 청구사문青丘沙門이라 일컬었다.[12]

신라 유가종瑜伽宗의 대현大賢, 太賢이 궁궐에서 지낸 기우제 이야기이다. 비를 내리게 한 신비담이 소재인데 기우제의 사실은 "경덕왕이 753년에 대현을 궁중에 불러 기우제를 지내도록 하자, 그가 『금광경』을 강설하며 기우하였다."는 내용 뿐이다. 여기서 『금광경』을 강설하였다는 기록이 주목된다. 『금광경』은 『인왕경』, 『법화경』과 함께 호국의 이념을 지니고 있어 '호국삼부경'이라 부른다. 『금광경』 「사천왕품」에서 사천왕은 세상의 법왕이 되어 법으로써 세상을 수호한다고 설한다. 즉 정법을 행하는

---

12 『삼국유사』 권4, 의해 제5, 「현유가해화엄」.

호국의 수호자 역할이다. 호국의 대표적 경전『금광경』을 기우제의 소의
경전으로 활용하였음을 알 수 있다.

2) 고려의 기우제

고려시대 국가에서 진행한 도량과 법석, 재 등의 불교행사는 83종,
1,200회 이상이었다.[13] 이러한 불교의례의 목적은 국태민안이었다. 불교
행사는 불교적 분위기를 조성하여 국민적 안심을 도모하는데 크게 기여
하였다. 나아가 사회 발전의 저해 요소에 대응하는 실천 신앙행위로서
고려사회의 유지 발전에 중요한 기능을 담당하였다고 한다.[14] 이러한 맥
락에서 불교식 기우제가 개설되었다. 가뭄의 위기를 맞아 국가에서는 기
우제를 개설하였고, 국왕은 온갖 노력을 기울였다. 죄인을 사면하고, 숙
식을 간소하게 하며, 노인을 봉양하고, 사원에서 기도하였으며, 산천신령
들에게도 제사하였다.

991년(성종 10)의 기우제 사례에서 이러한 모습을 볼 수 있다.

　　7월 기유일. 다음과 같은 교서를 내렸다.

　　"늦여름이 이미 다 지나고 초가을도 중순이 되어 가는데 아직도
　　비가 내리지 않으니 마음 속 깊이 근심이 쌓인다. 정치가 잘못된 탓

---

13 서윤길,『한국밀교사상사연구』, 불광출판부, 1994, pp.316~331. ; 김형우, 「고려시대 국가적
　　불교행사에 대한 연구」, 동국대 박사학위논문, 1992, p.35.
14 김형우, 앞의 글, pp.167~168.

인지, 상벌이 공정하지 못한 탓인지 알지 못하겠도다! 감옥을 열어 죄수들을 풀어주었으며, 내가 정전正殿을 피하고 반찬의 가짓수를 줄이면서 부지런히 사원에서 기도하며 산천의 신령들에게 제사를 지냈는데도 비가 올 조짐은 보이지 않고 도리어 햇볕만 쨍쨍 내리 쬐고 있다. 내가 부덕한 탓에 이런 큰 가뭄을 만나게 되었으니 노인을 봉양하는 은혜를 널리 베풀어 농사에 대한 나의 우려를 나타내고자 한다. 옹희雍熙 3년(986) 노인들에게 쌀과 베를 지급했던 전례에 따라, 담당 관청에서는 개경에 거주하는 백성들 가운데 나이가 여든 살 이상인 사람의 성명을 기록하여 보고하도록 하라."[15]

가뭄은 식량의 생산과 직결되는 생존의 문제였으므로 시대를 막론하고 국가와 사회는 이를 극복하기 위한 갖은 노력을 다하였다. 이에 따라 신분과 지역, 종교와 신앙을 초월하여 다양한 기우제를 설행하였다. 고려의 기우제는 유교식, 불교식, 무속식, 도교식으로 구분되듯이[16] 모든 종교와 신앙의 기원의례가 동원되었다.

불교계도 예외가 아니었다. 더구나 국가불교라고 규정할 정도였으므로 불교는 고려 전 기간에 걸쳐 번성하면서 호국불교의 면모를 발휘하였다. 가뭄에 대처하는 불교의 대처 방안은 기우제였다. 고려시대 불교 기우제는 60회 이상이 확인된다.[17] 사례는 다양하지만 『고려사』에 전하는 불교

---

15 『고려사』 세가 권3, 성종 10년(991).
16 채미희, 「고려시기의 국행 기우제」, 한국교원대 석사논문, 2005, pp.12~34.
17 채미희는 『고려사』 세가편에서 모두 190회의 기우제를 탐색하고, 유교적 기우제는 86회, 불교식 기우제는 55회, 무속적 기우제는 30회, 도교식 기우제는 19회라고 하였다.(앞의 글, p.14) 여기에 각종 문집과 금석문 등에 보이는 사례를 포함하면 60회 이상이 된다.

기우제의 기사는 대부분 짤막한 사실 기술 뿐이다.

① 1085년 5월 갑인일. 건덕전에서 금강명경도량을 7일 동안 열고 비를 빌었다.[18]

② 1151년 7월 갑진일에 문반 4품 이상과 무반 3품 이상을 불러 보제사에서 오백나한재를 베풀고, 기우제를 올렸다.[19]

③ 1243년 5월. 가뭄 때문에 전국의 참형과 교수형 이하 죄수들을 사면하고 내전에서 닷새 동안 운우도량을 열었다.[20]

④ 1373년 여름 4월 신묘일. 가뭄이 계속되자 시장을 옮겼다. 강안전에서 인왕도량을 이레동안 열고 하늘의 변괴를 없애달라고 기도하였다.[21]

이와 같이 간단하게 기우제의 장소와 도량의 명칭, 기간만을 적었다. 기우제의 진행 절차나 의식, 기도문 등에 관해서는 전하는 자료가 거의 없다. 일상적으로 행하는 상시 의례가 아니라 비상시에 서둘러 개설하게 되므로 정형화된 제의祭儀가 없었기 때문이라 생각된다. 더구나 기우제를 행하는 도량, 재의 명칭도 매우 다양하여 일관된 흐름이나 경향성을 헤아리기 어렵다. 다만 다양하게 전하는 사례를 통해 기우제의 현황과 특성을 이해하는 정도이다.

고려의 기우제에 나타나는 특성을 세 가지로 구분하여 이해하고자 한

---

18 『고려사』 세가 권10, 선종 2년(1085).
19 『고려사』 세가 권17, 의종 5년(1151).
20 『고려사』 세가 권23, 고종 30년(1243).
21 『고려사』 세가 권44, 공민왕 22년(1373).

다. 먼저 기우제의 명칭이다. 기우제는 단순하고 직접적인 목적을 지녔지만 다양한 명칭으로 전개되었다. 구체적 사례를 통해 명칭에 따른 의미를 이해하고자 한다.

두 번째는 『법화경』과의 연관성이다. 『법화경』은 호국사상의 대표적인 경전으로 시대를 초월하여 널리 활용되면서 기우제에서도 중시되었다는 점이다.

세 번째는 '경행經行'기우제이다. 경행은 거리를 돌아다니며 경전을 독송하며 기우하는 의식이다. 기우제 사례는 대부분 국가가 주도하였다. 사찰을 정하고 누가 어떤 도량, 어떤 재齋로 진행할 것인가를 모두 지시하였다. 그런데 경행은 민간의 자발적 행사이다. 이를 통해 고려 기우제의 한 특징을 보게 된다.

(1) 기우제의 명칭

고려시대 불교 기우제의 명칭은 매우 다양하다. 금광명경도량, 금광도량, 금강명경도량, 금광경도량, 금경도량, 화엄경도량, 인왕도량, 반야도량, 나한재, 재승齋僧, 용왕도량, 운우도량, 공덕천도량, 기우도량 등 14개 이상의 다양한 이름으로 설행하였다. 명칭이 확인되는 기우제를 등장 순서에 따라 살펴본다.

· 금광경도량

① 문종 2년(1048) 5월에 날씨가 크게 가물고 냉해가 심하여 모든
사람들이 하늘을 쳐다보면서 간절한 마음으로 비가 내리기를
희망하였으나 소득이 없었다. 백신百神에게도 기우제를 지냈지
만 영험이 없었다. ··· (결락) ··· 이 무렵 혜소慧炤국사께서는 문덕
전文德殿에서 8권본 『금광명경』을 강설하고자 손으로 은도금
향로를 들고 천천이 상왕象王의 걸음걸이로 연좌蓮座에 올랐다.
사자獅子의 높은 음성으로 제1권을 아직 다 설하기도 전에 사방
에 구름이 덮히더니 소나기가 쏟아져 골고루 싹을 적시어 밭에
심은 농작물이 마치 손으로 뽑아 올리듯 자랐다. 임금께서 밀사
密使 ··· (결락) ··· 로 하여금 차와 향을 보내 위로하고 앙모仰慕하
는 편지를 보냈다.[22]

② 문종 6년(1052) 6월 을해일. 문덕전에서 금광도량을 개설하고
비를 빌었다. 큰비가 내렸다.[23]

③ 선종 2년(1085) 5월 갑인일. 건덕전에서 금강명경도량을 7일 동
안 열고 비를 빌었다.[24]

④ 선종 4년(1087) 4월 을사일. 건덕전에서 7일간 금광경도량을 베
풀고, 기우제를 올렸다.[25]

---

22 「죽산 칠장사 혜소국사탑비문」, 이지관, 『교감역주 역대고승비문 고려편 2』, 가산불교문화
    연구원, 1995, pp.322~323.
23 『고려사』 세가 권7, 문종 6년(1052).
24 『고려사』 세가 권10, 선종 2년(1085).
25 『고려사』 세가 권10, 선종 4년(1087).

⑤ 숙종 원년(1096) 5월 무신일. 건덕전에서 금광경도량을 베풀고 비를 기원하였다.[26]

⑥ 인종 18년(1140) 윤6월 정해일. 금명전에서 금경도량을 열고 비를 내려달라고 기도하였다.[27]

이상의 금경도량, 금광도량, 금광경도량, 금강명경도량 등은 모두 『금광명경』에 입각한 도량이다. '금경', '금광경', '금강명경' 등은 모두 『금광명경』의 약칭으로 『법화경』, 『인왕경』과 함께 불교의 호국사상을 대표한다. 『금강경』을 흔히 '금경'으로 약칭하는 사례가 있지만 고려 도량에서의 '금경'은 『금광명경』을 가리킨다. 또한 금강명경도량에서 '금강명경'이라는 경전은 존재하지 않으므로 역시 『금광명경』의 오기이다.[28] 금광명경도량은 고려 전 기간에 26회 이상 설행되었는데 주로 기우와 소재消災가 목적이었다.

- 화엄경도량

① 문종 37년(1083) 가을 7월 계축일에 백관들이 흥국사에서 화엄경도량을 5일간 개설하여 바람과 비가 고르고 순조롭기를 기원하였다.[29]

26 『고려사』 세가 권11, 숙종 원년(1096).
27 『고려사』 세가 권17, 인종 18년(1140).
28 김상현, 「고려시대의 호국불교연구 - 금광명경신앙을 중심으로」, 『학술논총』 1, 단국대, 1976, p.209.
29 『고려사』 세가 권9, 문종 37년(1083).

② 국가적으로 수해와 가뭄 등 천재지변이 있을 때에는 반드시 왕

　　사를 청하여 국리민복을 비는 법요행사를 열었는데 왕사는[元景

　　王師] 항상 『화엄경』을 독송하였다.[30]

　고려의 화엄경도량은 『화엄경』을 외며 강독하고 보현보살이 세운 10
대원大願을 되새기며 참회하는 의식이었다. 고려 후기에 성행한 각종 신
중도량도 『화엄경』에 바탕을 둔 화엄신중신앙의 일환이었다.[31] 몽고의
침입으로 국난이 극심하였던 고종대에 왕은 화엄신중도량을 17회나 개
설하기도 하였다. 원경왕사元景王師 낙진樂眞(1045~1114)은 수재와 가뭄을
물리치는 행사에서 항상 『화엄경』을 독송하였다고 한다.(사례 ②) 1102년
(숙종 7) 4월에는 송충이의 해를 막기 위해 『화엄경』을 외는 의식을 거행
한 일도 있었다.[32]

　　▪ 인왕도량

① 숙종 6년(1101) 4월 을사일. 문덕전에서 인왕도량을 열고 비를

　　빌었다.[33]

② 공민왕 22년(1373) 4월 신묘일. 가뭄이 계속되자 시장을 옮겼다.

　　강안전에서 인왕도량을 7일 동안 열고 하늘의 변괴를 없애달라

---

30 이지관 역주, 「합천 반야사 원경왕사 비문」, 『교감역주 역대고승비문4, 고려편3』, 가산불교
　　문화연구원, 1996, p.90.
31 홍윤식, 「불교행사의 성행」, 『신편 한국사』 16, 국사편찬위원회, 2002, pp.174~175.
32 『고려사』 세가 권11, 숙종 7년(1102).
33 『고려사』 세가 권11, 숙종 6년(1101).

고 기도하였다.[34]

인왕도량은『인왕경』에 입각한 의식이다. 이 경은 인덕을 갖춘 제왕이 반야바라밀의 도를 행하면 만민이 안락하고, 국토가 평안하다는 내용을 지닌 대표적인 호국경전이다. 일찍이 613년(진평왕 35)에 황룡사에서『인왕경』에 입각하여 인왕백고좌도량을 개설한 일이 있었다.[35] 이후 8차례 이상 개설되었는데 국가의 재난을 불력佛力으로 물리치기 위해 왕이 직접 참여하였다. 인왕도량은 호국불교를 대표하는 의례로 성행하였다. 1023년(현종 11)에는 궁중에 1백 개의 사자좌獅子座를 갖추고 1백 명의 법사를 청해『인왕경』을 외는 인왕백고좌도량을 열었다.[36] 이후 격년제로 거행하는 정기적인 행사가 되었고, 1157년(의종 11) 이후에는 3년제로 변화하였다. 인왕도량으로 기우제를 개설한 사례는 2건만 확인되지만 각각 1101년과 1373년의 사실이었음을 보면, 인왕도량은 시대에 국한되지 않고 지속되었음을 확인할 수 있다.

- 반야도량

예종 원년(1106) 가을 7월 경인일. 회경전에서 반야도량을 개설하고 왕사 덕창德昌을 불러 불경을 강설하고 비를 빌게 하였다.[37]

---

34 『고려사』 세가 권44, 공민왕 22년(1373).
35 『삼국사기』 권4, 신라본기4, 진평왕 35년(613).
36 『고려사』 세가 권4, 현종 11년(1020) 5월.
37 『고려사』 세가 권12, 예종 원년(1106).

반야도량은『반야바라밀다경』을 강설하는 행사이다. 고려의 반야도량은 모두 21회로 화엄법회, 법화도량, 능엄도량 등의 경전 도량 중 가장 많이 설행되었다. 반야경 독송의 공덕으로 천변이나 질병을 물리치는 등의 현세이익적 목적으로 설행되었다.[38] 1102년(숙종 7)에는 송충이의 해를 막기 위해 2천 명의 승려들이 네 패로 나뉘어 개경 주변의 산을 돌며『반야경』을 독송한 일이 있었다. 또한 전염병을 막기 위해 반야경도량을 열기도 하였다.[39]

- 나한재

① 예종 16년(1121) 6월 경자일. 모든 관리에게 명해 나한재를 열고 비를 기원하는 기도를 올리도록 하였다.[40]

② 의종 5년(1151) 7월 갑진일. 문반 4품 이상과 무반 3품 이상을 불러 보제사에서 오백나한재를 베풀고, 기우제를 올렸다.[41]

나한재는 16나한 또는 오백나한을 공양하여 찬탄하는 법회이다. 공양의 대상에 따라 16나한재와 오백나한재로 진행하였다. 나한재는 29회의 개설 사례가 전하는데 모두 궁궐이 아닌 사찰에서 진행하였다.[42] 나한상이 봉안되어 있는 사찰에서 거행하는 의례였음을 짐작할 수 있다. 나한

---

38 김형우, 앞의 글, pp.127~128.
39 『고려사』 세가 권13·14, 예종 4년(1109) 4월·15년(1120) 8월.
40 『고려사』 세가 권14, 예종 16년(1121).
41 『고려사』 세가 권17, 의종 5년(1151).
42 김형우, 앞의 글, p.156.

은 구름 속에 머문다는 '운거나한雲居羅漢'의 의미에서 비를 상징한다고 한다.[43]

- 재승

> 인종 4년(1126) 5월 경진일. 문무백관들을 시켜 승려들에게 음식을
> 대접하고[齋僧] 비를 내려달라고 기도하게 하였다.[44]

재승齋僧은 승려에게 재식齋食을 베푸는 행사, 반승飯僧이다. 처음에는 단순히 승려에게 식사를 제공하는 것만으로 공덕이 인정된다고 믿었으나, 나중에는 승려에게 법을 베풀어 받았으므로 음식을 제공해야 된다는 상관관계에서 시행하였다. 이에 따라 수많은 반승이 진행되었고, 그 규모도 매우 성대하였다. 주로 인왕백고좌도량 등의 호국법회와 불탄일, 국왕 생일 등의 경축행사, 장경도량, 그리고 기신도량 · 우란분재 등의 추모행사 후에 반드시 뒤따랐다.[45] 기우제를 주관하는 승려들을 위해 반승하였다는 유일한 사례이다.

- 용왕도량

> 의종 5년(1151) 가을 7월 임인일. 정주貞州의 배 위에서 용왕도량

---

43 문상련(정각), 「묘지명을 통해 본 고려의 경전신앙」, 『한국교수불자연합학회지』 26-1, 2020, p.13.
44 『고려사』 세가 권15, 인종 4년(1126).
45 홍윤식, 앞의 책, pp.183~186.

을 베풀고, 7일간 기우제를 올렸다.[46]

용왕도량은 물을 관장한다는 용의 힘으로 기우를 발원하는 의식이다. 그런데 『고려사』에 전하는 용왕도량이 불교식 기우제인지 분명하지 않다. 인도의 용신앙은 불교로 계승되어 부처와 불법을 호위하는 호불신護佛神, 호법신護法神으로 변용되었다.[47] 그런데 용신앙은 불교만이 아니라 도교와 무속신앙에서도 중요한 위상을 지닌다. 고려시대 무속신앙의 기우제도 상당수 개설되었고, 기우제를 연 장소가 궁궐이나 사찰이 아닌 선박이었다는 점에서 무속의 기우제일 가능성도 있다.

- 운우도량

① 선종 2년(1085) 4월 경인일. 가뭄이 계속되므로 해당 관청에 명하여 임해원에서 이레 동안 『운우경』을 강설하게 하고, 또 산악에 비를 빌게 하였다.[48]
② 고종 30년(1243) 여름 5월, 가뭄 때문에 전국의 참형과 교수형 이하 죄수들을 사면하고 내전에서 닷새 동안 운우도량을 열었다.[49]
③ 공민왕 3년(1354) 5월 정축일. 강안전에서 운우도량을 여는 한편 산천의 신을 모신 신사神祠와 절에서도 기도를 올리게 하였다.[50]

---

46 『고려사』 세가 권17, 의종 5년(1151).
47 김현정, 「조선후기 사찰건축의 용신앙 의장 연구」, 전남대 석사논문, 2011, pp.10~12.
48 『고려사』 세가 권10, 선종 2년(1085).
49 『고려사』 세가 권23, 고종 30년(1243).

운우도량이라는 명칭은 앞 장에서 살펴보았듯이 『운우경』, 즉 『대운륜 청우경』을 강설하는 의식에서 유래한 이름이다. '구름과 비'라는 이름을 지녔으므로 기우제에 가장 적합한 경전이다.

- 공덕천도량

고종 37년1250 5월 정축일. 본궐에서 왕이 친히 공덕천도량功德天 道場을 열고 비를 내려달라고 빌었다.[51]

공덕천도량은 『금광명경』의 「공덕천품」에 근거한 도량이다. 공덕천을 공양하고 염송하면 복을 받는다는 내용으로 기본 성격은 신중도량과 같다. 고려시대에 13회가 설행되었는데, 그 가운데 8회가 몽고의 침입에 따라 강화로 천도한 시기(1232~1270)에 해당한다. 외침을 물리치려는 호국 신앙과 깊은 관련이 있었음을 알 수 있다.[52] 1250년의 기우제 역시 이 시기로서 당시에 가장 성행하던 공덕천도량 의식으로 기우제를 진행하였다고 보인다.

- 기우도량

충목왕 2년(1346) 5월 임진일. 왕이 내전에서 기우도량을 친히 열

---

50 『고려사』 세가 권38, 공민왕 3년(1354).
51 『고려사』 세가 권23, 고종 37년(1250).
52 홍윤식, 앞의 책, p.179.

었다.[53]

기우도량은 '비를 기도하는 도량'이라는 뜻의 일반명사로 보인다.

이상과 같이 기우제에 등장하는 14개의 각종 도량을 살펴보았다. 대부분 설행 사실을 전하면서 장소와 도량·재의 명칭, 기간 정도만을 전할 뿐이다. 그러므로 고려 기우제의 전반적인 의식이나 의례절차 등에 관해서는 알 수가 없는 실정이다. 사실 기우제는 정기적인 의례나 행사가 아니므로 규범화된 의례와 절차 등을 마련하지 않은 것이라 보인다. 가뭄이 닥쳤을 때, 급하게 서둘러야 하는 단발성 행사이기 때문이다. 기우제의 소의경전인 『청우경』이 존재하였지만, 가뭄 때의 비상시에 사용하는 경전이므로 널리 유통, 보급되지도 않았다.[54] 오히려 『금광명경』과 『금강경』, 『법화경』과 『인왕경』 등 일상적으로 수지, 독송하던 경전에 근거한 각종 도량을 개설하는 경우가 대부분이었다.

그러므로 고려시대 불교 기우제의 특징은 정형화된 의례가 없다는 점이다. 비를 비는 동일한 목적인데 14개 이상의 각종 도량과 재가 공존하였다. 즉 당대에 가장 적절하다고 판단되는 도량과 재를 때에 따라 적용하였고, 도량과 재가 아니라 그저 어느 절에서 기우하였다는 사례도 빈번하였다.

---

53 『고려사』 세가 권37, 충목왕 2년(1346).
54 『대운륜청우경』은 고려대장경에 포함되었지만, 동국대 불교학술원의 <불교기록문화유산 아카이브> 등을 검색해보면 조선시대에는 간행된 사례가 없다.

(2) 법화경과 기우제

고려 기우제와 『법화경』과의 관련을 살펴볼 수 있는 사례가 3건 전한다.

① 숙종 6년(1101) 4월

왕이 일월사日月寺에 행차하여 금자로 쓴 『묘법연화경』의 완성을 경축하였다. 행사가 끝난 후 왕비 및 태자와 더불어 절 뒤 언덕에 올라 술자리를 마련해 즐기려고 하자 어사대에서 간언하였다.

"한창 농사철에 가뭄이 극심한데, 만약 여기서 주연을 즐기신다면 누가 전하더러 백성의 아픔을 같이하는 군주라 하겠습니까?"

이에 왕이 포기하고 왕궁으로 돌아오면서 자신의 감회를 시로 읊었는데 그 마지막 구절은 이러하였다.

"부처님 계신 절 찾아보고 전생 소원 이루었고 정성 다해 좋은 비 내리기 기도드렸네."[55]

② 예종 10년(1115)

그 해에 날이 크게 가물어 장령전에서 법회를 열어 비 내리기를

---

55 『고려사』 세가 권11, 숙종 6년(1101).

빌었는데, 우리 스님[敎雄]과 대선사 사선嗣宣에게 명하여 주반主伴이 되게 하고 『묘법연화경』의 6비六比를 연설하여 권교權敎와 실교實敎에 대한 근원이 훤하게 마치 얼음처럼 의심이 녹아서 비로소 한계가 없어졌다. 예종께서도 법문을 듣고 기꺼워하여 첩가사貼袈裟 각 한 벌을 하사하고, 장경도량을 열고 다시 자색가사를 하사하였다.[56]

③ 인종 18년(1140)

개성지방이 크게 가물어서 왕이 스님[敎雄]을 일월사日月寺로 초빙하여 『묘법연화경』을 강설하여 비를 빌게 하였다. 그리하여 「약초유품藥草喩品」 가운데 일지일우一地一雨와 삼초일우三草一雨의 비유를 강설하는 순간 큰 비가 내리기 시작하였다.[57]

①은 금자 『묘법연화경』(이하 『법화경』으로 통칭)의 완성을 축하하는 자리에 국왕이 참여하여 기우하였다는 사례이다. 사례 ②와 ③은 『법화경』을 독송하며 기우하였다는 이야기인데 묘응대선사妙應大禪師 교웅(敎雄, 1076~1142)의 비문에 전한다.

②에 등장하는 '법화경의 6비六比'는 「비유품譬喩品」의 일곱 가지 비유 중 여섯 번째이다. 일곱 가지 비유는 ① 불난 집의 비유[火宅喩], ② 가난

---

56 이지관 역주, 「국청사 묘응대선사 교웅 묘지명」, 『교감역주 역대고승비문4, 고려편3』, 앞의 책, pp.248~249.
57 「국청사 묘응대선사 교웅 묘지명」, 앞의 책, pp.249~250.

한 아들의 비유[窮子喩], ③ 초목의 비유[藥草喩], ④ 가짜 도성의 비유[化城喩], ⑤ 옷 속 보석의 비유[衣珠喩], ⑥ 상투보석의 비유[髻珠喩], ⑦ 의사 아들의 비유[醫子喩] 등이다. ⑥ '상투보석의 비유'는 전륜성왕이 오직 자신의 후계자에게만 상투 속의 하나 밖에 없는 보석을 주는 것과 마찬가지로, 붓다가 우리를 후계자로 생각하고 『법화경』으로 모든 가르침을 베푼다는 내용이다.

다음으로 사례 ③의 「약초유품」의 '일지일우一地一雨'는 "비록 한 땅에서 자라고 한 비가 적시어도 모든 초목에는 각각 차별이 있다.雖一地所生 一雨所潤 而草木各有差別" 구절이다. 전문은 다음과 같다.

가섭이여, 비유하자면, 온 세계의 산과 내와 골짜기와 땅위에 나는 초목이나 숲, 그리고 여러 약초 등은 그 종류가 많아서 이름과 모양이 제각기 다르니라. 그런데 하늘에 먹구름이 가득히 몰려와서 온 세상을 두루 덮고 일시에 큰 비가 고루 내리면, 이 은혜로운 비는 모든 초목이나 숲이나 그리고 많은 약초들의 작은 뿌리, 작은 줄기, 작은 가지, 작은 잎과 중간 뿌리, 중간 줄기, 중간 가지, 중간 잎과 큰 뿌리, 큰 줄기, 큰 가지, 큰 잎을 고루 적시어 주느니라.

그러나 여러 크고 작은 나무들과 상·중·하의 약초들은 그 종류에 따라서 각기 받아들이는 것이 다르니, 하나의 구름에서 한결같이 고루 비가 내렸음에도 불구하고 그 초목의 종류와 성질에 따라 각기 그 성장의 정도가 다르며 피는 꽃이 다르고 맺는 열매가 다르다. 비록 하나의 땅에서 자랐으며, 똑같은 하나의 비의 혜택을 받은 것인데도 모든 초목에는 이러한 차별이 있느니라.[58]

『법화경』은 호국삼부경의 하나로 시대를 막론하고 가장 널리 애용하였다. 고려불교에서도 『법화경』 신앙은 꾸준히 이어졌다. 주로 '법화예참',[59] '법화회',[60] '법화도량'[61]이라는 이름으로 참회수행, 치병, 경찬법회 등의 목적으로 진행하였다. 왕실뿐만 아니라 민간에서도 '법화결사'를 결성하여 염불수행을 하기도 하였다.[62]

『법화경』의 이러한 대중성은 기우제로 이어졌다. 특히 「비유품」의 나무와 숲에 관한 이야기는 비와 직결되어 있었으므로 기우제의 독경 내용으로 더할 나위 없었던 것이다.

(3) 경행과 기우제

예종 원년(1106) 6월 기축일. 왕이 장령전에서 승려 담진曇眞을 시켜 선禪을 설법하고 비를 빌게 하였다. 당시 나라에 거리를 돌며 경행經行하는 일이 크게 유행하였다. 개경 5부의 백성들이 이를 본받아 각각 자기들이 사는 동네에서 걸어가면서 독경을 했는데, 이 행렬이 대궐의 서쪽 동네에 이르자 때맞추어 비가 내렸다. 이에 왕이 쌀과 비단을 내려주고 다시 거리에서 독경하도록 하였다.[63]

---

58 『묘법연화경』 권2, 「비유품」
59 『고려사』 세가 권10, 선종 9년(1092) 6월.
60 『고려사』 세가 권20, 명종 10년(1180) 6월.
61 『고려사』 세가 권29, 충렬왕 8년(1282) 7월.
62 林椿, 「書蓮花院壁」, 『서하선생집』 권2.
63 『고려사』 세가 권12, 예종 원년(1106).

경행은 1046년(정종 12) 처음 시작하였다. 정종이 당시 시중 최제안崔齊顔을 시켜 구정毬庭으로 가 분향한 후 불경을 메고 거리를 순행하는 가구경행街衢經行을 거행하게 하였다.[64] 행사는 다음과 같이 진행하였다. 먼저 개경의 거리를 세 방면으로 나누어 각각 채색한 누각 모양의 들것에 『반야경』을 넣고서 행진한다. 승려들은 법복차림으로 불경을 외면서 걸어가고 감압관監押官도 공복차림으로 따라가며 거리를 순행한다. 그 뒤에 백성들이 불경을 따라 외우며 행렬에 참여한다. 이는 백성들의 복을 비는 행사이므로 경행經行이라 이름 지었으며, 그 해 이후 관례적으로 거행되었다고 하였다.

경행이 시작된 지 60년이 지난 1106년, 앞의 인용문에서 보듯이 경행은 크게 유행하고 있었다. 그해 5월부터 계속된 가뭄은 6월 들어서도 계속되었다. 국왕은 건덕전에서 금강경도량을 설행하여 기우하였고, 법운사法雲寺에서도 비를 빌었다. 또한 장령전에서 담진에게 선禪을 설법하고 비를 빌게도 하였다. 극심한 가뭄이었는데 백성들이 경행을 시작하여 대궐 서쪽에 이르자 때마침 비가 내렸다고 한다.

이상과 같이 고려시대 불교 기우제의 사례를 살펴보았다. 기우제는 고려 전 기간에 걸쳐 60회 이상 시행되었다. 개설 장소는 궁궐이 절반 이상이고, 사찰에서의 기우제는 모두 23회가 확인된다.[65] 기우제를 개설한 주요 사찰은 흥국사·보제사·법운사·영통사·묘통사·현성사·일월사 등이다. 고려전기에는 흥국사·보제사·법운사에서 대부분의 사찰 기우

---

64 『고려사』 세가 권6, 정종 12년(1046) 3월 신축일.
65 채미희(앞의 글, pp.19~22)는 사찰에서의 기우제를 22건이라고 하였다. 여기에 1140년(인종 18)의 일월사 사례 1건을 포함하면 모두 23건이다.

제가 시행되었다. 후기에는 주로 보제사에서 시행되었고, 이름이 전하지 않는 다수의 사찰에서도 진행되었다.

기우제를 지내는 기간은 일정하지 않았다. 가뭄의 특수한 상황에 따라 하루에 마치는 경우도 있었고, 3일, 5일, 7일 등으로 지속되기도 하였다. 기우제를 지내는 의식과 의례 등에 관해서는 전하는 자료가 거의 없다. 앞서 보았듯이 기우제는 10개 이상의 다양한 도량과 재의 명칭을 빌어 진행하였으므로 각각의 도량과 재의 특성에 따라 다르게 진행되었을 것이라 짐작할 뿐이다. 기우가 목적이었으므로 불보살, 나한, 신중 등에게 기원하는 의례가 특히 중시되었을 것이다.

기우제의 의식을 추정할 수 있는 유일한 자료가 김부식의 「금광명경도량소金光明經道場疏」이다.

금광명경도량소

금년 봄에 비가 조금 오고는 5개월이 지나도록 항상 볕만 쬐입니다. …… 임금과 신하가 착하지 못한 인연으로, 국가가 다난함에 이르렀으니, 마땅히 부처님의 지극한 자비심에 의탁하여 우리 사람들 사이에 한결같은 근심을 구제받아야 하겠습니다. 비전秘殿을 청소하고 공손히 법연法筵을 열어서 옥같이 순수하고 맑은 부처님의 상像에 예배하며, 황금 같은 부처님 말씀의 오묘한 이치를 강연합니다. 재宰·추樞 양부兩府와 문무 백관을 거느리고 온 몸을 다하여 예를 올리며, 여러 사람이 근심하고 탄식하는 기도를 표하오니, 지혜로우신 밝음으로 정성스러운 충심衷心을 굽어 살피실 줄 압니다. 엎드려 원하옵건대 자비하신 마음으로 불쌍히 여기소서. 신의 조화를 빌어서 가뭄이

사라져 메마른 붉은 땅이 되는 재난이 없게 하시고, 우사雨師를 고무
시켜 하늘로부터 비 내림이 고루 흡족하게 하소서. 모든 재앙은 소멸
되고 유리한 것은 모두 발흥하여 백성들은 부유하고 장수하는 길로
돌아가고, 나라에는 풍부한 수확물의 축적이 있게 하소서.[66]

기우제를 금광명경도량 의식으로 개설하면서 국왕을 대신하여 쓴 소
문이다. 이 중에서 의식의 절차를 정리하면 다음과 같이 4단계로 정리할
수 있다. ① 비전秘殿, 즉 기우제를 올리는 전각을 청소하고 공손히 법연法
筵을 연다. ② 부처님의 상像에 예배한다. ③ 부처님 말씀의 오묘한 이치
를 강연한다. ④ 국왕이 문무 백관을 거느리고 온 몸을 다하여 예를 올리
며, 가뭄을 근심하고 탄식하는 기도를 올린다.

이와 같은 의례가 기우제의 일반적인 절차였을 것 같다. 궁궐에서 국
왕이 참석하는 경우이지만 사찰에서도 대체로 이 과정으로 진행하였을
것이다. 전각을 정결히 청소하고 법회를 여는데 먼저 불상에 예배하고,
법사가 불법을 설법한다. 참여자 모두가 정성을 다해 예를 올리고, 기우
의 기도문을 올린다고 하였다. 기우라는 분명한 목적이 있으므로 기도문
낭독에 가장 역점을 두었을 것 같다. 한편 '부처님의 오묘한 이치를 강연'
한다는 사실에서 법문의 내용은 도량의 형식에 따라 달랐을 것이다. 즉
기우제 도량의 다양한 형식, 금광명경도량, 화엄도량, 법화도량, 반야도
량, 인왕도량 등은 각각의 경전 내용에 맞는 법문을 설법하였음을 짐작
할 수 있다.

---

66 김부식, 「금광명경도량소」, 『동문선』 권110, 소.

3) 조선전기의 기우제

　조선시대 전 기간에 걸쳐 기우제는 1,142회가 개설되었다.[67] 고려시대 기우제가 190회 정도였음에 비하면 월등히 많다. 역사 기록의 전문화, 세밀화에 따라 설행 사실이 꼼꼼하게 기록된 결과이지만 가뭄의 자연재해에 대처하는 방책은 여전히 기우제에 의존하고 있었다. 이러한 많은 사례에 기반하여 조선시대 기우제에 관한 연구는 일찍부터 시작되었고, 다양한 시각과 연구방법이 시도되었다. 그러나 불교식 기우제에 관한 연구는 단 1편뿐이다.[68] 그리고 기우제가 자주 개설되었던 흥천사의 사격을

1960년대의 불교기우제

---

67 김용헌, 「조선왕조실록에서 본 조선시대의 강수 기우제와 기청제, 우전, 서리 및 안개」, 공주대 석사논문, 1996. p.4.
68 김용조, 「조선전기의 국행기양불사연구」, 동국대 박사논문, 1989.

조명하면서 기우제를 언급한 경우와[69] 괘불탱을 고찰하면서 기우제를 설명한 사례가[70] 있을 뿐이다. 주지하듯이 조선시대 불교는 억불정책이라는 이름으로 쇠퇴를 거듭하였으므로 불교식 기우제 역시 예외가 될 수 없었다. 대부분의 기우제가 국가의 주도로 이루어지는 국행행사였으므로 당연한 귀결이었다.

(1) 불교 기우제의 배경

조선의 불교 기우제는 건국초부터 1485년(성종 16)까지 설행되었다. 조선왕조실록에서 40여 건의 기우제 설행 사례가 전한다. 이를 통해 조선의 불교기우제 현황을 살펴보고자 한다. 먼저 숭유억불의 사회에서 불교의 기우제가 어떻게 시행될 수 있었는가를 이해할 필요가 있다. 다음의 사례에서 그 실마리를 찾을 수 있다.

> 옥천군玉川君 유창劉敞 등을 북교北郊・백악白岳・목멱木覓・양진楊
> 津・한강에 보내어 기우제를 행하고, 승도 1백 명을 흥천사의 사리탑
> 에 모아서 조계종 판사 상형尙形에게 향을 받들어 비를 빌게 하고, 또
> 여러 무당에게 한강에서 기도하게 하고, 검교 공조 참의 최덕의崔德義
> 를 보내어 저자도楮子島에서 화룡제畵龍祭를 행하였다.

69 백순천, 「조선초기 흥천사의 조영과 역할」, 한국교원대 석사논문, 2011.

70 이용윤, 「불사성공록을 통해 본 남장사 괘불」, 『상주 남장사 괘불탱』, 통도사성보박물관 괘불탱 특별전 6, 2002. ; 이영숙, 「조선후기 괘불탱 연구」, 동국대 박사논문, 2003.

임금이 승정원에 전지하였다.

"옛부터 큰 물이나 가뭄의 재앙은 모두 임금의 부덕한 소치였다. 이제 승도와 무당을 모아 비를 빌지만, 마음은 실로 편하지 못하다. 비록 비의 혜택을 얻는다 하더라도 결코 승무僧巫의 힘은 아니며, 다만 비를 걱정하는 생각이 이르지 않는 바가 없기 때문이다. 내 마음에는 또한 기도나 제사를 그만두고 인사人事를 바로잡는 것이 옳다고 생각한다. 나는 문리文理를 조금 알므로 승무의 탄망誕妄함도 안다. 이제 도리어 좌도左道에 의지하여 하늘의 은택을 바라는 것을 너희들은 어떻게 생각하는가?"

김여지金汝知가 대답하였다.

"비록 옛날 성왕聖王의 정도正道는 아니지만 신에게 빌지 않음이 없는 것도 또한 고사古事입니다. 이제 승도가 이미 모이고 공판供辦이 이미 갖추어졌으니, 조용히 행하는 것이 좋겠습니다."

임금이 말하였다.

"나의 뜻도 진실로 그와 같다. 만약 조용히 하는 것이라면 경들이 맡아서 하라."[71]

1413년(태종 13년) 태종은 가뭄이 계속되자 곳곳의 기우제 명소에서 제를 올리도록 하였다. 백악과 목멱, 한강과 저자도 등을 지정하면서 흥천사도 포함시켰다. 흥천사에서는 특히 조계종 판사 상형尙形에게 기우제를 전담시켰다. 그러면서 승도와 무당 등의 좌도左道에게 하늘의 은택을 기

---

71 『태종실록』, 태종 13년(1413) 7월 5일.

원하는 것이 올바른 일인가를 하문하였다. 이미 하교한 후에 신하의 뜻을 묻는 의미없는 대화였지만, 신하의 입을 통해 그 정당성을 확인하고자 한 듯하다. 즉 불교는 허망한 교리의 좌도이지만 비를 기원하는 간절한 마음에 모든 신에게 기도한다는 취지이다.

조선시대 불교 기우제의 배경에는 공통적으로 이러한 가치관이 내재되어 있다. 1481년(성종 12) 홍문관 부제학 이맹현(李孟賢, 1436~1487) 등이 흥천사에서의 기우제 설행을 반대하는 상소를 올렸다. 그러나 성종은 뜻을 굽히지 않았다.

> 그대들의 말은 매우 옳으나, 내가 어찌 부처를 좋아하여서 하는 것이겠는가? 또 전조前朝 때에 도둑이 일어났다는 말을 듣고도 방어를 하지 않고, 먼저 소재도량을 차려서 재앙을 그치게 하는 방도로 삼은 일과 견줄 것이 아니다. 정도正道로 말하자면 소격서·삼청단에서 비는 일을 반드시 할 것도 없을 것이다. 장의사藏義社에서 축수하는 재를 올리는 일도 어찌 부처를 아주 미덥게 여겨서 그렇게 하는 것이겠는가? 또한 부처도 신이 아니겠는가? 임금과 재상이 정성과 공경을 다하여 하늘에 사무쳐 비를 오게 하지 못하므로, 백성의 생활을 애달프게 여겨서 극진하게 다하지 않는 것이 없게 하려는 것이니, 그대들의 말이 옳기는 하나 따를 수 없다.[72]

절에서 기우제를 지내는 것은 부처를 좋아해서가 아니다. 부처 역시

---

72 『성종실록』, 성종 12년(1481) 6월 29일.

신이므로 신에게 기도하여 가뭄으로 인한 백성의 고통을 없애려는 노력
이라는 설명이다. 불교 기우제를 폐지하기 직전인 1485년(성종 16) 6월에
도 이러한 태도는 변함이 없었다.[73]

억불의 시대에서 불교 기우제가 설행될 수 있었던 배경에는 이처럼
'부처도 신'이라는 이해가 전제되어 있었다. 즉 부처는 도교와 무속의 천
신과 다를 바 없으므로 하늘을 감동시켜 비를 내리게 하기 위해 절에서
기우제를 지낸다는 논리였다.

실록에 전하는 불교 기우제의 대부분이 무속의 기우제와 동반 설행되
고 있음에서 이러한 사실을 확인할 수 있다. 대표적인 사례 몇 가지를 제
시한다.

① 태종 13년(1413)
가뭄면 신에게 빌지 않은 것이 없는데, 이것은 옛날에도 있었다.
이제 가뭄이 이미 너무 심하였으므로 산천의 제사를 의당 거행하지
않은 것이 없었다. …… 이제 비를 비는 데는 마땅히 사람을 골라서
보내고, 또 승도와 무당을 모아서 기도하라.[74]

---

73 승정원에 전교하였다. "홍천사에서의 기우가 비록 正道는 아니나, 조종조로부터 행하여 왔
　고, 또 내가 즉위한 뒤에도 했었다. 이제 무녀를 시켜 비를 빌고, 비록 승도를 시켜 기도한다
　하더라도 아마 무방할 것이다. …… 내가 불도를 숭상해 믿는 것이 아니고 백성을 위하여 은
　택을 기도하는 것이니 무방하지 않겠는가?" 『성종실록』, 성종 16년(1485) 6월 7일.
74 『태종실록』, 태종 13년(1413) 7월 2일.

② 세종 17년(1435)

　　동방청룡기우제를 행하고, 또 승도와 무당에게 석척기우제를 하도
록 하였다.[75]

③ 세종 27년(1445)

　　무당과 승도를 모아 석척 기우제를 행하였다.[76]

　　이와 같이 조선의 불교 기우제는 무속과 동격시되면서 고려 기우제와
는 전혀 다른 양상으로 전개되었다. 고려에서는 금광명경도량, 화엄경도
량, 나한재 등 14개 이상의 도량과 재를 특정하여 기우제를 개설하였다.
도량의 의미와 특성에 맞는 경전을 강설하는 의례가 진행되었던 것이다.
이와 달리 조선의 기우제는 대부분 그저 '기우제' '승도기우제'[77]였다.

　　다만『운우경』, 즉『대운륜청우경』을 강설하며 기우하는 사례가 있었다.

① 태조 7년(1398)

　　오랫동안 가물자『운우경』을 홍복사에서 강설하게 하고, 소나무가
말라 죽어가자 기양법석을 연화사에서 베풀게 하였다.[78]

75 『세종실록』, 세종 17년(1435) 8월 6일.
76 『세종실록』, 세종 27년(1445) 5월 9일.
77 『세종실록』, 세종 22년(1440) 4월 25일.
78 『태조실록』, 태조 7년(1398) 5월 3일.

② 세종 원년(1419)

　　설우雪牛가 『대운륜경大雲輪經』에 의해서 다시 승려 7명을 데리고 7일간 기도하겠다고 청하였다. 임금이 말하기를, "수많은 정성도 능히 하늘을 감동하게 못하거늘, 하물며 승려 7명이 어찌하랴. 절박해서 하는 것인 줄 아나 마음에 믿어지지 않는다."라며 허락하지 않았다.[79]

　　조선의 불교 기우제에서 특정 경전이 명시된 사례는 이 『운우경』뿐이다. 고려 기우제에서 『금광명경』, 『법화경』, 『화엄경』 등의 여러 경전이 활용된 경우와 비교하면 기우제의 다양성이 사라지고 있음을 볼 수 있다. 『운우경』의 사례는 태조, 세종대의 조선초기에만 국한되고 있다. 이 시기까지는 고려의 문화전통이 어느 정도 유지되었던 것 같다. 이후의 기우제에서는 경전의 활용 사례가 전혀 보이지 않는다.

(2) 기우제의 의례

　　조선의 불교 기우제가 어떻게 진행되었는가를 가늠할 수 있는 기사가 있다.

　　① 숭덕대부崇德大夫 이정녕李正寧에게 명하여 홍천사興天寺에서 비를 빌었다. 홍천사의 기우제는 으레 내의원內醫院의 백단향을 쓰는

---

79 『세종실록』, 세종 1년(1419) 6월 2일.

데, 이날 좌부승지 이사순李師純이 향실香室의 향으로 봉하여 전하였더니, 임금이 노하여 두세 환자를 시켜 서로 힐난하고 책망하기를 거의 6, 7차나 하였다. 사순이 아뢰기를, "우부승지 이계전李季甸이 일찍이 이를 주장하였는데, 오늘 병으로 물러갔기 때문에 착오가 되었나이다." …… 곧 수양대군 이유李瑈에게 명하여 내향內香을 받들고 흥천사에 가게 하였다. 이유가 합장을 하고 몸을 흔들며 불탑을 돌고, 또 대감감찰臺監監察 하순경河淳敬을 강제로 역시 자기와 같게 하니, 순경이 늙고 겁이 난지라, 할 수 없이 그대로 따랐다. 이에 이유와 도승지 이사철李思哲 이하가 모두 승도와 더불어 한데 섞이어 주춤거려 뛰면서 여러 가지 이상한 짓을 가지가지 하였다. 불당을 세운 이후로부터 매양 불사를 행함에는 늘 이와 같았다.[80]

② 이번에 사헌감찰 하순경河淳敬이 흥천사의 기우 일을 감찰할 때에, 승도들과 더불어 불전에 두루 뛰어다니어 조정의 옷과 승도들의 옷이 앞뒤로 뒤섞이어 몸을 흔들고 뛰놀아, 땀이 흘러 등이 흠뻑 젖어서, 물건으로 옷을 괴기까지에 이르렀으니, 그때의 꿈적거리고 황당한 몰골은 풍헌風憲의 체통이 땅에 쓰러졌을 뿐이 아니라, 조정의 체모를 크게 잃었으니, 어찌 마땅히 다시 헌사憲司에 처하여 사풍士風을 더럽힐 수 있사옵니까.[81]

1449년(세종 31) 6월 흥천사에서 진행한 기우제의 모습이다. 기우제를

---

80 『세종실록』, 세종 31년(1449) 6월 5일.
81 『세종실록』, 세종 31년(1449) 6월 16일.

감찰하는 사헌부의 관리들이 승도들과 뒤섞여 제의에 참여한 사실을 비판하는 내용이다. 이 중에서 두 가지의 기우제 의식을 엿볼 수 있다.

첫 번째로 사찰의 기우제에는 국왕이 향을 하사한다는 점이다. 향은 종교와 신앙을 떠나 천신과 영령 등에게 기원을 올리는데 필수적이다. 흥천사에는 관례적으로 내의원內醫院의 백단향이 제공되었다고 한다. 내의원은 국왕의 약을 조제하던 관서로 최고 품질의 약재를 조달하였다. 이곳의 백단향은 당연히 최상품이었을 것이다. 그런데 내의원의 백단향이 아니라 그보다 품질이 낮은 향실香室의 향으로 지급하자 세종이 크게 노여워하였다. 담당자를 문책한 후 기어코 수양대군에게 내의원의 향을 들고 직접 기우제를 주관하도록 하였다.

두 번째로 기우제의 의식에 가무歌舞가 있었다는 점이다. "합장하고 몸을 흔들며 불탑을 돌고, 승도와 더불어 한데 섞이어 주춤거려 뛰면서 여러 가지 이상한 짓을 하였다."고 한다. 이때 참여한 승도는 140명 이상이었다.[82] 유자의 시선에서 이러한 모습은 말 그대로 '황당한 몰골'이었다. 불교의 각종 재의식에서는 범패와 범무梵舞가 중요한 절차이다. 불법의 진리를 소리로 표현하는 범패와 몸동작으로 표현하는 범무는 수륙재와 예수재, 영산재 등의 재의식에서 가장 기본이다. 조선의 불교 기우제에서 범패와 범무가 진행되었음을 확인할 수 있다.

---

[82] "비가 조금 내리니, 여러 곳의 기우제를 정지하고, 석척기우제를 행한 내시 9인과, 童男 77인과, 홍천사에서 기우제를 행한 승도 1백 40인에게 포물을 차등 있게 주었다." 『세종실록』, 세종 31년(1449) 6월 8일.

(3) 기우제의 보공재報供齋

조선의 기우제와 관련하여 특이한 재齋가 있었다. 즉 1449년(세종 31) 홍천사에서의 기우제를 마치고 보공재報供齋를 개설하였다고 한다.

① 사헌부에서 아뢰기를, "신들이 듣자오니, 근일에 보공재報供齋를 행하고, 다른 보답의 제사는 가을 뒤를 기다려서 행한다 하옵는데, 이 재는 겨우 기우제를 끝내고 곧 따라 행하면, 사전祀典에 어긋남이 있고, 또 비가 흡족하지 못하면 마땅히 다시 빌어야 하며, 만일 비를 얻으면 다시 이 재를 행하여 할 것이온즉 신들은 너무 모독함이 될까 생각되오니, 청하옵건대, 행하지 말게 하소서."라고 하였다. 임금이 말하기를, "나는 너희들 생각이 얕고 좁다고 여기노라. 이 재는 농사를 위하여 하는 것이니, 비록 열 번을 행하더라도 무엇이 불가할 것이 있는가. 불가의 일은 너희들의 알 바가 아니니, 사전祀典만 가지고 일례로 논할 수가 없다."고 하였다.[83]

② 사간원에서 아뢰기를, "종묘·사직·산천에 모두 기우제를 행하고 아직 보사제報祀祭를 행하지 않았는데, 먼저 홍천사에서 행하는 것이 실로 불가하옵니다. 지금 듣자온즉 다시 기우제를 행한다 하오니, 한편에는 기우제를 행하고 한편에는 보공報供을

---

83 『세종실록』, 세종 31년(1449) 6월 14일.

하는 것이 더욱 온당하지 못하옵니다."라고 하였다. 임금이 말하기를,

"종묘·사직에 곧 보사報祀를 행하는 것이 예문禮文에 실려 있는데, 행하지 아니한 것은 내가 게을러서 그런 것이지만, 이 재齋는 다른 제사의 예와 다르다."하고, 허락하지 않았다.[84]

1449년 6월 5일 흥천사에서 기우제를 올렸다. 세종은 둘째 아들 수양대군에게 기우제를 직접 주관하도록 하였다. 수양대군은 내의원에서 하사한 백단향을 불사르고 세종의 축문祝文을 대독하며 기도하였다. 140여 명의 승도가 사리탑을 돌며 예불하고 범패와 범무가 펼쳐졌다. 승도가 법당을 누비며 기우의례를 행하는 가운데 감찰을 위해 파견되었던 사헌부 관리들도 함께 어울렸다.

3일 후인 6월 8일, 마침내 비가 내렸다. 흡족할 정도는 아니었지만 단비였다. 세종은 이에 감동하여 흥천사의 승도 140명에게 포물을 하사하였다. 이에 그치지 않고 절에 보공재를 베풀도록 하였다. 즉 보공재는 말 그대로 '보답으로 공양을 베푸는 재'였다. 조선사회에서 기우제 이후 비가 내리면 참여자에게 보답하는 '보사제報祀祭'의 시행이 관례였다. 즉 보공재는 불교식 기우제에 따르는 보사제였다.

1451년(문종 1) 5월에도 흥천사에 보공재가 개설되었다.

승정원에 전교하였다.

---

84 『세종실록』, 세종 31년(1449) 6월 16일.

"홍천사의 기우보공재祈雨報供齋는 마땅히 길일을 가려서 행하여야
하나, 다만 법석法席을 베풀지는 말라."[85]

당시의 이름을 '기우보공재'라고 하였는데 재의 의미를 잘 드러내는 명
칭으로 보인다. 그런데 법석을 베풀지 말라는 구절이 눈에 띈다. 그렇다
면 보공재에서는 법석을 베푸는 것이 상례이고, 2년 앞선 1449년의 보공
재에서는 법석이 개설되었다는 말이 된다. 법석은 고승을 초빙하여 불법
을 강의하는 자리이다. 억불의 시대에서 사찰에 기우제를 설행하고, 그
보답으로 보공재를 여는데 불법을 강의하는 법석까지 마련하였다고 한
다. 그러기에 사간원과 집현전 등의 관리들이 앞다투어 보공재를 반대하
였던 것이다.

보공재는 이와 같이 세종과 문종 때 각 1건씩 2건만이 확인되므로 통
상적인 의례는 아니었던 것 같다. 보공재와 같은 별도의 의례는 아니지
만 기우제 후 비가 내리면 참가한 승도들에게 후한 보상이 이루어졌다.[86]

4) 조선후기의 기우제

지금까지 살펴 본 조선전기의 불교 기우제는 모두 국가에서 설행한 사
례들이다. 국왕은 심한 가뭄이 들 때면 지역과 신분, 종교와 신앙을 막론
하고 기우제를 올리도록 하였다. 많은 사찰이 혁파되고, 승도는 강제로

---

85 『문종실록』, 문종 1년(1451) 5월 22일.
86 『태종실록』, 태종 5년(1405) 5월 23일. ; 『세조실록』, 세조 3년(1457) 5월 28일.

환속당하는 현실이었지만 살아남은 사찰은 이러한 국가와 관아의 명을 거부하지 않았을 것이다. 불교가 지닌 호국이념은 교권敎權이 몰락하는 현실에서도 여전히 주효한 가치였다.[87]

더구나 중생구제의 큰 서원을 실현하려는 승도의 입장에서 가뭄으로 인한 중생의 고통은 함께 극복해야 할 과제였다. 규모의 대·소를 떠나 지방의 많은 사찰에서 기우제가 설행되었음은 충분히 짐작할 수 있다.

사찰의 기우제를 반증하는 유물이 괘불이다. 괘불은 야외에서 개최하는 각종 의식 도량을 장엄한다. 주로 수륙재, 예수재, 성도재, 점안식 등에 사용하였다. 1776년(영조 52)의 남장사南長寺 「불사성공록佛事成功錄」에 관아에 괘불을 옮기고 기우제를 지내다 비가 와서 괘불이 훼손되는 일이 있었다.[88] 아암 혜장(兒庵 惠藏, 1772~1811)의 편지글에 지방에서의 기우제가 금지되었다는 내용도 있다. 즉 19세기초에도 사찰의 기우제는 여전히 지속되고 있었음을 알 수 있다.[89] 1915년 괘불을 걸고 기우제를 개설한 사례도 확인된다.[90] 조선의 국행 불교 기우제는 1485년(성종 16) 이후 사라졌지만 사찰에서의 기우제 전통은 조선후기 이후에도 여전히 지속되었다.

또 다른 사례가 조선후기 고승의 문집에 남아있는 기우제문이다. 지금까지 파악한 조선후기 기우제문은 모두 3건이다.

---

87 지금도 많이 전하는 사찰의 願牌에 '國王陛下壽萬歲 世子邸下壽千年' 이라는 구절은 불교의 호국이념을 여실히 반영한다. 이러한 구절은 조선후기에 간행한 수많은 경전과 의식집 등에서도 흔히 발견된다.
88 이영숙, 앞의 글 「조선후기 괘불탱 연구」, p.49에서 재인용
89 "베로 만든 북을 울리고 토롱에게 비를 내려 달라고 비는 일을 금하도록 하였습니다." 보정, 김종진 역, 「무안현감 서준보고에게 올림」, 『백열록』, 동국대출판부, 2020. p.223.
90 <현판 A> 禪院寺, 「전라북도사찰사료집」, 『불교학보』 3·4합집, 1996. pp.38~39.

① 연담 유일(蓮潭有一, 1720~1799)의 「기우소祈雨疏」[91]

② 극암 사성(克庵師誠, 1836~1910)의 「기우제문祈雨祭文」[92]

③ 초엄 복초(草广復初, 19세기 후반 활동)의 「기우문祈雨文」[93]

② 극암 사성의 「기우제문」에, "삼가 시절 음식을 갖추고 몇 줄의 고달픈 말로 천지신명께 고합니다. …… 바라건대 벼락과 비의 무리에게 천둥과 번개를 지휘하여 바람과 구름을 불어 모아 단비를 쏟아 부어 물이 도랑에 가득하게 하신다면, 파종하여 아직 나지 않은 곡식들을 구할 수 있을 것이요, 억조창생들의 보전하지 못하는 목숨을 건질 수 있을 것입니다. 성심으로 이와 같이 비니, 두터운 덕을 가득하게 하소서."라고 하였다. 사찰의 기우제문은 이와 같이 별다른 특징 없이 비를 기원하는 기도문이지만, 이를 통해 조선후기 불교의 사회적 기능을 가늠할 수 있다.

이상과 같이 조선 기우제의 사례를 살펴 보았다. 몇 가지 특징을 정리하면 다음과 같다.

조선의 불교 기우제는 고려에 비해 한층 간소화되었다. 14종 이상의 도량과 재로 설행되던 의식이 조선에서는 그저 기우제, 승도기우제라는 이름으로 획일화되었다. 조선초기에 『운우경』을 강설하는 운우도량이 있었지만, 이후에는 일체 특정 이름의 도량은 보이지 않는다. 그 배경에는 숭유억불의 기조가 자리 잡고 있었지만, 기우제에서 비를 기원하는 기도 자체만이 중시되었기 때문이라 생각된다.

---

91 有一, 『蓮潭大師林下錄』, 『한불전』 10. p.254.
92 師誠, 『克庵集』, 『한불전』 11, p.584.
93 復初, 『草广遺稿』, 『한불전』 12, p.308.

조선의 기우제는 대부분 사찰에서 진행하였다. 흥천사에서의 기우제가 가장 많고, 흥복사, 연복사, 흥덕사, 회암사, 낙산사, 중흥사, 명통사 등이다. 고려 기우제가 궁궐의 건덕전, 문덕전에서 개설되었던 경우와 비교된다.[94] 기우제를 사찰에서 개설할 때도 신료들의 반대에 부딪치는 현실에서 궁궐 안에서의 불교 기우제는 가능한 일이 아니었을 것이다.

기우제 이후 비가 내리면 국가에서 사찰과 승도들에게 보공재報供齋라는 이름으로 보상을 하였다. 이는 고려의 불교 기우제에서는 찾아볼 수 없었다. 일반 기우제에서 보사제報祀祭라고 하여 노고에 보답하는 제의祭儀가 있었고, 이를 불교식으로 고쳐 재齋라는 이름을 붙인 듯하다.

조선의 불교 기우제는 1485년을 끝으로 더 이상 설행되지 않았다. 물론 지방과 민간 차원의 사찰 기우제는 이후에도 지속되었지만, 국가행사로서의 공식적 의례는 사라진 것이다. 성종대는 세조의 숭불시책에 대한 비판이 고조되는 한편, 적극적인 유교진흥책이 추진되는 시기였다. 성종 스스로가 불교 기우제는 물론 여러 기우제를 하명하면서도, 기우제는 '그다지 중요한 일이 아니고[餘事] 인사人事를 잘 펼쳐 감응하게 하는 것이 중요하다는 입장이었다.[95] 즉 성리학적 덕치주의에 입각하여 천재天災가 있을 때마다 군신의 수덕修德을 강조하였다. 이러한 흐름에서 불교와 무속의 기우는 점차 사라져갔다. 한편 유교의 의례적 기능이 강화, 정비되면서 종묘와 사직이 국가의 모든 제사, 의례의 중심지로 부상하면서[96] 국행 기우제는 더 이상 시행되지 않았다.

---

94 김용조, 앞의 글, pp.95~96.
95 "기우는 지금 행해야 하기는 하겠지만, 그러나 이것은 다만 餘事일 뿐이니, 人事를 닦아서 感應이 되게 하는 것만 못하다." 『성종실록』, 성종 17년(1486) 4월 18일.
96 김용조, 앞의 글, pp.132~133.

4. 맺음말

한국불교의 역사적 전개과정에서 기우제는 지금까지 별다른 주목을 받지 못하였다. 그 이유는 기우제가 가진 기본적인 특성에서 비롯된다. 즉 기우제는 가뭄이라는 특별한 상황에서 단기간에 즉각적이고 비정기적이며, 단발적으로 개설하였다. 불교의 입장에서 보면 불교만의 고유성이나 차별성을 드러내는 의례가 아니라는 점도 작용하였을 것이다.

불교는 역사적으로 수많은 의례와 의식, 재 등을 발전시켜 왔다. 억불의 조선시대에도 수륙재, 예수재, 영산재, 천도재 등 많은 의례가 성행하였다. 의례의 발전은 의례집의 간행을 촉발하였고, 다시 의례집의 결집과 재편이 이어졌다. 『작법절차』(1634), 『범음집』(1713), 『작법귀감』(1826) 등이 대표적이다. 근대들어 여러 의식집을 집성한 『석문의범』(1935)의 간행까지 의례집은 꾸준히 정비, 재편되었다. 그런데 이러한 의례집 어디에서도 기우제에 관한 언급을 찾아볼 수 없다. 다시말하면 기우제는 '불교의례'에 포함되지 않았다는 말이다.

지금까지 불교 기우제를 시대별로 검토하였다. 다양하고 많은 사례이지만 여기에 하나의 공통점이 있다. 즉 기우제의 설행 주체가 국가와 사회라는 사실이다. 불교계가 자발적으로 주관한 사례는 찾아볼 수 없었다. 기우제가 지닌 기본 특성이 공공의례라는 사실을 생각하면 당연한 귀결이지만, 결과적으로 기우제는 불교의례가 되지 못하였다. 『대운륜청우경』이라는 기우제의 소의경전이 있으나 널리 유통되지 않았다. 청우경에 입각한 '운우도량'은 불과 3건에 그쳤다. 고려의 기우제에 등장한 14개 이상의 각종 기우 도량과 재의 존재, 그리고 기우에 활용한 다양한 경전은 불교 기우제가 정형화된 의례나 소의 경전을 갖추어야 하는 정식 의례로 정착하지 못하였음을 반증한다.

국행으로서의 불교 기우제는 1485년을 마지막으로 더 이상 설행되지 않았다. 국가적으로 기우의례를 정비하면서 더 이상의 불교 기우제가 필요하지 않았기 때문인 듯하다. 성리학적 가치와 규범을 내세우고 이단이라며 불교의 의례를 배척하였다. 그런데 이를 달리 보면 불교 기우제 자체의 효능이 사라졌기 때문이라는 해석도 가능하다. 수륙재가 억불의 사회에서 국행으로 계속되면서 17세기초까지 유지되었던 사실은 그만큼의 효용성이 있었기 때문이다. 그러나 기우제는 그렇지 못했다.

불교 기우제는 한국불교의 역사적 전개과정과 맥락을 같이한다. 고려시대까지 불교의 성행 시기에는 기우제가 중시되면서 다양한 명칭으로 사찰은 물론 궁궐에서도 개설되었다. 그러나 조선시대에는 오직 사찰에서만 가능하였다. 그것도 신하들의 반대와 저항을 물리치고서야 진행할 수 있었다. 조선의 기우제는 불교식이 아니어도 유교식, 무속식, 도교식으로 얼마든지 가능하였다. 이러한 대체 가능한 의례를 군이 반대를 무릅쓰고 감행할 명분이 없었던 것이다. 이에따라 성종대 이후 국행의 기우제는 자취를 감추었고, 지방과 사찰에서만 드물게 설행되었다.

불교의례는 사상과 신앙 등 종교의 본질을 행위로 표출할 때 생명력을 지닌다. 그런데 기우제는 이러한 종교의 본질과 기능을 제대로 담아내지 못하였고, 결국 한국불교사의 한 전통으로만 남게 되었다.

8

조선시대 통도사의 사리신앙

---

1. 머리말

통도사는 신라 자장율사가 창건한 이래 한국의 불보종찰佛寶宗刹로 자리매김해왔다. 붓다의 진신사리를 봉안한 사찰로서 고려, 조선을 거치면서 불보종찰로서의 위상과 역할을 다해왔다. 그 중심에는 진신사리를 봉안한 금강계단이 자리하고 있다. 이러한 중요성에 따라 자장과 금강계단에 관한 많은 연구가 진행되어 사상과 신앙은 물론 불교사, 미술사 등의 다양한 분야에까지 폭넓은 이해가 가능하다.

그런데 의외로 금강계단의 변천과 사리신앙에 대한 역사적 이해는 그리 풍부하지 못한 실정이다.[1] 대부분의 연구들이 『삼국유사』의 기록에만 집중되어 있는 까닭이다. 금강계단에 관한 자료가 여기에 몰려있고, 또

이 이야기가 신라시대 통도사의 창건연기라는 사실에만 주목한다. 그러나 통도사의 온전한 위상과 사격을 이해하기 위해서는 고려, 조선시대 금강계단의 변천 과정과 사리신앙에 대한 다양한 사실들을 알아야 할 필요가 있다. 이 글은 이러한 배경에서 조선시대 금강계단의 변천과 사리신앙의 양상을 이해하는데 목적이 있다.

통도사 사중에는 조선시대의 역사를 알 수 있는 다양한 자료들이 전한다. 사적기, 중수기, 비문, 고승의 행장 등 대부분이 조선중기 이후의 기록들인데 이들을 망라하여 일찍이 『통도사지』(아세아문화사, 1978)가 편찬되었다. 이 가운데 금강계단과 사리신앙의 양상을 찾아볼 수 있는 자료가 적지 않다. 대표적인 사례가 「통도사사적약록通度寺事蹟略錄」, 「영골비명靈骨碑銘」, 「사바교수계단원류강요록娑婆教主戒壇源流綱要錄」, 「불종찰약사佛宗刹略史」 등이다. 이들 자료는 공통적으로 『삼국유사』와 『속고승전』에 기반하여 자장의 진신사리 봉안 사실을 설명하고 있다. 때로는 덧붙이거나 과장하면서 역사적 맥락에서 벗어나기도 하지만, 조선시대의 사실과 이해를 반영하고 있는 중요한 기록들이다. 이를 통해 먼저 조선시대 금강계단의 변천 과정을 살펴본다. 이어 「통도사사적약록」에 포함되어 있는 「사리영응舍利靈異」에 주목하여 사리의 영험과 신이神異가 조선시대 불교사에서 어떠한 의미를 지니는가를 이해하고자 한다.

---

1 남무희, 「자장과 한국불교의 보궁신앙」, ; 장미란, 「한국 사리신앙의 전래와 성격」, ; 장성재, 「寂滅寶宮의 변천과 사상――然을 통해 본 5대보궁에 대한 정합적 이해」, 이상 『한국불교학』 67, 2013. 수록. 황인규, 「한국 불교계 삼보사찰의 성립과 지정」, 『보조사상』 41, 보조사상연구원, 2014.

2. 금강계단의 변천

통도사 금강계단

1) 고려시대의 금강계단

신라시대 자장의 금강계단 조성 이후 고려시대의 변천을 살펴보자. 1235년(고종 22) 상장군上將軍 김이생金利生과 시랑侍郎 유석分碩이 금강계단의 석종을 들어내고 사리를 참배하였다. 진신사리를 담고 있는 사리함이 일부 파손되어 있었고, 이들이 새로운 수정함을 마련하여 다시 봉안하였다. 1264년(원종 5) 무렵 절에는 황화각皇華閣이라는 건물이 있었다. 몽고의 침입을 받은 이후인데 이들에게도 진신사리는 귀한 성보였다. 그들이 빈번히 찾아와 참배하면서 머물렀던 전각이라 '황제의 영화榮華'라는 이름이 붙여졌다.

진신사리의 존재는 중국뿐만 아니라 일본에도 알려졌다. 1377년(우왕 3) 왜적이 절에 침입하여 사리의 약탈을 시도하였다가 승도들의 강력한 저지로 막아낸 일이 있었다. 2년 뒤에도 또다시 침입하였으나 역시 잘 지켜냈다. 이 당시의 정황을 고려말 문신으로 신심이 돈독했던 이색(李穡, 1328~1396)이 「양주통도사석가여래사리지기梁州通度寺釋迦如來舍利之記」에 남겼다.

홍무洪武 12년(1379) 기미년 가을 8월 24일에, 남산종南山宗 통도사 주지인 원통무애 변지대사圓通無礙辯智大師 사문 신臣 월송月松이, 그 사찰에서 대대로 소장해 온 바, 자장율사가 중국에 들어가서 얻어 온 석가여래의 정골頂骨 하나와 사리 넷, 비라석굴毘羅石窟의 금박가사 하나와 보리수 잎사귀에 쓴 약간의 불경 등을 받들어 모시고 서울에 왔다. 문하평리門下評理 이득분李得芬을 찾아가서 말하기를, "제가 을묘년(1375)부터 주상의 은혜를 입고 이 절의 주지로 있었습니다. 그런데 정사년(1375) 4월에 왜적이 이곳에 쳐들어왔는데, 그 목적이 사리를 얻는 데 있었으므로, 깊이 움을 파고 숨겼다가 또 파내지나 않을까 겁이 나서 등에 지고 도망쳤습니다. 금년 윤5월 15일에 왜적이 또 쳐들어왔으므로 다시 등에 지고 절 뒷산으로 올라가 피신하였습니다. 덤불 사이에 몸을 숨기고서 왜적의 말을 들어 보니 '주지는 어디에 있으며, 사리는 어디에 있느냐'고 급하게 다그쳐 물으면서 사노寺奴를 매질하고 있었습니다. 그런데 이때 마침 날이 깜깜한 데다 비가 또 멈추지 않아 뒤쫓아 오는 자가 없었으므로 산 넘어 언양에 이르렀는데, 이튿날 내 말을 끌고 온 사노를 만나서는 서로 부둥켜안고 울었습니다. 그러나 막상 돌아가려고 하니 왜적이 아직 물러가지 않았고, 또 마침 신임 주지가 오게 되었는데도 봉안할 곳이 없기에, 마침내 받들어 모시고 이렇게 오게 되었습니다."라고 하였다.

그러자 이공李公이 그때 몸이 조금 좋지 않아서 손님을 사절하고 있다가, 사리가 이르렀다는 말을 듣고는 자리에서 벌떡 일어났다. "사리가 우리 집에 왔단 말인가." 하고는, 너무도 반갑고 기쁜 나머지 아프던 몸도 완전히 나았다. 그리하여 장차 대궐 안으로 들어가서 주상에게 아뢰려 하였는데, 마침 장씨張氏의 난이 일어나는 바람에 한 달 동안이나 그렇게 하지 못하였다. 찬성사贊成事 신臣 목인길睦仁吉이 신臣 홍영통洪永通과 상의하여 주상 앞에서 아뢰게 되었다.

이에 태후太后와 근비(謹妃, 우왕의 왕비)가 모두 공경하는 마음을 바치며 예물을 넉넉하게 내렸는데, 그중에서도 태후는 또 은그릇과 보주寶珠를 희사하는 한편, 내시인 참관 박을생朴乙生에게 명하여 송림사松林寺에 봉안하도록 하였으니, 이는 그 사찰을 이공이 중수하여 낙성법회를 열었기 때문이었다.

그러자 나라 안의 단월들이 귀천과 지우智愚를 막론하고 모두 물밀듯이 몰려와서 사리에 예배하자 사리가 분신分身하였다. 이공은 3매를 얻었고, 영창군永昌君 유瑜는 3매를 얻었고, 시중 윤항尹桓은 15매를 얻었고, 회성군檜城君 황상黃裳의 부인 조씨趙氏는 30여 매를 얻었고, 천마산天磨山의 납자들은 3매를 얻었고, 성거산聖居山의 납자들은 4매를 얻었고, 회성군 황상의 부모는 1매를 얻었다. 이때 월송은 마침 밖에 나가 있었는데, 단월들이 몰려와서 사리를 구걸하고는 떠나갔기 때문에, 월송은 이런 사실을 전혀 알지 못하였다.[2]

이러한 사리 약탈의 위기에서 무사히 지켜낸 월송의 이야기를 이득분이 우왕에게 고하였고, 왕은 이색에게 그 시말을 쓰도록 하였다. 이색은 월송을 만나 저간의 사정을 확인하여 기록을 남겼던 것이다.

2) 조선초기의 금강계단

조선시대 들어 1396년(태조 5) 개성 송림사에 봉안하였던 사리는 다시 한양의 홍천사興天寺로 옮겨진다.[3] 홍천사는 태조가 생전에 마련한 수능壽陵, 곧 정릉貞陵의 원찰이었다. 이 곳 홍천사의 사리각에 사리를 봉안하여 원찰로서의 위상을 높이려는 의도로 보인다. 이와 같이 통도사의 사리는 고려말 월송의 노력으로 한양으로 옮겨졌고, 여기서 60여 매로 분신하였다가, 그 중 일부가 개성 송림사에 봉안되었다. 다시 송림사의 사리 일부를 홍천사 사리각에 봉안한 것이다.

그런데 얼마 후인 1419년(세종 원년)에는 국내의 진신사리 대부분이 중국으로 넘어가는 일이 발생하였다. 여기에는 사연이 있다. 태종은 장자인 양녕대군을 폐하고 셋째 아들 세종에게 왕위를 물려주었다. 당시의

---

2 李穡,「梁州通度寺釋迦如來舍利之記」,『牧隱文庫』권3.
3 "부처님의 頭骨舍利와 「菩提樹葉經」은 그 전에 통도사에 있었는데 왜구들 때문에 留後司에서 松林寺에 갖다가 놓았는데, 사람을 보내어 가져오게 하였다."『태조실록』, 5년(1396) 2월 22일.

관례대로 중국, 명나라의 책봉을 받아야만 했고, 명에서 세종의 즉위를 인가하는 책봉사를 파견하였다. 책봉사로 온 인물이 황엄(黃儼, ?~1423)인데 그는 본래 고려인이었다. 그가 황제의 명이라는 구실로 조선의 사리를 요구하였다. 황엄은 명의 환관으로 있으면서 조선에 10여 차례 이상 왕래하였다. 신심이 돈독하였으나 탐욕스러운 인물로 제주 법화사의 불상을 중국으로 가져가기도 하였다. 황엄이 사리를 요구하자 태종의 입장에서는 세종의 왕위 책봉에 혹시라도 방해될까 염려하여 어쩔 수 없이 전국의 사리를 수집하여 558매의 사리를 건네주고 말았다.[4] 이때 홍천사의 사리도 포함되었다.

조선중기에 이르러 통도사의 진신사리는 또다시 위기를 겪는다. 1592년(선조 25) 임진왜란이 발발하여 영남지방은 왜구의 손아귀에 함락당하였다. 통도사에도 왜구의 침탈이 자행되었고, 이 위기에서 사명당이 사리를 무사히 지켜냈다. 당시의 자세한 상황이 사명당의 스승 서산이 기록한 「사바교주 석가세존 금골사리 부도비」에 전한다.

> (당시에 사리는 부처님) 회상會上의 보살·연각 등 성중과 인천의 팔부신중이 각각 나누어 수지하였다. 그리하여 미진수의 여러 절에 흩어져 들어가 탑을 세우고 석종에 봉안하여 공양한 것이 얼마나 되는지 모른다. 그러나 애석하게도 인연이 없는 국토의 사람들은 이때를 당하여 듣지도 못하고 보지도 못하였으니, 예컨대 사위성의 3억 가호家戶와 지나支那의 한 모퉁이와 같은 곳이 바로 그러하였다.

---

4 최완수, 「불보종찰 영취산 통도사」, 『명찰순례 ①』, 대원사, 1994, pp.73~74.

다만 중국의 경우는 천년이 지난 후한 영평 8년(A.D.65)에 이르러, 명 황제가 하나의 꿈을 꾸고는 신하를 시켜서 불교를 전하게 하였을 뿐이다. 오직 우리나라의 경우는 영남 통도사의 신승神僧 자장스님이 일찍이 봉안한 석가세존의 금골사리 부도에 자못 신기한 효험이 많아서, 마침내 천문天門으로 하여금 선善에 들게 하고 일국一國으로 하여금 인仁을 일으키게 하였으니, 세상의 존귀한 보배라고 이를 만하다.

그런데 불행히도 만력 20년(1592)에 일본 해병이 우리나라 남방에 침입하여 분탕질을 하는 바람에 억조창생이 어육魚肉이 되었다. 그 때 재앙이 부도에까지 미쳐서 그 보배를 잃을 위기에 처했으므로 안타깝게 여기고 있던 차에, 마침 승군대장인 유정惟政이 수천 군사를 이끌고 와서 진심으로 수호한 덕분에 온전할 수 있었다. 그러나 유정은 후환이 없지 않으리라고 여겼으므로, 금골사리 2함을 금강산에 봉안하는 것이 좋겠다면서 병로(病老, 서산대사)에게 이 일을 부탁하였다.

이에 병로가 감격하여 받들고 봉안하려 하였으나, 나름대로 생각해보건대 금강산은 수로水路와 가까운 만큼 뒷날에 필시 이런 환란을 또 당할 것이니 금강산에 봉안하는 것은 장구한 계책이 못 된다고 여겨졌다. 그리고 전에 일본 해병이 부도를 파헤친 것은 전적으로 금은보화 때문이지 사리에는 관심이 없어서 보물을 취한 뒤에는 사리를 흙처럼 여겼으니, 이렇게 본다면 차라리 옛터를 보수하여 그곳에 봉안하는 것이 낫다는 생각이 들었다.

그래서 1함을 유정에게 돌려주었더니 유정도 그 계책에 동의하여 함을 받아들고 즉시 옛터로 돌아가서 석종에 봉안하였다. 그리고 나머지 1함은 병로인 내가 수지하고 삼가 태백산으로 들어가서 부도를 새로 세우려고 하였으나 혼자의 힘으로는 어떻게 할 수가 없었다. 이에 문인 지정智正과 법란法蘭의 무리에게 명하여 그 일을 주관해서 석종에 봉안하게 하였더니, 두 선자禪子가 지성으로 널리 모금한 결과 몇 달이 지나지 않아서 부도를 세우고 봉안하기에 이르렀다. 이 아름다운 공덕에 대해서는 『법화경』 여래수량품 중에 나열되어 있으니 내가 덧붙일 말이 뭐가 있겠는가.[5]

이와 같이 사명당이 통도사의 사리를 서산에게 보냈다. 그 시기는 1593년 이후로 추정된다. 1593년에 서산은 사명당과 처영處英을 불러 의승병에 관한 모든 일을 물려주고 입산하였다.[6] 왜구의 침탈로 통도사와 사리가 위험에 처하자 승군대장 사명당은 사리를 안전한 곳으로 옮기기 위해 금강산의 스승 서산에게 보냈다. 그러자 대사는 고심 끝에 사리함 2개 중에서 하나는 통도사 원래 자리로 돌려보내고, 나머지 1개의 함은 태백산[7]에 부도를 조성하여 봉안하였다고 한다.

그러나 얼마 후 전란의 와중에서 통도사의 사리는 일본에게 약탈당하였다. 1593년(선조 26) 사리는 일본에 가 있었다. 이 무렵 전쟁 포로로 잡혀가 있던 동래 출신의 옥백거사玉白居士가 사리를 가지고 돌아왔다. 1603년(선조 36)에 경잠敬岑, 태연泰然, 도순道淳, 설웅雪雄 등의 여러 스님이 앞장서고 화주 의령儀靈과 별좌 지명智明 등이 힘을 합쳐 금강계단을 중수하고 사리를 봉안하였다.[8]

---

5 휴정, 이상현 옮김, 「娑婆教主釋迦世尊金骨舍利浮圖碑」, 『청허당집』, 동국대출판부, 2016, pp.918~919.
6 조영록, 『사명당평전』, 한길사, 2009, p.692.
7 묘향산이다. 묘향산을 태백산으로도 불렀다.

3) 조선후기의 금강계단

이후 사리는 커다란 변동없이 지금의 자리에 잘 봉안되어 있다. 오랜 세월을 지나면서 크고 작은 중수가 이어졌고, 금강계단의 외양과 주변은 조금씩 변하였다. 이러한 중수 사실은 절에 전하는 다양한 기록으로 확인할 수 있는데 금강계단의 변천을 엿볼 수 있는 자료는 다음과 같다.

조선시대 통도사 사리 관련 자료

편찬자	자료명	편찬 시기	전거
淸虛 休靜	靈骨碑銘	1600	통도사지
	娑婆敎主釋迦世尊金骨舍利浮圖碑	1603	청허당집
退隱 敬一	通度寺事蹟略錄	1642	통도사지
敏悟	娑婆敎主戒壇源流綱要錄	1705	통도사지
蔡彭胤	娑婆敎主釋迦世尊金骨舍利浮圖碑	1706	통도사지
月荷 戒悟	金剛戒壇重修記	1823	통도사지
	通度寺石鐘記	1832년 이전	伽山藁
	通度寺舍利閣重修上樑文	1832년 이전	伽山藁
·	佛宗刹略史	1911 (1934년 개편)	통도사지

---

8 송운 사명, 한국학문헌연구소 편, 「萬曆癸卯重修記」, 『娑婆敎主戒壇源流綱要錄』, 『통도사지』, 아세아문화사, 1978, pp.87~88.

이상의 자료를 토대로 조선시대 금강계단의 변천을 살펴보자. 1652년 (효종 3) 정인淨仁이 다시 중수하였다. 일본에 약탈당했던 사리를 되찾아와 1603년에 다시 봉안하면서 금강계단을 중수하였는데 당시는 인력과 물자가 부족하여 제대로 완성하지 못한 상태였다고 한다. 또한 우운友雲 진희眞熙가 1645년(인조 23)에 금강계단을 일부 보수하였으나 이 또한 원래의 모습은 아니었다. 이를 안타깝게 여긴 정인이 각지의 시주를 모아 석회石灰 3백여 태駄를 마련하고 신희信熙와 도구道具 등이 힘을 다해 온전하게 중수하였다.[9]

1705년(숙종 31)에는 계파 성능桂坡 性能[10]이 주도하고 탄오坦悟, 진습眞習, 보정寶晶 등이 참여하여 중수하였다. 당시 중수기에 금강계단의 외형에 대한 자세한 설명이 있어 눈길을 끈다. 당시 계단의 크기는 4면이 모두 40척인데 안에 석상石床을 넣고, 3종의 함을 봉안하였다고 한다. 첫 번째 함에는 3색 사리 4매를 봉안하였는데 여기에는 사명당이 친히 봉안한 1매가 포함되었다. 두 번째 함은 2촌寸 가량의 불치佛齒 사리 1매를, 세 번째 함에는 너비가 2~3촌 되는 정골頂骨과 손가락[指節] 사리 수십 매를 봉안하였다. 또한 비단 금점가사와 패엽경을 함께 안치하였다. 자장율사가 가져온 가사는 천년이 지나 색은 이미 잿빛으로 변해 있었다. 사리함은 뚜껑돌로 덮고 그 위에 연화석을 얹었다. 이 위에 석종을 올렸는데 계단의 사방과 네 귀퉁이에 팔부중을 세웠다.[11] 이때의 중수가 계단의 본모습

---

9 眞熙, 「順治壬辰重修記」, 『통도사지』, 앞의 책, pp.89~90.
10 桂坡 性能 ; 조선 중기 승려로 법명은 성능, 호가 계파이다. 숙종의 도움으로 화엄사 장육전 즉 각황전을 중건하고, 팔도도총섭이 되어 북한산성을 축성하였다. 이후 화엄사에서 화엄경 판각불사를 완수하고, 통도사에서 금강계단을 증축하였다.
11 「康熙乙酉重修記」, 『통도사지』, 앞의 책, pp.90~100.

을 회복하는 대대적인 불사였고,[12] 전체적인 양식으로 볼 때 계단戒壇이라기보다는 능묘陵墓의 성격을 지녔다고 한다.[13]

이 당시 중수의 전말을 채팽윤(蔡彭胤, 1669~1731)이 글로 남기고 비를 세웠다.[14] 그는 조선후기의 명문장가로 해남 대흥사의 사적비를 짓고 쓰는 등 친불교적 인물이었다. 중수 사실을 쓰면서 서산이 백여 년 전에 쓴 비문을 많이 인용하였고, 아예 비문 명칭을 서산의 비문 제목 그대로 「사바교주 석가세존 금골사리 부도비」라고 하였다.

19세기 들어 1823년(순조 23)에는 홍명 범관鴻溟 帆觀이 크게 중수하였다. 당시의 중수 사실이 전한다.

예전에는 석단 아래로 전후와 좌우에 계단이 있어 궁전의 오르고 내리는 곳과 완전히 같았기에, 영남의 장수들과 여러 품계의 관리들이 거리낌 없이 제단에 오르곤 하였다. 비록 금지하는 비를 세워보았지만 어떻게 할 방도가 없어 절의 뜻있는 사람들이 모두 이를 병통病痛으로 여긴지 오래이다. 그래서 도광 2년(1822) 임오 겨울에 대선사 홍명공鴻溟公께서 분연히 일어섰고, 그때 종백宗伯이신 도암度庵·우계友溪·구룡九龍 등이 크게 부합하고 메아리처럼 응하여 경주·상주·안동·진주의 네 지역 여섯 곳의 사찰에서 두루 모연하였다. 그리고 도광 3년(1823) 계미 봄에 공사를 시작하여 돌을 다듬고, 옛 계단

---

12 문명대, 「통도사 석조금강계단의 연구」, 『통도사 대웅전 및 사리탑 실측조사보고서』, 통도사. 1997, p.140.
13 최완수, 앞의 글, pp.74~75.
14 채팽윤은 당시 관직이 守司諫이었고, 글씨는 승정원 도승지 李震休가 썼다. 비의 뒷면에는 性能이 짓고 普允이 쓴 석가모니의 행적과 각지의 시주내용이 기록되어 있다. 그의 문집인 『希菴集』 제24권에는 이 비문이 「梁山通度寺釋迦浮圖碑」라는 제목으로 수록되어 있다.

을 없애고, 가로 세로를 정확히 맞추고, 그 벌어진 틈새를 봉합하고, 등롱燈籠 1좌를 세웠다. 드디어 여름에 준공하자 아사리들이 구름처럼 모이고 무수한 천룡들이 기뻐하며 달려왔으니, 성대하도다! 그 공덕이여.[15]

월하 계오(月荷戒悟, 1773~1849)가 쓴 「통도사석종기通度寺石鍾記」이다. 월하는 11살에 통도사에서 출가하여 침허법사枕虛法師에게 수계한 후 평생을 이곳에서 수행하였다.[16] 문장에 뛰어나 많은 글을 남겼는데 통도사에 관한 글로는 위의 석종기를 비롯하여 「금강계단 중수기」, 「통도사 사리각 중수 상량문」, 「통도사 전등전 초창 상량문」 등을 남겼다.[17] 이 석종기에서 1823년 무렵까지 금강계단 4면에 계단階段이 있었음을 알 수 있다. 진신사리에 대한 호기심으로 사람들이 계단 중앙에까지 서슴지 않고 올라갔던 모양이다. 절의 스님들로서는 경악할 일이었으므로 홍명이 작정하고 계단을 없애는 등의 중수 불사를 거행한 것이다. 이어 1838년(헌종 4) 계탑戒塔을 중수할 때는 경산오규정소京山五糾正所와 표충원表忠院에서 필요한 재원을 모집하였다. 그 결과 경기도 1백 냥, 충청도와 강원도에서 150냥, 전라도와 평안도에서 2백 냥 등 전국에서 고르게 충당하였다. 1872년(고종 9)에는 구봉 지화九鳳 志和가 재화를 모아 사리계탑을 크게 보

---

15 戒悟, 「通度寺石鍾記」, 『伽山藁』, 『한국불교전서』 10, p.785.
16 "戒悟는 이곳에서 자라고 이곳에서 늙으면서 불법에 투신하고 승가에 의지해 옷과 음식을 주는 시주를 받들었고, 이곳에서 죽을 먹고 이곳에서 밥을 먹으면서 문장을 뒤지고 구절을 수집해 문자를 도둑질한 죄인입니다. 선을 맛봄에 있어서는 쭉정이 정도도 못되고, 도가에 있어서는 그저 돌아가 기탁하게 되리란 걸 믿을 뿐입니다." 戒悟, 「通度寺傳燈殿草剏上梁文」, 『伽山藁』, 앞의 책, p.793.
17 현재 통도사에 봉안되어 있는 東溟 萬羽(1792~1821 활동)의 진영 찬문도 월하 계오가 썼다.

수하였다. 이상 19세기 이후의 금강계단의 역사는 1911년에 편찬한 「불종찰약사」에 전한다.[18] 이 자료는 제목 그대로 통도사의 간략한 역사를 편년체로 서술한 사적기이다. 표지에 「불종찰약사佛宗刹略史」라 쓰고 그 밑에 두 줄로 '신해년 편갑술辛亥年編甲戌'이라 부기하였는데 신해년을 붓으로 지우고 갑술이라 고쳐 썼다. 장충식은 『통도사지』의 해제에서 고쳐 쓴 이유는 잘 모른다고 하였다.[19] 그런데 최근에 그 이유를 짐작할 수 있는 새로운 자료를 발견하였다. 동국대 불교학술원에서 2015년부터 극락암의 경봉선사 소장 자료를 종합 조사하였다. 조사 과정에서 「불찰통도사사략佛刹通度寺史略」이라는 필사본 자료를 확인하였는데, 『통도사지』의 「불종찰약사」와 동일한 기록이다. 그런데 같은 자료이지만 글씨체가 다르고, 「불종찰약사」에는 없는 기록이 덧붙여 있다. 즉 원본의 잘못된 내용 부분에 별도의 작은 종이를 덧붙여 올바른 내용을 적었다. 예를 들면 『불종찰약사』의 첫 구절 '신라28대新羅二十八代 선덕대왕3년병신善德大王三年丙申' 위에 종이를 붙여 '신라28대新羅二十八代 진덕여주眞德女主 선덕여주병신善德女主丙申은 5년五年 선덕왕善德王은 27대二十七代'로 수정하였다. 일종의 교정 쪽지인 셈이다. 본문 곳곳에 이러한 교정 쪽지가 다수 붙어 있다. 그러므로 이 자료는 신해년(1911)에 처음 편찬되었다가 갑술년(1934)에 교정하였으므로 표지의 신해년을 붓으로 지운 것이다.

이 자료에서 한 가지 이채로운 점이 있다. 자료의 말미에 역시 교정 쪽지를 덧붙여 발행자 등을 밝혀 놓았는데 여기에 한용운이 등장한다. 즉 '발행자發行者 주지住持 황경운黃耕雲, 수집자搜集者 서해담徐海曇, 교증敎證 한

---

18 당시에는 계단을 '戒塔' 또는 '舍利戒塔' 등으로 표기하였다. 『통도사지』, 앞의 책, p.175.
19 장충식, 「통도사지 해제」, 『통도사지』, 앞의 책, p.8.

용운韓龍雲·권퇴경權退耕'이라고 하였다. 이를 통해 만해 한용운과 권상로가 이 통도사 사적기를 교정하였다는 새로운 사실을 확인할 수 있다. 한용운은 1910년대 초반에 통도사 안양암에서 대장경을 공부하였고,[20] 이를 바탕으로 그 유명한『불교대전』을 집필하였다. 그는 일제의 식민통치에 끝까지 저항하여 일제의 주요 감시 대상이었다. 이러한 위험을 무릅쓰고 한용운을 지속적으로 후원한 인물이 바로 구하(九河, 1872~1965)였다. 구하는 한용운이 통도사를 떠난 이후에도 경제적 지원을 중단하지 않았다.[21] 이러한 두 인물의 깊은 인연 과정에서『불찰통도사사략』편찬

구하(중앙)와 경봉(왼쪽 첫 번째), 1908년

---

20 한용운이 통도사에 머물던 시기는 1913년 5월 이전으로 추정된다. 김광식,『첫키스로 만해를 만나다』, 인제: 백담사만해마을. 2004, pp.80~84. 이 무렵에 쓴 것으로 추정되는 친필 유묵 2점이 현재 극락암에 소장되어 있다. 석명정,『삼소굴 소식』, 양산: 영축총림통도사 극락선원, 1997, pp.28~29.
21 조용헌,『통도유사』, 서울: 알에이치코리아, 2013, pp.220~223.

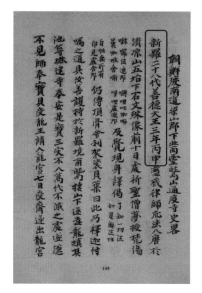

「불종찰략사」, 『통도사지』 p.149.

「불찰통도사사략」, 극락암 소장

에 한용운이 교정자로 참여했던 것이라 생각된다.

이밖에도 금강계단의 중수 사실은 일일이 제시하기 어려울 정도로 많다. 20세기 들어 1911년 크게 중수하면서 석책石柵과 아치형 석문, 배례석과 석등 등이 새롭게 들어서 현재의 구조를 이루고 있다.

3. 금강계단의 영험과 사리신앙

1) 「사리영이」의 영험담

금강계단에 관한 조선시대 기록 가운데 눈길을 끄는 자료가 있다. 『통도사지』에 전하는 「사리영이舍利靈異」라는 자료인데 진신사리의 영험과 신이함을 8개의 항목으로 요약 설명하고 있다.[22] 진신사리를 봉안한 불보종찰로서의 위상을 엿볼 수 있는 귀중한 자료이다.

사리는 신령스럽고 이상한 것이니 통도사의 사리는 본래 4매이다.
(사리의 신령함과 이상함의) 첫 번째는 사부대중 가운데 어느 누구든지 사리를 우러러 예배하고 공경할 때에는 먼저 다섯 가지 법신法身의 향기가 산내에 드높아 내원內院에 머물고 있는 사람들이 신이한 향기를 맡고 감탄하는 일이다.
두 번째는 인연의 유무를 따라서 사리가 나타나기도 하고 나타나

---

22 「舍利靈異」, 『通度寺事蹟略錄』, 『통도사지』, 앞의 책, pp.13~17.

지 않기도 하고 밝게 빛나면서 수정통水晶筒 가운데 붙어서 나오지 아니하며, 혹은 절반만 있고 절반은 없으며, 혹은 크기도 하고 작기도 하며, 때로는 순 금색이거나 또는 순 옥색이며, 절반은 금이며 절반은 옥이며, 그 크고 작음과 숨고 나타남이 같지 아니한 것이다.

세 번째는 사람들이 우러러 예배할 때 맑은 하늘에서 갑자기 비가 내리기도 하며, 비 내리던 하늘이 홀연히 개기도 하며, 검은 구름이 깔리고 우렛소리를 내며, 폭풍이 갑자기 비를 내려 수목을 쓰러뜨리기도 하여 그 길흉을 알지 못하는 것이다.

네 번째는 사람들이 우러러 예배하기 위하여 동구洞口로 들어올 때면 계단 석종 위에서 먼저 오색 광명이 크게 천지를 비쳐 환히 산과 골짜기를 밝히는 것이다.

다섯 번째는 사람들이 우러러 예배하면서 향과 초를 태워 여러 가지로 공양하고 부지런히 정진하면 계단의 반상盤上에 변신變身 사리가 모래알처럼 무수히 나타나는 것이다.

여섯 번째는 사리를 우러러 예배하려는 사람이 몸과 마음이 부정하여 하심하지 못하고 원문院門을 소란스럽게 하면 일원一院 중에서 먼저 비위를 상하게 하는 고약한 냄새가 나서 그 사람이 곧 광란狂亂하여 땅에 쓰러져 귀신의 말을 지껄이다가 결국 미치게 되는 것이다.

일곱 번째는 금강계단 석종 부도 위 여의주석如意珠石 구룡반석九龍盤石 아래 움푹 파인 곳에 항상 물이 가득 차 있다. 그 가운데 한 쌍의 푸른 달팽이가 늘 붙어 있는데 석종을 들 때 사람이 보면 사방으로 흩어져 간 곳을 알지 못하는데 사람이 흩어지면 잠깐 사이에 들어와서 전과 같이 있는 것이 사시四時에 끊어지지 아니하고 죽지 아

니하여 항상 붙어 있으면서, 나타나기도 하고 나타나지 않기도 하는
것이다.

여덟 번째는 모든 날짐승들이 금강계단 위 그 가운데로는 날아가
지 아니하고, 그 주변에서 시끄럽게 하지 아니하고, 또 그 위에 똥오
줌을 누지 않는 것이다. 이와 같은 여덟 가지 길흉과 변동이 사리의
위신력이며 신령스럽고 이상한 점이다.[23]

이 자료는 1642년(인조 20)에 퇴은 경일退隱敬一이 간행한 목판본이다. 독
립된 별도의 기록이 아니라 『통도사사적약록』 중의 한 부분이다. 『사적
약록』은 전체 35장으로 가로 23cm, 세로 34.3cm이다. 모두 8개의 목차로
「통도사 사리가사사적약록」, 「사리영이」, 「가사희기裂娑稀奇」, 「사지사방
산천비보寺之四方山川裨補」, 「서천지공화상위사리가사계단법회기西天指空和尙

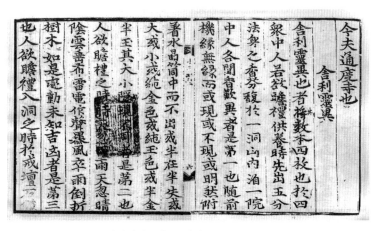

「사리영이」, 『통도사지』, pp.13~14.

23 번역문은 『한국의 명찰 통도사』, 통도사 성보박물관, 1987, pp.26~27에서 인용하였다.

爲舍利袈裟戒壇法會記」, 「발跋」, 「통도사창조자장행적通度寺創祖慈藏行蹟」, 「통도사제성전열목通度寺諸聖殿列目」의 순서로 되어 있다.

이 『사적약록』은 퇴은 경일이 1642년에 새롭게 찬술한 것이 아니라 '중서 개간重書 開刊' 즉 기존의 자료를 모아 편찬하였다.[24] 예를 들어 서천 축 지공화상에 관한 이야기는 고려시대의 석호釋瑚가 1328년(충숙왕 15)에 쓴 글이고, 여타의 기록은 1460년(세조 5)에 전래하는 이야기를 쓰거나[傳書], 1580년(선조 3)에 옮겨 적었다[移書]고 한다.[25] 그러므로 「사리영이」에 등장하는 이야기는 1642년 보다 훨씬 앞서 성립되었음을 알 수 있다. 그 시기를 대체로 고려말 조선초 무렵으로 추정하고자 한다. 왜냐하면 「사리영이」의 영험담에 등장하는 오색 광명, 날씨의 조화, 사리의 분신 사실 등은 앞서 이색의 「양주 통도사 석가여래 사리기」에서 보듯이 고려말부터 등장하여 조선초기 세종~세조대에 집중되고 있기 때문이다.

2) 『사리영응기』의 영험담

통도사 「사리영이」의 기록을 이해하는 데 중요한 참고 자료가 조선초기의 진신사리 영험담이다. 김수온(金守溫, 1410~1481)이 편찬한 『사리영응기』에서 「사리영이」에 등장하는 다양한 영험과 신이함을 발견할 수 있다.

---

24 장충식, 「통도사지 해제」, 『통도사지』, 앞의 책, pp.3~6.
25 『通度寺事蹟略錄』, 『통도사지』, 앞의 책, pp.13~17.

초5일 정사일에 세 번 점안이 끝나고, 초6일 무오일에 법회를 열고 낙성식을 하였다. 이날 저녁 이용李瑢과 이염李琰을 불러 명하시기를, "너희들은 곤룡포 2벌, 침수향 1봉지를 받들고 가서 세존께 드려라." 하시고, 또 신미와 모인 대중에게 이르시기를, "나의 효성이 어찌 감히 부처님의 영감에 합격할 수가 있겠는가? 그러나 대중의 힘에 의지하여 감응을 얻는다면 역시 가신 분을 천도하는 마음에 만족하지 않겠는가? 사리를 구하고자 한다면 오늘이 아니고 다시 어느 때를 기다려야 되겠는가? 오늘 밤에 정성으로 간절히 애걸하기를 부지런히 하리라."하시니, 이에 대중들이 머리 조아려 감동해 울며, 곧 나와서 옷을 갈아입고, 세수하고 다투어 정성을 피며 서로 언약하기를, "지금 성상께서 조상을 추모하여 끝이 없는 정으로 큰 소원을 발하시어 복밭을 창건하시고, 생각하시기를 백성들과 돌아가신 분들에게까지 함께 좋은 업을 숭상하여 착한 인연을 맺고자 하시니, 실로 보살들의 큰 소원과 함께해도 다를 것이 없도다. 세존의 자비는 사물에 대응하여 곧 나타나는 것이 마치 달이 강물에 찍히는 것 같고, 골짜기가 메아리로 답하는 것과 같다. 본디 소원의 힘으로 항상 건너고 벗어나는 기미를 구하면 큰 신통력을 들어내 뭇 중생을 건져 주시니 진실로 정성을 이룬다면 작은 것까지도 비추시지 않음이 없을 것이다. 오늘 성상이 지성으로 세존께 간절히 측은한 생각으로 진신부처님을 보기 원했으니 세존께서 감응하시거나 감응하지 않거나 함이야 무슨 의아함이 있으리오 다만 우리들의 정성이 이르지 못할까 염려될 뿐이다. 우리들이 만약 사리를 얻지 못한다면 장차 삼계의 죄인이다. 살아서는 재앙 앙화를 받고 죽어서는 지옥에 떨어져 영원히 벗어날 기약이

없으리니, 무슨 낯으로 다시 세상 사람을 볼 수 있겠는가? 우리들은
응당 죽음으로 기한을 살더라고 기필코 반드시 얻어야 한다."라고 하
고는, 곧 그 장소에 모인 대중들이 귀하고 천함을 따질 것 없이 함께
부처님 앞에 들어가니, 모두 2백 61인이었다. 팔뚝을 태우며 참회하
고, 이에 이용과 신미가 곤룡포를 올리고 나자, 이유가 다시 엄숙히
공경으로 향을 사르며 이룬 일을 보고하니, 범패 한 곡조가 나무석가
모니불을 불렀다.[26]

세종이 선왕 태종의 명복을 기원하는 법당을 짓고 불상을 봉안하는 이
야기이다. 태종은 생전에 문소전文昭殿 옆에 불당을 세워 선열의 명복을
빌고자 하였으나 뜻을 이루지 못하였다. 이를 안타깝게 여긴 세종이
1448년(세종 30) 7월 의정부에 명하여 불당을 짓도록 하였다.[27]
세종은 각별히 총애하는 신하와 전문가들에게 명하여 11월에 마침내
26칸의 불당을 완성하였다. 곧이어 삼신여래를 주존으로 하고 아울러 약
사여래와 아미타불, 보살, 나한상을 조성하도록 하였다. 이 해 12월 마침
내 불상이 완성되어 5일에 걸쳐 성대한 낙성식을 거행하였다.

---

26 이종찬 역주, 『역주 사리영응기』, 서울: 세종대왕기념사업회, 2013, pp.179~180.
27 기록에 따라 법당의 건립 시기가 다르다. 『세종실록』에서는 1448년(『세종실록』, 세종 30년 12월 5일), 『사리영응기』에서는 1449년이라고 하였다. 구체적인 건립과정과 낙성식 날짜도 약간씩 차이가 있다. 이런 경우에는 국가의 정사인 『세종실록』을 따르는 것이 상례이다. 김 수온이 『사리영응기』를 찬술하면서 착오를 일으켰던 것 같다.

太祖康獻大王以黄金鑄三身如來　室庫二間浴凡百制度極一時之盛初　十六間禪佛殿一間正門三間補簷八間厨舍三間　壬子畢於冬十一月二十日壬寅緫二　卜地于宮城之此始於七月二十八日　錦城大君臣瑜義昌君臣玒領之璿等　生行司礠局丞臣黄思義掌丹雘之事　護軍臣安堅行司勇臣李揚美臣張吉　臣瑢領之又命行内侍府謁者臣李春　■靈應記　一M■　海行直長臣李■教經度之安平大君　事臣崔濡司直臣權躽副司直臣邊大　賛臣鄭中樞院使臣閔伸判内侍府　予恐墜先王之願即命議政府左　者也文昭殿今既徙建而佛堂未營　於文昭殿之側所以追冥福於列聖　傅寺于議政府曰太宗甞建佛堂　山之三十有一年秋七月十九日癸卯　舍利靈應記

『사리영응기』, 동국대도서관 소장.

세종은 당시 대자암 주지 신미信眉와 김수온에게 부처님을 찬탄하는 「삼불예참문三佛禮懺文」을 짓도록 하였다. 김수온이 이와 더불어 불당과 불상의 조성 과정 전말을 상세히 기록한 『사리영응기』를 찬술하였던 것이다. 이 『사리영응기』에는 세종이 친히 지은 찬불가 7곡의 악곡과 9편의 악장이 실려 있다. 또한 불사에 참여한 사람들의 이름을 정음正音으로 적었는데 이는 훈민정음 창제 이후 최초로 한글로 표기한 사례이다.[28] 따라서 이 책은 조선전기 불교시가의 존재 양상을 이해하고,[29] 불

28 이종찬 역주,『역주 사리영응기』, 앞의 책, pp.7~41.
29 김기종,「『사리영응기』 소재 세종의 '親制新聲' 연구,」,『반교어문연구』, 37, 반교어문학회, 2014, pp.173~198.

교음악, 공연의 역사를 가늠하는 중요한 자료로 평가받는다.[30] 또한 불사의 정근精勤에 참여한 261명을 분석하여 수양대군(세조)의 즉위 과정에 이들이 호위 역할을 하였다는 연구도 있다.[31]

이 『사리영응기』에 등장하는 사리의 영험담과 통도사의 「사리영이」 이야기가 상당히 일치한다는 사실에 주목한다.

3) 「사리영이」와 『사리영응기』의 영험 비교

「사리영이」의 주요 내용은 ① 법신의 향기, ② 날씨의 조화, ③ 사리의 방광, ④ 사리의 분신 등의 4개 항목으로 구분된다. 이 4개 항목에 따라 「사리영이」와 『사리영응기』의 영험담을 비교하면 다음과 같다.

『사리영이』와 『사리영응기』의 영험 비교

① 법신의 향기

사리영이	사리영응기
첫 번째는 사부대중 가운데 어느 누구든지 사리를 우러러 예배하고 공경할 때에는 먼저 다섯 가지 법신의 향기가 산내	그때 즉시 사리탑 사이에서 흰 기운이 옆으로 뻗쳤다. 스님과 신도들이 일제히 화답하며, 앞뒤에서 춤을 추며, 정성 들

30 박범훈, 「세종대왕이 창제한 불교음악 연구-사리영응기를 중심으로」, 『한국음악사학보』 23, 한국음악사학회, 1999, pp.5~29.
31 이정주, 「세종 31년(1449)간 『舍利靈應記』 所載 精勤入場人 분석」, 『고문서연구』 31, 한국고문서학회, 2007, pp.131~164.

에 드높아 내원에 머물고 있는 사람들이 신이한 향기를 맡고 감탄하는 일이다.	여 깊이 기도하며, 징과 북이 점점 빨라져 대중의 의지가 더욱 간절해졌다. 첫 마당의 시작에는 누구나 숨이 막혀 혹은 책상 위에 엎어지는 자, 혹은 입을 벌려 다물지 못하는 자, 혹은 쓰러져 남에게 의지하는 자가 있었다. 2경의 1점에서 3점에 이르러 둘째 마당이 끝났다. 이러는 사이에 안팎의 사부대중이 모두 불전 위에 광채가 난다하며 가리키는 곳을 우러러 보며 지극한 마음으로 절을 올리니, 특이한 향기가 널리 퍼져 안팎이 모두 향내를 맡았다.

② 날씨의 조화

사리영이	사리영응기
세 번째는 사람들이 우러러 예배할 때 맑은 하늘에서 갑자기 비가 내리기도 하며, 비 내리던 하늘이 홀연히 개기도 하며, 검은 구름이 깔리고 우렛소리를 내며, 폭풍이 갑자기 비를 내려 수목을 쓰러뜨리기도 하여 그 길흉을 알지 못하는 것이다.	○ 불상을 안치하기 사흘 전부터 구름이 어둡고, 안개가 짙고 불볕이 찌는 듯하더니, 그날 새벽 전 한밤이 되자 큰 바람이 홀연히 일어 하늘이 확 맑아지고 싸늘히 찬 기운이 살을 애는 듯하다가 불상이 길을 떠나자 바람이 오히려 세지고 절 뒤의 고갯마루에 이르러 하니 조용히 바람이 멎고 햇빛이 부드러웠습니다. ○ 도량을 건설하는 7일 동안에는 온화한 기후가 천지에 가득하여 별, 나비, 벌레들이 도량 안을 날아들었으니, 이것이 곧 세존께서 도리천의 환희 동산에 있어 어머니를 위하여 설법하던 날 모든 묘화의 과일이 계절이 아

	닌데도 익었던 상서로움과 같았습니다. 대회가 끝나기에 이르러 다시 추위가 어는 듯하여 큰 눈이 쌓였으니, 감응하신 모습이 이렇듯이 드러났던 것입니다.

③ 사리의 방광

사리영이	사리영응기
네 번째는 사람들이 우러러 예배하기 위하여 동구로 들어올 때면 계단 석종 위에서 먼저 오색 광명이 크게 천지를 비쳐 환히 산과 골짜기를 밝히는 것이다.	드디어 사리탑 앞으로 나아가 보며 사리보를 덮고 나니, 진신사리 2매가 촛불에 들려 비치어 고루 둥글게 빛이 통하여 광채가 뛰어났다. 한 장소에 모인 대중이 절하거나 울거나 하며 보기 드문 마음을 내고 일찍이 없었던 일에 감탄하여 말하기를, "우리들은 비로자나부처님의 위없는 세존을 뵙고 오랜 세월 쌓인 업이 모두 다 소멸되었습니다. 우리 부처님께서 일체를 가엾이 여기시기 때문에 이런 상서로움을 나타내시니 오로지 성상의 지성에 감동하심입니다."라고 하며, 머리 조아려 예배하며 깊은 마음으로 우러러 대하였다. 곧바로 성상에게 알리니 성상께서 최읍을 보내어 곤룡단 2필과 채백 비단 2필을 받들고 사리에 헌정하게 하였다. 곧 향 꽃과 음악과 갖가지 공양 도구로 공경하여 공양을 하니 환희의 경사를 어떻게 다 서술하리요 신령한 광채가 빛나 멀고 가까움 없이 널리 부처님의 세계가 한 가지로 경사롭고 행복하였다.

④ 사리의 분신

사리영이	사리영응기
다섯 번째는 사람들이 우러러 예배하면서 향과 초를 태워 여러 가지로 공양하고 부지런히 정진하면 계단의 盤上에 변신 사리가 모래알처럼 무수히 나타나는 것이다.	(진신사리를) 봉해 올리고 물러났다가 다음 날 아침에 또 2매를 얻으니 합쳐서 4매였다. 성상께서 또 최읍을 보내어 곤룡단 2필과 채단 비단 2필과 향기로운 꽃과 음악의 갖가지 이바지로 지성으로 공양하였다. 아울러 견직천을 대중들에게 주시니, 일체의 법회 대중이 함께 발원하기를, "우리들은 오늘 우리 성상의 덕을 힘입어 연화장의 법회에 참여하여 친히 세존을 공양할 수 있었으니, 아난 가섭과 무엇이 다르리이까? 함께 발원하되 이 도량의 사람들은 오랜 세월 겁겁에 함께하여 이별 없이 미혹을 깨달음에 통달하고, 잠긴 자 구제함을 들어내어 함께 여래의 바다같은 지혜에 들기를 원합니다."라고 하였다. 이에 향을 사르고 분신 사리와 시방 모든 부처님, 보살과 연각과 성문과 팔부신중을 체험하고, 스님과 신도 대중이 서로 마주보며 함께 절을 올렸다.

　이상에서 보듯이 통도사 진신사리의 영험담은 조선 초기 내불당 사리의 영험담과 거의 일치한다. 다시 말하면 「사리영이」에서 설명하는 사리의 영험이 내불당 건립과 삼존불 봉안이라는 역사적 현실에 그대로 재현되고 있다고 할 수 있다. 사리신앙이 일찍부터 발전한 중국에서도 사리의 신이한 능력은 방광, 공중변화, 증식[분신], 은현隱現, 불쇄不碎, 불초不

燋 등으로 다양하다.[32] 일찍이 일연은 『삼국유사』에서 "대저 진신사리의 감응은 헤아리기 어렵다."[33]고 하였다.

『사리영응기』 외에도 조선시대 진신사리의 영험담은 다양한 사례가 전한다. 한국불교사에서 조선시대는 흔히 억불의 시대로 규정하는데 이러한 정의가 무색할 만큼 진신사리의 영험은 곳곳에서 등장한다.

> 근일에 효령대군이 회암사檜巖寺에서 원각법회圓覺法會를 베푸니, 여래가 현상現相하고 감로가 내렸다. 황가사黃袈裟의 승려 3인이 탑을 돌며 정근하는데 그 빛이 번개와 같고, 또 빛이 대낮과 같이 환하였고 채색 안개가 공중에 가득 찼다. 사리 분신이 수백 개였는데, 곧 그 사리를 함원전숨元殿에 공양하였고, 또 분신이 수십 매였다. 이와 같이 기이한 상서로움은 실로 만나기가 어려운 일이므로, 다시 흥복사興福寺를 세워서 원각사로 삼고자 한다.[34]

고려 때 창건한 흥복사가 절터만 남아 있었다. 이 터에 세조가 1464년(세조 10) 원각사의 창건을 시작하여 3년 만에 10층석탑을 갖춘 대가람으로 완성하였다. 이에 앞서 태종의 둘째아들 효령대군(孝寧大君, 1396~1486)이 양주 회암사에서 원각법회를 열다가 사리가 분신하는 영험을 체험하였고, 이 일이 원각사 창건의 결정적 배경이 된 것이다.[35]

---

32 김춘호, 「고대 동아시아 사리신앙의 전개-중국과 일본의 사리영험담을 중심으로」, 『한국선학』 38, 한국선학회, 2014, pp.212~214.

33 "蓋眞身舍利 感應難思矣" 『삼국유사』 권3, 탑상 제4, 「요동성육왕탑」.

34 『세조실록』, 10년(1464) 5월 2일.

35 한상길, 「한국 탑돌이의 역사와 현황」, 이 책 제2장, pp.67~68.

『세조실록』에는 이 과정이 간략하게 서술되어 있지만, 김수온이 당시의 상황을 『여래현상기如來現相記』에 자세히 남겼다.

임금(세조)이 즉위한 지 10년(1464) 4월 어느 날, 효령대군 신 이보李補가 와서 아뢰기를, "신이 일찍이 소원을 같이하는 승속들과 화엄사에서 부처님께 공양하여 분신사리 약간 매를 기원하여 서로 봉안할 곳을 상의하였습니다. 모두가 '회암사는 우리나라의 큰 절로서 3화상의 부도가 있는 곳이니, 어찌 여기에 봉안하지 않겠는가?'하여, 이에 여러 선행을 모아 서남쪽에 석종을 세워서 사리가 평안하게 하였습니다. 이 달 28일 경술일에 승속인 수만 인들이 모여 원각도량을 개설하고 낙성을 하였습니다. 이 때 향과 폐백을 내리시어 신으로 하여금 부처님께 바치어 이 법회를 성대하게 하였습니다.

이날 밤 2경에 새로 조성한 석종 위에 홀연 광채가 더욱 빛나고 또한 기이한 향기가 퍼지고 가벼운 번갯불이 빛나더니, 감로의 이슬이 뜰에 내렸습니다. 또 석종 위 공중에는 신승神僧 대여섯 명의 행렬이 있는 듯 없는 듯 하더니, 탁자 위에 분신사리 850매가 보였습니다.

다음 날 신해일에 석종에 공양을 하니, 또 서기가 공중에 알연히 떠 있었고, 저녁이 되자 서기가 석종으로부터 일어나 빙빙 돌다가 서남방을 향하여 사라지고, 그 위에 석가여래의 황금빛 장육 진신이 나타났습니다. 원만한 모습에 위엄스런 용모가 빛나시니 사부대중이 놀라고 기뻐 파도처럼 달려와 예배하였습니다."라고 하면서 삼가 분신사리 약간 매를 가져다 바치니, 임금과 중궁이 강녕전에 있다가 봉함을 열고 보시니, 광명이 투철하여 이리저리 비치는 것이 마치 여래의 온몸이 지척 사이에 지나지 않은 듯하였다. 두 전하께서 더욱 공경을 더하여 매수를 세어 보니, 또 나누어진 분신이 370매였다. 함원전에 공양하게 하니, 또 나누어진 분신 46매를 얻었다. ……

그 후 5월 9일 신유일에 특별히 신 이보와 인산군 홍윤선을 보내어 향과 폐백을 올리고 석종에 공양을 하니, 또 상서로운 빛이 사방으로 넘쳐나 산천과 공중이 대낮처럼 밝았다. 사리가 또 나뉘어 3백 매가 되어 이보와 홍윤성이 복명을 하고 분신사리를 올리니 임금이 크게 기뻐하였다. 대신에게 명하여 일을 독려하게 하여 원각사를 시작하고 또 불상을 조성하였다. 이에 6월 13일 을미일에 바로 불상을 조성하던 곳에 누런 구름이 드리우고, 하늘에서 꽃비가 사방으로 내리고 때로는 서기가 석종에서 나와 세 갈래 길에 빗겨 있다가 위로 솟았다. 도성 안 남녀들이 우러러 보고 기뻐하며 일찍이 없던 일에 감탄하였다.[36]

이와 같이 회암사와 원각사에서의 사리의 영험은 밝은 광채가 빛나고, 향기가 흩날렸으며, 날씨가 조화를 일으키고, 수십·수백 매로 분신하는 현상으로 나타났다.[37] "석종 위에 홀연 광채가 더욱 빛나고 또한 기이한 향기가 퍼지고 가벼운 번갯불이 빛나더니, 감로의 이슬이 뜰에 내렸습니

---

36 『역주 사리영응기』, pp.186~189.
37 1469년(예종 1) 원각사가 완성된 지 2년 뒤에도 사리가 또다시 분신하였다. "전자에 세조께서 精勤하시던 날에 사리 8백여 매가 분신하였고, 또 원각사에 거둥하여 사리 70여 매를 얻었는데, 열어보니 또 2백 45개가 분신하였다. 마땅히 境內에 赦하여 너그러운 은혜를 널리 펴야 할 것이다. 이달 29일 새벽 이전으로부터 강도와 綱常에 관계되는 죄를 범한 자를 제외한 徒刑 이하의 죄는 모두 용서하여 면제하라." 『예종실록』, 예종 1년(1469) 윤2월 29일.

다. 또 석종 위 공중에는 신승 대여섯 명의 행렬이 있는 듯 없는 듯 하더니, 탁자 위에 분신사리 850매가 보였습니다."라는 구절에 사리의 모든 영험이 집약되어 있다. 이는 앞서 살펴본 궁궐의 내불당 영험 사례와 거의 일치하고, 또한 통도사 진신사리의 영험인 「사리영응」과도 같은 맥락이다.

1464년 회암사에서 사리가 분신하던 같은 해에 한양 견성암見聖庵[38]에서도 사리의 분신이 있었다. 견성암은 세종의 아들인 광평대군(廣平大君, 1425~1444)의 명복을 빌기 위해 부인 신씨가 창건하였다. 이해 4월 14일에 법화도량을 진행하는 과정에서 사리가 분신하였다.

> 이날 정오 공양에 범패가 실행되어 사부대중이 정성을 기울여 경례하니, 홀연 부처님 앞 탁자 위에 광채가 휘날리며 찬란하게 사방으로 피어올랐고, 대중들이 길을 비키며 쫓아가 보니 사리가 이미 58매로 분신해 있었다. 향수를 뿌리고 수습하여 소반에 담으니 영롱한 빛이 투철하고 광명이 밝아 사람들을 비추어 견줄 데가 없었다. 법회에 참여한 사람들이 날뛰며 놀라 일찍이 없었던 일에 감탄하여 축원하는 소리가 산골까지 진동하였다. 어떤 이는 정수리를 태우고 손가락을 지져 기왕의 허물을 참회하고, 어떤 이는 옷을 풀어 헤치고 패물을 풀어 지금의 결과를 바라기도 하였다. 소문이 장안에 퍼져 남녀노소 오고 가는 이가 길에 끊이지 않고 여러 날 계속되었다.[39]

---

38 견성암은 1498년(연산군 4)에 奉恩寺로 거듭난다. 貞顯王后가 성종을 모신 宣陵의 능침사찰로 크게 중창한 이후, 선종의 수사찰이 되어 조선불교 중흥의 핵심적인 역할을 하였다. 『봉은사지』, 사찰문화연구원, 1997, pp.25~32.
39 「見性庵靈應記」, 『역주 사리영응기』, 앞의 책, p.193.

한국불교사에서 조선시대는 흔히 억불의 시대라고 한다. 고려말의 혼란을 극복하고 새로운 왕조 조선을 건국하면서 불교는 청산해야 할 구시대의 낡은 유물로 간주되었다. 현실적으로는 새로운 나라를 정비하면서 불교계가 소유한 막대한 토지와 노비 등의 재산을 국가의 소유로 전환한다는 계획이었다. 이에 따라 태종대(1400~1418)부터 본격적인 억불시책이 펼쳐졌다. 종파를 7개로 통폐합하고, 비보사찰을 축소하였다. 아울러 사원의 토지와 노비는 대부분 몰수되었는데 그 규모가 고려시대의 9/10에 달하는 큰 규모였다. 이후 세종(1418~1450)은 억불시책을 더욱 강화하여 종파를 선종과 교종 둘로 통폐합하고 공인 사찰을 36개로 정리하였다.[40] 또한 흥천사와 흥덕사를 제외한 도성 내의 사원을 철폐하면서 스님의 도성 출입을 금하였다.

그런데 이와 같이 갖가지 억불 시책으로 불교를 약화시키면서도 국왕과 왕실은 여전히 돈독한 신앙을 유지하였다. 세종은 흥천사의 사리각을 중수하였고, 소헌왕후의 명복을 빌기 위해 수양대군에게 붓다의 일대기인 『석보상절』을 짓게 하였다. 얼마 후에는 스스로 석가모니의 일대기를 시로 읊어 『월인천강지곡』을 지었다. 앞에서 보았듯이 신하들의 반대를 물리치고 궁중에 내불당을 세우기도 하였다. 억불의 시대에서 국왕의 돈독한 신앙활동은 세조대(1455~1468)에 정점을 이룬다.[41] 세조는 원각사를 건립하고 간경도감을 설치해 많은 불경을 국역하였으며 천민들의 출가를 허용하는 등 조선시대 최고의 호불왕護佛王이라 할 만하다.

---

40 선교양종 36사 외의 모든 사찰을 폐사시킨 것은 아니다. 36개 사찰은 국가의 공인을 받는 곳이라는 의미이고, 공인하지 않았지만 많은 사찰은 여전히 존재하고 있었다.
41 이봉춘, 『조선시대 불교사 연구』, 민족사, 2015, pp.392~399.

조선초기 왕실의 이러한 적극적인 신불 활동의 과정에서 진신사리의 영험이 여러 차례 등장하였던 것이다. 진신사리의 영험은 단순히 내불당을 건립하거나 사찰을 중수하면서 일어난 신령스러운 사건으로 그치지 않는다. 억불의 시대에서 불교가 법등을 유지하고 천 수백 년의 전통과 문화를 지켜 나갈 수 있는 원동력이었다고 평가할 수 있다. 그 중심에 통도사의 진신사리가 있었고, 불보종찰로서의 위상이 이렇게 정립된 것이라 생각된다.

4. 맺음말–진신眞身사리가 지닌 진신眞信의 힘

사리는 곧 붓다이다. 석가모니가 열반한 후 아소카왕은 진신사리를 봉안한 8만4천의 탑을 조성하였다. 생전에 붓다를 친견하지 못한 대중들은 이 탑을 찾아가 붓다의 숨결과 음성을 듣고자 하였다. 인도는 물론 동아시아 곳곳에 조성된 진신사리탑은 이러한 대중들의 열망과 기원을 담고 있다. 이 과정에서 불신론자들은 사리의 진위 여부를 따져 물었고, 때로는 파괴를 시도하기도 하였다. 중국의 경우 사리의 진위 여부를 가리기 위해 쇠방망이로 내리치거나, 불에 태우거나, 물에 담그는 등의 다양한 행위가 있었다. 그러나 사리는 부서지지 않았고, 불타지 않았으며 물속에서도 방광이 그치지 않았다.[42]

우리나라에서도 사리의 분신을 허위로 꾸미거나 불신하는 경우가 있

---

42 오명지, 『중국 역대 왕조의 사리봉안 연구』, 동국대 박사학위논문, 2015, pp.46~47.

었다.[43] 통도사 사리도 예외가 아니었다. 임진왜란의 와중에 사명당은 통도사의 사리를 묘향산에 있는 스승 서산에게 보냈다. 서산은 사리함 2개 중 하나는 다시 통도사에 돌려보내고, 다른 하나는 묘향산에 부도를 조성하여 봉안하였다. 그런데 당시에도 사리의 진위에 의심을 제기하는 여론이 있었던 것 같다.

이튿날 지정智正과 법란法蘭 두 선자가禪子가 부도를 낙성하는 대재大齋를 개설하였다. 이에 병로病老가 법석에 올라 여러 사람들에게 말하였다. "오늘 이 회상의 사람 가운데 우리 세존이 탑묘 안에 들어가 있지 않음을 아는 장부丈夫가 있는가. 만약 부처가 탑묘 안에 있지 않음을 안다면, 인천人天의 공양을 받을 자격이 있다." …… 청컨대 대중이여, 이곳에 와서 세존에게 참례할지어다. 만약 석가의 진신眞身을 거론한다면, 지극히 적요하면서도 지극히 오묘하며, 지극히 크면서도 지극히 작으며, 함이 없으면서도 하지 않음이 없으니, 백억 성중의 찬탄도 허공을 헤아리는 것과 같고, 팔만 마군의 훼방도 바람을 잡아 묶는 것과 같다. 그렇긴 하지만 오늘의 회상에는 이익도 있고 손해도 있다는 것을 아는가. 신자는 부처를 공경하기 때문에 결단코 극락의 언덕에 오르겠지만, 불신자는 불법을 비방하기 때문에 분명히 고통의 바다에 떨어질 것이니라.[44]

---

43 『태종실록』, 태종 15년(1415) 7월 23일. 한편 『사리영응기』에 보이는 사리의 분신 사실을 조작으로 보기도 한다. 신하들이 불당의 건립을 강하게 반대하자, 세종은 이들에게 불당 건립이 올바른 일이었음을 보여줄 필요가 있었다. 그 결과가 사리의 출현을 조작하는 것이라는 견해이다. 이정주, 앞의 글, pp.138~143.

44 청허 휴정, 「娑婆敎主釋迦世尊金骨舍利浮圖碑」, 『청허당집』, 앞의 책, pp.919~920.

이처럼 부도의 조성 과정에서 진신사리에 의심을 품은 사람이 있었다. 그러자 84세 노령의 서산은 대중들 앞에서 "탑묘 안에 세존[진신사리]이 들어가 있지 않음을 증명해 보이라."고 소리쳤다. 이어 "믿음은 극락의 언덕에 이르게 하고, 믿지 않음은 고통의 바다로 떨어지게 한다."고 꾸짖는다.

통도사의 「사리영이」 기록에서도 이를 경계하듯이 "사리를 우러러 예배하려는 사람이 몸과 마음이 부정하여 하심하지 못하고 원문院門을 소란스럽게 하면, 비위를 상하게 하는 고약한 냄새가 나고 그 사람은 곧 날뛰다가 땅에 쓰러져 귀신의 말을 지껄이다가 결국 미치게 된다."고 하였다.

통도사의 진신사리는 수많은 위기와 난관을 겪었다. 일본에 빼앗기기도 하고, 중국으로 넘어가기도 하였다. 때로는 의심의 마장魔障에 휘말리기도 하였다. 그때마다 무사히 되돌아 올 수 있었고, 참된 신앙[眞信]의 힘으로 천 사백년 가까이 제자리를 지키면서 마침내 통도사를 불보종찰로 자리매김하게 하였다.

9

근대불교의 의례와 범패

1. 머리말

한국 근대불교의 전개 과정은 역경과 시련의 연속이었다. 19세기말까지 불교는 조선왕조의 억압과 무관심으로 조선사회에서 동떨어진 별종으로 취급받았다. 이후 기독교가 확산되면서 불교는 낙후된 중세적 신앙 정도로 인식되었다. 이러한 현실에서 불교계에 새로운 바람이 불기 시작하였는데 그 계기가 일본의 침탈이었다.

일본의 강점은 결과적으로 한국불교의 정체성을 왜곡시켰지만, 개항기 우리 민족은 일본과 일본불교가 한국 불교계의 새로운 기회가 될 수 있다고 믿었다. 일본은 한국침략의 첨병으로서 불교를 선택하였고, 개항 직후 정토종, 조동종 등의 포교사를 다수 파견하였다. 일본불교의 첫 포교사업으로 시작된 1878년의 정토종 부산별원에는 많은 승려가 찾아갔고, 김옥균과 유대치, 이동인 등 개화파 인사들의 대(對)일본 거점이 되었다. 불교계는 일본불교의 선진적 모습을 알고자 하였고, 개화파는 일본불교를 통해 일본의 도움을 얻고자 하였다. 일본불교는 침략의 야욕을 숨긴 채 이들을 적극적으로 도왔다.

이렇게 시작된 일본불교에 대한 호의적 시각은 1895년 도성출입금지 해제를 계기로 더욱 고조되었다. 해금 직전에 일본 승려가 건의안을 제출한 일이 있었으므로 이 결과를 일본불교의 도움이라고 믿었다. 그러나 해금은 근대화를 위한 조선왕조의 개혁 계획 중의 하나였음에도 불구하고, 해금 이후 일본불교의 영향력은 점점 커져갔다. 불교계는 일본의 도움으로 근대적 발전의 계기를 삼고자 하였고, 일본불교의 높은 위상과 포교방식을 선망하였다.

그러나 일본의 본모습은 결코 한국불교의 후원자가 아니었다. 불교계가 일본불교의 침략 야욕을 깨달은 것은 나라를 잃은 한일병합 이후의 일이다. 사찰령이 한국불교의 모든 것을 재편하고 강제하는 악법임을 깨닫기 시작하였다. 그러나 이미 이 악법은 한국불교의 전통과 문화를 왜곡시키고 말살하기에 이르렀다.

본고는 이러한 사찰령 체재하에서 한국불교의 중요한 전통문화였던 범패와 불교의례가 어떻게 변화하였는가를 살펴보는데 목적이 있다. 선학들은 사찰령의 범패 금지 조처로 인해 이로부터 범패가 사라졌다고 말한다.[1] 그러나 사찰과 민간에서는 여전히 의례와 의식이 설행되었고, 범

---

1 "(범패는) 사법이 시행된 이후로 일체 폐지되었다. 和請·鼓舞는 전혀 우아하게 보이지 않으므로 꼭 금지하는 것이 마땅하지만, 魚山調도 그것에 따라서 廣陵散(거문고 연주곡-필자)으

패는 불교의례의 필수 요소로서 이와 함께 지속되었다. 사찰령의 금지 조항으로 인해 범패는 크게 위축된 것이 사실이지만, 여전히 근대불교 문화의 한 축으로서 유지, 전승되었음을 구체적 사례를 들어 제시하고자 한다. 이를 위해 먼저 조선후기의 범패를 개관하고, 근대기의 수륙재와 천도재 등의 불교의례를 통한 범패의 현황, 그리고 범패승의 활동을 살펴보고자 한다.

2. 조선후기의 의례와 범패

불교의례의 종류는 일일이 나열하기 어려울 만큼 많다.

국가불교라고 할 정도로 번성했던 고려시대의 경우 각종의 도량, 재, 법회, 의식 등이 80여 종이 넘고, 개설회수는 1천 회가 넘는다.[2]

여기에 신라와 조선시대의 의례까지 포함하면 그 수는 더 늘어난다. 그런데 이러한 수많은 불교의례에 공통적으로 수반되는 것이 범패의식 이다. 범패는 의식절차의 불명호佛名號나 게송 등을 창唱하는 것인데 석존 이 설법하던 영축산의 소리를 재현하는 것을 이상으로 삼는다.[3] 즉 범패 는 석존의 설법장의 재현이라는 상징적 의미를 지니기 때문에 각종 의례 에 빠지지 않는 필수 요소가 되었다. 그러므로 범패의 역사는 곧 의례의

로 하는 것은 애석한 일이다." 이능화 편, 『역주 조선불교통사』 6권, 동국대 불교문화연구원, 2010, p.455.

2 김형우, 『고려시대 국가적 불교행사에 대한 연구』, 동국대 박사학위논문, 1992.

3 『한국불교문화사전』, 동국대 불교문화연구원, 2009, pp.147~148.

역사이며 의례와 범패는 불가분의 관계를 갖는다.

근대기의 범패를 살펴보기에 앞서 조선후기의 범패 현황을 이해할 필요가 있다. 범패는 일찍이 신라 때부터 시작되어 고려시대 각종 도량, 의례의 개설과 함께 크게 번성하였다.[4] 조선시대 억불정책의 와중에서도 불교의례는 지속적으로 개설되었다. 억불을 추진하는 국왕과 왕실이 오히려 앞장서서 국가적인 규모의 수륙재와 천도재, 기신재 등을 개설하기도 하였다.[5]

민간에서도 의례는 여전히 중요한 전통과 관습이었다. 숭유억불정책을 내세웠다고 해도 오랜 전통과 문화가 한순간에 사라지지는 않았다. 조선 중기까지 불교가 맡아왔던 상장례가 유교의 주자가례로 이행되면서 국가적인 차원의 불교의례는 더 이상 시행되지 않았지만,[6] 민간의 전통의례는 여전히 불교가 담당하였다. 이러한 측면에서 조선불교를 의례불교 儀禮佛敎라고도 한다.[7]

조선시대에 설행된 불교의례 중에서 가장 후기에 해당하는 사례가 1606년(선조 39)의 수륙재이다. 사현(沙峴, 홍제동 모래내)의 도로 수리에 참여했던 거사의 무리들이 공사과정에서 사망한 동료들의 넋을 기리고자 창의문 밖 탕춘대 근처에서 수륙재를 설행하였다.[8]

---

4 이혜구, 『한국음악서설』, 서울대출판부, 1967, pp.339~343.
5 김용조, 『조선전기 국행기양불사연구』, 동국대 박사학위논문, 1989. ; 이영화, 「조선초기 불교의례의 성격」, 『청계사학』 10, 1993. ; 김희준, 「조선전기 수륙재의 설행」, 『호서사학』 30, 2001. ; 심효섭, 「조선전기 수륙재의 설행과 의례」, 『동국사학』 40, 동국사학회, 2004.
6 윤무병, 「국행수륙재에 대하여」, 『백성욱박사송수기념 불교학논문집』, 1959, p.642.
7 홍윤식, 「조선후기 불교의 신앙의례와 민중불교」, 『한국불교사의 연구』, 교문사, 1988, pp.311~333.
8 『선조실록』, 선조 39년(1606) 6월 1일.

그러나 이 수륙재를 주관한 인물들이 모두 관아의 처벌을 받았다. 조선중기 이후 이와 같은 횡사자의 원혼을 달래는 제사가 여제厲祭로 전환되면서[9] 국가의 수륙재는 물론 민간의 수륙재도 모두 금지되어 있었다. 이후 기록상으로는 사례를 찾을 수 없으나, 수륙재는 여전히 유효한 천도의례였음을 짐작할 수 있다. 즉 조선후기까지 수륙재의 의식문집이 지속적으로 간행되고 있었기 때문이다.

조선시대에 수륙재에 관한 의식집은 65종이나 될 만큼 많았으나, 이 가운데 실제로 조선시대에 간행된 의식집은 11종 정도였다.[10] 조선후기에 간행된 의식집만을 간추리면 다음과 같다.[11]

9 이 욱, 「조선전기 원혼을 위한 제사의 변화와 그 의미 -수륙재와 여제를 중심으로-」, 『종교문화연구』 3, 2001.
10 남희숙, 『조선후기 불서간행 연구-진언집과 불교의식집을 중심으로』, 서울대 박사학위 논문, 2004, pp.57~71.
11 김형우, 「수륙재 의식집의 간행과 유포」, 『삼화사수륙재 역사』, 삼화사수륙재보존회, 2020, pp.286~301.

조선후기 수륙재 관련 의식집

번호	책 명	간행시기와 간행처
1	天地冥陽水陸齋儀梵音刪補集	1709(도림사), 1721(중흥사), 1739(도림사)
2	水陸無遮平等齋儀撮要	1622(갑사), 1635(송광사), 1635(용장사), 1636(회룡사), 1648(통도사), 1659(서봉사), 1673(불암사), 1688(보현사), 1694(해인사)
3	法界聖凡水陸勝會修齋儀軌	1632(용복사)
4	天地冥陽水陸齋儀纂要	1607(갑사), 1612(청룡사), 1631(수암사), 1634(대흥사), 1635(용장사), 1636(감로사), 1637(통도사), 1640(만연사), 1642(송광사), 1642(용진사), 1652(개흥사), 1656(법주사), 1658(개심사), 1660(흥국사), 1661(신흥사), 1694(해인사)
5	天地冥陽水陸雜文	1635(용복사)

이밖에도 『수륙의문촬요水陸儀文撮要』(1670), 『자기문절차조열仔夔文節次條例』(1724), 『작법귀감作法龜鑑』(1827) 등 다양한 의식집들이 조선후기에도 꾸준히 편찬되었다. 이러한 의식집들은 모두 목판으로서 대량 인쇄가 가능하여 실제로 유통된 간행본은 수천 부가 넘었을 것이다. 국가의 금지로 공식적이거나 대규모의 수륙재는 개설하지 못했으나, 의식집의 간행은 산중 사찰과 기층사회에서 소규모의 수륙재가 지속되었음을 알 수 있게 한다.[12]

---

12 "조선시대 민간에서 질병이나 조상 등 망인에 대한 의식 속에 향화와 다식을 앞에 놓고 노래와 춤의 범패가 서로 섞이어 울렸다는 것을 감안하면 범패가 당시 사회에 많은 영향을 미치고 있음을 알 수 있다." 채혜련, 『영산재와 범패』, 국학자료원, 2011, p.108.

조선후기 의식집 중에서 범패와 관련하여 특히 주목을 끄는 자료가 『범음종보梵音宗譜』이다. 1748년(영조 24) 대휘大輝가 장흥 보림사에서 범패승의 계보를 기록한 1권 1책의 목판본을 간행하였다. 인도 이래의 범음과 범패의 기원, 전승 경로와 함께 우리나라 범패의 계보를 밝힌 귀중한 자료이다. 우리나라의 범패는 진감 혜소(眞鑑 慧昭, 774~850)가 옥천사(玉泉寺, 쌍계사)에서 처음으로 전하여 그 뒤 널리 보급되었으며, 조선후기까지 전승된 1천여 년 동안의 계보를 밝혀 놓았다. 조선 초기 범패의 계보는 제1세 모범 국융模梵 國融, 제2세 응준應俊, 제3세 혜운慧雲, 제4세 대휘, 제5세 연청演淸, 제6세 상환尙還, 제7세 설호雪湖, 제8세 법민法敏, 제9세 혜감慧鑑 등으로 이어졌다. 이 책에 따르면 범패의 계보에는 영남과 호남의 두 계열이 있다고 한다. 원래는 같은 계열이었으나 동과 서로 각각 계승되었다고 한다. 저자 자신도 혜감에게서 범패를 배운 제자였다. 또한 자신의 제자로는 홍하弘下·성옥性玉·문옥文玉·요이了怡·필영弼英 등이 있다고 하였다.

이와 같이 조선후기 범패는 그 계보를 정리한 『범음종보』가 편찬될 정도로 성행하였다. 특히 전국 사찰에 대휘 자신을 비롯한 혜감의 제자들이 산재해 있고, 본인 역시 여러 제자들에게 범패를 전수하고 있음을 밝혀 놓았다. 국가의 범패 금지 법령이 무색할 정도로 여전히 범패는 번성하였고, 계승되고 있었다. 이능화는 1918년 『조선불교통사』에서 당시 범패의 상황을 다음과 같이 서술하였다.

살펴보건대, 신라 진감국사는 우리 해동 범패의 조사이다. 그로부터 어렵사리 이어져 내려와 음성으로 많은 사람들을 제도한 것이 또한 적지 않았다. 생각하건대 오직 이 도道는 서울 근처 산중[京山]에서 번성하였는데, 서울 근처 산중에 있는 승려는 참선과 강설에는 힘쓰지 않고 오직 범패만을 숭상하여 『범음집』 1권을 10년 동안 공부하였다. 무릇 법회 의식이 있을 때에는 장구를 치고 징을 울리며 작법무를 추면서 빙빙 돌고 또한 범가梵歌를 유유히 맑고 고른 소리로 부드럽게 부른다. 이것이 이른바 화청·고무·바라무·작법무라는 것이다. 대개 이 법식을 행하는 것은 시주자들을 기쁘게 하기 위해서였으니, 서울 근처 산중뿐만이 아니라 조선의 사찰에서는 모두 이를 행하였는데, 범패를 잘하는 이로는 서울 근처 산중의 승려를 으뜸으로 친다. 그러나 사법이 시행된 이후로는 일체 폐지되었다.[13]

이러한 흐름은 근대기까지 이어졌고, 일제는 1911년 사찰령을 통해 범패를 금지하기에 이른다. 결국 사찰령의 금지 조처는 이 시기까지 범패가 여전히 불교계의 중요한 불교의례로 성행하고 있었다는 반증이라고 하겠다.

13 『역주 조선불교통사』 6권, 앞의 책, pp.454~455.

3. 근대불교의 의례와 범패

1911년 조선총독부는 사찰령을 반포하여 한국불교를 통제하기 시작하였다. 사찰령은 일제하의 모든 법령과 마찬가지로 식민통치를 강화하기 위한 금지와 강제로 점철된 법령이었다. 즉 불교를 보호, 육성하려는 것이 아니라 사찰과 사찰 재산을 관리하려는 목적이었다. 이 법령은 7개의 조문과 8개의 시행규칙만으로 이루어진 소략한 내용이었으나, 극단적인 통제를 통한 식민지 지배의 도구적 입법으로서 기능하였다.[14] 이듬해인 1912년에는 「각본산사법各本山寺法」을 제정하여 구체적인 제한, 금지사항을 규정하였다. 제7장 '법식'에 "법회 의식의 방법은 종래에 거행하던 청규를 따른다. 다만 화청和請·고무鼓舞·나무囉舞·작법무作法舞 등은 일체 폐지한다."고 하여 범패를 금지시켰다.

일제는 화청과 작법무 등의 범패를 금지한 이유를 명확히 설명하지 않았다. 그 이유를 유추해보면 범패 등이 단순히 불교의례에 그치지 않고 한민족의 문화전통으로서 민족성을 발현하는 중요한 기능을 한다고 판단했기 때문이라 생각된다. 불교의례는 집단이 지닌 공통 감정을 상징으로 표현하는 것이므로 의례를 집행함으로써 집단의 결합력을 굳게 하는 기능을 지닌다고 한다.[15] 즉 일제는 원활한 식민통치를 위해 한민족의 결

---

14 한동민, 「사찰령 체재의 역사적 배경과 의미」, 『불교근대화의 전개와 성격』, 대한불교조계종 교육원 불학연구소, 2006. ; 김광식, 「사찰령의 불교계 수용과 대응」, 『민족불교의 이상과 현실』, 도피안사, 2007.

15 "불교의례가 지니는 종교적 의의는 첫째 종교적 대상에 대한 실재감을 고양시키며, 둘째 집단과 사회에 대한 확인이라는 점이다. 여기서 의례는 집단이 지닌 공통 감정의 상징화라고 할 수 있다. 상징화 작용, 다시 말해 의례를 집행함으로써 집단의 결합력을 굳게 하며 나아가 사회적 관습으로까지 진행되어 사회를 이끌어 가는 원동력이 되거나, 사회 집단 구성원

속을 강화하는 불온한 불교의례를 일체 금지할 필요가 있었다고 보인다. 또 다른 측면에서 보면 한용운 등이 제창해왔듯이 각종의 불교의례는 불교의 근대화 과정에서 반드시 개혁해야 할 구폐舊弊의 대상[16]으로 간주했을 수도 있다.

금지령으로 인해 범패는 크게 위축되기 시작하였다. 그러나 범패는 신라 이후 면면히 이어져 온 전통으로서 민족문화의 기저에 뿌리깊이 박혀 있었으므로 일순간에 사라지지 않았다.[17] 그 구체적 증거가 근대기에 개설된 수륙재의 사례와 불교의례집의 간행, 그리고 전문 범패승들의 활동이다. 이들을 통해 근대기 범패의 양상을 구체적으로 살펴보고자 한다.

1) 수륙재와 천도재의 설행

불교의례는 범패로 시작해서 범패로 끝난다고 한다. 불교의례의 종류

의 무의식에까지 침투하여 구성원 개인의 안정감은 말할 것도 없고 사회 집단 전체의 방향성을 부여하기도 한다." 홍윤식, 『영산재』, 대원사, 1991, pp.13~14.

16 "조선 불가의 백 가지 법도가 신통치 않아서 하나도 볼 것이 없거니와, 그 중에서도 齋供養의 의식(梵唄四勿·作法禮懺 등)이라든지 제사 때의 예절 따위의 일(對靈·施食 등)에 이르러서는 매우 번잡 혼란하여 질서가 없고 비열·雜駁해서 끝이 없는 상태이다. 이것을 모두어 도깨비의 연극이라고나 이름 붙이면 거의 사실에 가까울 듯하니, 지금은 말하는 것도 부끄러운 까닭에 가리어 논하지는 않으련다. 그리고 기타의 평시의 예식(巳時佛供·朝夕禮佛·念誦·誦呪 등)도 혼란해 진실성을 잃고 있는 터인즉, 대소의 어떤 예식을 막론하고 일체를 소탕한 다음에 하나의 간결한 예식을 정해 시행하면 될 것이다." 한용운, 이원섭 옮김, 『조선불교유신론』, 운주사, 2007, p.94.

17 "화청과 법고춤 같은 것을 금한 각본말사법 시행 이후 범패도 쇠한 것은 사실이지만, 다행히 멸절되지는 않았다. 經만 읽고 범패를 부르지 않는 절에는 齋가 들어오지 않아, 재가 있는 한 범패는 불가결이기 때문이다." 한만영, 『한국불교음악연구』, 서울대출판부, 1980(1984년 증보판), p.15.

가 매우 많지만 대부분의 의례에 범패가 중요한 과정으로 포함되기 때문이다. 의례를 제대로 하려면 범패가 빠질 수 없고, 범패가 빠진 의식은 본래의 의미를 상실하는 것이다.[18] 특히 수륙재와 천도재 등에 있어서 범패의 역할은 대단히 중요하다. 범패를 다른 말로 '인도引導소리'라고 하고 의식승 가운데 범패승을 '인도引導'라고 한다. 인도라는 말은 사람을 이끌어 불도에 들게 하는 일을 의미하므로 인도소리란 극락에 인도하는 소리라는 뜻을 지닌다.[19] 수륙재와 천도재는 가장 대표적인 영혼천도 의례이다. 따라서 영혼을 극락으로 인도하는 범패가 수륙재 등에서 가장 중요한 요소가 되는 것이다. 그러므로 근대기의 수륙재와 천도재 설행 사례를 통해 범패의 모습을 확인할 수 있다. 이에 관한 기존의 연구[20]를 토대로 수륙재와 천도재의 사례를 살펴본다.

근대 신문과 불교잡지에서 근대기의 불교의례 자료를 찾아볼 수 있다. 『독립신문』, 『황성신문』, 『대한매일신보』, 『매일신보』, 『동아일보』, 『조선일보』 등과 『불교』지를 검색한 결과 모두 111건의 자료를 확인하였다. 불교의례의 유형은 대략 20종 정도로 분류되는데, 석가탄일의 초파일행사 기록이 가장 많고(38회), 다음으로 수륙재(10회). 천도재(9회), 백중(우란분재, 8회), 만일염불회(4회), 재공양(4회), 영산재(2회), 조사추모재(2회), 부모은중회(2회) 등이다. 그밖에 생전예수재, 염불회, 열반재, 미륵제, 참선회, 축원기도, 경행, 통알, 불교혼례식, 풍년기원법회 등이 1회씩 확인된다. 이 가운데 의식의 집전과정에서 범패가 포함되는 의례는 수륙재, 천도재,

---

18 홍윤식, 「의식음악으로서의 범패」, 『불교학보』 7, 불교문화연구원, 1970, p.251.
19 홍윤식, 앞의 글, pp.248~249.
20 한상길, 「근현대신문에 나타난 불교의례」, 이 책 제11장, pp.369~375.

재공양, 영산재, 생전예수재 정도이다. 이러한 의례를 간추리면 다음과
같다.

근현대신문과 잡지의 범패 관련 기사

번호	일 자	기사명	의례명	출 처
1	1897. 9. 30.	엇더호 유 지각호 사롬이…	천도재	독립신문
2	1898. 9. 15.	妖僧愚婦	생전예수재	황성신문
3	1898. 10. 22.	빅셩이 일년 동안에 버려서 공용 외에 허비 호는 일	영산재	독립신문
4	1900. 1. 15.	設齋巨費	재공양	황성신문
5	1902. 11. 26.	大設僧齋	재공양	황성신문
6	1903. 3. 7.	元寺慶祝	수륙재	황성신문
7	1903. 9. 17.	山寺慶祝	수륙재	황성신문
8	1903. 11. 14.	元寺致誠	수륙재	황성신문
9	1904. 4. 9.	淨寺位祝	수륙재	황성신문
10	1911. 5. 20.	淨土宗會의 靈山齋	영산재	매일신보
11	1912. 5. 12.	爲親祈佛이 孝乎	천도재	매일신보
12	1914. 6. 12.	奉恩寺의 將卒 招魂祭	수륙재	매일신보
13	1914. 7. 12.	봉은사 슈륙재의 성황	수륙재	매일신보
14	1915. 4. 20.	覺皇寺內 薦度禮式	천도재	매일신보
15	1915. 7. 2.	無遮大會孤魂大薦度式	천도재	매일신보
16	1915. 7. 4.	大薦度式	천도재	매일신보
17	1915. 10. 7.	麻谷寺 大薦導式	천도재	매일신보
18	1916. 6. 27.	津寬寺의 水陸齋	수륙재	매일신보
19	1927. 5. 1.	齋供養儀式에 對하야	재공양	불교 35
20	1927. 9. 10.	孤魂薦度會 불교단에서	천도재	매일신보

21	1928. 9. 1.	水陸齋緣起를 묻습니다	수륙재	불교 50·51
22	1930. 12. 28.	濟州佛教協會 水陸齋 盛設	수륙재	매일신보
23	1931. 5. 1.	齋式의 意味를 묻습니다	재공양	불교 83
24	1936. 11. 25.	梵鍾소래도 淸凉히 水害 孤魂 薦度法會	수륙재	매일신보
25	1940. 7. 7.	佛教慰靈大法要	천도재	매일신보
26	1940. 9. 19.	地下英靈도 微笑	천도재	매일신보

위의 표에서 보듯이 수륙재가 10회로 가장 많고 다음으로 천도재(9회), 재공양(4회), 영산재(2회), 생전예수재(1회) 등의 순서이다. 이 가운데 빈도 수가 가장 많은 수륙재와 천도재의 몇몇 사례를 통해 근대기 범패의 존 재를 살펴본다.

먼저 천도재의 대표적 사례는 1897년 9월의 진관사 사례이다.

진관사를 가니 여러 중이 종이를 오려 각색의 꽃을 만들고 그림도 그리며 부적도 쓰거늘 물으니 서로 주저하며 잘 가르쳐 주지 않는다. 어떤 중은 대답하기를 어느 대신 집에서 재 올린다고 하며 어떤 내인 이 재 올린다고 하였다. 그 주장하는 중 월욱의 말이 지금 서흥 군수 모씨가 그 조상을 극락 세계로 가게하려고 삼천금 재산을 들여 불공 한다 하니 그 군수가 정성은 갸륵하나 아까운 재산만 허비하는 것이 당초에 그 조상의 영혼이 지옥에 빠질 것 같으면 어찌 돈 삼천냥 가 지고 그 혼을 구제하리오.[21](필자가 현대문에 맞게 풀어 씀, 이하의 인 용문도 동일)

이 기사가 실린 『독립신문』은 우리나라 최초의 신문으로서 민중계몽을 목적으로 창간하였다. 여러 차례에 걸쳐 각종의 제사 관습을 지적하며, 불교의 기도의례를 신랄하게 비판하였다. 1898년에는 「백성이 일년 동안에 벌어서 공용 외에 허비 하는 일」이라는 제목으로 굿, 경읽기, 춘추의 제사, 지신제, 산신제, 국사제, 성황제 등을 열거하였는데 이 가운데 영산재가 포함되어 있다.[22] 『독립신문』은 근대화를 위한 계몽지로서의 역할에 충실하면서 조선왕조의 낡은 관습을 청산할 것을 제창하였던 것이다. 이 과정에서 19세기 말 천도재의 양상을 엿볼 수 있다. 즉 조상의 천도재를 지내기 위하여 지화를 만들고 그림과 부적을 만드는 모습이 묘사되어 있다. 오늘날에도 수륙재와 영산재를 개설하기위해 도량을 장엄하는데 지화와 불보살을 그린 번幡 등이 반드시 필요하다.[23] 더 이상의 설명은 없으나 여러 승려가 이러한 의식 준비에 참여하는 등 조선후기 불교의례의 한 단면을 파악할 수 있다.

다음으로 근대기 수륙재의 첫 사례는 1903년 3월 원흥사의 수륙대도량으로서 많은 인파가 모여 며칠 동안 계속되었다.[24] 얼마 뒤인 1914년 6월에는 봉은사에서 대규모의 수륙재가 열렸다.

지금 경기 대본산 광주 봉은사 주지 나청호 화상은 한갓 충의와
절개를 위하여 목숨을 버린 모든 전망장졸戰亡將卒들의 혼백이 수륙

---

21 『독립신문』 1897년 9월 30일.
22 『독립신문』 1898년 10월 22일.
23 홍윤식, 『불교 의식구』, 대원사, 1996, pp.43~51.
24 『황성신문』 1903년 3월 7일. 같은 해 9월과 11월에도 또 다른 수륙재가 개설되었다. 『황성신문』 1903년 11월 14일 및 1904년 4월 9일.

공계水陸空界에 떠다니며 외롭게 울 생각을 하고, 청정 법계의 도덕심으로 그 고혼을 불러 위로하고 봉배逢拜하여 좋은 곳으로 가게 하기로 작정한 결과, 절차가 다 되어 오는 음력 윤 5월 18일 아침부터 봉은사의 주최로 강위에 30척의 배를 띄우고 굉장한 예식禮式을 베푼후, 다수 승려 기타 법사가 모여 장엄하게 초혼제招魂祭를 설행할 예정이라는데 그 날은 처음 보는 굉장한 제전祭奠이 있을 것이오, 오래동안 막막한 가운데 수륙으로 방황하며 임자 잃은 슬픈 혼백들은 마침내 법사의 천도와 근본되는 석가세존의 성은으로 인하여 흔연히웃고 모두 즐겨하며 각각 갈 곳을 찾아 가리로다.[25]

봉은사의 수륙재는 전몰장병의 혼백을 위로하는 목적이었고, 수만 명이 운집하여 구경하였다.[26] 그런데 이 기사에서 범패의 구체적 모습은 눈에 띄지 않는다. 범패는 수륙재의 전 의식과정을 이끌어가고 또 마감하는 역할을 하므로 굳이 범패에 관한 언급을 할 필요가 없었을 것이다. 앞서 설명하였듯이 일제는 1912년에 범패 등을 금지하는 법령을 제정하였다. 그러나 불과 2년 뒤에 봉은사에서는 범패를 수반하는 대규모의 수륙재를 개설하고 있다. 한강에 30척의 배를 띄우고 진행하는 대규모의 의례이므로 법령을 피해 몰래 진행할 수도 없었다. 그렇다면 법령을 초월하여 총독부 등의 공식 허가를 받고 진행된 사례임이 분명하다. 전몰장병의 영혼을 천도한다는 공공의 목적과 관계가 있을 것이라 짐작되지만

---

25 『매일신보』 1914년 6월 12일.
26 "11일을 건너 봉은사에서 굉장한 수륙재를 올린다함은 이미 보도한 바, 당일 경성안의 남녀 노소와 절 근처 수만 명의 구경하는 사람이 모두 물과 뭍에 인산인해를 이루었다고 한다." 『매일신보』 1914년 7월 12일.

더 이상은 알 수 없다.

1936년에도 강릉포교당에서 수륙재가 개설되었다.

> 금년 여름의 참혹한 수해로 인하여 강릉 관내만 해도 248명의 고
> 혼을 내었다는데 풍랑에 휩쓸려간 슬픈 영혼이 과연 극락세계를 찾
> 아갔는지. 세월이 깊어감을 따라 추도하는 마음이 간절하게 되는 쓸
> 쓸한 가을 바람이 부는 이 때 지난 18일 오후 1시 강릉읍 금정불교포
> 교당에서는 대본산 오대산 월정사 주지 이종욱李鍾郁씨 설법 하에 수
> 해에 무참하게 죽은 영혼을 위로하기 위하야 수해 영혼 천도법회를
> 거행하였다. 회장會場에는 남녀신도가 구름같이 모였으며 강릉읍내
> 각 관공서 각 장관, 지방유지, 사망자의 유족들이 모여서 입추의 여지
> 가 없이 운집한 속에 처량한 범종소리와 함께 대중은 기립하야 삼배
> 례를 행한 후 주지의 선도로 분향하고 염불소리가 처량한 중 원왕생
> 願往生 원다남願多男의 나무아미타불하는 소리가 일어나 관중은 더욱
> 정숙하고 유족들의 느끼어 우는 소리는 산천도 눈물 흘리고 초목도
> 감동하는 듯하였다.[27]

수해로 인한 사망자를 위로하는 수륙재였다. 수륙재는 억불의 조선시
대에도 진관사에 국행수륙사國行水陸社를 건립하는 등 불교가 사회적 역
할을 수행하는데 중요한 역할을 담당해왔다. 즉 불교라는 종교의 의례
가 아니라 사회적 공공의례로서의 기능을 수행하면서 위와 같은 자연재

---

27 『매일신보』 1936년 11월 25일.

해를 극복하는 재의식으로 수륙재가 선택되기도 하였다. 법령으로 금지한 범패와 의례였지만, 현실적으로 이보다 더 적합한 위령제는 없었던 것이다.

불교의례가 이러한 공공의 의례로 개설된 또 다른 사례는 1915년 장충단에서 1만 명의 대중이 참여한 천도재 즉 '대천도식大薦度式'이다.[28] 당시 불교진흥회의 고문이었던 조중응(趙重應, 1860~1919) 자작이 제안하여 원사冤死·횡사자橫死者와 무주고혼을 천도한다는 명목이었다. 여기에 조선총독 대리인과 각부 장관, 그리고 총독부의 작위를 받은 귀족들이 참가하였음을 볼 때 순수한 종교적 목적이 아닌 정치적 성격을 띤 공공의례였음을 알 수 있다. 이러한 성격의 의례는 '위령법회' 라는 이름으로 자주 개최되기도 하였다.[29] 이상과 같이 근현대신문에 등장하는 수륙재와 천도재 등의 불교의례 기사는 대부분 공공의례로서의 성격을 지니고 있다. 신문이라는 매체가 지닌 공공성을 생각한다면 당연한 일이지만, 종교의례로서의 수륙재의 구체적 설명은 대부분 생략되었다. 그렇다고 해서 범패와 작법무 등이 어우러지는 불교의례의 개설 사실은 달라지지 않는다. 근현대신문과 일부의 불교잡지만을 대상으로 한 통계이지만 수륙재와 천도재, 영산재 등은 19세기말에서 1940년대까지 단절없이 계속되었고, 범패는 이러한 불교의례와 함께 맥을 이어나갈 수 있었다.

---

28 「無遮大會孤魂大薦度式」, 『매일신보』 1915년 7월 2일.
29 '호국의 英靈을 위문하는 위령대법회' 「佛敎慰靈大法要」, 『매일신보』 1940년 7월 7일. ; '전몰장병 위령과 황군 무운장구 기원 대법회' 「地下英靈도 微笑」, 『매일신보』 1940년 9월 19일.

2) 범패의 교육과 의례집의 간행

근대불교계에서 불교의례는 개혁의 대상이었다. 일찍이 한용운은 『조선불교유신론』을 저술하여 불교의례를 '도깨비 연극' 이라며 일체를 소탕할 것을 주장하였다.[30] 여기서 한걸음 더 나아가 1922년 이영재는 불교의례의 개혁과 함께 "불교의 신앙대상을 석가모니 하나로 통일해야 한다."[31]는 급진적 혁신안을 제시하였다. 또한 1927년에는 석왕사 출신의 박승주가 불교의례를 '도깨비 놀음'이라고 비판하며 재공의식齋供儀式의 혁파를 주장하였다.[32]

그러나 이러한 개혁론은 불교계의 공감을 얻지 못하고 공허한 외침으로 그치고 말았다. 당시 불교계는 사찰을 유지하는 재원을 천도재와 49재 등의 재공양에 그게 의존하고 있었다. 대부분의 본산은 적지 않은 토지와 산림을 소유하고 있었지만, 사찰령하에서 모든 재산의 매매와 개발이 제한되어 있었다. 규모가 작은 사암의 경우에는 시주에 의존해야 하지만, 너나할 것 없이 경제적 어려움을 겪던 시기에 이 또한 어려운 일이었다. 이러한 현실에서 재공양은 사찰의 재정 확보에 좋은 방안이었고, 다른 한편으로는 포교의 중요한 방편이기도 하였다. 오히려 불교계는 재공양의 의미를 강조하고 권장하는 입장이었다.

---

30 한용운, 앞의 책, p.94.
31 이영재, 「조선불교혁신론」, 이철교, 「신발굴, 조선불교혁신론」, 『다보』 4, 대한불교진흥원, 1992. ; 김광식, 「이영재의 생애와 조선불교혁신론」, 『한국독립운동사연구』 9, 한국독립운동사연구소, 1995. ; 김경집, 「이영재의 혁신사상」, 『한국근대불교사』, 경서원, 2000, pp.316~364.
32 朴勝周, 「齋供儀式에 對하야」, 『불교』 35, 불교사, 1927. 5, pp.32~33.

부처님은 열반의 저 언덕에서 생사해生死海를 굽어보시며 중생을 접인하시는 삼계의 대도사요, 사생의 자부慈父이시라 만일 죽은 사람이 자기의 지은 복으로 좋은 곳을 갔다할지라도 재齋의 공덕으로 더욱 좋은 낙취樂趣에 오를 것이고 만일 죄가 있어 악취惡趣에 떨어졌다하면 재의 공덕으로 고계苦界를 벗어나게 됩니다. 즉 해탈을 얻지 못한자는 해탈을 얻게하고 해탈을 얻은자는 초승超昇이 있게하고 초승이 있는 자는 퇴전退轉이 없게하는 의미에서 입니다.”[33]

불교개혁론자들의 주장과는 달리 이처럼 현실에서는 재공양을 해탈과 정토왕생의 공덕을 쌓는 일이라며 강조하였다. 불교의 종교적 기능 가운데 이러한 기복적 요소는 중요한 위치를 차지한다. 불교의례는 이미 불교의 전래과정에서부터 비롯되어 오랜 연원을 지니며 전통문화의 한 틀을 형성해왔기 때문에 몇몇의 개혁론으로 쉽게 변화될 일이 아니었다. 다른 한편 신자의 입장에서는 경전의 심오한 철학이나 계율, 어려운 수행보다는 음악과 춤, 염불과 범패 등의 시각적·감각적 의례를 통해 쉽게 불교에 다가갈 수 있다. 이러한 측면에서 1931년에는 불교의례와 범패에 대해 자세히 알려달라고 요청하는 일도 있었다.

의례식儀禮式과 범음梵音의 출처를 묻습니다. 우리 불교의 의례식의 청문請文과 범음梵音은 어떤 어른이 저작하였습니까. 연대까지 상세히 하교하시어 궁금함을 밝게 이끌어 주시기 바랍니다.[34]

33 「齋式의 意味를 묻습니다」, 『불교』 83, 1931. 5, pp.30~31.
34 『불교』 80, 1931. 2, pp.47~49.

이에 대해 권상로는 범음의 기원과 유래, 중국의 어산魚山, 진감선사의 범패 등을 자세히 설명하였다. 뒤이어 끝부분에 "현재 조선에 유행하는 범음 중에는 지리산 등지의 소리를 제외하고는 아마도 진감선사가 전해온 조자건曹子建의 범패가 아니요, 고려중엽 이후 즉 원과의 교섭이 잦았던 시절에 북방불교의 범패가 전파되었다고 봅니다. 그 이유는 첫째 웃녘 인도소리와 아랫녘 인도소리가 같지 않은 것이고, 둘째는 우리의 범패가 서장西藏 승려와 의식 또는 소리의 빛이 서로 비슷한 점이 많기 때문입니다."[35]라고 하였다. 글 내용의 사실 여부를 떠나 여기서 주목하는 것은 첫구절 "현재 조선에 유행하는 범음 중에는"이라는 표현이다. 즉 1931년 당시에 범패는 불교계에 유행하고 있었다.

근대기 범패 전승의 사실을 살펴볼 수 있는 또 다른 사례는 백학명(白鶴鳴, 1867~1929)의 「내장선원內藏禪院 규칙」에 나타난 범패의 교육에 관한 내용이다. 학명은 근대불교를 대표하는 선지식으로 참선과 노동은 하나이며 승려도 일을 해야 한다는 선농일치 사상을 실천하였다.[36] 1923년부터 학명은 내장사 내장선원에서 수행에 전념하였다. 당시 선원의 청규를 기록한 「내장선원 규칙」을 1928년에 강유문(姜裕文)이 『불교』지에 소개하였다.[37] 전체 9개의 항목인데 내용을 간추리면, "선원의 목표는 반농반선半農半禪이고, 자선자수自禪自修하며 자력자식自力自食한다. 오전에 학문하고, 오후에 노동, 야간에 좌선한다. 동안거는 좌선 위주, 하안거는 학문과

---

35 『불교』 80, 앞의 책, p.49.
36 김종진, 「학명의 가사 '선원곡'에 대하여」, 『동악어문논집』 33, 1998. ; 김병학, 「백학명의 반선반농운동을 통해 본 불교개혁이념」, 『종교연구』 47, 한국종교학회, 2007. ; 김순석, 「백학명의 선농일치와 근대불교개혁론」, 『한국선학』 23, 한국선학회, 2009. ; 김광식, 「백학명의 불교개혁과 선농불교」, 『한국 현대선의 지성사 탐구』, 도피안사, 2010.
37 「內藏禪院 一瞥」, 『불교』 46·47, 1928, pp.82~83.

노동위주로 한다." 등이다.

그런데 8번째 규칙에 "범음은 시세에 적합한 청아한 범패를 학습하며, 또 찬불·자찬自讚·회심回心·환향곡還鄕曲 등을 새로 만들어 부르기로 한다."는 내용이 있다. 내장선원에서 범패 교육을 하였고, 찬불가와 회심곡을 창작하였다는 것이다. 오늘날의 관습으로 보면 참선 수행하는 선원에서 범패를 가르치고 찬불가 등을 불렀다는 사실을 이해하기 어렵다. 물론 선원에서의 범패와 찬불가 등은 당시에도 일반적인 경우가 아니었다. 학명이 결사를 표방하며[38] 제창한 반농반선의 노동불교 자체가 당시로서는 혁신이었다. 여기에 더하여 선원에서 범패와 찬불가를 중시하였다는 사실은 이들이 지니는 가치와 필요성을 중시하였기 때문이라 생각된다. 학명은 사찰령 체재하에서 한국불교의 현실을 비판하고,[39] 불교가 나아갈 바는 철저한 수행과 노동에 있다고 믿었다. 이러한 개혁가의 면모를 지닌 그가 그동안 구폐와 악습이라는 오명을 쓰고 있던 범패 등을 중요한 학습 대상으로 규정하였다. 내장선원 규칙은 1929년 그가 입적할 때까지 계속 유지되었다. 이 곳 선원을 수료한 승려가 몇 명인지는 알 수 없으나 운영 기간 6년 동안 적지 않은 수행자가 참선하고 노동하며, 범패와 찬불가를 배웠던 것이다.

범패의 교육과 함께 근대기 범패의 양상을 살펴볼 수 있는 사례가 이 시기의 불교의례집 간행이다. 근대기의 불교의식집 중에서 가장 큰 가치를 지니는 책은 안진호의 『석문의범』이다. 조선시대에 편찬된 각종 의례

---

38 김호성은 학명의 선농불교를 '結社'라 이해하고, 그가 지은 「禪園曲」을 결사문으로 이해하였다. 「학명의 선농불교에 보이는 결사적 성격」, 『한국선학』 27, 한국선학회, 2010.

39 김광식, 앞의 글, pp.507~516.

서와 의식집을 망라하여 한국불교 의례를 일목요연하게 정리하였다. 이 책은 1935년 만상회卍商會에서 간행한 이후 지금까지도 한국불교 의례의 교과서가 되고 있다. 『석문의범』의 등장은 한국불교의 정체성을 확인하고, 계승하는 중요한 계기가 되었다. 영산재를 비롯한 대부분의 불교의례가 통제받는 현실에서, 고유의 신앙과 의례에 관한 의식문을 집성하는 노력은 전통불교의 회복과 계승의 산물이라는 평가를 받는다.[40] 이밖에도 근대기에는 9종의 의례집이 31회 이상 필사, 간행되었다. 구체적인 책명과 간행시기는 다음의 표와 같다.

근대기 불교의례집 간행 현황[41]

책명	편저자	연도	판종	소장처
七衆受戒儀軌	미상	1901	全史字本 1책 74장	계명대 도서관
		1901	全史字本 74장	성암고서박물관
		1901	全史字本 1책	불영사
		1908	목판본 72장	규장각
		1908	목판본 1책 73장	연세대 도서관
		1908	목판본 1책 74장	영남대 도서관
		1927	필사본 1책 72장	동국대 도서관
佛說天地八陽神呪經	義淨	1908	목판본 1권	규장각
		1908	목판본 1권	동경제국대학 도서관

---

40 한상길, 「한국 근대불교의 대중화와 석문의범」, 이 책 제10장, p.350~353.
41 이 표는 『불교민속문헌해제』(국립문화재연구소, 2005)를 바탕으로 작성하였다.

		1908	목판본 31장	국립중앙도서관
		1908	목판본 1책	고려대 도서관
		1908	목판본 1책	고려대 도서관
		1908	목판본 1권 1책	서울대 도서관
		1908	목판본 1책	서울대 도서관
		1914	목판본 30장	일본
		1927	석인본 1책	국회도서관
佛說天地八陽神呪經 (국문음역)	·	1908	목판본 17장	일본
불셜텬디(천지)팔양신주경	·	1914	목판본 1책	한중연 도서관
		병자년	필사본 1책 9장	규장각
		미상	필사본 15장	국립중앙도서관
			필사본 16장	국립중앙도서관
			필사본 1책 39장	연세대 도서관
			필사본 30장	국립중앙도서관
作法龜鑑	白坡	1929	필사본 2권 2책	규장각
		1929	필사본 2권 2책	서울대 도서관
日用集	曹海珠	1933	필사본 1책 68장	국립중앙도서관
朝夕持誦	權相老	1932	활자판 1책 35장	동국대 도서관
	李泰俊	1932	목판본 35장	국립중앙도서관
禪家儀範	羅晴湖	1922	연활자본 37장	국립중앙도서관
佛子必覽	崔就墟 安震湖	1931	활자판 1책	동국대 도서관
釋門儀範	安震湖	1935	활자판 1책	동국대 도서관

이상의 근대기 불교의례집은 모두 범패와 관련을 지니고 있다. 이 중에서 『작법귀감』은 불전과 신중에 올리는 재공의식에 관한 작법의 절차를 기록한 의례집으로서 범패의 교본이라고 할 만하다.[42]

1826년(순조 26) 백파 긍선(白坡亘璇, 1767~1852)이 당시에 재공의식을 행하는데 일정한 격식이 없고 완전하지 못함을 염려하여 여러 의식문을 교정, 보충하여 의식의 통일을 이루고자 하였다. 백파는 재공의식 때 행하는 삼보통청三寶通請, 헌좌게獻座偈, 육법공양六法供養, 관음청觀音請, 지장청地藏請 등 작법의 절차를 자세히 설명하였다. 특히 각 의식의 단계마다 행하는 범음梵音의 고·저·청·탁을 가릴 수 있도록 4성聲을 점點과 권圈으로 표시하고 구두점을 찍어 범패의 통일화를 기했다는 점이 중요한 의미를 지닌다. 『작법귀감』은 19세기까지 꾸준히 간행되었는데 1929년에는 필사본으로도 만들어졌다는 사실은 곧 범패의 수요가 근대기에도 여전히 지속되었음을 말해준다.

3) 범패승의 활동

범패는 근대불교의 전개과정에서 개혁가들에 의해 철폐의 대상이 되었고, 총독부의 금지 사항이었다. 또한 『독립신문』 등에서는 무속의 굿거리 등과 동일시하며 근절해야 할 낡은 관습으로 규정하였다. 그러나 이러한 안팎의 비판에도 불구하고 범패는 꾸준히 생명력을 유지하였다.

---

42 『불교민속문헌해제』, 앞의 책, pp.38~40.

그 배경에는 범패승의 활동과 교육이 있었다. 1929년 다카하시 토오루(高橋亨)는 "근년까지 경성 교외 백련사白蓮寺에 만월滿月이라는 노승이 범패로 유명하였다. 원래 경성의 동·서산東西山에는 각각의 만월滿月이 있어 아름다운 소리가 서로 대등하였다. 이 만월은 서만월西滿月이라고 한다."[43] 라고 하였다. 이처럼 근대기에는 전문적인 범패승들이 활동하였고, 이들을 중심으로 전수와 교육이 활발히 진행되었다. 동서산을 다른 말로 동교東郊·서교西郊라고 하는데 동교는 영도사永度寺의 이만월을 시작으로 청암사靑庵寺(또는 慶國寺)의 대원과 영도사(또는 開運寺)의 벽봉碧峰이 있었다. 서교 이만월의 제자로는 백련사의 이범호李梵湖가 있었고, 다시 범공梵公과 만허滿虛에게 전수되었다.[44]

이들에게서 범패를 배운 인물이 동교는 운월, 운공(1902~1981), 덕암(1914~2003), 한제은(1914~?), 서교는 벽해(1898~1970), 운파(1909~1973), 송암(1915~2000), 덕산(1913~1977), 일응(1920~2003), 화담(1904~1975), 지광(?~1997), 운공(1902~1981), 벽응(1909~2000), 덕암(1914~2003) 등이다. 이처럼 많은 인물들이 평생을 범패와 함께 하면서 근대기의 불교의례를 이끌어 갔다.[45]

이들 중에서 범공梵公 유창렬柳昌烈과 박송암朴松巖, 장벽응張碧應의 활동을 통해 근대기 범패의 구체적 모습을 살펴볼 수 있다. 먼저 범공(1898~?)은 1908년 11세의 어린 나이에 백련사에서 범패를 배우기 시작하였다. 당시 함께 배운 승려가 48명이나 되었는데 특히 짓소리에 뛰어나

---

43 高橋亨, 『李朝佛敎』, 國書刊行會, 1929, p.804.
44 이혜구, 앞의 책, pp.345~349.
45 동교와 서교를 토대로 하는 근현대 범패의 계보는 채혜련, 『영산재와 범패』, 국학자료원, 2011, pp.113~114 참조.

16세 때 이미 자질을 인정받았다.[46] 1918년 백련사의 어장魚丈이 되었고 교학과 신학문을 배우기 위해 불교전문학교를 이수하였다. 이후 범호에게 홋소리와 짓소리를 배우고, 혜월慧月에게 다시 안채비를 배웠다. 1929년 이후에는 전국을 돌아다니며 범패교육에 힘을 기울였다. 그가 범패를 전수한 사찰은 묘향산 보현사, 함흥의 귀주사, 정평의 환희사, 평양의 영명사, 부산의 연대사, 계룡산 동학사, 관악산 삼막사 등이었다. 1939년 이후에는 강화 전등사와 백련사에서 여전히 범패교육에 전념하였다. 이처럼 많은 사찰에서 범패를 가르치고, 또 배우고자 했던 이유는 여전히 각종의 불교의례가 성행하면서 범패의 중요성을 인식하고 있었기 때문이다.

박송암 스님

---

46 이혜구, 앞의 책, p.347.

다음으로 박송암(1915~2000)은 속명이 박희덕으로 갑신정변의 주역이었던 박영효(朴泳孝, 1861~1939)의 손자이다. 박영효는 갑신정변의 실패로 일본과 미국을 전전하며 오랫동안 망명생활을 하였다. 그의 아들 박춘서朴春緖는 힘든 시기를 보내다가 황해도 심복사에서 출가하여 운허雲虛라는 법명을 받았다. 송암은 부친 박춘서의 영향을 받아 1934년 봉원사로 출가하였다. 이때부터 월하에게 범패를 배우기 시작하였는데 하루에 두어 곡씩을 익힐 정도로 천재성을 보였다고 한다. 불과 2년 만에 본격적으로 범패승으로 인정받을 정도였다. 이후 송암은 봉원사의 모든 재에 참석하였고, 전국 각지의 재공양에 초청받으며 점차 명성이 퍼져 나갔다. 송암은 출가 이후 평생을 범패와 함께 하며 봉원사의 범패 전통을 일궈나갔다. 지금까지 남아있는 범패의 15가지 짓소리와 안채비, 바깥채비, 흩소리 등은 모두 그가 스승 월하에게서 배워 전수한 것이다.[47] 송암은 1973년 김운공, 장벽응과 함께 국가 중요무형문화재 50호 범패 기능보유자로 지정되었다. 일제 강점기의 어려운 시대와 1960년대 비구·대처의 분규 와중에서도 묵묵히 범패 수행의 한길을 걸어왔다. 봉원사에 옥천범음회와 영산재보존회를 설립하여 범패와 영산재 의례의 전수에 매진한 결과, 영산재는 2009년 유네스코의 세계문화유산으로 등재될 수 있었다.

장벽응(1909~2000)은 13세에 경기도 장단의 화장사華藏寺에서 출가하였다.[48] 당시 화장사에는 범패와 작법무에 능한 승려들이 많았고, 각종의 재가 끊이지 않았다. 그 가운데 서울 화계사에서 온 황청하가 가장 유명

---

47 노재명, 「20세기 한국전통불교음악 음반 총목록과 인간문화재 자료」, 『한국음반학』 11, 한국고음반연구회, 2001, pp.277~279.
48 「한국 범패의 양대 산맥 벽응스님」, 『현대불교』 제265호, 2000년 4월 5일.

하였는데, 이 곳에는 얼마나 재가 많았는지, "화계사에서 부목을 하면 공양재를 할 줄 안다."는 말이 나올 정도였다고 한다. 어린 벽응은 범패의 소질이 남달랐다. 황청하의 가르침을 받으며, 김보성에게 홋소리를 배웠다. 김보성은 당시 범패의 어장인 이범호의 제자였다. 이범호는 다카하시가 언급한 1920년대의 유명한 범패승 서만월西滿月의 제자였으므로 벽응은 이범호에게 직접 배우지는 않았지만,[49] 서만월의 4대 제자가 되는 셈이다. 범패에 전념한지 십수 년 동안 벽응은 전국을 오르내리며 수많은 재를 집전하였다. 한동안 봉원사에서 송암과 함께 범패 교육에 힘을 쏟았다. 1973년 송암과 같이 범패 기능보유자로 지정받았는데 특히 안채비와 바깥채비에 능하였고, 호적과 취타까지 두루 섭렵하였다고 한다.

1945년 무렵까지 3일간 개설하는 영산재, 즉 3일영산三日靈山이 널리 행해졌다. 3일 중에서 첫째 날은 전국에서 초빙한 범패승들이 도착하여 각각 순서에 따라 걸영산을 한 자락씩 한다. 둘째 날은 많은 범패승들이 밤낮없이 염불 작법을 시연하는 일대 장관이 펼쳐진다. 마지막 셋째 날에는 범패승의 인도에 따라 영가를 동구밖 시련터에 봉송하였다.[50] 이러한 대규모의 영산재에 많은 범패승들이 참여하면서 서로가 배움의 기회가 되기도 했지만, 때로는 범패의 경합장같은 분위기가 연출되기도 한다. 이 과정에서 송암의 범패는 당시 평양까지 퍼지고, 벽응의 범패는 개성의 재공양에 영향을 미치기도 하였다.

---

49 노재명, 앞의 글, p.280.
50 「해방50년 불교50년 ② 불교음악」, 『법보신문』 334호, 1995년 8월 9일.

4. 맺음말

이상으로 근대기 불교의례와 범패의 다양한 양상을 살펴 보았다. 조선시대 억불의 결과 불교는 사회, 경제적으로 크게 쇠퇴하였으나 다양한 생존 방안을 모색하며 기층사회의 신앙불교로 명맥을 유지하였다. 이 과정에서 불교의례는 신앙불교의 성립과 전개에 중요한 역할을 담당하였다. 특히 상장례喪葬禮에서 불교의례는 큰 힘을 발휘하며 민족의 전통으로 자리 잡고 있었다. 근대기에 들어 불교의례는 개혁가들에게 근대화를 저해하는 낡은 관습으로 지목되어 개혁과 철폐의 대상이 되기도 했지만, 여전히 불교신앙과 전통문화의 핵심 기저를 이루고 있었던 것이다.

일제하에서 범패는 사찰령과 각본말사법의 금지 조처로 또다시 위기를 맞았다. 그러나 날선 법령으로도 오랜 역사와 전통을 지닌 불교의례를 막을 수는 없었다. 일제의 통치가 고착화되던 1920년대 무렵 서울에는 범패와 작법무 등의 불교의례 거장들이 일가를 이루고 있었다. 대표적 인물이 만월, 벽봉, 이범호, 범공, 만허, 운공, 벽해, 송암, 벽응 등이었다. 이들의 노력과 활동으로 범패는 전국으로 확산되었고, 그 결과 이 시기 경기도 장단의 화장사에는 범패승이 무려 80여 명에 달했다.[51] 동시대에 한국에 살면서 조선시대 불교사를 정리한 다카하시의 "지금 노승들 가운데 (범패를) 기억하는 사람들이 드물게 있으나, 평소에 실습하지 않아 아름다운 소리는 과거와 같지 않다."[52]라는 평가를 무색하게 한다.

---

51 노재명, 앞의 글, p.280.
52 高橋亨, 앞의 책, p.805.

불교의례는 집단의 결속력을 강화하는 기능을 지닌다. 특히 영산재와 수륙재의 장엄한 범패와 작법무는 승속을 하나로 동화시켜 종교적 환희심을 불러 일으키기 마련이다. 그러므로 근대불교에서 의례만큼 대중적 선호와 가치를 지니는 요소는 흔치 않을 듯하다. 일제가 법령을 제정하면서 금지하려했던 이유가 바로 여기에 있다. 집단의 하나된 힘은 자연스럽게 민족의 단결로 연결될 수 있다는 우려 때문이었을 것이다. 안으로는 낡은 관습으로 취급받고, 밖으로는 금지의 대상이 되었지만 범패는 이러한 시련에도 불구하고 근대불교의 전통을 수호하고 발전시키는 중요한 역할을 수행하였다.

10

근대불교의 대중화와 『석문의범』

1. 머리말

안진호(安震湖, 1880~1965)의 『석문의범釋門儀範』은 한국불교 의례의 결집서이다. 조선시대에 편찬된 각종 의례서와 의식집을 망라하여 한국불교 의례를 일목요연하게 정리하였다. 1935년 만상회卍商會에서 간행한 이 책은 이후 한국불교 의례의 교과서라고 할 정도로 매우 중요한 위치를 지니게 되었다. 당시 한국불교는 사찰령체제하에서 전통불교의 근간이 위축되고 있었다. 일제는 사찰과 불교계를 식민통치의 수단으로 삼기 위해 전통불교를 변질·왜곡시켰다. 그러나 전통과 자주성을 수호하려는 노력 또한 꾸준히 전개되었고, 이 과정에서 갈등과 마찰이 빈번히 야기되었다.

이러한 혼란의 시대에서 『석문의범』의 등장은 한국불교의 정체성을 확인하고, 계승하는 중요한 계기가 되었다. 한국불교를 왜곡시켜 영산재를 비롯한 많은 불교의례와 의식 등이 사라지는 현실에서, 고유의 신앙과 의례에 관한 의식문을 집성하는 노력은 다름아닌 전통불교의 회복과 계승의 산물이었다. 19세기말 개항과 함께 상륙한 일본불교의 여러 종파는 불법을 전파한다는 미명으로 일본불교를 이식하는 데 앞을 다투었다. 철저하게 어용화된 일본의 각 종파는 식민지 경영의 첨병을 자처하였고, 포교의 차원이 아닌 정략적인 행위도 서슴지 않았다. 이에 따라 일본의 불교의식과 의례는 급속히 퍼져나갔고, 한국 전통불교의 수행풍토와 의례문화는 설 자리가 점차 좁아지고 있었다.

한편 근대화의 물결과 함께 새로운 사상과 문명이 범람하는 1910년대 이후 불교의 반성과 개혁을 촉구하는 다양한 개혁 주장도 불교의례의 입지를 위축시켰다. 만해를 시작으로 이영재, 권상로, 백용성 등의 불교개혁론들은 직접, 간접으로 불교의례의 개혁을 제창하였다. 이와같이 전통불교 의례는 안팎의 도전에 직면하였고, 바로 이 시기에 『석문의범』이 간행되었던 것이다.

본고는 이처럼 일본불교의 침투와 한국불교의 개혁론이 팽배한 시기에 간행된 『석문의범』의 역사적 의미를 이해하는 데 목적이 있다. 특히 근대불교의 대중화 과정에서 『석문의범』이 지니는 가치와 그 지향점이 무엇이었는가를 살펴보고자 한다. 이로써 한국 근대불교에서 의례가 차지하는 위상을 아울러 이해하고자 한다.

2. 『석문의범』의 간행 배경

1) 조선후기 의례집의 성행

조선은 왕조 건국의 이념을 성리학으로 내세우면서 건국초부터 억불
시책을 단행하였다. 불교 배척은 조선왕조 전 기간에 걸쳐 지속적으로
전개되었다. 수많은 사찰과 승도는 통폐합되거나 환속당했고, 그나마 존
속하였던 사찰과 승도는 양반관료제 사회하에서 온갖 수탈을 겪어야만
했다. 조선 중기 명종대 문정왕후의 노력으로 불교는 일시적으로 부흥의
기운을 맞았으나 오래 지속되지 못하였고, 조선후기의 불교는 더 이상의
억불시책이 필요없을 정도로 피폐화되었다. 사찰은 이제 깊은 산중으로
밀려들어가 이른바 '산간불교', '산중불교'[1]라는 이름으로 불려졌다. 한편
이러한 조선후기 불교를 규정하는 또 다른 특징은 '신앙불교'이다.[2] 오랫
동안의 억불의 결과, 19세기는 교단과 사상 등 불교 제반이 침체에 빠져
있던 시기였다. 불법을 유지하는 데 필수적인 종단과 사찰, 그리고 승가
등의 기본 여건은 국가적으로 용인되지 않았다. 이같이 어려운 상황에서
도 불교는 명맥을 유지해나갔고, 그 원동력은 신앙불교의 흐름에서 찾을
수 있다.[3]

신앙불교는 경전에 의거한 체계적 사상이 아니라 염불과 기도 등을 통
한 기원적祈願的 신행활동을 말한다. 교리와 사상을 선도할 출가자가 부족

---

1 김영태, 『한국불교사개설』, 경서원, 1986.
2 홍윤식, 「조선후기 불교의 신앙의례와 민중불교」, 『한국불교사의 연구』, 교문사, 1988.
3 『조계종사 근현대편』, 대한불교조계종 교육원 불학연구소, 2001. pp.21~23.

하고 또 원천적으로 출가의 길이 막혀있는 현실에서 대중은 결사공동체로서 미타신앙이나 관음신앙 등의 신행결사를 추진하였다. 또한 기층민의 문화로서 뿌리박힌 상례喪禮와 제례祭禮에 적극적으로 참여함으로써 49재의례, 영혼천도의례, 영산재, 수륙재 등의 다양한 신앙불교를 전개시켰다. 여기에 의례와 염불의식을 뒷받침하는 각종의 의례집, 진언집, 다라니의 간행이 뒤따랐다. 교학과 사상이 뒷받침되지 못하는 신앙 중심의 불교는 구원적 기능만을 강조할 위험이 있었지만, 이러한 신앙불교의 흐름은 조선후기 불교의 보편적 경향이었다.

신앙불교의 흐름에 따라 조선후기에는 많은 의례집·진언집이 간행되었다.[4] 조선말기까지 간행된 의례집, 염불집은 대략 70여 종에 이른다. 『석문가례초釋門家禮抄』(1660), 『석문상의초釋門喪儀抄』(1705), 『범음집梵音集』(1713), 『작법귀감作法龜鑑』(1826), 『다비작법茶毘作法』(1882) 등 조선후기 전기간에 걸쳐 의례집의 간행은 꾸준히 이어졌다.[5] 현존하는 판본을 조사한 결과, 진언집류를 제외하고 가장 많이 남아 있는 의례집은 『수륙무차평등재의촬요水陸無遮平等齋儀撮要』, 『예념미타도량참법禮念彌陁道場懺法』, 『예수시왕생칠재의찬요豫修十王生七齋儀纂要』, 그리고 『천지명양수륙재의찬요天地冥陽水陸齋儀纂要』 등이다.[6] 이상과 같이 많은 의례집의 간행은 조선

---

4 홍윤식, 「조선시대 진언집의 간행과 의식의 밀교화」, 앞의 책, pp.277~310. ; 남희숙, 『조선후기 불서간행 연구-진언집과 불교의식집을 중심으로-』, 서울대 박사학위 논문. 2004.
5 한국의 불교의례 자료를 망라한 『한국불교의례자료총서』(박세민편, 1993)에는 모두 74편의 의례집을 담고 있는데, 편찬 시기별로 보면 1400년대가 4편, 1500년대는 7편, 1600년대는 11편, 1700년대는 12편, 1800년대는 11편, 1900년대가 9편이고, 나머지 20편은 연대 미상이라고 한다. 박종민, 「한국 불교의례집의 간행과 분류-『한국불교의례자료총서』와 『석문의범』을 중심으로」, 『역사민속학』 12, 한국역사민속학회, 2001, p.116.
6 『불교민속문헌해제』, 국립문화재연구소, 2005.

시대 신앙불교, 혹은 의식불교의 다양성을 보여주는 실증적 사례이다. 많은 불교의식집이 간행되었던 것은 불교의식의 종류가 워낙 많았고, 그 절차에 따라 염불이나 의식이 다양한 모습을 지니고 있었기 때문이었다. 이러한 많은 의례를 집전하는 일은 전문적인 의식승이라 하더라도 쉬운 일이 아니었다. 의식에 따라 적게는 몇 권, 많게는 십여 권을 소지해야 하니, 그 불편함은 이루 말할 수 없을 지경이었다. 또한 의식의 절차나 염불문 등은 지역에 따라, 혹은 사찰에 따라, 때로는 스님마다 각양각색으로 달랐다. 더구나 당시는 유통되고 있는 목판본 서적도 극소수에 불과했기 때문에 염불을 배우고자 하는 사람들은 직접 베껴서 사용할 수밖에 없었다. 그러다 보니 발음도 와전되기 일쑤여서 원본과는 다른 발음이 재차, 삼차 필사, 유포되는 일도 있었다. 심지어는 경상도 스님과 전라도 스님이 같이 의식을 집전할 경우 발음이 맞지 않아서 함께 염불할 수 없을 정도였다.[7] 대규모의 천도재라도 있게 되면 관음시식용, 수륙재용 등 여러 권의 염불집을 가지고 다녀야했으므로 의례를 주관하고 의식절차에 따른 다양한 예불과 염불을 진행해야 하는 승가의 입장에서는 곤란한 점이 한 두 가지가 아니었을 것이다.

『석문의범』을 편찬한 일차적인 목적은 바로 이러한 어려움을 해소하는 데 있었다. 먼저 조선시대 70여 종에 달하는 많은 의식집에서 당시에 널리 시행하는 의례만을 간추렸다. 각 의식집의 가사와 발음 등을 통일하여 원문과 한글을 병용함으로써 불교의식의 통일을 기하였다.

---

7 윤창화, 『근현대 한국불교 명저 58선』, 민족사, 2010, pp.69~73.

2) 근대불교 개혁론과 의례

1910년 만해 한용운은 『조선불교유신론』을 저술하여 불교개혁을 제창하였다. 만해는 불교의 모든 분야에 걸친 비종교적·비시대적·비사회적인 인습을 타파, 혁신하여 불교 본연의 자세로 복귀하고, 시대의 발전에 따라 새로운 진로를 개척할 것을 주장하였다. 총 17장에 걸쳐 승려교육, 참선, 염불당 폐지, 포교의 강화, 불교의식의 간소화, 승려의 권익을 찾는 길, 승려의 혼인문제, 주지의 선거, 승려의 단결, 사원의 통괄 등 불교의 전부라고 할 만한 방대한 사안에 관하여 구체적인 개혁 방안을 제시하였다.

만해의 개혁론 가운데 불교의식의 개혁은 「논불가숭배지소회論佛家崇拜之塑繪」, 「논불가지각양의식論佛家之各樣儀式」의 두 항목에 집중되어 있다. 특히 「논불가지각양의식」에서 불교의식을 '도깨비의 연극'이라고 폄하할 정도로 의식의 개혁에 강력한 의지를 표명하였다.

> 조선 불가의 백 가지 법도가 신통치 않아서 하나도 볼 것이 없거니와, 그 중에서도 재공양齋供養의 의식(범패사물梵唄四勿·작법예참作法禮懺 등)이라든지 제사 때의 예절 따위의 일(대령對靈·시식施食 등)에 이르러서는 매우 번잡 혼란하여 질서가 없고 비열·잡박雜駁해서 끝이 없는 상태이다. 이것을 모두어 도깨비의 연극이라고나 이름 붙이면 거의 사실에 가까울 듯하니, 지금은 말하는 것도 부끄러운 까닭에 가리어 논하지는 않으련다. 그리고 기타의 평시의 예식(사시불공巳時佛供·조석예불朝夕禮佛·염송念誦·송주誦呪 등)도 혼란해 진실성을 잃고 있는 터인즉, 대소의 어떤 예식을 막론하고 일체를 소탕한 다음

에 하나의 간결한 예식을 정해 시행하면 될 것이다. 각 사찰에서는 예불을 매일 한 번씩 행하되, 집회 때가 되어 집례執禮가 운집종을 다섯 번 때리면 승려와 신도는 옷깃을 가다듬고 일제히 불당으로 나아가 향을 사르고 삼정례三頂禮를 행한 다음 같이 찬불가를 한 번 부르고 물러나면 된다.[8]

앞서 살펴보았듯이 조선시대 불교는 서민대중의 기층신앙에 의지하여 의례불교, 의식불교로 유지하였다. 국가의 철저한 억불시책에 맞서 불교가 살아남을 수 있는 유일한 방편이었기 때문이다. 이러한 전통과 역사를 도외시하고 만해는 재공양과 제사의례, 영혼천도의례 등을 비열하고, 장황한 도깨비 연극이라 폄하하였다. 더욱이 사시불공과 조석예불 등의 일상의례 조차도 모두 소탕하고 하나의 간결한 예식으로 대치할 것을 주장하였다. 이러한 과격한 논리는 '개혁은 철저한 파괴로부터'라는 『조선불교유신론』의 기본 명제에 바탕을 두고, 허례허식에 치우치는 당시 불가의 폐단을 지적한 것이다.

　　무릇 예는 번잡하면 어지러워지게 마련인 바 어지러우면 공경하지 않게 되고, 공경하지 않으면 예의 본의가 없어지고 마는 것이다. 예에 있어서는 근본에 중점을 두는 까닭에 상례는 슬픔을 주로 하고 제사는 공경을 주로 해서, 기타의 자질구레한 절차에 있어서는 들고 남이 있어도 무방한 것이니, 번잡하면서 공경하지 않는 것과 간소하면서

---

8 『한용운전집』 2, 불교문화연구원, 2006. p.76.

공경하는 것은 어느 쪽이 나으며, 친숙하여 엄숙함이 없는 것과 뜸하면서도 공경함이 있는 것은 어느 쪽이 예에 합치되겠는가.

또 부처님에 대한 공양은 법공法供이라야 의의가 있고, 반공飯供은 의미가 없다. 그럼에도 불구하고 매일 반공을 일삼는다면 부처님을 모독하는 것이 될 뿐이니, 이를 폐기한다 하여 무슨 잘못이 있겠는가. 다만 특별한 때(불탄신·성도일·열반일·시천지류時薦之類)에 진귀하고 깨끗한 음식을 바쳐 중생으로서의 작은 정성을 표하는 것은 용납될 수도 있는 문제겠다.

즉 의례는 공경하기 위해 하는 것이므로 공경의 진심을 표현한다면 절차와 행위는 간결하거나 생략해도 무방하다는 논리였다.

조선말기까지 불교는 국가의 법적, 제도적 틀 속에 포함되지 못했다. 사찰과 승려는 생활의 자구책을 모색해야 할 만큼 어려운 지경이었고, 이러한 현실에서 교리와 사상, 신앙의 발전은 생각하기 어려운 현실이었다. 이후 서구 열강의 도래와 함께 기독교가 침투하고, 개항 이후 일본불교가 상륙하면서 불교계는 정체성을 찾지 못하고 표류하고 있었다. 더욱이 이들 외래의 종교는 체계적인 교리와 신앙, 그리고 의식을 구비하고 근대화된 포교방식으로 급속히 한국사회에 파급되고 있었다. 이러한 현실에서 만해는 여전히 구태의연한 기원적 염불과 번잡한 의례만을 답습하고 있는 불교를 새 시대에 맞도록 철저히 개혁할 것을 제창하였던 것이다. 만해는 미신적 요소와 기복적 요소가 결합된 예능적, 무속적, 비불교적 작법들을 폐지하고 불교의례 본래의 경건성과 순수성을 회복하고자 하였다.[9]

그러나 만해의 주장은 기존의 불교 현실에 큰 영향을 미치지는 못했던 듯하다. 물론 개혁의 이론은 적지않은 반향을 불러 일으켰지만, 오랫동안 행해지고 있던 관습과 전통은 쉽게 변화되지 않았다. 대부분의 사찰과 승가는 의례불교의 모습을 그대로 유지하고 있었던 듯하다. 1927년 재공의식齋供儀式을 혁파해야 한다는 주장이 석왕사釋王寺 승 박승주朴勝周에 의해 다시 제기되었다.

> 재공의식이란 것은 현금現今 조선사찰에서 거행되는 일종의 예식입니다. 그런데 그 예식의 절차가 하나도 법다운 것이 없으며, 또 예식을 집행하는 행동이 심히 난잡비루亂雜鄙陋하여 조금이라도 양심을 가진 사람으로는 차마 눈으로 볼 수 없는 예식입니다. 말하자면 무당의 푸닥거리나 도깨비 연극이라 하였으면 썩 적합할 듯합니다. ……원래 재공의식이란 시자施者의 복을 지어주는 동시에 수자受者도 또한 복을 지어 시자, 수자의 동존선근同種善根이 근본 목적이었습니다. 그러나 금일에 유행되는 의식 같아서는 선근을 지음은 그만두고 도리어 뜻하지 아니한 죄만 지을까 염려입니다. 아닌 게 아니라 이따위 의식으로는 죄를 지어도 여간한 죄를 짓지 않을 것입니다. 이 어떻게 불행한 일입니까? 그 동기는 어떠한 동기에 인因함임을 물론하고 시자施者의 근본희망은 복을 지으려하는 것이었는데 만일 복이 변하여 죄가 된다면 세상에 이렇게도 불행한 일이 어데 있으리까? 이따위 예식은 하루바삐 없애지 않으면 안 될 것입니다.[10]

---

9 송현주, 「근대한국불교 개혁운동에서의 의례의 문제-한용운, 이능화, 백용성, 권상노를 중심으로」, 『종교와 문화』 6, 서울대 종교문화연구소, 2000. pp.168~169.
10 박승주, 「齋供儀式에 對하야」, 『불교』 35, 1927, pp.31~35.

재공의식을 '무당의 푸닥거리'라거나 '도깨비 연극'이라고 비난하는 어조는 만해의 입장과 일치한다.『조선불교유신론』이후 17년이나 지났지만 이러한 의례불교의 흐름은 전혀 달라지지 않았음을 알 수 있다. 박승주의 지적대로 이러한 재공의식은 "배불리 먹지 못하고, 따뜻이 입을 수 없어 난잡한 의식으로 축원을 올리고 화청和請을 친다고 하여 시자의 전곡錢穀을 탈취하는 흉계"이기도 했다. 그러나 이미 대중의 의식과 문화로 깊게 자리잡은 현실을 무시한 개혁론은 공허한 주장에 불과하였다.[11]

만해는『조선불교유신론』이후 평생을 불교의 개혁과 민족의 독립을 위해 일제에 항거하였다. 한국불교의 개혁 방안을 끊임없이 고민하였고, 불교의 주체성을 회복하기 위해 분투하였다. 1931년에 발표한「조선불교의 개혁안』[12]도 이러한 의지의 표명이었다. 모두 6개의 항목에 걸쳐 불교의 개혁 방안을 제시하였다. '통일기관의 설치', '사찰의 폐합'. '교도의 생활보장', '경론의 번역', '대중불교의 건설', '선교禪敎의 진흥' 등이다. 그런데 여기서 주목하는 것은 개혁안 중에 의례에 관한 언급이 전혀 없다는 점이다. 1910년『조선불교유신론』을 통해 불교개혁안을 제창할 당시 의례에 대한 개혁은 두 개의 항목을 설정할 만큼 큰 비중을 차지하고 있었다. 그러나 21년이 지나 불교개혁안을 제시하면서 의례의 문제는 일체 포함시키지 않았다. 그렇다면 세월이 지나면서 만해는 의례에 관한 생각

---

11 박승주는 錚, 鈸羅, 長鼓 등 난잡한 기구와 穢藝한 巫徒式 행동을 없애자는 것이고, 梵音은 절대로 반대하지 않는다고 하였다. (박승주, 앞의 글 pp.33~34) 이러한 입장은 만해에게서도 확인된다. 1932년「寺法改正에 대하여」라는 글에서 만해는 사찰령을 대신하여 독자적인 寺法 개정안을 제정하자며 그 안을 제시하였다. 총 16장에 걸쳐 사격, 주지, 직제, 법식, 법계, 교육, 포교 등 각 방면에 걸친 구체적인 법규를 마련하였다. 이 가운데 법식의 마지막 조에 "法式에는 擊鼓・鳴羅・蹈舞 등을 廢禁함"이라 하였다.『불교』91, 1932, p.8
12『불교』88. 1931, pp.2~10.

에 어떠한 변화가 생겼다고 추정할 수 있다.

안진호는『석문의범』을 편찬하기에 앞서 1931년에『불자필람佛子必覽』을 편찬하였다. 이 책 역시 전래하는 각종 의례, 의식문을 발췌한 의례의 결집서이다. 발간 직후 불교계의 환영을 받았지만, 2년을 못 넘기고 품절되었다. 이를 대폭 증보, 수정한 것이 바로『석문의범』이었다.『불자필람』은 당시 예천포교당의 포교사였던 최취허崔就墟[13]의 제안으로 안진호가 편찬하고 연방사蓮邦社에서 출판하였다. 그런데 이 책의 편찬에 만해가 참여하고 있었다. 최취허가 쓴 「발간의 취지」에 따르면 권상로(權相老, 1879~1965)와 김대은金大隱이 교정하고, 만해가 후원하였다고 한다.[14] 지극한 경배의 대상인 불상과 불화조차 파괴할 것을 제창하고, 각종의 의례, 의식을 모두 철폐할 것을 주장했던 그가 오히려 전통불교의 의례집을 간행하는데 깊이 후원하였다는 사실에 주목하게 된다.

만해의 의례에 대한 입장 변화는 불교의 대중화라는 대전제를 염두에 두었기 때문이 아닐까 짐작된다. 다음과 같은 주장에서 불교대중화에 대한 강한 의지를 엿볼 수 있다. "재래의 조선불교는 역사적 변천과 사회적 정세에 의하여 다만 사찰의 불교, 승려의 불교로만 되어 있었다. 이것은

---

13 崔就墟(1852?~?)는 경북 예천 출신으로 자호를 蓮邦頭陀라고 하였다. 자세한 행장은 전하지 않으나 주로 경상도의 金龍寺, 桐華寺 등의 포교당에서 포교사, 설교사로 활동하였다. 특히 대중포교에 관심을 가져 각종의 결사에 참여하고 대중설법에 활발한 활동을 하였다. 1912년『조선불교월보』등에 친일 성향의 글을 게재하는 등(「法類兄弟에게 顯祝홈」,『조선불교월보』2, 조선불교월보사, 1912, pp.38~39) 친일인사로서 정치강연회 등에도 여러 차례 참여하였다. 1916년 1월에는 金龍寺 華嚴會에서 법화경을 강설하였고, 1925년 12월에는 예천불교진흥회를 창립하여 포교사로 활동하였다. 1926년에는 能仁學園長이 되었다. 1935년에는 안동포교당에서 개최한 심전개발 강연회에서 강연하였다.(『매일신보』, 1935. 10. 21. 4면)

14 「發刊의 趣旨」,『불자필람』, 연방사, 1931.

불교의 역사적 쇠퇴의 일시적 현상에 지나지 않는 것이니 어찌 이것을 불교의 교의敎義라 하리요. 불교는 마땅히 이러한 현상에 대하여 단연 타파하지 않으면 안 될 것이니 '산간에서 가두로', '승려로서 대중에'가 현금 조선불교의 슬로건이 되지 않으면 안 될 것이다"[15]라고 하였다. 승려가 산간에서 가두로 나와 적극적으로 대중에게 다가가는 방법 중의 하나가 염불을 위시한 각종의 의례, 의식이 될 수 있다는 생각을 했던 것 같다. 따라서 재래의 불교의례, 의식집을 집성하는데 이처럼 적극 후원하였던 것이다.

안진호와 『불자필람』, 『석문의범』

15 『불교』 88. 1931, pp.8~9.

3. 『석문의범』의 체재와 내용

1) 『불자필람』의 구성

『석문의범』은 1935년 11월경에 간행되었다.[16] 『석문의범』의 전신인 『불자필람』은 4년 앞선 1931년 12월에 간행되었다. 앞서 언급하였듯이 『불자필람』은 최취허가 처음 발의하여 안진호가 전래의 의례문을 집성하고, 권상로와 김태흡이 교정을 맡았다. 1931년 봄, 안진호는 사찰의 역사 자료를 수집하기 위해 남부지방을 유력하였고, 6월에 경북 예천의 용봉교당龍鳳教堂에서 최취허를 만났다. 그로부터 불문佛門의 초입자들이 지송할 수 있는 의례문의 편찬을 의뢰받은 안진호는 불과 한 달 만인 7월에 초고를 완성하였다. 원고를 받은 최취허는 권상로와 김태흡의 교정을 거쳐 그 해 12월에 자신의 거처인 연방사의 이름으로 발간하기에 이른다. 발간 즉시 신문에 광고를 게재하는 등 적극적으로 홍보하였다.[17]

이 책은 발간되자마자 인기리에 널리 보급되었다. 당시까지 사찰에서 사용하는 의례집은 조선시대 이래의 목판본이 전부였고, 이것도 쉽게 구할 수 있는 것이 아니어서 대부분 직접 쓴 필사본이었다. 깔끔하게 정리

---

16 『석문의범』의 판권에는 발행 시기를 1935년 4월 8일이라고 하였다. 그러나 이 때는 책이 발간되기 전이었다. 즉 1935년 10월 『금강산』지에 발간 지연에 대한 광고를 게재하였다.(『금강산』 2, 금강산사, 1935, 끝면) 당시 인쇄소의 사정으로 지연되고 있어서 늦어도 음력 9월 하순경에는 완료한다고 하였다. 즉 정확한 발행 시기는 1935년 11월경이 된다. 따라서 판권의 날짜는 편자가 원고를 탈고한 시기라고 생각된다.

17 "本書는 佛教儀式에 精髓이며 日用行事에 指南이라. 우리 教人의 修行上 導師良友되기에 부끄럽지 않고 福田心粮되기에 不足함이 업사온바 各位께서 一部式 備置하시와 座右에 銘과 靜案에 鏡을 삼으시기 爲하야 玆에 普告하오니 絶品되기 前에 爭先購讀하심을 바라나이다." 『불자필람』 하편, p.139.

된 활자본 의례집은 큰 인기를 끌었고, 더구나 한글이 병기되어 있어 누구라도 쉽게 볼 수 있었다. 정확한 발간 부수는 알려져 있지 않지만, 2년을 못 넘겨 품절되기까지 적지않은 책이 유통되었다. 품절된 이후에도 국내는 물론 일본과 만주에서도 주문이 몰려들어 답장쓰기에도 바쁠 지경이었다고 한다.[18]

당시 『불자필람』의 가치를 청담(靑潭, 1902~1971)스님의 회고록을 통해 엿볼 수 있다.

> 언젠가 나는 육당과 춘원을 만난 자리에서 그전과는 달리 솔선하여 불교의 의식을 해설한 책자인 『불자필람』을 번역해 주기를 부탁했더니 육당은 능력이 없다고 거절하였고, 춘원은 즉석에서 흔쾌히 승낙[快諾]하였다. 그러나 한 해 두 해 미루어 오다가 끝내 그 뜻을 이루지 못하고 납북이라는 불행한 사태를 만나고 말았다. 애석한 일이 아닐 수 없었다.[19]

청담스님은 30대 무렵[20] 『불자필람』을 통해 불교의례를 익히고, 책의 가치와 중요성을 이해한 듯하다. 나아가 의례의 대중화를 위해 당대의 최고 문필가였던 육당 최남선과 춘원 이광수에게 이 책을 쉽게 번역할 것을 청하였던 것이다.[21]

---

18 『석문의범』 간행 예고, 『금강산』 창간호, 1935, 끝면.
19 「견성과 파계의 사이」, 『(청담큰스님 탄생 100주년 기념 말씀모음집)마음속에 부처가 있다』, 화남출판사, 2002, p.370.
20 『불자필람』이 간행된 이후 『석문의범』이 출간되기 이전의 시기이므로 1932년에서 1935년 사이의 일이다.

이상과 같은 『불자필람』은 『석문의범』 간행의 계기가 되었다. 편자 스스로 '『불자필람』의 후신'이라고 규정했듯이 『석문의범』은 『불자필람』의 체재와 내용을 계승, 확대하였다. 그러므로 『석문의범』의 체재를 이해하기 위해 『불자필람』을 살펴보는 것이 순서이다. 『불자필람』은 상하 2편과 부록으로 편성되었다. 상편은 조석지송朝夕鍾頌을 시작으로 비구니팔경법比丘尼八敬法에 이르기까지 27개 항목, 하편은 제불통청諸佛通請, 신중단작법神衆壇作法 등 33개 항목의 의례문을 수록하였다. 부록은 전래의 의례문이 아니라 포교방식, 설교의식, 강연의식, 화혼의식花婚儀式 등 대중포교를 위한 각종의 현대적 의식을 구성, 제시하였다. 의례집의 발의부터 출간까지 불과 6개월의 짧은 기간이었지만, 이 책은 당시 사찰에서 상용하는 의례, 의식 대부분을 망라하였다. 또한 현대적 포교, 설법 방식 등을 제시하여 이전에 볼 수 없었던 새로운 불교서가 되었다.

2) 『석문의범』의 구성과 내용

『석문의범』은 『불자필람』의 체제와 내용을 그대로 계승하였다. 간행의 직접적인 취지가 『불자필람』의 품절에 있었고, 이를 세 배 가량 증보하였기 때문에 두 책의 체재는 별다른 차이가 없다.

안진호는 『불자필람』 간행 이후 4년 만에 『석문의범』을 발간하였다. 『불

---

21 주지하듯이 『불자필람』은 2단으로 나누어 목차부터 본문에 이르기까지 한문과 한글을 상·하단으로 배치하였다. 즉 이미 한글이 있어 굳이 번역이 필요 없었다. 따라서 여기서의 번역이라는 의미는 단순한 한글 발음을 나열하는 차원이 아니라, 한문 원문의 내용을 알기 쉽도록 우리말로 풀어쓴다는 것이라 생각된다.

자필람』은 원래 최취허의 위탁을 받아 수행한 작업이었고, 전체 6개월의 발간 기간 중에서 실제 의례문을 집성한 기간은 1개월 밖에 되지 않았다.[22] 짧은 기간에 이루어진 책이라 부족함을 깨닫고 있었던 것 같다. 더욱이 이 책이 많은 호응을 받아 2년이 못되어 품절되자, 증보 발간할 필요가 대두되었다. 1935년 9월 『석문의범』 원고를 인쇄소에 넘기고, 책의 간행을 알리는 광고를 『금강산金剛山』지에 게재하였다.

> 『석문의범』 간행예고(불자필람 후신)
>
> 본인이 연전年前에 경북 예천 포교사 최취허화상의 위탁을 받아 불자필람을 간행하게 되었는데, 겨우 2년을 못가서 품절되었습니다. 그 후로 전선全鮮은 물론 내지內地 또는 만주滿洲 등 각 방면에서 주문이 답지遝至되어 서면書面 취급에 눈썹 펼 겨를이 없었습니다. …… 본인은 교운敎運의 발흥을 경찬慶讚하여 다시 서적의 불비不備를 애석하게 여기고 이전에 누락된 것을 일일이 수집하여 우리 불교의 의식 진행에 집대성을 계획하였더니, 그 양이 전의 불자필람보다 약 세 배 가량은 증보되었습니다. 명칭이 내용에 부합하기 위하여 석문의범이라 개제改題하고 이를 인쇄에 맡겼습니다. 그 목록만을 다음과 같이 예고하고 끝으로 주의 몇가지를 덧붙여 각지 제씨의 감회만일感懷萬一에 봉부奉副하고자 하오니, 여러분께는 서둘러 주문하셔서 품절의 후회가 없으시길 바랍니다.[23]

---

22 안진호는 의례문의 집성을 마치고 최취허에게 초고를 보내면서 「序」를 썼다. 이 때가 1931년 7월인데, 「序」에서 최취허를 만난 때를 1931년 6월 상순경이라 하였다. 즉 1개월 만에 『불자필람』의 원고를 완성한 것이다.
23 『석문의범』 간행 예고, 『금강산』 창간호, 1935, 끝면.

이와 같이 간행 예고의 광고를 게재할 정도로 안진호는 『석문의범』에 자긍심을 지니고 있었던 것 같다. 그런데 인쇄소의 사정으로 책이 약정 기일에 발간되지 못하였다. 다시 지연의 광고를 게재하고 음력 9월까지 는 반드시 발행할 것이며, 이미 선주문한 구입자에게는 정가 2원 60전에 서 50전을 감해준다고 하였다.[24] 또한 책의 면수가 너무 두껍다고 하면, 두 책으로 분리해서 제책해준다는 친절한 안내도 있었다. 사찰의 일상생 활에서 쉽게 지니고, 독송할 수 있는 책을 만든다는 편의성을 염두에 둔 배려이다.

『석문의범』은 상하 2편과 부록으로 구성되었다. 상편은 예경禮敬·축 원祝願·송주誦呪·재공齋供·각소各疏, 5장이고, 하편은 각청各請·시식施食 ·배송拜送·점안點眼·이운移運·수계受戒·다비茶毘·제반諸般·방생放生· 지송持誦·간례簡禮·가곡歌曲·신비神秘 등 13장이다. 그리고 부록 조선사 찰일람표이다.

그런데 앞의 간행 예고에서 제시한 목차와 실제 간행된 목차와는 약간 의 차이가 있다. 즉 간행 예고에서는 전부 7백여 면으로 <부록>에 「길 흉잡록십여종吉凶雜錄十餘種」과 「조선사찰일람표」, 그리고 「최근오백년역

---

24 "광고 : 본인이 석문의범이라는 책자를 인쇄에 付한지가 벌써 5개월이 가까웠고, 예고를 낸 지도 3개월 이상인 듯합니다. 참으로 미안천만입니다. 인쇄소에 고장이 발생하여 금일까지 연기되었사오나, 늦어도 음력 9월 하순경에는 완료발행하게 됩니다. 이전에 주문하신 僉員 은 많이 용서하시고, 그때까지 고대하심을 바랍니다. 다만 책값과 우편요금 포함 2원 60전을 정하고 발행전에 先注文하신 분께는 50전을 할인하였는데, 그 규정은 변치 않고 발행 그 날 부터 元 정가대로 실행하겠습니다. 또 한 가지는 구독자들이 페이지수가 많다며 상하권으로 묶어달라는 요구가 적지 않습니다. 이에 따라 單券 상하권 2종으로 제책하겠으니 주문자의 희망에 따라 각각 보내드리기로 하오니, 下諒하시고 소용에 따라 나는 단권책자로, 나는 상 하권책자로 발부하라는 엽서 1장씩 미리 통지하여 주십시오 단 상하권은 제책요금 10여 전 을 추가로 받습니다." 『금강산』 2, 1935, 끝면.

사표最近五百年歷史表」의 세 가지 항목을 포함한다고 하였다. 실제 간행본은 650면이었고, 부록에 「길흉잡록십여종」과 「최근오백년역사표」의 두 항목은 수록하지 않았다. 원고는 집필하였으나, 인쇄, 교열과정에서 제외된 듯하다. 그 이유는 7백여 면의 분량이 너무 많아 두 책으로 분책해달라는 독자들의 요구도 있었고, 일상에서 늘 수지독송하기에는 부담스럽다는 편찬자의 판단 때문이라고 생각한다.

책의 출판은 만상회에서 맡았다. 만상회는 사실 안진호가 설립한 불교 출판사였고, 출판과 서적판매, 나아가 불구용품, 범종 등도 판매한 일종의 불교서적상, 혹은 불교백화점이었다.[25] 설립 시기는 정확하지 않으나 『석문의범』을 간행하면서 창업한 것으로 보이는데, 『서장』과 『도서』, 『금강경』 등 1957년까지 58종의 책을 발간하였다.[26] 대부분 안진호 자신의 주해, 번역서였다. 불교대중화를 위해 경전을 번역하고 유통시키는 그의 노력은 당시 많은 칭송을 받았다.[27] 이 만상회의 첫 간행물이 『석문의범』이었다. 아마도 『불자필람』의 판매 호조가 자극이 되어 직접 출판사를 설립한 듯하다. 결국 만상회는 『석문의범』 하나로 인하여 출판의 발판을 다졌고, 적지않은 재산을 형성할 수 있었다.[28]

---

25 김광식, 「일제하의 불교출판」, 『대각사상』 9, 대각사상연구원, 2006. pp.23~27.

26 「佛經의 大家 安氏의 呼訴, 女人에게 1億財物 騙取 當했다고」, 『조선일보』 1957. 8. 2.

27 김광식, 앞의 글, pp.25~26. 안진호는 스스로를 '卍商會主, 卍商會 會主'라고 칭할 만큼 만상회에 대한 자긍심을 갖고 있었던 것 같다.

28 안진호는 번역, 저술서의 간행을 통해 상당한 재산을 축적하였다. 78세 때인 1957년 이말록(女, 50)이라는 점쟁이에게 1억여만 환을 사기당했다는 고소장을 제출하였다. 30년 동안 번역, 편찬하였던 팔만대장경 58권의 紙型과 자기의 아들 世民 소유의 가옥을 이씨에게 강제로 사취당했다는 취지였다. 이씨는 안진호가 喪妻하자 문하생을 빙자하여 접근하였고, 마침내 일종의 약점을 잡아 공갈협박, 감금구타 등을 가하면서 도장을 빼앗아 범행을 저질렀다고 한다.(「佛經의 大家 安氏의 呼訴, 女人에게 1億財物 騙取 當했다고」, 『조선일보』 1957. 8. 2) 이 사건은 결국 1960년 1월 이말록의 범죄를 기소하면서 종결되었다.(「老僧 등친 女詐

4. 근대불교 대중화와 『석문의범』 간행의 의미

한국 근대불교의 대중화 과정에서 『석문의범』은 중요한 위치를 차지한다. 오늘날 쉽게 접할 수 있는 다양한 '불자독송집' 등의 의례서가 간행된 것은 불과 십여 년 전부터이다. 사실 이러한 서책들도 대부분 『석문의범』을 모본으로 재편한 것이다. 그 이전까지 『석문의범』은 한국불교의례의 유일한 교과서로서 승가의 필수서적이었다. 당시 이 책을 통해 의례를 배운 대한불교조계종종정 법전(法傳, 1925~2014)의 회고에서 그 위상을 확인할 수 있다.

> 묵담스님 밑에서 행자 생활을 하는 동안 나는 『초발심자경문』을 배웠고, 『석문의범』, 『불자필람』 등을 모두 외웠다. 무엇이든 집어넣으면 소화가 되던 어린 시절, 배우는 책들은 줄줄 외웠고, 염불소리 또한 점점 힘이 실려 갔다.[29]

이후 1960년대에도 『석문의범』은 여전히 수행자가 접할 수 있는 유일한 염불집이었다.[30] 『석문의범』은 창작물이 아닌 전래의 의례문을 편집한, 말하자면 2차 자료이다. 물론 전래의 의례문을 그대로 전재全載하지

欺師를 起訴, 結婚 假裝코 家屋까지 빼앗아」, 『조선일보』, 1960. 1. 18.

29 「(조계종정·해인총림 방장 법전스님 법문)엄한 스님 아래에서 승려 노릇을 배우다」, 『월간해인』 261, 2003.

30 "필자가 절에서 염불을 익히던 1960년대만 하더라도 월정사에는 염불집이라곤 오직 이 『석문의범』 한 권 밖에 없었다. 이것을 돌려가며 노트에 베껴서 염불을 익혔던 시절을 생각하면 몇 십년 전의 일들이 향수로 다가온다." 윤창화, 앞의 글.

않고, 원문의 착오나 잘못된 점을 수정하였다.[31] 또한 자신이 직접 작사한 찬불가를 수록하고, 불교식 혼인의례 등의 불교대중화를 위한 현대적 의례를 제안하는 등 저술로서의 면모도 포함되어 있다. 즉 이 책은 자료집으로서의 의미와 저술로서의 의미 두 가지를 모두 지니고 있다.

이러한 『석문의범』이 오랫동안 한국 불교의례의 전범典範으로서 자리매김할 수 있었던 것은 전통불교의 회복과 근대불교 대중화라는 시대의식을 여실히 반영하였기 때문이었다. 즉 주권상실기하에서 전통불교의 주체성을 바로 세우고, 이를 토대로 근대불교로 나아가려는 불교계의 의지와 지향을 포함하고 있었다고 생각한다.

김태흡(金泰洽, 1899~1989)이 쓴 「머리말」을 통해 이러한 취지를 엿볼수 있다.

> 큰 도는 법이 없으면 세울 수 없고, 참된 가르침은 의식儀式이 없으면 베풀 수 없다. 필경畢竟 이 도는 면벽관심面壁觀心으로 충분하고 죄업을 참회하는데는 마음의 이치를 깨달으면 그만이다. 무슨 법이 필요하며, 무슨 의식을 배울 것이 있겠는가. 그러나 이것은 상근인上根人의 견지요, 중류 이하中流以下는 달을 보는데 손가락이 필요하고 방향을 아는데 지남철을 필요로 한다. 손가락이 없으면 달을 보는 연

---

31 안진호는 12개 항목의 「凡例」를 제시하였다. 이 가운데 전래의 의례문 중에서 착오된 사항과 자신의 견해대로 원문을 수정한다는 5개 항목의 범례를 밝혀 놓았다. -, 본서는 진언에 대하여 재래의 난삽한 한문자를 拔去하고 但鮮文字로 全用處도 있음. -, 「欲建曼拏羅先誦」 7자가 해석문구이고, 진언명이 아니기에 본서는 이것으로 괄호하여 正文이 아닌 것을 명시함. -, 재래로 神衆歌詠에 불타를 찬덕한 卽佛身普遍諸大會 운운 등 妄發句節을 삭제하고 乾鳳寺故 寶雲老德의 新製인 「欲色諸天聖衆」 운운 등의 句語를 기입함. -, 願往生 願往生 운운 등의 초2절이 재래로 倒置되었기에 본서는 이를 正誤함.

緣이 끊기게 되고 지남철이 없으면 남북을 가리키는데 옹색하게 되기 때문이다. 따라서 큰 조화는 크고 넓어 한 티끌의 먼지도 꺼리지 않으며 참된 자비는 두루 널리 퍼져 한 물건도 버리지 않는다. 우리 부처께서 미혹한 중생들을 연민하여 무량한 방편을 세우시니, 이른바 격외향상문格外向上門이요, 또 불교수행문佛教修行門이요, 또 비밀총지문秘密摠持門이요, 또 염불왕생문念佛往生文 등이다. …… 이 석문의범은 참선과 염불에 있어 방편문의 방편문[方便門之方便門]이니 보리菩提를 이룰 것을 기약한 자에게는 이것이 얼마나 귀하리오 그러나 석문의범이라는 방편문이 없으면 염불에 길이 없고, 참선에도 의지할 바 없으니, 어찌 그 뜻을 이룰 날을 기약하리오 따라서 이 책 한 권은 진실로 교해의 지남[敎海之指南]이요, 선림의 보감[禪林之寶鑑]이라 말할 수 있으리라.[32]

이와 같이 『석문의범』은 상근인上根人, 즉 방편이 필요없는 상근기인上根機人을 위한 책이 아니라 중류 이하의 근기가 낮은 사람을 위한 책이라고 하였다. 근기가 낮은 대중들은 '달을 가리키는 손가락과 나침반과 같은 구체적인 방편이 있어야 방향을 제대로 찾을 수 있다는 말이다. 따라서 『석문의범』은 염불과 참선 수행을 위한 방편문이라는 것이다.

이러한 『석문의범』이 지니는 의미를 몇 가지로 요약하면 다음과 같다.

첫째, 『석문의범』 편찬의 가장 중요한 목적은 불교의 대중화에 있었다. 어려운 한자의 의례문을 쉬운 한글로 병기하는 서술의 형식에서 대중화

---

32 한정섭 주, 「머리말」, 『신편증주 석문의범』, 법륜사, 1982. p.2

의 의지를 쉽게 확인할 수 있지만, 안진호는 의례문의 선별 과정에서도 이 목적을 준수하였다. 즉『석문의범』에는 승가의 일상의례 보다는 각종의 재의식에 역점을 두었다. 이러한 편찬 태도에서 불교의 대중화에 대한 의지를 확인할 수 있다. 사찰안에서 행하는 출가자의 일상적인 의례와 의식은 재가자 즉 신도들과는 동떨어진 채로 이루어진다. 그러나 영산재와 수륙재 등의 재의식은 반드시 재가자가 참여한 가운데 승가의 집전으로 이루어진다. 따라서 승가와 재가가 한데 어우러지는 의례는 불교의 포교, 대중화에 무엇보다 중요한 역할을 수행할 수 있다는 믿음을 지니고 있었던 것이라 생각된다.

둘째,『석문의범』은 새로운 시대에 맞는 현대적 의례와 의식의 변화를 적극 권장하였다.

안진호는 조선시대 이래 전래하는 의례, 의식문을 집성하여 전통불교의 의궤를 중시하면서도, 시대에 맞는 새로운 의식과 의례의 변화를 위해 옛 것만을 고집하지 않았다. 장례의식을 간소화하고, 무주고혼을 천도하는 추도의식을 새롭게 바꿀 것을 주장하였다. 그의 의례와 포교에 대한 열린 생각은 불전에서의 혼례식을 제안하기도 하였다.[33] 새로운 부부의 출발점인 혼례를 사찰에서 치룸으로써 평생의 불자가 될 수 있고, 그 2세들 또한 영원한 불자가 된다는 생각이었다. 그밖에 성가聖歌, 즉 찬불가를 보급하여 포교에 도움이 되도록 하였다. 이러한 취지에서 참선곡·회심곡·백발가·몽환가·권왕가·원적가·왕생가·신년가·신불가·

---

33 불교식 화혼식은 이미 이능화가 제안하여 1920~1930년대에 보급되어 있었다.(「擬定佛教式花婚法」,『조선불교총보』4, 1917, p.1. 및 「佛教普及은 精神과 形式이 竝行然後」,『조선불교총보』3, 1917, pp.1~2) 안진호의 「花婚儀式」은 이능화의 화혼식에 약간을 가감하여 그대로 수용한 것이다. 송현주, 앞의 글, pp.171~173.

찬불가・경축가・성탄가・성도가・오도가・열반가・월인가月印歌・목련가目連歌・권면가勸勉歌 등의 곡에 직접 가사를 쓰거나 기존의 가사를 소개하기도 하였다.

셋째, 이 책은 근대불교의 대중화에 크게 기여하였다는 점을 꼽을 수 있다. 『석문의범』이 등장하기 이전까지 대중을 위한 불교서적은 전무하다시피 하였다. 불교대중화를 취지로 적지않은 잡지가 창간되었으나, 대부분은 교리 설명과 소개로 일관하여 대중문화로서의 불교를 이룩하는 데는 한계가 있었다. 이 책이 간행된 지 불과 2년이 못되어 매진되었다는 사실은 대중들의 의례, 의식에 관한, 즉 불교문화에 대한 욕구가 얼마나 컸던가를 짐작하게 한다. 의례집에 대한 수요가 높았다는 것은 당시의 불교계에 각종의 의례와 의식이 성행하고 있었다는 사실을 말해주지만, 책의 보급을 통해 불교의례와 문화가 발전할 수 있는 기회가 되었다는 점이 더욱 중요하다고 생각된다.

5. 맺음말

19세기말 열강의 외침이 이어지면서 한국은 많은 혼란과 좌절을 겪었다. 근대사회를 위한 제반 준비가 미흡한 현실에서 발달한 과학문명과 사조思潮는 중세적 사고와 질서를 흔들어 놓았다. 서구문명은 기독교를 첨병으로 내세워 이권 침탈의 야욕을 노골화하였고, 일본은 같은 불교문화권이라는 친밀성을 바탕으로 기층사회에 일본불교를 전파시켰다. 이들은 종교의 보편적 이념을 표방하면서 선진화된 포교방식으로 단기간에 많은 교회와 포교당을 건립하였다. 이 무렵 한국불교는 오랜 억불의 그늘을 벗어나 겨우 종교적 권리를 회복하는, 초보적 단계에 머물러 있었다. 따라서 급속히 팽창하는 기독교의 교세와 일본의 종파불교에 어깨를 견주기에는 모든 것이 미미한 상황이었다. 더구나 주권을 상실하면서 불교계는 사찰령이라는 일제의 악법에 발이 묶여 민족불교의 주체성마저 위태로울 지경에 처했다.

이 무렵 『석문의범』이 등장하였다. 이 책은 전래의 한국불교 의례·의식문을 집성하여 일상생활에서 누구나 쉽게 염불하고, 참선하며 기도할 수 있도록 한다는, 비교적 간단한 목적이었다. 그러나 간행 이후 이 책은 큰 반향을 일으키며 불교의례의 교과서라고 할 만큼 중요한 위상을 지니게 되었다. 이러한 배경에는 전통불교의 주체성을 지키려는 근대불교의식과 대중화라는 두 가지 중요한 요소가 자리잡고 있었다고 생각된다. 즉 조선시대의 많은 의례, 의식집을 결집하여 계승한다는 취지는 일본불교의 성행속에서도 민족불교의 고유성을 지키려는 노력이었다. 여기에 머물지 않고, 불교의 대중화를 위해 각종의 찬불가를 작곡하고, 불교식 화혼식을 정리하는 등 일상의례로서의 생활불교를 제창하였다.

무엇보다 중요한 것은 이러한 저자의 노력에 당시 불교계가 크게 호응하였다는 사실이다. 국내는 물론, 일본과 만주에서도 주문이 이어졌고, 출판사인 만상회는 이로써 불교출판의 기반을 다질 수 있었다. 1930년대 불교계는 각종 경전을 번역하고, 잡지를 발간하는 등 불교서적 출판을 통한 불서보급에 힘을 기울였다. 이러한 불교대중화의 한 가운데에 『석문의범』이 있었고, 편자 안진호와 교열자 권상로·김태흡은 그 선각자였다고 하겠다.

11

근현대신문에 나타난 불교의례

1. 머리말

19세기말 한국의 근대불교는 출발부터 난관의 연속이었다. 안으로는 수백 년간 이어 온 조선시대의 억불정책과 맞서고, 밖으로는 근대문명으로 무장한 서구 기독교의 물결 속에서 자기 정체성을 확보해야 하였다. 그러나 사회적 신분조차 제대로 회복하지 못한 입장에서 안팎의 도전에 대응하기에는 불교계의 역량은 너무나도 미약하였다.

이러한 현실에서 불교계는 내부로부터의 각성에서 출발하여 근대화를 맞이하려는 다양한 노력을 시도하였다. 우선 사상과 신앙의 방면에서 대규모의 신앙결사를 조직하여 전통불교로의 회복을 통해 주체성을 확립하려고 노력하였다. 다른 한편으로는 불교근대화의 기초가 되는 대중포교를 실현하기위해 분발하였다. 각종 불교단체의 결성, 본사 중심의 도심 포교원 건립 등이 이러한 노력의 일환이었다.

이와 같은 일련의 근대불교를 위한 노력 가운데 빼놓을 수 없는 분야가 의식儀式과 의례儀禮[1]의 개혁이었다. 조선시대 이래 지속되어온 기도와 기복, 축원만으로는 불교근대화를 이룩할 수 없었고, 근대문명의 다양한 사조에 부합하기도 어려웠다. 근대불교의 선각자인 한용운, 이영재, 권상로, 이능화, 백용성 등의 불교개혁론은 이러한 배경에서 출발하였다. 이들은 공통적으로 전통 불교의식과 의례를 강도 높게 비판하고, 새로운 시대에 걸맞은 의례의 개혁을 제창하였다.

그동안 불교개혁론에 관한 연구는 상당수 진행되었다. 불교개혁이 곧 근대불교의 출발점이라는 인식에서 그 중요성이 부각되었기 때문이다. 그러나 이러한 개혁론이 실제로 당시의 불교계에 미친 영향에 대한 연구는 전무하다시피 하다. 개혁론이 주장하는 논리와 대안들이 불교계에 직접 반영된 사례 또한 극히 드물다. 즉 의식과 의례의 개혁 주장은 근대화를 지향하는 비판의식에서 출발하였지만, 실제 대부분의 사찰과 불교계는 여전히 전통불교에 입각한 의식과 의례를 지속하고 있었다.

본고는 근대불교의 성립·전개과정에서 의식과 의례가 어떠한 역할과 의미를 지니는가를 이해하는데 목적이 있다. 우선 한용운을 중심으로 근대불교의 의례 개혁론을 살펴보고, 『불자필람』과 『석문의범』이라는 불교의례집의 간행이 어떠한 의미를 지니는가를 살펴본다. 나아가 근현대 신문을 통해 당시 의례의 구체적 사례를 검토하여 근대불교의 문화적 토

---

1 본문에서 사용하는 의식과 의례라는 용어는 특별한 개념적 차이를 두지 않고, 일반적으로 불교에서 행하는 모든 재공양·제사·천도재·기념식 등을 통칭하는 의미로 사용하였다.

대를 이해하고자 한다. 이를 위해 독립신문과 매일신보 등 근대기 신문의 불교의례 관계 기사를 분석하고, 『불교』지 등의 대표적인 불교잡지의 기사·논설 등을 살펴보았다.

2. 근대불교의 의례 개혁론과 의례집의 간행

1) 근대불교의 의례 개혁론

근대불교의 지성들 가운데 의식과 의례에 관한 개혁론을 제기한 인물은 한용운, 이능화, 권상로, 백용성, 박승주 등이 대표적이다.[2] 한용운과 박승주는 의례 개혁의 당위성과 필요성을 역설하였고, 여기서 나아가 이능화와 권상로·백용성은 불교식 결혼예법을 신설하거나 근대적 찬불가를 작곡하는 등 전통의식을 대신하는 새로운 의식을 창안하였다. 특히 백용성은 대각교를 창설하여 근대적 불교의식을 일상의식으로까지 전환, 실천하였다.[3]

한용운은 근대불교 개혁론의 상징과도 같은 인물로서 1910년 『조선불교유신론』(1913년 출간)을 집필하여 한국불교의 전반에 걸친 광범위한 개혁 방안을 제시하였다. 우선 불교의 개혁은 철저한 '파괴'로부터 시작한다고 전제하였다. 이어 불교계의 비종교적·비시대적·비사회적인 인

---

2 송현주, 「근대한국불교 개혁운동에서의 의례의 문제-한용운, 이능화, 백용성, 권상노를 중심으로」, 『종교와 문화』 6, 서울대 종교문화연구소, 2000.
3 한보광, 「백용성스님의 대중포교활동」, 『대각사상』 6, 대각사상연구원, 2003.

습을 타파하여 불교 본연의 자세로 복귀하고, 시대의 발전에 따라 새로운 진로를 개척할 것을 주장하였다.[4] 한용운에 관한 연구는 근현대불교 연구에서 가장 많은 분량을 차지한다. 근대불교의 민족주체성을 확립한 상징적인 인물이라는 점이 연구자들의 큰 관심을 받고 있기 때문이다. 특히『조선불교유신론』을 통한 '불교유신'은 중세불교의 부조리를 탈피하고 새로운 근대불교를 맞이하기 위한 불교계의 각성과 개혁을 촉구하여 큰 반향을 일으켰다. 한용운은『조선불교유신론』총 17장에 걸쳐 승려교육, 참선, 염불당 폐지, 포교의 강화, 불교의식의 간소화, 승려의 권익을 찾는 길, 승려의 혼인문제, 주지의 선거, 승려의 단결, 사원의 통괄 등 방대한 사안에 관하여 구체적인 개혁 방안을 제시하였다. 이 가운데 불교의식에 관한 개혁 논의는「논불가숭배의 소회論佛家崇拜之塑繪」,「논불가의 각종양식論佛家之各樣儀式」의 두 항목에 집중되어 있다.「논불가의 각종양식」의 다음과 같은 주장이 그의 의례 개혁론을 단적으로 대변한다.

조선 불가의 백 가지 법도가 신통치 않아서 하나도 볼 것이 없거니와, 그 중에서도 재공양齋供養의 의식(범패梵唄·사물四勿·작법作法·예참禮懺 등)이라든지 제사 때의 예절 따위의 일(대령對靈·시식施食 등)에 이르러서는 매우 번잡 혼란하여 질서가 없고 비열·잡박雜駁해서 끝이 없는 상태이다. 이것을 모두어 도깨비의 연극이라고나 이름 붙이면 거의 사실에 가까울 듯하니, 지금은 말하는 것도 부끄러운 까닭에 가리어 논하지는 않으련다. 그리고 기타의 평시의 예식(사시불

---

4 강미자,「한용운의 불교개혁운동과 민족주의 운동」, 경성대 박사학위논문, 2007. ; 서재영,「한국근대 불교개혁론의 전개와 교단개혁」,『한국선학』24, 한국선학회, 2009.

공·조석예불·염송·송주 등)도 혼란해 진실성을 잃고 있는 터인즉, 대
소의 어떤 예식을 막론하고 일체를 소탕한 다음에 하나의 간결한 예
식을 정해 시행하면 될 것이다.[5]

한용운은 이와 같이 재공양과 제사의식을 '도깨비의 연극'으로 규정하
고 일체를 소탕해야 한다고 주장하였다. 그의 의례 개혁론은 1910년 당
시로서는 대단히 파격적이었다. 이에 앞서 「논불가숭배의 소회」에서는
불·보살상에 대한 신앙은 그대로 유지하고, 각종 나한·독성·칠성·시
왕·신중 등은 신앙대상에서 제외해야 한다는 점진적인 주장을 펼쳤다.
이들은 불교의 본질과는 다른 후대의 위작이라는 논리였다. 1922년 이영
재가 「조선불교혁신론」에서 주장한 "불교의 신앙대상을 석가모니 하나
로 통일해야 한다."[6]는 태도보다는 다소 유화적이다.

한용운은 불상과 불화[塑繪]에 대한 온건한 입장과는 달리 의식 분야에
대해서는 철저한 개혁을 외쳤다. 그 배경에는 자신이 지닌 불교개혁의
지향점이 '생산불교'에 있었던 때문이라 생각된다. 즉 그는 「논승려의 극
복인권論僧侶之克復人權은 반드시 자주 생산의 시작에서부터必自生利始」에서
전통불교의 폐단을 승가의 잘못된 시주활동에서 찾았다.

수백 년 이래 승려들은 대단한 압박을 받아 사람이면서 사람 취급
을 못 받았는데, 놀면서 입고, 놀면서 먹은 것도 그 한 큰 원인이 되었
음을 부정할 길이 없다. …… 조선의 승려치고 누가 감히 분리(分利, 남

5 한용운, 이원섭 옮김, 『조선불교유신론』, 운주사, 2007, p.94.
6 이철교, 「신발굴, 조선불교혁신론」, 『다보』 4, 대한불교진흥원, 1992.

이 올린 이익을 나누어 가지는 것)하지 않는다는 이름을 지닐 수 있으랴.
전부터 승려의 생활 방법이 대개 둘이 있었으니, 첫째는 기취새활欺取
生活이요, 둘째는 개걸생활丐乞生活이었다. 그러면 기취생활이란 무엇
인가. 글자를 좀 이해하고 약간 교활에 가까운 자가 화복·보시 따위
의 말로 우매한 부녀자를 꾀어 행동을 개처럼하고 아첨을 여우같이 해
서, 몸에 감고 입에 풀칠하는 계략을 영위하는 경우를 말한다. 개걸생
활이란 무엇인가. 승려 대부분이 하고 있는 짓인 바, 남의 집 대문에
이르러 절을 하면서 한 푼의 돈이나 몇 알의 곡식을 구하는 것을 이름
이다. 그리고 이 밖에는 따로 생계가 없는 터이다.[7]

이와 같이 승가의 잘못된 생활 방식을 지적하고, 그 대안으로 자립 생
산활동을 제시하였다. 사찰은 역사적으로 많은 산림을 소유하고 있으므
로 조림사업造林事業을 통해 각종의 과일, 차, 뽕나무 등을 생산할 수 있다.
또한 승려는 수십·수백의 대중이 운집생활을 하므로 이들의 노동력으
로 주식·합자·합명 등의 회사를 설립하여 공동경영을 할 수 있다는[8]
것이다. 이러한 생산불교의 건설을 위해 한용운은 무엇보다도 전통불교
의 주 수입원이었던 각종의 재공양과 제사의 폐지를 제창하였다.

본래 불교는 중생 제도를 위주로 하는 까닭에 승려의 자비심이 사
람들의 영혼을 정토에 왕생시키고자 해서 제사를 지내는 것인가 그
렇다면 어째서 천하 사람들 일일이 다 제사하지 않고 다만 재물을 바

7 『조선불교유신론』, 앞의 책, pp.100~102.
8 『조선불교유신론』, 앞의 책, pp.106~107.

친 자만을 제사하는 것인가. 또 제사함으로써 정토에 왕생할 수 있다고 하면 한 번 제사하는 것으로 족할 것이며, 제사하여도 그것이 불가능하다고 하면 만 번 제사해도 아무 효과가 없을 것임에도 불구하고 대대로 제사를 어기지 않음은 무슨 까닭인가. 나는 그 이유를 안다. 다름이 아니라 그 나머지 밥과 찌꺼기 국을 얻어먹기 위함일 뿐이다. 한 그릇의 밥과 국은 비록 짚신을 삼고, 돗자리를 짠들 어찌 못얻을까 걱정하여 사람의 도리가 아닌 일에 아첨해서 고개를 숙이고도 이상히 여기지도 않으니, 참으로 슬픈 일이다. 재공양과 제사의 의의가 이상과 같은 바엔 폐지해도 무방할 것이다.[9]

조선후기 불교는 '산중불교'라고 규정할 만큼 대중과 유리되어 있었다. 오랜 억불의 결과 사찰과 승려는 점차 사회와 거리가 멀어졌고, 양반사회의 질곡아래에서 사찰 경제는 피폐해질 수밖에 없었다. 경제적 궁핍을 견디지 못하는 승려는 사찰을 떠나고, 그나마 큰 규모의 사찰만이 근근이 법등을 이어나가고 있었다. 금강산의 대찰이었던 장안사長安寺의 경우 1790년(정조 14)에는 승도가 불과 4, 5명만이 남아 있었을 뿐이다.[10]

이후 19세기 중엽부터는 사찰의 적극적인 경제활동으로 점차 승려 수가 증가하고, 수백 명이 거주하는 대찰의 면모를 회복하기 시작하였다.[11]

---

9 『조선불교유신론』, 앞의 책, pp.97~98.
10 "長安寺는 본도에서 가장 오래된 큰 절인데 태반이 퇴락되고 승려들도 4, 5명에 불과하니, 신의 감영에서 물자와 인력을 내어주고 본 고을을 시켜 돈과 쌀을 좀 도와주어 재목을 모아 공사를 시작하게 해야겠습니다. 이 밖에 승려를 머물러 살게 할 대책과 사찰을 소생시킬 방도에 대해서는 우선 감영과 고을에서 충분히 논의한 뒤에 계문하겠습니다." 『정조실록』, 정조 14년(1790) 8월.
11 한상길, 「개화기 사찰의 조직과 운영」, 『불교근대화의 전개와 성격』, 대한불교조계종 불학연

100년이 지난 1894년 장안사에는 120명의 승려가 주석하고 동승과 신도들이 북적이는 대찰의 면모를 갖추고 있었다.[12] 이처럼 19세기 중엽 이후 사찰이 어엿한 모습을 갖추게 된 배경에는 이른바 탁발과 시주라는 불교의 전통적인 재원 수급활동이 자리 잡고 있다. 1894년 장안사를 여행한 이사벨라 버드 비숍(Isabella Bird Bishop, 1831~1904)의 기록을 보면, 이 무렵 탁발과 시주활동이 사찰의 재원확보에 얼마나 중요한가를 가늠할 수 있다.

> 많은 수의 사람들은 산 아래 있는 사원 토지의 임대료와 생산품들, 그리고 절을 찾는 신도들의 헌금, 그리고 일종의 종교적 수행으로 멀리 서울의 4대문까지 탁발을 다니는 승려들이 모아온 시주쌀로 부양되고 있었다. …… 높은 지위에 있는 고승들을 빼고는 누구나 바가지를 들고 전국을 돌아다니며 탁발을 하는데, …… 그들이 이집 저집에서 염불을 하면 음식이나 숙박, 얼마간의 돈이나 곡식을 내 주지 않는 사람은 거의 없다.[13]

즉 고승들을 제외한 절의 대부분의 승려가 금강산에서 한양까지 그 먼 길을 마다하지 않고 탁발을 위해 왕래하였다는 것이다. 1899년 문경 대

---

12 (장안사의) 승려들, 절의 불목하니들, 승려의 길을 걸으려 하는 동승들 사이에 100~120명 가량 되어 보이는 비구니들이 있었다. 이 비구니들은 소녀로부터 87세에 이르는 노파까지 모든 연령층을 포함하고 있었다. 이사벨라 버드 비숍 지음, 이인화 옮김, 『한국과 그 이웃나라들』, 살림, 1994. p,162.

13 이사벨라 버드 비숍, 앞의 책, p,162. p,170.

승사大乘寺에서도 염불당을 건립하기 위해 여러 승려들이 전국으로 흩어져 화주를 구한 사례가 있다.[14] 조선시대 이래, 사찰은 이처럼 탁발과 화주 등으로 재원을 마련하여 사찰을 유지하고 있었다. 사찰 소유의 전답을 직접 운영하거나, 신도의 제사를 주관하고, 각종의 사찰계를 결성하는 등 각양의 재원조달 방법이 있었으나 역시 가장 보편적인 재원은 탁발과 장례의식의 집전이었다. 민간에서도 승려의 탁발에 시주를 마다하지 않았고, 49재 등의 장례의식은 당연히 사찰에서 올리는 것이라 여겼다.

이러한 현실에서 한용운의 탁발에 대한 신랄한 비판과 재공양, 제사의 폐지 주장은 불교의 존립 기반 자체를 흔드는 심각한 수준이었다. 그런데 한용운의 주장은 당시의 불교계에 별다른 변화를 불러일으키지 못했다는 사실에 주목한다.

한용운은 전통불교의 거의 모든 분야에 대한 비판과 개혁안을 제시하여 근대불교 혁신의 상징과 같은 위상을 지니는 것은 틀림없는 사실이다. 그러나 오랫동안 이어져온 관습을 단순간에 바꾸기에는 현실의 장벽이 너무도 컸다. 무엇보다 중요한 것은 개혁을 실천해야 할 승가의 자신감 부족, 개혁의식의 부재 등에 원인이 있었다. 결국 불교의식에 관한 그의 주장은 이론적, 선언적 차원에 머물고 말았다고 생각된다.

한용운의 근대불교 개혁의지를 살필 수 있는 또 다른 자료가 1931년의 「조선불교의 개혁안」[15]이다. 모두 6개의 항목에 걸쳐 불교의 개혁 방안을 제시하였다. '통일기관의 설치', '사찰의 폐합', '교도의 생활보장', '경론의

---

14 「四佛山大乘寺雙蓮庵萬日會新刱記」, 『퇴경당전서』 권1, 퇴경당전서간행위원회, 1990, pp.381~382.
15 韓龍雲, 「朝鮮佛教의 改革案」, 『불교』 88, 1931, pp.2~10.

번역', '대중불교의 건설', '선교禪敎의 진흥' 등이 주요 골자이다.[16] 그런데 이 개혁안에는 불교의례에 관한 내용이 일체 포함되어 있지 않다. 1910 년『조선불교유신론』을 집필하면서 외쳤던 의례의 개혁이 21년인 지난 1931년에는 자취조차 없는 것이다. 이 사실을 통해 불교의례에 관한 한용운의 의식 변화를 추정해 볼 수 있을 듯하다. 즉 공양과 제사의 집전을 '나머지 밥과 찌거기 국을 얻어먹기 위한 일'이라는 과도한 언사로 비판하였으나, 불교계의 현실은 생산불교로 나아갈 수 있는 사회적, 인적, 정서적 여건을 갖추고 있지 못함을 인정한 것이라 판단된다. 즉 새로운 개혁안을 제시하여 교단과 사찰, 대중포교, 선교禪敎의 진흥에 관한 구체적 실천을 강조하면서도, 불교의식에 관한 언급을 제외한 것은 불교의식이 갖는 전통성과 종교적 의미를 수용한 것이라고 생각된다. 이러한 한용운의 불교의식에 대한 의식의 변화는 1935년 안진호(安震湖, 1880~1965)의 『석문의범釋門儀範』 발간 사례에서 구체적으로 확인할 수 있다. 『석문의범』은 조선시대 이래의 한국불교의 각종 의례와 의식문을 총망라한 종합의례집이다. 안진호는 1931년 최취허崔就墟의 제안으로『불자필람佛子必覽』이라는 의례집을 발간하였고, 이 책을 확대·개편하여『석문의범』을 간행하였다. 그런데 이『불자필람』의 간행에 한용운이 참여하여 재정적 후원을 하였던 것이다.[17]『불자필람』이 발행된 시기는 앞서의「조선불교의 개혁안」을 발표한 시기와 같은 해이다.

1910년 무렵 한용운은 불교의례를 '도깨비의 연극'이라는 극단적인 폄하를 서슴지 않았다. 그런데 이 시기에 와서는 그 도깨비 연극의 시

16 김광식,「한용운의 <조선불교의 개혁안> 연구」,『유심』 24, 만해사상실천선양회, 2006.
17 崔就墟, 安錫淵 共編,「發刊의 趣旨」,『佛子·必覽』, 연방사, 1931.

나리오와도 같은 의례집의 간행에 후원하고 있다. 이러한 큰 변화를 어떻게 이해해야 할까. 『조선불교유신론』과 「조선불교의 개혁안」에 공통적으로 내재되어 있는 근대불교 개혁의 기본 명제는 '불교의 대중화'였다. 이를 위해 '산간에서 가두로', '승려로서 대중에'를 외쳤다.[18] 불교대중화의 대명제 하에 재공양과 제사 등의 의례는 대중에게 쉽게 다가갈 수 있고, 또 대중을 받아들일 수 있는 중요한 불교적 기능이라 여겼던 때문이라 생각된다. 국권을 강탈당한 식민지하에서 민족의 자주성과 불교의 주체성을 지켜내기 위해 한용운은 저술과 강연, 문학, 독립운동 등 다양한 활동을 펼쳤고, 그 대상은 민족 대중이었다. 『조선불교유신론』 이래 20년이 지난 시점에서 불교대중화의 중요성은 더욱 절실하였고, 이를 이룩하기 위해 한용운은 불교의례에 대한 인식을 과감히 변화시켰던 것이라 생각된다.

2) 불교의례집의 간행

한용운의 의례 개혁론에도 불구하고, 불교계에서는 여전히 각종의 의례가 번성하고 있었다. 1927년 석왕사釋王寺 승려 박승주朴勝周가 불교의례의 폐해를 지적하고 재공의식을 혁파해야 한다는 주장을 다시 제기하였다.

---

18 한용운, 「朝鮮佛敎의 改革案」, 앞의 책, pp.2~10.

재공의식이란거은 현대조선사찰에 거행되는 일종 예식입니다. 그
런데 그 예식의 절차가 한나도 법다운 것이업스며 또 예식을 집행하
는 행동이 심히 난잡비루亂雜鄙陋하야 조끔이라도 양심을 가진 사람
으로는 참아 눈으로 볼수 업는 예식입니다. 말하자면 무당의 푸닥거
리나 독갑이 연극이라하엿으면 썩 적합할 듯 합니다 아 - 예禮가 엇
지 이따위 예가 잇스며 조선祖先의 령靈이 엇지 이따위 예에 감응하
릿가? …… 시대가 요구하는 것도 엇더한 경우에 인하야 혹 파괴도
하고 혹 혁신도 하거든 하물며 시대가 요구치안는 만인이면 만인이
모다 배척공격을 하는 이따위 독갑이 노름쯤이야 업새지안코 될수
잇스릿가?[19]

위에서 보듯이 재공양 등은 1920년대에도 여전히 불교근대화의 개혁
대상이었다. 그러나 몇몇 선각자들의 주장에 아랑곳하지 않고 불교의례
는 오히려 번성하고 있었다. 불교의례의 번성을 구체적으로 알 수 있는
사례가 『불자필람』과 『석문의범』이라는 의례집의 간행이다.

1931년 6월 최취허는 『불자필람』을 편찬하기 위해 안진호를 만나 의
례집의 필요성을 제안하였고, 안진호는 불과 한 달여 만에 원고집필을
마쳤다.[20] 최취허는 한용운의 후원을 받고, 권상로와 김태흡에게 교정을
맡겨 그해 12월에 출간하였다. 최초의 근대 활자본 의례집은 이처럼 짧
은 시간에 완성되었다. 책은 발간되자마자 큰 인기를 얻었고, 불과 2년이
못되어 품절되었다. 품절된 이후에도 일본과 만주에서도 주문이 몰려들

19 朴勝周, 「齋供儀式에 對하야」, 『불교』 35, 1927, pp.32~33.
20 한상길, 「한국 근대불교의 대중화와 석문의범」, 이 책 제10장, pp.345~346.

어 안진호는 주문서를 처리하기에도 눈썹 펼 겨를이 없을 지경이라고 하였다.[21]

『불자필람』의 인기에 고무된 안진호는 이를 계승, 확대한 『석문의범』의 간행에 착수하였다. 『불자필람』의 오류를 수정하고, 누락된 의례문을 보충하자 분량이 세 배로 늘어났다. 그는 인쇄소의 사정에 따라 예정된 간행일을 지키지 못하자, 잡지에 광고문까지 게재하면서 이유를 설명하고 선주문을 제시하는 등의 자신감을 보였다. 한차례의 연기 끝에 1935년 11월 마침내 자신이 설립한 만상회의 이름으로 『석문의범』을 간행하였다. 책은 앞선 『불자필람』과 마찬가지로 큰 인기를 끌었다. 정확한 판매부수는 알 수 없으나 만상회는 『석문의범』 한 권으로 재정적 기반을 다질 수 있었고, 이를 발판으로 안진호는 70여 종의 번역서와 저술을 출판하였다.[22] 오늘날 한글로 편찬된 많은 불교의식집들은 대부분 『석문의범』을 모본으로 하였고, 지금까지도 승가에서 애용되고 있다.[23] 이 책이 활발히 유통되었다는 사실은 곧 의례에 대한 수요가 많았음을 의미한다. 즉 재공양과 제사 등의 불교의례가 빈번히 성행하고 있었으므로 신식활자로 보기 쉽게 편찬한 이 책은 간행되자마자 큰 성원을 받게 되었던 것이다.

일찍이 불교의례의 폐단이 지속적으로 제기되면서 의례 개혁은 불교

---

21 "본인이 年前에 경북 예천 포교사 최취허화상의 위탁을 받아 佛子必覽을 간행하게 되었는데, 겨우 2년을 못가서 품절되었습니다. 그 후로 全鮮은 물론 內地 또는 滿洲 등 각 방면에서 주문이 沓至되어 書面 取扱에 눈썹 펼 겨를이 없었습니다." 安震湖, 「『釋門儀範』 刊行豫告」, 『금강산』 창간호, 금강산사, 1935. 끝면.
22 김광식, 「일제하의 불교출판」, 『대각사상』 9, 대각사상연구원, 2006. ; 한동민, 「일제강점기 寺誌편찬과 그 의의-安震湖를 중심으로」, 『불교연구』 32, 한국불교연구원, 2010.
23 윤창화, 『근현대한국불교 명저58선』, 민족사, 2010, pp.69~73.

근대화의 중요한 가늠자로 여겨져 왔다. 그러나 불교계를 통할하는 통일된 교단이 부재한 상황에서 수많은 의례와 의식을 폐지할 수 있는 법적·제도적 제어장치가 없었다. 이에 따라 현실에서는 여전히 많은 의례와 의식이 성행하였고, 때로는 불교전통과 동떨어진 무속적 의례까지도 범람하고 있었다.[24] 이러한 시대에서 불교의례는 의례집의 간행을 계기로 더욱 성행할 수 있는 토대를 갖춘 셈이었다.

의례개혁이 현실을 변화시키지 못하고, 지상紙上의 외침만으로 그쳤던 이유는 대체로 두 가지로 요약할 수 있을 듯하다. 먼저 재공양을 대신할 수 있는 재정수입의 대체방안이 마련되지 못한 데 원인이 있었다. 한용운은 그 대안으로 사찰이 지닌 산림과 전답, 노동력을 이용한 생산불교를 제시하였지만, 이러한 근대적 자본주의 시스템을 수용하기에는 전통시대의 관습이 여전히 강력하게 잔존하고 있었다. 두 번째는 불교근대화의 관건이라 할 수 있는 대중화의 실현에 의례와 의식이 큰 힘을 발휘한다는 사실이다. 수백 년을 이어온 재공양과 제사 등의 기복신앙은 여러 비판에도 불구하고 사찰과 대중을 연결하는 단단한 고리였고, 불교를 유지해 온 저력이었다. 불교개혁의 선각자로서 한용운이 수십 년에 걸쳐 다양한 개혁안을 제시하면서 의례개혁을 포기한 것도 사실은 이러한 불교대중화의 가치를 더욱 중시했기 때문이라 생각된다. 여기서 한걸음 더 나아가 의례집의 간행에 재정적 후원을 한 배경에도 결국 불교대중화의 중요성이 자리 잡고 있었다고 하겠다.

『석문의범』은 기본적으로는 조선시대의 전통적인 의례문을 결집한 자

---

24 朴勝周, 앞의 글, p.33.

료집이다. 한편 직접 작사한 찬불가와 불교식 혼례를 수록하여 의례의 근대화를 제안하는 등 저술로서의 면모도 아울러 지녔다. 의례집의 간 행은 그에 대한 수요에서 비롯되었지만, 역으로 의례집의 간행은 다시 불교의례의 확산을 불러일으켜 근대 불교의례의 성행을 촉발시켰던 것 이다.

3. 근현대신문의 불교의례

1) 의례의 유형과 내용

근대불교 의례의 실제 모습을 살펴보기 위해 근현대신문의 기사와 불 교잡지를 조사하였다. 먼저 근현대신문은 『독립신문』(1896년 창간), 『황성 신문』(1898년), 『제국신문』(1898년), 『대한매일신보』(1904년), 『매일신보』 (1910년), 『동아일보』(1920년), 『조선일보』(1920년)를 대상으로 하였고, 불 교잡지는 『불교』지를 대상으로 하였다.[25] 근현대신문의 불교관계 기사는 선우도량에서 출간한 『신문으로 본 한국불교 근현대사』 I (1995)・II (1999) 전4책을 활용하였다. 조사의 범위는 『독립신문』이 창간된 1896년 부터 1945년까지를 대상으로 하였다.

근현대신문의 불교의례 기사를 조사한 결과 모두 111건의 자료가 산

---

25 근대 불교의례의 사례를 이해하기 위해서는 불교잡지 모두를 조사해야 하겠지만, 총 21종에 달하는 방대한 분량을 섭렵하기에는 필자의 역량이 미치지 못하여 『불교』지만을 대표로 살펴 보았다. 불교잡지에 관해서는 김기종의 「근대 불교잡지의 간행과 불교대중화」, 『한민족 문화연구』 28, 2009 참조.

출되었다. 기사의 형식은 간단한 소식부터, 견문기, 심층 취재, 논설 등 다양한 형태로 나타난다. 불교의례의 유형은 대략 20종 정도로 분류되는데, 석가탄일의 초파일행사 기록이 가장 많았고(38회), 다음으로 수륙재(10회). 천도재(9회), 백중(우란분재, 8회), 만일염불회(4회), 재공양(4회), 영산재(2회), 조사추모재(2회), 부모은중회(2회) 등이다. 그밖에 생전예수재, 염불회, 열반재, 미륵제, 참선회, 축원기도, 경행, 통알, 불교혼례식, 풍년기원법회 등이 1회씩 게재되었다. 이를 시기에 따라 표로 나타내면 다음과 같다.

근현대신문의 불교의례 관련 기사[26]

No	일 자	신 문	기사명	의례명
1	1897. 7. 6.	독립신문	각쳐 중들이 려항간으로…	경행
2	1897. 9. 30.	독립신문	엇더흔 유 지각흔 사룸이…	천도재
3	1898. 9. 15.	황성신문	妖僧愚婦	생전예수재
4	1898. 10. 22.	독립신문	빅셩이 일년 동안에 버러서 공용 외에 허비 흐는 일	영산재
5	1900. 1. 15.	황성신문	設齋巨費	재공양
6	1901. 5. 22.	제국신문	대뎌 도라 흐는 거슨 곳	사월초파일
7	1902. 2. 28.	대한매일신보	供佛何益	축원기도
8	1902. 5. 15.	황성신문	<論說> 浴佛節寓感	사월초파일
9	1902. 11. 26.	황성신문	大設僧齋	재공양

26 신문의 기사에는 대체로 기사명이 있으나, 간혹 기사명이 없는 경우가 있다. 이 경우 「기사명」 항목에 기사의 첫머리를 제시하였다.

10	1903. 3. 7.	황성신문	元寺慶祝	수륙재
11	1903. 9. 17.	황성신문	山寺慶祝	수륙재
12	1903. 11. 14.	황성신문	元寺致誠	수륙재
13	1904. 4. 9.	황성신문	淨寺位祝	수륙재
14	1908. 5. 8.	대한매일신보	浴佛佳節	사월초파일
15	1908. 7. 30.	대한매일신보	杆城 金剛山 乾鳳寺 萬日蓮社를	만일염불회
16	1911. 5. 17.	매일신보	佈敎盛況	참선회
17	1911. 5. 20.	매일신보	淨土宗會의 靈山齋	영산재
18	1912. 2. 25.	매일신보	奉元寺 住持의 勸誘	만일염불회
19	1912. 5. 12.	매일신보	爲親祈佛이 孝乎	천도재
20	1913. 5. 14	매일신보	千佛燈事와 奏樂	천불등사
21	1913 .5. 16	매일신보	陰曆八日의 感想	초파일행사
22	1913. 5. 18.	매일신보	開城의 浴佛日 盛況	초파일행사
23	1913. 5. 20.	매일신보	興天寺의 念佛會	만일염불회
24	1913. 8. 17.	매일신보	山寺白中의 壯觀	백중
25	1913. 8. 19.	매일신보	平壤의 百種盛況	백중
26	1914. 1. 7.	매일신보	模範僧侶의 褒賞	만일염불회
27	1914. 6. 12.	매일신보	奉恩寺의 將卒 招魂祭	수륙재
28	1914. 7. 12.	매일신보	봉은사 수륙재의 성황	수륙재
29	1914. 9. 5.	매일신보	各寺刹의 百終節	백중
30	1915. 4. 5.	매일신보	小林寺의 報恩會	대부모은중회
31	1915. 4. 9.	매일신보	小林寺 父母報恩會	대부모은중회
32	1915. 4. 20.	매일신보	覺皇寺內 薦度禮式	천도재
33	1915. 5. 18.	매일신보	四月八日과 開城	사월초파일
34	1915. 5. 21.	매일신보	天上天下에 唯我獨尊	사월초파일

35	1915. 5. 21.	매일신보	平壤 大觀燈會와 各種 餘興의 壯觀	사월초파일
36	1915. 5. 22.	매일신보	覺皇寺 灌佛會	사월초파일
37	1915. 5. 22.	매일신보	八日의 市中	사월초파일
38	1915. 7. 2.	매일신보	無遮大會孤魂大薦度式	천도재
39	1915. 7. 4.	매일신보	大薦度式	천도재
40	1915. 10. 7.	매일신보	麻谷寺 大薦導式	천도재
41	1916. 5. 10.	매일신보	婦人 小兒, 八日의 歡	사월초파일
42	1916. 6. 27.	매일신보	津寬寺의 水陸齋	수륙재
43	1917. 5. 6.	매일신보	名刹 奉恩寺 / 尙玄 李能和	조사추모재
44	1917. 5. 15.	매일신보	總員 十餘萬 壯觀! 本社 主催의 探勝會	조사추모재
45	1917. 5. 17.	매일신보	海印寺 八相儀式	사월초파일
46	1917. 5. 29.	매일신보	浴佛名節 / 至 齋	사월초파일
47	1917. 5. 29.	매일신보	四月 八日	사월초파일
48	1917. 5. 30.	매일신보	八日의 平壤市	사월초파일
49	1918. 1. 1.	매일신보	離俗흔 禪林의 新年	통알
50	1918. 2. 1.	매일신보	佛式花婚에 就하야	불교혼례식
51	1918. 5. 17.	매일신보	浴佛佳日	사월초파일
52	1921. 5. 15.	동아일보	今日은 四月 八日…	초파일행사
53	1921. 5. 15.	매일신보	盛大히 擧行한 灌佛會	사월초파일
54	1921. 5. 19.	조선일보	佛敎大會釋尊祭	초파일행사
55	1921. 5. 22.	동아일보	釋尊降誕祭大盛況	초파일행사
56	1923. 5. 23.	조선일보	各處에 釋尊祝賀 축하식…	초파일행사
57	1924. 8. 15.	불교 2	盂蘭盆에 對하야	우란분재
58	1925. 4. 30.	조선일보	明日이 四月 八日…	초파일행사
59	1926. 10. 1.	불교 28	盂蘭盆과 地藏精進	우란분재

60	1927. 5. 1.	불교 35	齋供養儀式에 對하야	재공양
61	1927. 5. 8.	조선일보	釋迦牟尼佛 誕生…	초파일행사
62	1927. 9. 10.	매일신보	孤魂薦度會 불교단에서	천도재
63	1928. 5. 19.	매일신보	四十年만에 復活된 四月 八日 觀燈노리	초파일행사
64	1928. 5. 20.	매일신보	八日 觀燈 노리를 全京城的으로 奉讚	초파일행사
65	1928. 5. 26.	매일신보	<論說> 灌佛節에 對하야	초파일행사
66	1928. 5. 26.	매일신보	釋迦世尊의 降誕紀念日	초파일행사
67	1928. 5. 27.	매일신보	祝福된 麗日 下에 展開된 八日 祝賀	초파일행사
68	1928. 5. 29.	매일신보	空前 盛況의 全州 觀燈會	초파일행사
69	1928. 5. 31.	매일신보	釋尊誕日 紀念	초파일행사
70	1928. 5. 31.	매일신보	一洞이 一齊 削髮	초파일행사
71	1928. 9. 1.	불교 50 · 51	水陸齋緣起를 뭇습니다	수륙재
72	1928. 10. 1.	불교 52	地藏山林과 盂蘭盆齋	우란분재
73	1929. 5. 1.	불교 59	各地의 涅槃齋	열반재
74	1929. 5. 16.	조선일보	釋迦 誕辰에 際하야 / 權相老	초파일행사
75	1929. 5. 17.	동아일보	佛教徒에 囑함…	초파일행사
76	1929. 6. 1.	불교 60	聖誕齋와 觀燈會	초파일행사
77	1929. 9. 1.	불교 63	盂蘭盆法要	우란분재
78	1930. 12. 28.	매일신보	濟州佛教協會 水陸齋 盛設	수륙재
79	1931. 2. 1.	불교 80	儀禮式과 梵音의 출처를…	의례식
80	1931. 5. 1.	불교 83	齋式의 意味를 뭇습니다	재공양
81	1931. 5. 15.	매일신보	例年과 가티 觀佛堂 設置	초파일행사
82	1931. 5. 26.	매일신보	灌佛節 壯觀	초파일행사
83	1931. 5. 28.	매일신보	全州의 灌佛祭	초파일행사
84	1931. 8. 16.	매일신보	僧院生活 보고	염불회

85	1931. 9. 23.	매일신보	論山彌勒祭	미륵제
86	1932. 5. 14.	조선일보	灌佛節 紀念 盛況	초파일행사
87	1932. 8. 1.	불교 98	(聖劇) 盂蘭盆	우란분재
88	1933. 5. 2.	조선일보	釋尊誕降紀念 祝賀會盛況	초파일행사
89	1933. 5. 22.	동아일보	첫여름 자라는 신록에 싸여	초파일행사
90	1935. 5. 4.	매일신보	佛誕紀念 準備委員會	사월초파일
91	1936. 5. 19.	매일신보	불기둥 불방석의 觀燈노리	사월초파일
92	1936. 5. 31.	매일신보	大盛況을 이룬 普賢寺 觀燈	사월초파일
93	1936. 6. 2.	매일신보	慶州 佛國寺 釋尊祭 盛況	사월초파일
94	1936. 6. 6.	매일신보	蔚山 布教堂 釋尊祭	사월초파일
95	1936. 11. 25.	매일신보	梵鍾소래도 淸凉히 水害 孤魂 薦度法會	수륙재
96	1937. 4. 6.	매일신보	佛陀의 大精神宣揚 八日 莊嚴한 灌佛式	초파일행사
97	1937. 4. 9.	매일신보	釋尊偉德, 思慕更新 佛誕一色 長安街	초파일행사
98	1938. 4. 8.	조선일보	釋尊聖誕奉祝會	초파일행사
99	1938. 4. 8.	매일신보	三處에서 灌佛式	초파일행사
100	1938. 4. 9.	매일신보	灌佛式 자못 盛大	초파일행사
101	1939. 6. 27.	동아일보	豊年 비는 法會	풍년기원법회
102	1940. 7. 7.	매일신보	佛教慰靈大法要	천도재
103	1940. 9. 19.	매일신보	地下英靈도 微笑	천도재
104	1941. 3. 12.	매일신보	'觀燈노리' 準備 佛教各派 合同開催	초파일행사
105	1941. 3. 19.	매일신보	釋尊降誕祭	초파일행사
106	1941. 4. 7.	매일신보	사월 팔일 관등노리	초파일행사
107	1941. 4. 9.	매일신보	오늘이 사월 팔일	초파일행사

108	1943. 4. 7.	매일신보	四月 八日의 灌佛式	초파일행사
109	1943. 4. 8.	매일신보	釋尊奉贊 講演	초파일행사
110	1943. 4. 9.	매일신보	釋尊降誕記念式	초파일행사
111	1943. 4. 9.	매일신보	菩薩道 實踐에	초파일행사

앞의 표에서 보듯이 근대기의 불교의례는 대략 20여 종이다. 이 가운데 개혁론자들이 지적했던 불교의례의 폐해에 해당하는 사례는 수륙재, 천도재, 재공양, 생전예수재, 축원기도, 경행 등 6종 정도이다. 이들은 공통적으로 망자를 천도하거나 현실의 복을 기원하는 기복의례들이다. 그런데 기복의례는 전체 111건의 기사 중에서 30건 정도로 그다지 큰 비중은 아니다. 신문과 잡지는 기본적으로 사회성과 공공성을 전제로 하기 때문에 개인적인 차원의 축원과 기복에 관한 의례는 기사화되지 않았기 때문이라 생각된다.

20여 종의 의례기사 중에서 '행사'의 성격을 지니는 초파일, 백중, 열반재 등은 논외로 하였다. 이들은 일상적 의례가 아니라 정기적인 축제의 의미를 지니므로 의례의 기능을 갖지 않는다. 따라서 구체적인 논의의 대상은 수륙재와 천도재, 재공양 등이다.

먼저 수륙재는 물과 육지에서 헤매는 영혼과 아귀를 달래고, 위로하기 위하여 불법을 강설하고 음식을 베푸는 불교의식이다. 불교의 영혼천도 의식 가운데 그 설행의 목적이 영혼천도에 집중되어 있고, 또한 가장 규모가 크다. 다른 말로 수륙도량水陸道場·비재회悲齋會·시아귀식施餓鬼食이라고도 하는데, 중국 양梁나라 무제(武帝, 502~549)가 시작하였다. 불교에 대한 신심이 두터웠던 무제는 유주무주有住無住의 외로운 영혼들을 널리 구제하여 공덕을 쌓기를 다짐하였다. 우리나라에서 수륙재가 시작된 것은 고려 때부터이다. 970년(광종 21) 갈양사葛陽寺에서 개설한 수륙도량이 그 최초의 사례이다. 이후 1093년(선종 10)에는 최사겸崔士謙이 수륙재의 의식절차를 기록한 『수륙의문水陸儀文』을 송나라에서 가져왔다. 이를 계기로 보제사普濟寺에 수륙당水陸堂을 세우고, 『수륙의문』에 따라 수륙재를 개설하였다. 또한 일연一然의 제자 혼구混丘가 고려불교의 독자적인 의식을 첨가하여 『신편수륙의문新編水陸儀文』을 찬술하는 등[27] 수륙재는 고려중기 이후 계속되었다.

조선시대에도 수륙재의 번성은 계속되었다. 숭유억불을 국가의 기본정책으로 내세우면서도 국가가 주관하는 국행수륙재를 개설하였다. 태조 이후 연산군까지 1백년이 넘는 동안 진관사津寬寺에서는 모두 32회 이상의 수륙재와 기신재 등이 개설되었다. 진관사를 비롯하여 삼화사三和寺·상원사上元寺·장의사莊義寺·봉선사奉先寺·봉은사奉恩寺 등 여러 사찰에서 개설한 수륙재까지 감안하면 억불의 시대라는 사실을 잊게 한다.[28] 수륙재는 대체로 1515년(중종 10) 무렵까지 큰 변동 없이 계속되었다. 그러나 중종대 이후 조광조趙光祖 등의 사림파가 득세하고 주자가례가 확립되면서 점차 약화되었다.[29] 이후 국가의 수륙재는 더 이상 설행되지 않았지만 사찰과 민간에서는 단절되지 않고, 다양한 목적을 위하여 여전히 지속되었다.

---

27 李齊賢, 「有元高麗國曹溪宗慈氏山 瑩源寺寶鑑國師碑銘 幷序」, 『동문선』 권118.
28 한상길, 「조선전기 수륙재의 위상」, 이 책 제5장, pp.169~179.
29 윤무병, 「국행수륙재에 대하여」, 『백성욱박사송수기념 불교학논문집』, 1959, p.642.

근대시기에 들어서도 수륙재의 설행은 계속되었다. 근현대신문에서 10건의 기사가 확인된다. 1903년 3월 원흥사의 수륙대도량이 첫사례이고, 같은 해 9월과 11월에도 개설되었는데. 많은 인파가 모여 수일 간 계속하였다.[30] 전통시대의 수륙재는 대개 7일간 이어지는데 49일간 계속된 사례도 있는 등 대규모의 의식이었다.

1914년 6월 봉은사에서 열린 수륙재는 근대시기 대규모 의식의 전형적인 사례이다.

> 지금 경긔 대본산 광쥬 봉은스奉恩寺 쥬지 나쳥호羅晴湖 화상은 한갓 츙의와 졀긔룰 위ᄒ야 목슘을 바린 모든 젼망쟝졸戰亡將卒들의 혼빅이 슈륙공계水陸空界에 ᄯ단이며 츄츄히 울 싱각을 ᄒ고, 쳥졍 법계의 도덕심으로 한 번 그 고혼을 불러[招魂] 위로ᄒ고 봉비ᄒ야 됴흔 곳으로 쳔화케 ᄒ기로 작명ᄒᆫ 결과 졀ᄎ가 다 되야 도라오ᄂᆫ 음력 윤오월 열여드레늘 아ᄎᆷ브터 봉은스의 쥬최로 강우에 삼ᄉ십쳑의 비룰 미이고 굉장히 예식禮式을 베푼 후 다수 승려 긔타 법ᄉ法師가 모혀 쟝엄ᄒ게 쵸혼졔招魂祭를 셜힝홀 터이라ᄂᆫ디 그 눌은 쳐음 보ᄂᆫ 굉장ᄒᆫ 졔뎐이 잇슬 터이오 오리동안 막막ᄒᆫ 가온디 수륙으로 방황ᄒ며 임ᄌ 일흔 슯흔 혼빅들은 맛참니 법ᄉ의 쳔도와 근본되ᄂᆫ 셕가셰존의 셩은에 인ᄒ야 흔연히 웃고 모다 질겨ᄒ야 각각 곳을 ᄎ져 가리로다.[31]

---

30 『황성신문』, 1903년 3월 7일. 및 11월 14일, 1904년 4월 9일.
31 『매일신보』, 1914년 6월 12일.

봉은사의 수륙재는 전쟁에서 사망한 장졸將卒들의 혼령을 위무하기 위해 한강에 30척의 배를 띄워 의식을 진행하였다고 한다. 여기에 참여한 인파는 수만 명이 넘었다.[32] 불교에서 영혼을 천도하는 의식은 여러 가지가 있는데, 49재, 백일재, 기제, 소상, 대상 등의 정기적인 천도재와 특별한 경우에 행하는 수륙재가 대표적이다. 그런데 천도재는 특정한 발원자 중심의 개인의례적 성격이 강하고, 수륙재는 국가와 사회로 말미암은 영혼을 위로하는 공공적 의례라고 할 수 있다. 16~17세기 전란과 자연재해 등이 빈번한 시기에 수륙재가 자주 개최되었던 사실이 이를 말해준다.[33] 봉은사 수륙재의 개설목적은 전몰장병을 위해서라고 하였으나, 구체적인 개설의 계기는 알 수 없다. 주권을 상실한 당시의 시대적 상황과 어떤 연관이 있지 않을까 추정해 볼 뿐이다.

1936년 11월의 강릉포교당 수륙재는 자연재해가 계기가 되었다.

금년 여름의 참혹한 수해로 인하야 강릉 관내만 하야도 248명의
고혼孤魂을 내엿다는데 풍랑風浪에 휩쓸녀간 애혼이 과연 극락세계를
차저간는지 세월이 깁허감을 짜라 추도하는 마음이 간절하게 되는
쓸쓸한 가을 바람이 부는 이 째 지난 18일 오후 1시 강릉읍 금정불교
포교당錦町佛敎布敎堂에서는 대본산 오대산 월정사 주지 이종욱大本山
五臺山月精寺住持李鍾郁씨 설법 하에 수해에 무참하게 죽은 령혼을 위

---

32 "십일일을 건너 봉은사奉恩寺에셔 굉장흔 슈륙재룰 올닌다흠은 이미 보흔 바 당일 경성안의 남녀로쇼와 밋 절 근쳐 사롬 수 만명의 구경흐는 사롬이 모다 물과 못에 인산인힉룰 일우엇다더라." 『매일신보』, 1914년 7월 12일.
33 심효섭, 「한국 수륙재의 역사적 전개와 삼화사」, 『삼화사수륙재 역사』, 삼화사수륙재보존회, 2020, pp.349~351.

로하기 위하야 수해 령혼 천도법회水害靈魂薦度法會를 거행하얏는대 회장 때에는 남녀신도가 구름가티 모혓스며 강릉읍내 각 관공서 각 장관 지방유지 사망자의 유족들이 모혀서 립추의 여지가 업시 참집한 속에 처량한 범종소리와 함께 대중은 긔립하야 삼배례三拜禮를 행한 후 주지의 선도로 분향하고 렴불소리가 처량한 중 원왕생願往生 원다남願多男의 남무아미타불하는 소리가 이러나아 관중은 더욱 정숙하고 유족들의 늣기여 우는 소리는 산천도 낙루하고 초목도 감동하는 듯하엿다.[34]

근대불교의 개혁론에서 불교의례는 우선적 개혁대상이었고 수륙재도 예외가 아니었다. 그러나 수륙재는 억불의 조선시대에도 불교가 중요한 사회적 역할을 담당하는데 기여하였다. 근대시기에 들어서도 위의 사례에서 알 수 있듯이 사회적 공공의례로서의 기능을 수행하였다. 즉 불교 근대화를 위한 개혁의 대상이 아니라, 오히려 근대사회에서 불교가 더욱 가치를 발휘할 수 있는 기회였다. 의례 개혁론이 불교계에 별다른 변화를 주지 못했던 이유는 일차적으로는 현실과 동떨어진 혁신적 주장을 펼쳤기 때문이다. 나아가 불교의례를 공공의 대중의식으로 확산시킬 수 있는 가능성을 발견하지 못한데도 한 원인이 있었던 것이다.

다음의 천도재는 특정한 개인의 발원과 기복을 위해 영혼을 천도하는 사례이다. 근현대신문에서 9회의 설행 기사가 확인되는데 첫 사례는 1897년 9월의 진관사 천도재이다.

---

34 『매일신보』, 1936년 11월 25일.

진관(사)을 가니 여러 즁이 죠희를 오려 각식 가화를 ᄆᆞᆫ들며 그림도 그리며 부작도 쓰거눌 무르니 셔로 쥬져ᄒᆞ여 잘 ᄀᆞᄅᆞ쳐 주지 안코 엇던 즁은 대답ᄒᆞ기를 아모 대신 집에서 지 올닌다고 ᄒᆞ며 엇던 니인이 지 올닌다고 ᄒᆞ다가 그 쥬쟝ᄒᆞᄂᆞᆫ 즁 월욱의 말이 지금 셔흥 군슈 모씨가 그 죠샹을 극락 셰계로 가게ᄒᆞ랴고 삼쳔금 지산을 들여 불공ᄒᆞᆫ다 ᄒᆞ니 그 군슈가 정셩은 갸륵ᄒᆞ나 앗가온 지산만 허비ᄒᆞᄂᆞᆫ 것이 당쵸에 그 죠샹에 령혼이 디옥에 ᄲᅡ져실 것 ᄀᆞᆺᄒᆞ면 엇지 돈 삼쳔량 가지고 그 혼을 구제ᄒᆞ리오 사ᄅᆞᆷ이 싱젼에 올흔 일을 ᄒᆞ엿실 것 ᄀᆞᆺᄒᆞ면 돈 아니라도 그 혼이 복을 누리고 극락 셰계라도 가려니와 악흔 일을 ᄒᆞ엿스면 돈을 북악만큼 드리드리도 바이 쓸디 업ᄂᆞ니 …… 헛된 일ᄒᆞᄂᆞᆫ 남녀들ᄆᆞᆫ 남으를 슈가 업ᄂᆞᆫ 것이 산간에 잇셔 유의 유식ᄒᆞᄂᆞᆫ ᄲᅥᆼᄲᅥᆼ이 즁이 미양 녀항간에 ᄃᆞ니며 감언리셜노 우부 우밍을 유인ᄒᆞ여 이쓰고 힘써 버러 노흔 남의 젼곡을 턱업시 돈푼 ᄡᅡᆯ홉 빌어 먹고 홀 노릇업스니ᄭᅡ ᄒᆞᄂᆞᆫ 말이 불공ᄒᆞ면 업던 ᄌᆞ식도 싱기며 부ᄌᆞ도 되며 죽엇던 혼이라도 극락 셰계로 간다 ᄒᆞ여 심지어 남의 집을 망ᄒᆞ게 ᄒᆞ니 불냥ᄒᆞ고 불샹ᄒᆞ도다. 죄로 말ᄒᆞ면 불공ᄒᆞᄂᆞᆫ 이와 불공ᄒᆞ게 식히ᄂᆞᆫ 즁이나 일톄오 어리셕기로 말ᄒᆞ면 남 ᄭᅬ옴에 ᄲᅡ져 헛된 일ᄒᆞᄂᆞᆫ 사ᄅᆞᆷ이 첫지요 나라에 츙 불츙으로 말ᄒᆞ면 신수가 멀졍ᄒᆞ고 이목 구비와 ᄉᆞ지가 온젼ᄒᆞ여 일ᄒᆞ기 실허 이리 뎌리 유리ᄒᆞ여 ᄃᆞ니며 빌어 먹ᄂᆞᆫ 사ᄅᆞᆷ들이 엇지 나라에 불츙흔 ᄇᆡᆨ셩이 아니리요. 우리 동포 형데들은 헛된 일 말고 실샹 일ᄒᆞ여 보셰 ᄒᆞ엿더라.[35]

---

35 『독립신문』, 1897년 9월 30일.

진관사에서 서홍군수가 조상의 극락왕생을 기원하기 위해 개설한 천도재의 모습이다. 기사에서 알 수 있듯이 큰 돈을 들여 재를 올리는 어리석음을 비판하고 있다. 우리나라 최초의 신문으로서 민중계몽을 목적으로 하였던 『독립신문』 다운 비판적·계몽적 논조이다. 이듬해인 1898년 10월에도 각종의 제사관습을 지적하며, 불교의 기도의례를 신랄하게 비판하였다.[36]

　　『독립신문』은 주지하듯이 1896년에 서재필(徐載弼, 1864~1951)이 창간하고 대부분의 기사를 직접 썼다. 그는 일찍이 미국에 망명하여 기독교에 귀의한 인물이다. 두 기사의 전반에 전통적 무속신과 조상신을 부정하는 기독교관이 흐르고 있지만, 문명개화를 우선시하고 이를 위해 낡은 관습의 철폐를 주장한 것이다. 불교근대화를 위해 의례개혁을 외쳤던 개혁가들의 논리와 거의 흡사하다. 한용운의 개혁론이 1910년에 집필된 사실을 감안하면 1897년의 이 기사는 시대를 앞서는 진보적 주장이었다.

　　천도재에 대한 부정적 기사는 이후에도 계속되었다. 「죽은 부친을 위ᄒᆞ야 불공이 효도라 홀가」,[37] 「공불하익供佛何益」[38] 등의 기사에서 공통적으로 영혼을 천도하는 데 돈을 낭비하고, 개명사업開明事業에는 출자하지 않는 세태를 비판하였다. 그런데 이러한 여론에도 불구하고 불교계에서

36 "첫지는 굿ᄒᆞᄂᆞᆫ 일이며 경닑ᄂᆞᆫ 일이며 ᄯᅩ 츈츄로 ᄒᆞᄂᆞᆫ 졔ᄉᆞᄂᆞᆫ 디신졔며 산신졔며 룡신졔며 군황졔며 국ᄉᆞ졔며 셩황졔며 령산졔며 이 밧긔도 모든 졔ᄉᆞ 등 졀을 다 긔록홀 슈 업ᄉᆞ오며 ᄯᅩ 각쳐에 잇는 졀과 암ᄌᆞ의 미럭의게 긔도ᄒᆞᄂᆞᆫ 일이며 …… 이 ᄀᆞᆺᄒᆞᆫ 허비를 년년 셰셰로 감당ᄒᆞ오니 필경에 여디가 업셔 류리 긔걸ᄒᆞᄂᆞᆫ 빅셩이 ᄌᆞ연이 만흔 것은 다름 아니오 다만 이 잔풍 패쇽 가온디셔 조차 나오는 줄을 확실히 아노라." 「빅셩이 일년 동안에 버려셔 공용 외에 허비 ᄒᆞᄂᆞᆫ 일」, 『독립신문』, 1898년 10월 22일.
37 『매일신보』, 1912년 5월 12일.
38 『대한매일신보』, 1906년 2월 28일.

는 여전히 재공양의 공덕을 강조하고, 그 실행을 권장하였다. 『불교』지에는 매호마다 독자의 질문에 답변하는 코너가 있었다. 그 중 「재식齋式의 의미를 뭇읍니다」라는 질문에 대한 대답으로 "부처님은 열반의 저 언덕에서 생사해生死海를 구버보시며 중생을 접인하시는 삼계에 대도사요 사생의 자부이시라 만일 죽은 사람이 자기의 지은 복으로 좋은곳을 갓다 할지라도 재齋의 공덕으로 더욱 좋은 낙취樂趣에 초승超昇할것이고 만일 죄가있어 악취惡趣에 떠러젓다하면 재의 공덕으로 고계苦界를 버서나게 됩니다. 즉 해탈을 얻지 못한자는 해탈을 얻게하고 해탈을 얻은자는 초승超昇이 있게하고 초승이 있는 자는 퇴전退轉이 없게하는 의미에서입니다."[39]라고 하여 기복불교의 전형적인 논리를 답습하고 있었다.

천도재에 관한 기사 중에는 개인의 기복이 아닌 사회적 차원의 공공의 례도 있었다. 즉 식민지하에서 조선총독부의 영향을 받는 천도재가 개설되었다. 1915년 7월 불교진흥회 주최로 장충단에서 1만 명의 대중이 운집한 '대천도식大薦度式'이 개설되었다.[40] 당시 이 단체의 고문이었던 조중응(趙重應, 1860~1919) 자작이 제안하여 원사寃死·횡사자橫死者와 무주고혼을 천도한다는 명목을 내세웠다. 여기에 조선총독 대리인과 각부 장관, 그리고 총독부의 작위를 받은 귀족들이 참가하였다.[41] 불교진흥회는 이회광이 주도하여 1914년에 조직한 친일불교 단체이다.[42] 설립 목적을 불교의 진흥에 두고 있었지만, 그 설립취지문 서두에 "위로는 일본 천황의

39 『불교』 83, 1931, pp.30~31.
40 「無遮大會孤魂大薦度式」, 『매일신보』, 1915년 7월 2일.
41 당시 불교진흥회의 회원이었던 李能和가 천도재에 관한 논설을 썼다. 「佛敎振興會와 孤魂薦度齋」, 『불교진흥회월보』 1-6, 1915.
42 김순석, 『백년 동안 한국불교에 어떤 일이 있었을까?』, 운주사, 2009. pp.74~79.

통치를 보필"한다는 구절이 있다. 따라서 불교진흥회가 개설한 천도재의 성격은 순수한 종교적 차원이 아니라 정치적 목적을 지녔음을 짐작할 수 있다.

1930년대의 순천 송광사 생전예수재

이러한 정치적 목적의 천도재는 1937년 중일전쟁 이후에 자주 개설되었다. 즉 1940년 7월에는 총본사 대웅전에서 '호국의 영령을 위문하는 위령대법회'가 열렸고,[43] 같은 해 9월에도 강원도 고산 석왕사에서 '전몰장병 위령과 황군 무운장구 기원의 대법회'가 개최되었다.[44] 일제의 종교동원은 천도재만이 아니라 초파일행사에도 이어졌다. 석가탄일 기념행사를 "불타의 정신을 본바더 동양평화를 숭고한 사명으로 하는 동시에 국민 정신 총동원의 취지에 싸라 장엄한 봉축식을 거행한다."[45]는 등 불교의례를 철저히 식민지 지배도구로 활용하였던 것이다.

---

43 「佛敎慰靈大法要」, 『매일신보』, 1940년 7월 7일.
44 「地下英靈도 微笑」, 『매일신보』, 1940년 9월 19일.
45 「灌佛式 자못 盛大」, 『매일신보』, 1938년 4월 9일.

2) 근현대신문에 나타난 불교의례의 의미

근현대신문의 불교의례관계 기사는 상당히 제한적이다. 신문이라는 매체가 지닌 공공성 때문에 개인의 기복이나 축원을 행하는 의례는 게재되지 않는 것이 상례이다. 따라서 근현대신문의 의례기사를 통한 의례문화 이해는 일정한 한계를 지닌다. 전체 111건의 의례기사는 대체로 두 가지 유형으로 분류할 수 있다. 첫번째는 불교의례에 대한 비판적 기사이고, 두번째는 초파일행사 등의 특정 의례에 대한 호의적 기사이다.[46] 전자의 경우는 주로 『독립신문』과 『황성신문』, 『제국신문』에서 발견할 수 있고, 후자는 『매일신보』, 『동아일보』, 『조선일보』 등에 고르게 나타난다. 『독립신문』 등은 근대 초기의 계몽지로서 근대화를 위한 개혁방안을 제시하고 부조리한 관습의 철폐를 선도하였다. 불교의례 역시 낡은 전통으로 치부하여 비판의 대상이 되었고, 이를 통해 근대계몽 운동의 일단을 엿볼 수 있다. 대표적인 몇가지 기사를 살펴본다.

　　각쳐 즁들이 려항간으로 다니면셔 집집마다 북치고 징치고 경 넑
　　는 폐단을 눗흐 나는터로 엄히 금단ᄒ라고 경무텽 춍무국에서 각셔
　　로 죠회 ᄒ얏다더라.[47]

　　남문외南門外동의 젼골사ᄂᆞᆫ 박소사朴召史가 매주賣酒에 득리得利ᄒ

---

46 초파일 행사는 신문의 불교의례 기사 가운데 가장 많은 38건을 차지한다. 행사의 의식 집전 과정에서 일정한 불교의례가 포함되기는 하지만, 엄밀히 말하면 의례와는 다른 정기적 행사의 성격을 지닌다.
47 『독립신문』, 1897년 7월 6일.

야 가세가 초요稍饒ᄒ더니 탑골 여승女僧ᄒ나히 박소사에게 수수왕래
數數往來ᄒ며 유인ᄒ여 왈曰 생재生齋를 올니면 내생에 극락세계를 봉
逢혼다 ᄒ니 ᄶ이 우매혼 박소사가 요언妖言을 신청信聽ᄒ고 4천여금
을 허비ᄒ얏논디 그 인리隣里 사롬들 말이 박소사는 사후에 잘되리라
고 ᄒ다더라.[48]

절마다 남녀 화상을 그려놋코 그 압헤 정성을 드려 길흉화복을 혼
다고 인민을 속히니 크게 망녕된 일이라. …… 그 화독이 우리나라에
ᄶ지 밋쳐 여러 빅년을 나려 왓스니 엇지 기탄홀 일이 아니리오 지
금 팔일이 갓가이 오는 고로 각쳐 셩시를 슮혀 본즉 집집마다 혹 등
도 달고 차차 팔일 제구를 차린즉 가히 어리석은 일이로다. 이러케
빈궁혼 빅성들이 그 돈을 가지고 황은을 축샤ᄒ고 일용ᄉ물에 혼가
지라도 느려 쓸 싱각은 아니ᄒ고 등과 기름을 사 가지고 그 날은 집
안 식구마다 등 ᄒ나식 켜야 된다고 ᄒ니 그 빅성들이 아모됴록 불도
의 진실흠을 ᄭᆡ다러 셕가모니의 탄싱혼 날을 싱각홀 것 ᄀᆺᄒ면 도로
혀 고맙게 녁이련마는 그 사롬들ᄃᆞ려 무러 보아야 불도가 무엇신지
눔이다. 그 날은 불을 켜니까 나도 켠다고 ᄒ엿지 무슴 ᄯᅳᆺ인지 알지
도 못혼즉 엇지ᄒ야 이ᄀᆺ치 어리석으뇨[49]

이와 같이 불교의례를 '길흉화복의 명목으로 우매한 백성을 속이는 망
녕된 행위'라고 비판하였다. 백성들은 재물을 모아 굿과 제사, 기도 등으

---

48 「妖僧愚婦」, 『황성신문』, 1898년 9월 15일.
49 「論說」, 『제국신문』, 1901년 5월 22일.

로 모두 허비하니 문명진보를 위한 일신日新의 길을 도모할 수 없다[50]는 내용으로 요약된다. 이러한 의례 비판기사는 한용운 등의 불교개혁론자의 논리와 일치한다. 당시 불교계에서 한용운의 유신론은 전통과 관습을 초월한 혁신적 이론이었지만, 이보다 앞선 19세기말의 개화기 사회에서는 이미 불교의례에 대한 비판 여론이 확산되고 있었던 것이다. 한용운도 이러한 여론의 영향을 받았음을 짐작할 수 있다.

그런데 근대기 불교계에서 이러한 의례개혁을 실제로 시도한 사례가 있다. 즉 1911년 범어사는 법륜사라는 포교당을 창건하면서 일체의 설재設齋와 불공佛供을 폐지하였다.

> 동래군 범어사에서는 일반승려를 회집하야 참선도 특별 권장하거니와 작년 음 11월분에 읍내면 옥정동에 포교당을 건축하되 법륜사法輪寺라 명명하고 포교는 강도봉康道峰, 권보광權普光, 차추산車樞山, 강영명姜永明, 김석두金石頭, 정응제鄭應齊, 곽석성郭石城, 제씨가 담임擔任하얏는대 포교당내에는 설재設齋와 불공佛供 등절等節을 일체 폐지하고 다만 불법의 실지實志를 연구하기 위하야 매 토요일에 남녀회를 분정分定하야 열심 설명하며 혹은 포교문을 발행하는대 금춘今春브터 입참入參하는 신도가 남녀 합 3천여명에 달하얏고 또 부산 초량과 구포에도 교당을 설設하고 방금方수 포교중이며 기여근지其餘近地 김해,

---

50 "슬프다. 각도 관찰스와 각군 군슈들은 다 우리 대한국 오날놀 문명진보ᄒᆞᄂᆞᆫ 정부로 조차 나려 오것마는 그 가온디 문명 쥬의 ᄒᆞᄂᆞᆫ이ᄂᆞ ᄒᆞ나도 업고 오히려 이 잔풍패쇽 가온디 합동 ᄒᆞ여 나죵ᄭᆞ지 일신ᄒᆞᄂᆞᆫ 길을 도라 보지 아니ᄒᆞ니 엇지 ᄒᆞ여 이다지 무심ᄒᆞ며 이다지 완고 ᄒᆞ지 참 알 슈 업ᄂᆞᆫ 일이로다." 「빅셩이 일년 동안에 버려셔 공용 외에 허비 ᄒᆞᄂᆞᆫ 일」, 『독립 신문』, 1898년 10월 22일.

울산, 양산 등지에는 범어사 각방에셔 교사教師를 파송하야 연속 포
교한다더라.[51]

즉 '불법의 참된 뜻'을 연구하기 위해 일체의 재공양과 불공을 없앴다
는 것이다. 나아가 오늘날의 사보에 해당하는 '포교문'을 발행하는 등 불
교근대화의 바람직한 방향을 직접 실천에 옮겼다. 범어사의 이러한 시도
가 언제까지 유지되었는지는 알 수 없지만, 초량과 구포에도 포교당을
설립하고, 김해·울산·양산 등지까지 포교사를 파견한다는 사실을 보면
재공양 폐지 등의 지침이 여러 사찰에 파급되었을 것이라 생각된다.

또 다른 사례로서 1920년 의례 개혁안이 교단에 제출되기도 하였다.
당시 조선불교유신회에서 교단을 대표하고 있던 30본산주지회의에 8개
항의 개혁안을 제출하였다.[52] 이 가운데 6번째의 항목이 '종래의 의식을
개신改新할 것'이다. 교단과 사찰의 통일 법규 제정, 교육과 포교의 혁신
을 주요 골자로 하는 이 개혁안에 의식의 개혁이 포함된 것이다. 조선불
교유신회는 1920년대 불교 청년들이 항일운동과 불교개혁운동을 실천하
기 위해 조직한 불교혁신운동단체로서 그 중심인물은 한용운이었다.[53]
조선불교유신회의 개혁안은 교단에 수용되지는 않았으나 1920년대에도
의례개혁은 여전히 불교근대화의 주요 관건이었음을 확인할 수 있다.

근현대신문의 불교의례기사는 다양한 성격을 지닌다. 신문의 속성상
일관된 논지를 유지하기가 쉽지 않고, 또 1896년에서 1945년까지의 장기

---

51 「佈敎盛況」, 『매일신보』, 1911년 5월 17일.
52 「유신회에서 여덜가지를 결의ᄒ야 본산 쥬지회에 뎨출」, 『매일신보』, 1920년 12월 21일.
53 김광식, 「조선불교청년회의 사적 고찰」, 『한국근대불교사연구』, 민족사, 1996.

간에 걸친 내용들이기 때문에 이를 통해 근대불교 의례의 성격을 일반화하기란 여간 어려운 일이 아니다. 다만 다음과 같은 사실로 근현대신문의 불교의례론을 요약할 수 있다.

즉 불교의례는 근대화의 과정에서 철폐해야 할 '잔풍패속殘風敗俗'[54]이었고, 이러한 여론의 영향을 받아 한용운 등은 의례의 개혁을 불교근대화의 주요 안건으로 제시하였다. 그러나 불교계의 입장에서는 재공양 등을 대체할 수입원이 없는 현실에서 여전히 의례를 권장하였고, 다시 신문에서는 이를 반복적으로 비판하였다. 일부 불교계에서는 재공양을 폐지하고, 의례개혁안을 교단에 제시하는 등 개혁을 추진하였으나, 불교의례는 불교대중화의 명목아래 변함없이 지속되었다.[55]

4. 맺음말

근대불교의 선각자들은 불교의 근대화를 위해 무엇보다 중요한 선결과제로 의례의 개혁을 제창하였다. 그러나 불교계로서는 재공양과 기도 등의 의례는 재원 조달의 중요한 수단이었고, 이를 대신할 새로운 방안을 마련할 이유도, 여력도 없었다. 뿐만 아니라 의례는 조선시대 이래 계승되어 온 소중한 문화전통이라는 인식이 지배적이었다. 불교개혁론자들

---

54 「빅셩이 일년 동안에 버려셔 공용 외에 허비 ᄒᆞᄂᆞᆫ 일」, 『독립신문』, 1898년 10월 22일.
55 1966년 7월에 동국대학교 석림회 주최로 젊은 승려들 1백여 명이 참석하여 불교의식·사원경제·승려교육 등에 걸친 불교혁신안을 논의하는 심포지움이 열렸다. 이 자리에서도 불교의식은 여전히 중요한 개혁의 대상이었다. 「싹트는 佛敎改革 第1回 全國 젊은 僧侶 심포지움」, 『조선일보』, 1966년 7월 28일.

과 근현대신문에서 지속적으로 불교의례를 근대화의 걸림돌이라고 비판을 가해도 사찰에서는 여전히 천도재를 올리고 축원기도를 권장하였다.

이러한 현실에서『불자필람』과『석문의범』의 간행은 의례의 성행을 촉발하는 계기가 되었다.『불자필람』은 주로 전래傳來의 의례문을 집성한 것이지만, 부록으로 포교방식·설교의식·강연의식·화혼의식 등 대중포교를 위한 각종의 근대적 의식을 제시하였다. 불교개혁의 상징적 존재였던 한용운은 이 책의 발행에 재원을 지원하여 의례개혁에 관한 자신의 생각에 변화를 일으키기도 하였다. 그는 불교근대화를 위해서 무엇보다도 대중화의 필요성을 절감하였고, 그 방편으로서 근대적 의례의 중요성을 인식하였기 때문이라 생각된다.『불자필람』을 증보한『석문의범』은 수십 종에 달하는 조선시대의 의례집을 한 권으로 결집하고, 한글 발음을 병기하였다. 출간되자마자 큰 인기를 끌며 승가의 필독서必參書로 자리 잡았다.

이상과 같이 불교개혁으로서의 의례폐지론과『석문의범』등의 의례집 간행, 그리고 근현대신문의 기사를 검토한 결과, 불교의례는 근대사회에서 전통문화의 계승과 불교대중화라는 두 가지 순기능을 담당하였다는 사실을 확인할 수 있었다. 비록 천도재 등의 일부 의례는 일제하에서 총독부의 정치적 목적에 동원되어 황군의 무운장구를 기원하는 등 종교적 본질을 벗어나기도 하였다. 이러한 역기능에도 불구하고 불교의례는 근대불교를 대중화하고 문화전통으로서의 가치를 보존하는 데 중요한 역할을 담당하였다고 평가할 수 있다.

12

근대불교의 의례개혁론과 불교대중화

1. 머리말

1876년 개항을 맞아 한국사회는 근대화의 길에 접어들었다. 불교계 역시 개항을 통해 이전에는 볼 수 없었던 새로운 문명과 사상, 그리고 기독교를 위시한 새로운 종교를 본격적으로 만나게 된다. 이 무렵 불교계는 오랫동안 발전을 막아서고 있었던 도성출입 금지령이 해금되는 등 근대적 발전의 기회를 맞이하였다. 그러나 이러한 변화와 기회에도 불구하고 불교계는 별다른 개혁의 기운을 모색하지 못했다. 여러 가지 원인이 있겠지만 무엇보다 불교계를 체계적으로 지도하고 조직화할 종단이 없었다는 사실이 큰 문제였다. 빠른 속도로 밀려오는 서구 종교의 큰 파도 앞에 적절하게 대처할 수 있는 조직과 체제를 갖추지 못했다. 기독교는 차치하고라도 같은 불교인 일본불교의 확산에도 이렇다 할 대응을 하지 못하고 있었다.

19세기말 국가와 사회는 이미 근대화의 격랑 속에 놓여졌지만, 불교계는 여전히 중세적 사고와 의식에 머물고 있었다. 근대초기의 이러한 정체 혹은 중세로의 역주행은 사실 한국 사회 전반에 걸친 보편적 흐름이었다. 봉건적 질서를 고수하려는 수구세력의 힘 앞에 근대화를 앞당기려는 개화세력은 갑신정변의 실패에서 보듯이 맥없이 붕괴되었다. 더욱이 무력을 앞세운 제국주의 열강의 이권쟁탈전에서 정부는 올바른 방향을 세우지 못하고 헤매는 상황이었다.

이러한 시대에서 불교계의 근대적 변화를 기대하는 것은 어쩌면 어리석은 일인지도 모른다. 왜냐하면 불교는 근본적으로 깨달음과 수행에 절대적 가치를 두고 이를 위해 세속과는 일정한 거리를 유지해왔기 때문이다. 더구나 조선의 억불정책은 수백 년 동안 불교를 현실과 유리시켰다. 오랜 억불의 시대를 지나 겨우 도성출입이 가능했던 불교계가 근대사회로의 빗장이 열렸다고해서 당장 변화와 발전을 수용할 역량을 갖출 수는 없었던 것이다.

조선후기 불교를 흔히 '산중불교'라고 한다. 세속과 떨어진 산중에서 깨달음과 수행을 위해 전통적인 경전 강독과 참선 수행, 그리고 기도와 제사로서 면면히 유지되었기 때문이다. 그러므로 산문 밖에서는 근대문명이 밀어닥치고 외래 종교가 급증하였지만 여전히 불교는 중세적 전통과 가치를 지키고 있었다. 이러한 중세성을 탈피하고 새로운 근대불교를 위한 개혁안이 제시되었다. 한용운을 선두로 권상로, 이영재, 백용성, 박중빈 등의 선각자들이 잇따라 불교의 변화와 혁신을 역설하였다. 이 글은 이들의 개혁안 가운데 불교의례에 관한 부분을 집중적으로 살펴보고자 한다. 선각자들은 의례의 개혁을 단순히 의식儀式과 의궤儀軌의 변화에서 그치는 것이 아니라 불교의 새로운 변화와 발전을 위한 당면 문제라고 인식하였다. 즉 의례의 개혁은 근대불교를 앞당기는 선결 과제였으므로 이를 통해 근대불교의 다양한 노력을 이해할 수 있을 것이다.

2. 한용운과 이영재의 의례개혁론

근대사회가 시작되었지만 불교의 근대화는 아직 시작되지 않았다. 특히 불교의례는 여전히 과거의 전통이 그대로 유지되고 있었고, 불교계 안팎에서 비판과 개혁의 목소리가 높았다. 대표적인 두 가지 예를 들어보자.

　　1

　　진관사를 가니 여러 중이 종이를 오려 각색 가화를 만들며 그림도 그리며 부적도 쓰거늘, 물으니 서로 주저하여 잘 가르쳐 주지 않고 어떤 중은 대답하기를 아무 대신 집에서 재 올린다고 하며 어떤 내인이 재 올린다고 하다가 그 주장하는 중 월욱의 말이 지금 서흥 군수 모씨가 그 조상을 극락세계로 가게하려고 삼천금 재산을 들여 불공한다 하니, 그 군수가 정성은 갸륵하나 아까운 재산만 허비하는 것이 당초에 그 조상의 영혼이 지옥에 빠질 것 같으면 어찌 돈 삼천냥 가지고 그 혼을 구제하리오 사람이 생전에 옳은 일을 하였을 것 같으면 돈 아니라도 그 혼이 복을 누리고 극락세계라도 가려니와 악한 일을 하였으면 돈을 북악만큼 들이더라도 쓸데없으니 …… 우리 동포 형제들은 헛된 일 말고 실상 일하여 보세 하였더라[1](원문은 한글 고어 체이므로 필자가 현대문에 맞게 고침)

2

북촌 모 대관 집에서 무슨 기도를 하는지 백미 10석과 전 1만냥을 동문밖 어느 사찰로 보내고 어떤 일을 기축祈祝한다 하니, 수명의 장단과 관직의 대소와 자식얻기를 그곳 관세음보살이 역력히 감응할는지. 이 같은 세계에 개명적開明的 사업은 재물을 아끼고 하지 않으면서 공불반승供佛飯僧은 재물이 들지 않는지 한번 묻고 싶노라.[2]

불교의례의 종류는 매우 다양하다. 절에서 조석으로 행하는 일상예불도 넓은 의미에서 의례에 속하지만, 이 시기 비판의 대상은 일상의례가 아닌 공양과 재의식 등이었다. 구체적으로는 지신제, 산진제, 용신제, 군황제, 국사제, 성황제, 영산재, 수륙재, 천도재 등이었다.[3] 이와 같이 각종의 불공과 제사는 낡은 구시대의 폐습으로 비난받았다. 두 번째 인용문에서 보듯이 "개명 사업에는 재물을 아끼고, 공불반승에는 아끼지 않는다."는 지적이다. 새로운 시대를 맞아 문물과 사상을 근대적으로 개혁해야 할 시점에서 구복제사에 몰두하는 현실을 비판하였다.

불교의례에 대한 비판 기사는 대부분 『독립신문』과 『매일신보』 등에

1 『독립신문』, 1897. 9. 30.
2 『대한매일신보』, 1906. 2. 28.
3 「백성이 일년 동안에 버려서 공용 외에 허비하는 일」, 『독립신문』, 1898. 10. 22.

게재되었다. 그런데 알다시피 이들 신문은 국민의 개화와 계몽을 목적으로 발간하였다. 특히 독립신문의 발행인 서재필은 일찍이 미국에 망명하여 기독교에 귀의한 인물이다. 대부분의 기사를 직접 썼는데 위의 인용문에는 전통적 무속신앙과 조상신앙을 부정하는 기독교관이 내재되어 있다. 물론 전통신앙을 부정하기 위한 목적이 아니라 근대적 개혁을 위해 구습을 버려야 한다는 취지임은 분명하다. 또한 신문이 지니는 공공성을 생각할 때, 긍정적 측면 보다는 부정적 요소를 부각시키는 것이 당연한 일이라고 보인다.

근대시기 불교의례에 대한 비판과 부정은 한용운(1879~1944)의 『조선불교유신론』에서 절정을 이룬다.[4] 한용운은 1910년 『조선불교유신론』(1913년 출간)을 집필하여 한국불교의 전반에 걸친 광범위한 개혁 방안을 제시하였다. 『조선불교유신론』을 통한 '불교유신'은 중세불교의 부조리를 탈피하고 새로운 근대불교를 맞이하기 위한 불교계의 각성과 개혁을 촉구하여 큰 반향을 일으켰다. 이 가운데 불교의식에 관한 개혁 논의는 「불가에서 숭배하는 불상과 불화에 관한 논(論佛家崇拜之塑繪)」, 「불가의 각종 의식에 관한 논(論佛家之各樣儀式)」의 두 항목에 집중되어 있다. 「불가의 각종 의식에 관한 논」의 다음과 같은 주장이 그의 의례개혁론을 단적으로 대변한다.

조선 불가의 백 가지 법도가 신통치 않아서 하나도 볼 것이 없거니와, 그 중에서도 재공양의 의식(범패梵唄·사물四勿·작법·作法·예

---

4 한상길, 「근현대신문에 나타난 불교의례」, 이 책, 제11장, pp.336~341.

참례懺 등)이라든지 제사 때의 예절 따위의 일(대령對靈·시식施食 등)에 이르러서는 매우 번잡 혼란하여 질서가 없고 비열·잡박雜駁해서 끝이 없는 상태이다. 이것을 모두어 도깨비의 연극이라고나 이름 붙이면 거의 사실에 가까울 듯하니, 지금은 말하는 것도 부끄러운 까닭에 가리어 논하지는 않으련다. 그리고 기타의 평시의 예식(사시불공·조석예불·염송·송주 등)도 혼란해 진실성을 잃고 있는 터인즉, 대소의 어떤 예식을 막론하고 일체를 소탕한 다음에 하나의 간결한 예식을 정해 시행하면 될 것이다.[5]

한용운은 이와 같이 재공양과 제사의식을 '도깨비의 연극'으로 규정하고 일체를 소탕해야 한다고 주장하였다. 그의 의례개혁론은 대단히 파격적이었다. 그 배경에는 자신이 지닌 불교개혁의 방법론이 '생산불교'에 있었기 때문이라 생각된다. 즉 그는 전통불교의 폐단을 승가의 잘못된 시주활동에서 찾았다. 시주를 통해 재원을 조달하는 전통적인 시주생활을 버리고 그 대안으로 승가의 자립 생산활동을 제시하였다. 사찰은 역사적으로 많은 산림을 소유하고 있으므로 조림사업 등을 통해 각종의 과일, 차, 뽕나무 등을 생산할 수 있다. 또한 승려는 수십·수백의 대중이 운집생활을 하므로 이들의 노동력으로 주식·합자·합명 등의 회사를 설립하여 공동경영을 할 수 있다[6]는 것이다. 이러한 생산불교의 건설을 위해 한용운은 무엇보다도 전통불교의 주 수입원이었던 각종의 재공양과 제사의 폐지를 제창하였다.

---

5 이원섭 옮김, 『조선불교유신론』, 운주사, 2007, p.94.
6 『조선불교유신론』, 앞의 책, pp.106~107.

| 권상로 | 한용운 | 백용성 | 이영재 |

불교계의 의례 비판과 개혁 주장은 계속되었다. 1922년 이영재(李英宰, 1900~1927)는 「조선불교혁신론」이라는 장문의 개혁안을 조선일보에 발표하였다. 총 2개월 간 27회에 걸쳐 '불교개혁의 기운', '개혁의 준비', '본말제도의 타파', '사찰령 폐지 운동', '말사 주지의 단결', '법국法國의 건설', '포교', '교육', '경전의 번역', '교재敎財기관 및 교보발행', '사회사업' 등 불교의 거의 전 분야에 걸친 개혁안을 주장하였다. 약관 23세 승려의 글을 27회나 중앙 일간지에 연재한 일은 당시의 사회상에서 보면 파격적인 시도였다. 달리 생각하면 그만큼 그의 혁신론이 지닌 주장과 논리가 높은 평가를 받았다는 반증이기도 하다. 이영재의 혁신론은 불교를 대상으로 하였지만 포교의 구체적 방안으로 역사의식을 갖춘 포교사를 선발해야 한다는 등 그 밑바탕에는 불교사상의 확산이 독립의 사상적 기반이 될 수 있다는 소신을 지닌 것이라 평가받는다.[7]

이영재의 혁신론은 한용운의 유신론을 계승하여 보다 구체적, 체계적으로 확대 발전시켰다.[8] 그런데 불교의례에 대한 개혁안은 한용운의 주

---

7 김경집, 「이영재의 불교혁신사상 연구」, 『한국불교학』 20, 1995, p.593.
8 김광식, 「이영재. 불교개혁의 요체는 교단제도의 정비」, 『불교평론』 50, 2012.

장을 그대로 계승하는 차원에 그쳤다. "교단의 형식인 수행방법과 법요의식을 통일할 필요가 있다. 현재 조선불교와 같이 무의미한 이상이 상반相伴하지 않고 순형식화純形式化하여 원래의 뜻을 잃은 각종 의식이 번다한 것은 비교할 사례가 없다. 불교에서 숭배하는 소회塑繪와 각종 의식에 대해서는 한용운선생께서 이미 십 여년전에 통철하신 선견을 발포하셨으므로 별로 우견愚見을 피력할 필요가 없다. 그러나 비종교적, 미신적 의식과 불합리, 부자연한 의식은 전부 금지하고 순실純實한 정법이 그대로 형식, 의식에 표현되도록 정립하여야 할 것이다."[9] 그 구체적 실천 방안으로 "각사 본당에 석가모니불의 존상 1위만 봉안하고 나머지 불보살상·신상 등은 일체 철폐하여 한 절에 1위의 불상만 봉안하게 할 것이다. 현존 불상신회佛像神繪 중에는 신앙상으로 보다는 예술상으로 중대한 가치가 있는 것이 많으므로 이것을 잘 감별하여 보존의 가치가 있는 것은 전부 별전에 수합하여 귀중품으로 보관할 것이요, 결코 숭배공의崇拜供儀하지 말 것이다."라고 하였다.[10]

한용운의 유신론 이후 10년이 지나서도 이처럼 불교의례에 대한 개혁론은 여전히 계속되었다. 그런데 불교계 안팎의 이러한 비판은 달리 생각하면 그만큼 불교의례가 성행하고 있었다는 사실을 반증한다. 조선시대 오랜 억불의 시대에서도 불교는 백성들의 변함없는 신앙이었고, 오히려 서민대중과의 긴밀한 유대를 통해 전통신앙으로서의 기반을 굳게 다질 수 있었다. 근대사회에 들어서도 이 흐름은 멈추지 않았던 것이다. 즉 의례개혁론은 불교계의 현실과 동떨어져 있었다.

---

9 「조선불교혁신론」(16), 『조선일보』 1922. 12. 9.
10 「조선불교혁신론」(15), 『조선일보』 1922. 12. 8.

3. 권상로의 의례개혁론

근대기의 불교개혁론 가운데 한용운 다음으로 널리 언급되는 인물이 권상로(權相老, 1879~1965)이다. 권상로는 김룡사 출신으로 1912년 『조선불교월보』를 발행하였고, 1924년부터 1931년까지 『불교』지를 발간하였다. 잡지에 많은 글을 발표하여 불교의 진리를 홍보하고, 대중화하는 데 노력하였다. 1912년 4월부터 1913년 7월까지 총 12회에 걸쳐 「조선불교개혁론」을 『조선불교월보』에 발표하였다. 불교의 정신과 승단, 교육 등에 관한 현실을 진단하고 개혁방안을 제시하였지만 완결된 글은 아니었다. 개혁론을 통해 승단의 체계적 조직과 승가 교육의 필요성을 역설하였다. 그의 개혁론은 근대불교를 향한 적극적인 포교와 대중화를 앞당기려는 성찰과 고민이었다. 그런데 이 개혁론에는 의례에 관한 언급이 없다. 원고가 미완성으로 중단되면서 불교의례에 관한 견해를 피력할 기회가 없어졌다. 『조선불교개혁론』에는 포함되지 않았지만, 다행히도 그는 불교의례에 관한 여러 글들을 남겼고, 순한글 의례집인 『조석지송朝夕持誦』(1932년) 등을 편찬하였다. 이들을 통해 의례에 관한 생각을 살펴볼 수 있다. 선학들의 연구에 따르면[11] 그의 의례관은 전통과 현대의 조화라고 평가할 수 있다. 즉 전통적인 공양과 제사의례의 중요성을 강조하면서도 새로운 시대에 맞는 찬불가를 작곡하고 한글 의례집을 편찬하였다.

전자의 예로는 『불교』지에 수록한 의례 관련 내용이다. 재의식의 의미를 묻는 독자에게 권상로는 재의 의미를 강조하고 권장하였다. "부처

---

11 송현주, 「한국불교 개혁운동에서 의례의 문제-한용운, 이능화, 백용성, 권상노를 중심으로」, 『종교와 문화』 6, 서울대 종교문제연구소, 2000.

님은 열반의 저 언덕에서 생사해生死海를 굽어보시며 중생을 접인하시는 삼계의 대도사요, 사생의 인자한 어버이[慈父]이시라. 만일 죽은 사람이 자기의 지은 복으로 좋은 곳을 갔다할지라도 재의 공덕으로 더욱 좋은 곳[樂趣]에 오를 것이고 만일 죄가 있어 나쁜 곳[惡趣]에 떨어졌다하면 재의 공덕으로 괴로움의 세계[苦界]를 벗어나게 됩니다. 즉 해탈을 얻지 못한 자는 해탈을 얻게하고 해탈을 얻은 자는 극락왕생[超昇]이 있게하고 극락왕생이 있는 자는 물러섬[退轉]이 없게하는 의미에서 입니다."[12]라며 극락왕생을 위한 재를 역설하였다. 또한 다른 글에서도 의례와 범패의 연원을 자세히 설명하는 등 전통의례에 대한 가치를 중시하고 있었다.[13] 또한 그는 안진호의 『불자필람』과 『석문의범』 편찬 과정에서 교열을 담당하기도 하였다. 뒤에서 자세히 살펴보겠지만, 이 두 책은 전래하는 의례에 관한 문헌을 집성한 의례집이다. 의례집의 간행에 참여하면서 그는 전통의례에 대한 가치를 이해하고 그 보급의 필요성을 인식하고 있었다.

권상로는 불교의 근본 정신을 구세주의로 인식하고[14] 여기에 입각하여 근대사회에서 불교가 해야 할 역할을 모색하였다. 그 방안이 포교와 대중화였고, 구체적으로 찬불가의 작곡으로 나타났다. 1925년 「찬불가」를 시작으로 모두 15편의 찬불가를 만들었다.[15] 그는 법회와 각종 의식에서 노래를 통해 불법을 칭송하면서 대중들과 함께 호흡하고자 하였던 것이

---

12 「齋式의 意味를 뭇음니다」, 『불교』 83, 1931, pp.30~31.
13 「儀禮式과 梵音의 출처를 뭇습니다」, 『불교』 80, 1931, pp.47~49.
14 김기종, 「근대 대중불교운동의 이념과 전개-권상로, 백용성, 김태흡의 문학작품을 중심으로」, 『한민족문화연구』 28, 2009.
15 권상로의 찬불가는 연구자에 따라 12편(송현주), 5편(김기종) 등으로 추산하는데 김정묵의 『찬불가』(대한불교선전포교당, 1959)에 15편이 수록되어 있다.

다. 여기에 그치지 않고 순한글의 『조석지송』을 편찬하였다. 「천수경서문」, 「조석염불선후송절차」, 「관세음보살영험록」, 「천수다라니경언해」 등을 한글로 편찬하여 의례의 대중화, 현대화에 기여하였다. 아마도 『석문의범』 교열에 참여하면서 불교의 대중화는 어려운 한문 보다는 쉬운 한글이 효과적이라 판단했던 것이라 생각된다.

4. 백용성의 의례개혁과 대중화

근대불교의 여러 의례개혁론 중에서 크게 주목하는 인물이 백용성(白龍城, 1867~1940)이다. 대부분의 개혁론들이 '논(論)', 즉 이론과 주장에만 머무른 반면 그는 현실불교에서 의례를 직접 개혁하고 포교 일선에서 구체적으로 실천하였다. 그의 의례개혁 실천운동은 『대각교의식』[16]에서 정점을 이룬다. 이 책은 당시 사찰에서 널리 행하는 주요 의례 문헌을 순한글로 편찬한 것이다. 향례香禮·성공절차聖供節次·원각경문수장圓覺經文殊章·반야심경·구병시식·혼례·상례 등 12장으로 구성되었다. 이 책은 일체의 한자 원문을 생략하고 한글 번역문만을 실었다. 모든 경전과 의례문이 한문으로 되어 있었던 현실에서 과감히 한글만으로 의식집을 편찬하였다. 백용성은 3.1운동에 참가한 이후 3년간의 옥고를 치뤘다. 이때 기독교의 각종 한글 포교서책을 접하면서 큰 충격을 받았다.[17] 불교도 새

---

16 『대각교의식』, 대각교중앙본부, 1927.(백용성대종사총서 간행위원회, 『백용성 대종사 총서 2』, 2016, pp.493~571)
17 백용성, 「저술과 번역에 대한 연기」, 『조선글 화엄경』 12, 삼장역회, 1928.(『백용성 대종사 총

시대를 맞아 많은 사람이 쉽게 읽을 수 있는 한글경전이 필요함을 절실히 깨달았다. 그 결과 삼장역회를 조직하여 30여 종의 번역서를 간행한 것이다. 그의 번역서는 한자 원문을 있는 그대로 직역하는 것이 아니라 한글만으로 이해하고 공감할 수 있도록 중복 내용을 과감히 생략, 요약한 것이 특징이다.[18] 원문의 글자에 구애되지 않고 요점을 추려서 번역하는 이른바 '창의적' 번역이다.[19] 그의 번역에 대한 원칙은 『대각교의식』에도 그대로 적용되어 마치 원래 우리말로 된 경전인 듯이 의역하고 음률까지 맞췄다.[20]

『대각교의식』의 각종 의례문은 대각사의 각종 법회와 의식 등의 포교 현장에서 실제로 적용되었다. 스님은 1916년 무렵 대각사를 창건하여 도심포교의 새로운 장을 열었다. 불교의 대중화를 위해 어린이 포교, 의식집의 한글화, 불교음악의 보급, 일요학교의 설립, 해외포교당의 건립 등 다양한 방법을 전개하였다.[21] 1913년 한용운의 『조선불교유신론』에서 시작된 의례개혁론은 1920년대까지 여전히 그 당위성과 원칙만을 제창하고 있었다. 그러나 백용성은 여기에 머물지 않고 현실불교에서 몸소 실천에 옮겼다. 어려운 의식문을 고심고심하며 한글로 옮겼고, 65세의 나이로 피아노를 치면서 어린이들과 함께 찬불가를 불렀다.

대각운동은 한국 근대불교의 전개에서 대단히 큰 위상을 지닌다. 민족의 주권을 상실한 시대에서 불교를 바르게 배우고 실천하는 노력은 이

서』 6, 앞의 책, pp.449~451)

18 한보광, 「백용성스님의 역경활동과 그 의의」, 『대각사상』 5, 대각사상연구원, 2002.

19 신규탁, 「한역 불전의 한글 번역에 나타난 경향성 고찰-간경도감, 백용성, 이운허, 김월운 스님들의 경우를 중심으로」, 『동아시아불교문화』 6, 동아시아불교문화학회, 2010.

20 송현주, 앞의 글, p.177.

21 한보광, 「백용성 스님의 대중포교활동」, 『대각사상』 6, 2003.

른바 민족불교의 정체성을 수립하는 길이었고, 나아가 민족의 주권을 회복하는 지름길이었다. 그 중요한 단초가 의례의 개혁에서 시작되었다는 점을 명심할 필요가 있다. 오늘날까지 스님의 영향을 받은 인물이 5천 명에 이른다고 한다.[22] 근현대를 아우르는 불교계의 거목이라 칭송할 만하다. 이들 가운데 스님의 의례개혁을 계승, 발전시킨 인물이 광덕(光德, 1927~1999)이다. 광덕은 백용성을 의례개혁의 비조[23]라 칭송하고 여기서 한걸음 더 나아가 한글 의례의 현대화에 노력하였다. 『우리말 법회요전』(1983)을 편찬하여 전통의례가 지닌 번잡함과 난해함을 현대식으로 변용하였다. 이 책은 불교의식이 단순히 종교적 제의가 아니라 보살이 이웃과 겨레로 더불어 함께 만나는 창조적 장이라는 올바른 안목이 집약되어 있다.[24]

5. 안진호의 전통의례와 현대의례

1935년 안진호(安震湖, 1880~1965)는 조선시대에 편찬된 각종 의례서와 의식집을 망라하여 한국불교 의례를 일목요연하게 정리한 『석문의범』을 편찬하였다. 이 책의 간행은 당시 불교의례의 성행 사실을 여실히 반영한다. 안진호는 『석문의범』에 앞서 『불자필람』을 발간하였다. 당시 최취

---

22 「용성 스님 대각사상 집대성 된다」, 『현대불교』, 2013. 3. 13.
23 광덕, 「용성선사의 새불교운동」, 『동대신문』, 1979. 5. 15.(『광덕스님전집』 10, 불광출판사, 2009, pp.44~55)
24 이덕진, 「광덕스님의 의례개혁과 한글화의 의미」, 『전법학연구』 3, 불광연구원, 2013, pp.524~525.

허(崔就墟, 1852?~?)가 불문의 초입자들이 지송할 수 있는 의례집의 편찬을 의뢰하였다. 안진호는 불과 한 달 만에 초고를 완성하였고, 권상로와 김태흡(金泰洽, 1899~1989)의 교정을 거쳐 발간하였다. 이 책은 발간되자마자 인기리에 널리 보급되었다. 이전까지의 의례집은 대부분 조선시대 이래의 목판본이나 베껴 쓴 필사본이 전부였다. 깔끔하게 정리된 활자본 의례집은 큰 인기를 끌었고, 더구나 한글이 병기되어 있어 누구라도 쉽게 볼 수 있었다. 『불자필람』은 불과 2년을 못 넘겨 품절되기까지 적지 않은 책이 유통되었다. 품절된 이후에도 국내는 물론 일본과 만주에서도 주문이 몰려들어 안진호는 답장쓰기에도 바쁠 지경이었다고 한다.[25]

『불자필람』의 예상 밖 호응에 고무된 안진호는 새로운 의례집의 간행을 기획하였다. 한 달이라는 짧은 기간에 편집한 『불자필람』을 확대, 개편하면서 심혈을 기울인 『석문의범』은 4년 뒤인 1935년에 간행되었다. 『석문의범』은 예상대로 절찬리에 판매되었다. 책의 출간을 위해 설립한 만상회는 『석문의범』 하나로 인하여 출판의 발판을 다졌고, 이후 경전 번역과 불교용품 판매로 상당한 재산을 형성할 수 있었다. 「석문의범」은 안진호의 독창적 저작이 아니라 전래하는 각종 의례집과 의식문을 발췌 수록한 편집서이다. 그런데도 크게 호응받을 수 있었던 것은 당시 의례집에 대한 수요가 끊이지 않았고, 이는 곧 불교의례의 성행 사실을 말해주는 것이다.

한편 이 책의 전신인 『불자필람』의 간행 과정에서 흥미로운 사실을 발견하게 된다. 즉 한용운이 이 책의 발간에 재원을 시주하였다는 점이

---

25 안진호, 「『석문의범』 간행 예고」, 『금강산』 창간호, 금강산사, 1935. 9. 끝면.

다.[26] 앞에서 말했듯이 한용운은 불교의례에 대해 철저히 부정적인 입장을 지니고 있었다. 『조선불교유신론』에서 파격적이고 도전적인 어조로 재공양 등의 불교의례를 '도깨비 놀음'이라며 모두 철폐할 것을 주장하였다. 그랬던 그가 왜 '도깨비 놀음'의 교과서가 되는 의례집의 간행을 후원하였을까? 그 이유는 한용운이 평생 외쳤던 불교대중화를 위해 의례의 필요성을 절감하였던 데서 찾을 수 있을 것 같다.[27] 한용운은 1931년에 『조선불교유신론』의 뒤를 잇는 개혁론으로 「조선불교의 개혁안」[28]을 발표하였다. 이 글에서 그는 "산간에서 가두로, 승려로서 대중에"가 조선불교의 슬로건이 되어야 한다며 불교의 대중화를 주장하였다.[29] 그런데 이 중에는 불교의례에 관한 일체의 언급이 없다. 1910년 『조선불교유신론』에서의 의례에 대한 생각과 1931년 「조선불교의 개혁안」에서의 생각은 많이 달라져 있었다. 불교의 대중화를 위해서 승도는 산간에서 가두로 나아가 대중과 함께 해야 하고, 이 과정에서 대중과 직접 교감하는 불교의례의 중요성을 인식한 것이라 생각된다. 그 구체적 생각이 『불자필람』의 간행 후원으로 나타났던 것이다.

『석문의범』은 조선시대 이래 전래하는 의례, 의식문을 집성하여 전통불교의 의궤를 중시하면서도, 시대에 맞는 새로운 의식과 의례의 변화를 위해 옛 것만을 고집하지 않았다. 장례의식을 간소화하고, 무주고혼을 천도하는 추도의식을 새롭게 바꿀 것을 주장하였다. 그의 의례와 포교에

---

26 崔就墟, 安錫淵 共編, 「發刊의 趣旨」, 『佛子必覽』, 연방사, 1931.
27 한상길, 「한국근대불교의 대중화와 『석문의범』, 이 책, 제10장, pp.340~342.
28 韓龍雲, 「朝鮮佛教의 改革案」, 『불교』 88. 1931. pp.2~10.
29 김광식, 「한용운의 '조선불교의 개혁안' 연구」, 『한용운 연구』, 동국대 출판부, 2011, pp.128~143.

대한 열린 생각은 불전에서의 혼례식을 제안하기도 하였다.[30] 새로운 부부의 출발점인 혼례를 사찰에서 치룸으로써 평생의 불자가 될 수 있고, 그 2세들 또한 불자가 된다는 생각이었다. 또한 찬불가를 보급하여 포교에 도움이 되도록 하였다. 이러한 취지에서 참선곡·회심곡·백발가·몽환가·권왕가·원적가·왕생가·신년가·신불가·찬불가·경축가·성탄가·성도가·오도가·열반가·월인가·목련가·권면가 등의 곡에 직접 가사를 쓰거나 기존의 가사를 소개하기도 하였다. 안진호는 전통 의례집의 집성에 그치지 않고, 새로운 시대에 맞는 현대적 의례와 의식의 변화를 적극 권장하였던 것이다.

6. 근대 불교의례의 성행

억불의 시대를 헤쳐 온 불교의례는 근대사회가 되었다고 해서 한순간에 바뀔 수 없었다. 이미 민족의 문화와 전통, 그리고 관습으로서 굳게 뿌리내리고 있었기 때문이다. 또한 불교계의 입장에서도 천도제와 각종의 제사는 사찰을 유지하는 재정 수입의 중요한 수단이었으므로 대체 방안없이 일시에 중지할 수도 없었다. 근대신문과 선각자들의 개혁 주창에도 불구하고 여전히 불교 잡지에서는 재공양과 의례의 공덕을 강조하고 있었다.

---

30 불교식 화혼식은 이미 이능화가 제안하여 1920~1930년대에 보급되어 있었다. 「擬定佛敎式花婚法」, 『조선불교총보』 4, 1917, p.1. 및 「佛敎普及은 精神과 形式이 竝行然後」, 『조선불교총보』 3, 1917, pp.1~2.

근대시기 불교의례의 성행 사실은 범패의 번성과 의례집의 간행이라는 두 가지 사실을 통해 확인할 수 있다. 먼저 범패의 번성이다. 1912년 일제는 「각본산사법」을 제정하여 불교 전반에 걸친 제한, 금지사항을 규정하였다. 이 중 제7장 '법식'에서 "법회 의식의 방법은 종래에 거행하던 청규를 따른다. 다만 화청和請·고무鼓舞·나무囉舞·작법무作法舞 등은 일체 폐지한다."고 하여 범패를 금지시켰다.

일제가 화청과 작법무 등의 범패를 금지한 이유를 명확히 설명하지 않았다. 그 이유를 유추해보면 범패 등이 단순히 불교의례에 그치지 않고 한민족의 문화전통으로서 민족성을 발현하는 중요한 기능을 한다고 판단했기 때문이라 생각된다.[31] 불교의례는 집단이 지닌 공통 감정을 상징으로 표현하는 것이므로 의례를 집행함으로써 집단의 결합력을 굳게 하는 기능을 지닌다고[32] 한다. 즉 일제는 원활한 식민통치를 위해 한민족의 결속을 강화하는 불온한 불교의례를 일체 금지할 필요가 있었다고 보인다.

금지령으로 인해 범패는 일시적으로 위축되었지만 사라지지는 않았다.[33] 1920년대 불교계에는 범패를 전문으로 하는 의식승儀式僧들이 활발하게 활동하고 있었다. 1929년 다카하시 토오루(高橋亨)는 "근년까지 경성 교외 백련사白蓮寺에 만월滿月이라는 노승이 범패로 유명하였다. 원래 경성의 동서산東西山에는 각각의 만월이 있어 아름다운 소리가 서로 대등하

---

31 한상길, 「근대불교의 의례와 범패」, 이 책 제9장, pp.309~310.
32 홍윤식, 『영산재』, 대원사, 1991, pp.13~14.
33 "화청과 법고춤 같은 것을 금한 각본말사법 시행 이후 범패도 쇠한 것은 사실이지만, 다행히 멸절되지는 않았다. 經만 읽고 범패를 부르지 않는 절에는 齋가 들어오지 않아, 재가 있는 한 범패는 불가결이기 때문이다." 한만영, 『한국불교음악연구』, 서울대출판부, 1980(1984년 증보판), p.15.

였다. 이 만월은 서만월西滿月이라고 한다."[34]라고 하였다. 이처럼 근대기에는 전문적인 범패승들이 활동하였고, 이들을 중심으로 전수와 교육이 활발히 진행되었다. 이러한 전문적인 범패승들의 활동으로 불교의례의 번성이 계속되었다. 1930년대 범패 등으로 가장 유명한 사찰은 경기도 장단의 화장사華藏寺와 서울의 화계사 등이었다. 화장사에는 범패와 작법무에 능한 승려들이 많았고, 각종의 재가 끊이지 않았다. 또한 화계사에는 얼마나 재가 많았는지, "화계사에서 부목을 하면 공양재를 할 줄 안다."는 말이 나올 정도였다고 한다.[35] 당시 불교의례 가운데 널리 행해진 의식이 3일간 개설하는 영산재, 즉 삼일영산三日靈山이었다. 3일 중에서 첫째 날은 전국에서 초빙한 범패승들이 도착하여 각각 순서에 따라 걸영산을 한 자락씩 한다. 둘째 날은 많은 범패승이 밤낮없이 염불 작법을 시연하는 일대 장관이 펼쳐진다. 마지막 셋째 날에는 범패승들의 인도에 따라 영가를 동구 밖 시련터에 봉송하였다.[36] 이러한 대규모의 영산재에 많은 범패승들이 참여하면서 서로가 배움의 기회가 되기도 했지만, 때로는 범패의 경합장같은 분위기가 연출되기도 한다. 이 과정에서 송암(松岩. 1915~2000)의 범패는 당시 평양까지 퍼지고, 벽응(碧應, 1909~2000)의 범패는 개성의 재공양에 영향을 미치기도 하였다.

---

34 高橋亨, 『李朝佛教』, 國書刊行會, 1929, p.804.
35 「한국 범패의 양대 산맥 벽응스님」, 『현대불교』 제265호, 2000. 4. 5.
36 「해방50년 불교50년 ② 불교음악」, 『법보신문』 334호, 1995. 8. 9.

7. 맺음말―의례개혁론과 불교대중화

근대사의 시작과 함께 다양한 개혁의 목소리가 사회 전반에 울려 퍼졌다. 봉건왕조의 모순과 낡은 구습을 철폐하고 새로운 시대로 탈바꿈해야한다는 근대적 지향이 당면한 역사적 과제였다. 불교계도 예외가 아니었다. 조선왕조 수백 년 동안 억압과 차별에 방치되었던 불교는 근대를 맞아 새로운 변화를 모색해야 할 시점이었다. 서구열강의 권력을 등에 업은 기독교와 근대적 종단체제를 갖춘 일본불교의 활동은 불교계의 일대위기였다.

이러한 배경에서 사회 전반에 불교의례를 개혁, 폐지해야 한다는 여론이 제기되었다.『독립신문』과『황성신문』,『매일신보』등은 근대적 계몽의 일환으로 중세적 관습의 철폐를 주장하면서 불교의 천도재와 재공양, 각종 제사를 그 대상으로 삼았다. 불교계 내에서도 한용운을 시작으로 강도 높은 의례개혁의 필요성이 지속적으로 제기되었다.

그러나 우리 민족에게 불교의례는 단순한 종교적 의례가 아니라 문화와 전통이었고 삶의 일부였다. 억불의 시대에도 영산재와 수륙재가 꾸준히 계속되었고, 사월초파일의 연등회는 세시풍속으로 정착되었다. 근대사회가 시작되었다고 해서 이러한 문화전통을 일시에 중지하는 것은 불가능한 일이었다. 주권상실기 일제는 사찰령으로 한국불교의 모든 것을 통제하면서 화청과 작법무 등의 의례를 금지시켰다. 그러나 서슬 퍼런 무력의 압제하에서도 불교의례는 여전히 성행하였고, 그 핵심인 범패는 전문 의식승들의 전수와 교육으로 지역적 계보가 형성되기도 하였다. 또한 서울 근교의 유명 사찰은 일 년 내내 각종 재공양과 제사가 끊이지 않을 정도였다.

불교의례의 대표적 사례인 수륙재는 불교가 대중화하고 사회화하는 중요한 매개 역할을 하였다는 사실에 주목한다. 1903년 원흥사, 1914년 봉은사의 수만 명이 운집한 대규모의 수륙재는 포교와 신앙의 증대에 크게 기여하였고, 일제하의 고단한 일상에서 민족문화를 발현하는 좋은 기회였다. 일제는 사찰령으로 범패를 금지하면서까지 대중의 운집과 결속을 경계하였지만, 수륙재는 망국의 백성들에게 민족문화에 대한 자긍심과 기쁨을 주기에 충분하였을 것이다. 이처럼 불교의례는 단순한 종교의례에 머물지 않고 민족문화와 정신의 함양에 기여할 수 있었다. 불교의 근대화를 위해 선각자들은 의례의 개혁을 강도높게 주장하였지만, 결국 전통의례의 중요성을 인정할 수밖에 없었던 이유이다. 즉 이들은 전통의례가 지닌 원형의 가치를 인정한 바탕위에서 새로운 시대에 맞는 의례를 창안하여 불교대중화를 지향하였던 것이다.

13

근대불교의 불교문화재 인식

1. 머리말

한국 불교는 중세의 왜곡에서 벗어나지 못한 채, 근대사회의 격변기를 맞았다. 조선중기 이래 불교계는 도성의 출입마저 금지되는 등 오랫동안의 억압으로 말미암아 근대사회의 커다란 변화에 적응할 수 있는 기반을 갖지 못하였다. 어려운 상황에서도 불교계는 새로운 기회의 시대에서 원종圓宗과 같은 종단을 설립하는 등 한국불교의 주체성을 확립하기 위해 다양한 노력을 기울였다. 그러나 불교계의 이러한 노력은 일본의 침략으로 일시에 마비되었고, 왜곡된 근대불교가 전개되었다. 주권을 상실한 시대에 불교계의 정체성은 퇴색하기 시작하였고, 사찰령의 통제 하에서 근대불교의 발전은 요원한 일이었다.

선학들의 연구에 따르면 근대불교의 성격은 대체로 두 가지 개념으로 요약된다. 즉 민족불교와 친일불교이다. 민족불교는 제국주의적 침략 하에서도 민족의 주체성과 자주성을 회복하기 위해 고군분투한 불교계의 노력을 중시하고, 친일불교는 말 그대로 일제와의 타협과 그 예속의 과정이었다는 점을 내세운다. 과거의 한 시대를 규정하는 일은 대단히 어렵다. 사회의 다층·다면적인 요소를 종합하고 다양한 현상들을 관통하는 사조思潮와 인식을 공인共認할 때 가능한 일이다. 즉 근대불교를 규정하기 위해서는 종단의 설립과 운영과정 등에서 나타난 친일적 성향과 민족의 독립을 위해 헌신한 많은 승려가 공존했던 현실 등을 동시에 감안해야 한다.

본고는 불교계의 문화재 인식을 통해 근대불교의 성격을 이해하는 데 목적이 있다. 이를 위해 먼저 불교문화재의 보존 실태를 살펴보고, 불교도의 신앙 대상이었던 불상과 석탑, 전각과 경판 등이 점차 민족의 '문화재'로 정립되는 과정을 파악한다. 끝으로 이러한 노력이 근대불교에서 어떤 의미를 가지는가를 이해하고자 한다. 근대 이전까지 불교문화재에 대한 인식은 그저 신앙의 대상물에 머물렀다. 일상적으로 대하는 불상과 석탑, 전각이 민족의 전통과 문화를 상징하는 중요한 문화재라고 인식하기 시작한 것은 근대 이후의 일이었다. 특히 식민지하에서 불교문화재를 통해 민족문화의 우수성을 선양하고 보급하는 일은 곧 민족의 주체성을 강조하는 저항운동의 한 방법이 될 수 있었다.

2. 문화재 개념의 등장과 불교문화재

문화재라는 용어가 처음 만들어진 것은 일본에 의해서였다. 일본은 1937년 중일전쟁 당시 남경을 함락시킨 후 중국의 문물과 고물故物을 약탈하면서 문화재라는 말을 처음 사용하였다고 한다.[1] 그런데 연구자마다 그 시기에 관해서는 견해가 조금씩 다르다. 쓰가모도 마나부(塚本學)는 독일인 하우스 호퍼의 저서 『일본』을 1943년에 일본어로 번역하면서 독일어 'Kulturgüter'를 문화재로 사용하였다고 한다. 이후 사회적으로 공인된 용어로 정착한 시기는 1950년 문화재보호법이 제정되면서부터이다.[2]

우리나라에서 처음으로 문화재의 개념이 사용된 것은 1934년이었다.

> 대개 문화란 것은 소여所與된 자연의 사실을 일정의 표준에 조照하야 지배하며 형성하야 그래서 궁극으로 그 이상을 실현하려는 과정의 총칭이다. 이와 같이 과정의 성과 산물을 '문화재'라 하나니 종교, 학문, 예술, 도덕, 법률, 경제 등이다. 다시 말하면 자연에 승勝하야 자기 특유의 생生의 내용을 창조 산출한 것이 문화란 것이다. 쉽게 말하면 인세人世의 개명진전開明進展이다.[3]

그런데 여기서는 종교와 학문, 경제 등을 문화재라고 규정하여 오늘

---

1 다카기 히로시(高木博志), 「近代日本의 文化財保護와 古代美術」, 『美術史論壇』 11, 한국미술연구소 편, 2000, p.87.
2 앞의 글, p.87.
3 金敬注, 「朝鮮文化와 佛教(一)」, 『동아일보』, 1934년 7월 8일.

날의 의미와는 다소 차이가 있다. 문화재의 개념이 정착하지 않은 시기에 문화와 혼용되어 사용한 듯하다. 문화재의 개념이 정확하게 사용되기 시작한 것은 1946년 무렵 최남선(崔南善, 1890~1957)에 의해서이다. 그는 『조선의 고적』을 출판하면서 서문에 처음으로 문화재의 개념을 도입하였다.

> 이제 그런대로를 뭉쳐서 이 1권을 냄은 신조선국민의 고적故蹟에 대한 감념感念을 다시 한 번 환성喚醒하여야 할 이 때에 약간의 공헌이 없지 아니할까를 생각하여서이다. 우리들이 새 문화재를 만들기에 바쁨은 물론이다. 그와 함께 그것을 연원있게 하고 거기 든든한 입각지를 주는 필요에서 묵은 문화재에 대한 반성과 인식이 누구에게고 요구될 밖에 없다. 묵은 뿌리에서만 큰 순이 돋는 것처럼, 위대한 국민문화는 그 고적의 건사에서만 나고 자라고 또 결실할 것이다.[4](인용문은 필자가 현대어에 맞게 수정, 이하 동일)

『조선의 고적』은 평양과 부여, 경주 등의 고적 순례기와 고적 애호에 관한 6편의 글을 모은 책이다. 원래의 글은 1920년대부터 1940년 이후까지 집필한 것으로 문화재라는 개념 대신에 '고적故蹟'이라는 말을 사용하였다. 이처럼 문화재가 등장하기 전에 사용한 용어는 '고적(古蹟, 故蹟), 고물古物, 명물, 보물, 예술, 명승名勝' 등이었고[5] 일반적으로 '고적'과 '고물'

---

4 최남선, 「小敍」, 『朝鮮의 故蹟』, 동명사, 1948, p.3.
5 "京城塔洞(새구다公園內)에 在한 石塔은 卽城內에 第一寶物이며 第一古物이며 第一名物이라 該洞을 塔洞이라 홈도 實노 此를 以홈이러라." 雙荷子輯, 「京城에 古塔과 古碑」, 『조선불교월보』 1, 1912, pp.18~19.

을 널리 사용하였다. 조선총독부가 우리나라의 문화재를 조사·집성한 대표적 서적인 『조선고적도보』(1915~1935) 역시 '고적'이라는 용어를 채택하였다. 일제는 1902년부터 조선의 고건축물에 대한 조사를 시작하였고, 1917년에는 조선의 고적과 유물에 대한 보존 규칙을 제정하였다. 당시 법령을 기획한 실무자 고다마 히데오(兒玉秀雄) 총무국장은 법령 제정의 필요성을 역설하고, 고적과 유물의 범주를 다음과 같이 제시하였다.

종래 고적 및 유물의 취체取締에 관해서는 상당히 취체를 엄히 하나 실제에 대해서는 관헌의 목目을 도盜하고 고분을 도굴하며 또 귀중한 고적을 파괴하고 금석물金石物을 도매盜賣하는 등 태殆히 매거枚擧에 불황不遑하니 이러한 상태로는 종령縱令 조사를 위하여 보존의 길을 강구한다 할지라도 도저히 그 목적을 이루기 불능하겠으므로 금회今回 고적조사위원회 규정을 제정하여 고적 및 유물의 조사, 보존, 수집, 및 고문서의 조사 수집에 관한 사항을 심사하여 이 조사와 보존의 통일을 보保하여 완전을 기하고 또 이와 동시에 고적 및 유물의 보존에 관한 훈령訓令과 고적 및 유물보존규칙을 발포하여 국가가 보존을 위할 고적 및 유물은 이를 대장臺帳에 등록하여 보존의 필요가 있고 없는 것의 구별을 명백히 하여 이에 보존의 기초를 확립하고자 함이라. …… 고적 및 유물의 범위에 대해서는 일정한 표준이 있지 않으므로 특히 이를 예시하여 그 한계를 명백히 하였으니 즉 고적은 이를 대별하면 제1은 선주민先住民의 유적이니 즉 선주민이 식용食用에 공供한 패류貝類의 껍질[殼]을 투기한 장소라고 인정하고 패총貝塚, 선주민이 사용하였다 인정하고 석기石器, 골기骨器, 각기角器의 종류를 포함한 토지 및 선주민의 주거의 적跡으로 인정하는 수혈竪穴 등의 종류이며 제2는 고분, 제3은 도성, 궁전, 성과 성채[柵], 궐문關門, 교통로, 역참驛站, 봉수烽燧, 궁부宮府, 사우祠宇, 단묘壇廟, 사찰, 도요陶窯 등 유지遺址, 제4는 전적戰跡 기타 역사상의 사실에 관계가 있는 유적 등이라. 또 유물이라 함은 탑, 비, 종, 금석불金石佛, 당간, 석등 등의 금석물인데 역사, 공예 기타 고고考古의 자료가 될만한 것이라. 이와같이 조선에 있는 고적 및 유물의 보호를 도모하고 고분의 도굴, 국유 금석물의 취체를 엄히 하는 까닭은 한결같이 반도半嶋에 있는 고대의 예술 및 문화의 근원을 영원히 보존하여 식자識者의 연구의 자료로 제공하고자 함이라 하노라.[6]

이와 같이 고적을 ① 선주민의 유적, ② 고분, ③ 도성과 궁전, 사찰 등, ④ 전적戰跡과 기타 유적 등의 넷으로 나누었고, 유물은 ① 금석물, ② 고고 자료 등의 둘로 구분하였다. 이후 <고적급유물보존규칙>은 식민지 시기 내내 한국의 문화재를 규정하는 원칙으로 작용하였다. 그런데 이 보존규칙에 따라 고적과 유물로 등록된 문화재는 1924년 4월까지 모두 192건이었는데, 이 중에는 불교유적과 유물이 절대 다수를 차지한다는 점이 주목된다. 등록 제1호가 원각사지 10층 석탑이고 2호는 원각사비, 3호는 보신각종이었다. 192건을 종류별로 보면 탑비류가 104건, 불상류(금동, 석불) 44건, 그 외 당간 20건, 기타 20건 등이다.[7] 즉 전체의 9할 이상이 불교와 관련있는 유물이었음을 볼 때, 불교문화재에 대한 인식의

---

6 「古蹟及 遺物保存規則에 對하야兒玉總務局長談」, 『매일신보』, 1916년 7월 9일.
7 이순자, 『일제강점기 고적조사사업 연구』, 경인문화사, 2009, pp.71~89.

비중을 짐작할 수 있다.

고적과 고물 다음으로 널리 사용한 개념은 '예술'이었다. 일찍이 한국에 들어와 불교미술을 연구했던 이나다 순스이(稻田春水)는 "불교적 예술이라 함은 무엇인가. 불교에 인연이 있는 공예미술의 총칭이니, 이 범위에 속한 자는 자못 다종다양하다. 예컨대, 당탑가람과 같은 건축물, 불상, 범종 기타 불구佛具, 경권經卷, 불화, 기록과 같은 문서, 도화圖畵 등이니, 요약하면 불교 승려, 사찰 숭불자에 관계가 있는 일체의 제작물을 말한다."[8]라고 하였다.

최남선 역시 1930년에 한국불교계를 대표하여 범태평양불교청년회의 발표문을 집필하면서 '불교예술'이라는 개념을 사용하였다. 그는 한국문화의 정수는 석굴암과 불국사 등의 불교예술에 있다고 하였다.[9] 불교예술 개념은 연구자들뿐만 아니라 불교계에서도 널리 통용되고 있었다.[10]

이와 같이 문화재라는 용어가 도입되기 전까지 사용된 표현은 주로 고적·유물, 그리고 예술 등이었다. 그런데 문화재라는 개념의 도입과 보급은 순수한 문화적, 혹은 예술적 차원이 아니라 제국주의 정책의 파생물로서 이루어졌다는 사실이다.[11] 즉 일본에서 독일의 'kulturgüter'나 미국의 'cultural properties'를 번역하면서 '문화재'라고 표기하였고, 이는

---

8 稻田春水, 「朝鮮에 於한 佛教的 藝術의 研究」, 『불교진흥회월보』 7, 1915, p.45.
9 崔南善, 「朝鮮佛教-東方文化思想에 있는 그 地位-」, 『불교』 74, 1930, pp.18~22.
10 金海潤, 「佛像解説」, 『불교』 84 · 85, 1931, p.51.
11 "식민지 정책은 조선의 문화예술에 대한 사회적 관심의 확대 뿐 아니라 더 나아가 '문화재' 개념이 성립되는 과정에도 중요한 영향을 미쳤다. 따라서 민족과 문화, 예술에 대한 일반적 정의의 유입을 역사적 차원에서 고려한다면, 제국주의적 관심 또한 그 개념이 유입, 정착되는 데 중요한 사회적 조건으로 기여했음을 주목할 필요가 있다." 정수진, 「근대적 의미의 조선 문화, 예술」, 『한독사회과학논총』 15, 한독사회과학회, 2005, p.185.

서구의 제국주의적 문화정책과 함께 유입된 개념이다. 일본이 1937년 남경을 함락시킨 지 1개월 뒤에 중국의 문물·고물을 약탈하면서 문화재라는 말을 사용하기 시작했다는 지적은[12] 문화재가 지니는 정치성을 잘 말해준다.

3. 근대기 불교문화재의 실상

문화재라는 개념이 도입되면서 불교문화재는 단순히 사찰의 고적이라는 국지성局地性을 떠나 비로소 민족문화라는 공공公共의 인식이 시작되었다. 그러나 그 이전까지 우리 민족은 문화재에 대한 인식이 전혀 없었다고 해도 과언이 아니다. 따라서 근대초기 문화재의 현실은 참상慘狀 그 자체였고, 그 원인은 문화재에 대한 인식의 부재가 가장 컸고, 그 다음은 일본에 의한 약탈이었다. 문화재에 대한 전근대의 인식이 어떠했는가를 살펴보자.

조선은 수천년 문명고성文明古城이라. 명인달사名人達士의 고적 유지古跡遺址가 어찌 한량이 있으리오마는 다만 계세季世 이래로 인정人情이 악착하야 고물古物의 이와같음을 알지못하였도다. 경성은 조선의 유일의 수도로되 수십년 이전에는 탑동塔洞 일대가 황우모연荒雨暮煙에 침침하여 10척 영탑靈塔은 표면이 떨어져 나가 부엌가에 방치

---

12 다카기 히로시, 앞의 글, pp.87~88.

되어 있고 세자細字 고비高碑가 더러운 진흙 속에 매몰되어 있어도 한사람도 안타까와 하는 자가 없었으니 기타 지방이야 어찌 재차 말할 바가 있겠으리오 혹 밭 가느라 땅을 파다가 하나의 고물古物을 얻으면 이를 연구할 여가가 없고 불상不祥의 물건이라 하여 그 땅에 다시 묻거나 그렇지 않으면 깨드려도 아까와하지 않았으니 고인의 정신과 고인의 기술을 어느 곳에서 다시 들으며 어느 곳에서 다시 보겠는가. 인민의 정도는 자연야매自然野昧를 면하지 못하였도다.[13]

이처럼 근대기 문화재의 실상은 이루 말할 수 없이 황폐해 있었다. 10척 영탑靈塔[원각사탑]은 무너져 민가의 부엌에 널려 있고, 세자고비細字高碑[원각사비]는 진흙 속에 파묻혀 있었다. 이는 억불의 시대가 낳은 비극이라 어쩔 수 없었다고 하지만, 밭을 갈다가 유물이 나오면 불경한 일이라며 다시 묻거나 부숴버리는 무지한 현실이 계속되었다. 근대사회가 시작되었지만 문화재에 대한 인식은 '자연야매自然野昧'라 표현할 정도로 여전히 전근대적 후진성을 벗어나지 못하고 있었다.

---

13 「社說 古物保存」, 『매일신보』, 1914년 1월 13일.

1930년대의 원각사탑과 대원각사비

　사찰의 문화재도 사정은 별반 다르지 않았다. 일찍이 억불정책의 과정
에서 승려는 사찰을 떠나갔으며, 사찰은 곧 폐사되었다. 1790년(정조 14)
금강산 장안사長安寺에는 불과 4, 5명의 승려만이 남아 있었을 뿐이다.[14]
신라 이래의 오랜 역사를 지닌 명찰이 이러한 지경이었으니 소규모의 사
암은 미루어 짐작할 수 있다. 조선시대의 사찰 중 15,5%만이 1910년대

---

14 "사찰의 폐단으로 말하면 절이 퇴락하고 승려의 수가 작기는 어느 곳이나 다 마찬가지입니
　다. 원인을 따져보면 종이감의 배정, 길잡이를 세우는 것, 하인들을 침해하는 것, 가마를 메
　는 軍丁, 돌을 다듬고 나무를 조각하는 등 별의별 부역과 이러저러한 갖가지 관청 공납이 번
　다하고 과중하기 때문이었는데, 재작년에 이미 조정에서 없애고 금지하였습니다. 지금에 와
　서 바로잡아야 할 폐단은 종이감과 미투리 같은 물건의 상납에 불과하니, 이는 신의 감영에
　서도 금지할 수 있는 것입니다. 그러나 장안사는 본도에서 가장 오래된 큰 절인데 태반이 퇴
　락되고 승려들도 4, 5명에 불과하니, 신의 감영에서 물자와 인력을 내어주고 본 고을을 시켜
　돈과 쌀을 좀 도와주어 재목을 모아 공사를 시작하게 해야겠습니다." 『정조실록』, 정조 14년
　(1790) 8월 23일.

초까지 온전히 유지되었을 뿐이다.[15]

사찰의 쇠락은 근대기에도 지속되었다. 폐허로 변한 사찰의 문화재는 인근의 민가에 반출되어 가옥의 부재로 사용되는 일이 허다하였다. 특히 석조문화재는 유용한 건축 부재가 될 수 있었으므로 앞 다투어 자기 집으로 실어 날랐다. 1927년 충주의 한 민가에서는 사찰의 당간지주를 집 안마당에 세워두고 있었다. 집주인은 해일이 마을입구까지 미치는 일이 일어나자, 어느 풍수가의 말에 따라 이 돌을 세워 '돛대' 삼아 피해를 방지할 목적이라고 하였다. 사찰의 유적이라는 인식은 전혀 없었고, 몇 해 전에는 관아에서 교량을 세우기 위해 당간 1기를 차출해갔다고 불평을 늘어놓았다. 또한 이 집 담장과 계단에는 사찰의 계단 초석이 다수 쌓여 있었다. 이러한 문화재에 대한 무지와 훼손을 본 필자는 이곳의 사례에만 그치지 않을 것이라고 한탄하였다.[16]

또한 고적보존의 필요성을 역설한 일본인의 글에서도 문화재의 이러한 실상을 확인할 수 있다. 홍주洪州의 광덕사지廣德寺址[현 천안 광덕사] 오층탑은 일본인 지주의 저택으로 옮겨져 있었고, 개성의 모 지주의 문 앞에는 석불 10여 구가 늘어서 있었다. 이러한 사람들이 개인적 취미로 고적들을 지니고 있는 것도 보존의 한 방편이겠지만, 후세인들이 고적의 유서由緖, 발굴 장소 등을 전혀 알 수 없게 된다고 우려하였다.[17] 그러나 이러한 지적은 문화재를 연구하는 양심적인 학자의 견해일 뿐이었다.

일본은 강점과 함께 한국의 문화재 약탈에 열을 올렸고, 특히 불교문

---

15 이병희, 「朝鮮後期 寺刹의 數的 推移」 『역사교육』 61, 역사교육연구회. 1997, pp.54~65.
16 白陽桓民, 「俗名씨운 佛家의 遺跡」, 『불교』 35, 1927, pp.19~25.
17 豊田重一, 「朝鮮の古蹟保存に就て」, 『조선불교』 44, 1927, pp.18~19.

화재는 그 예술성과 조형성이 뛰어나 약탈의 중점 대상이 되었다. 깊은 산중의 절터나 한두 명의 노약한 승려가 거주하는 몰락한 명찰 등에서 석탑과 석등을 약탈하는 것은 손쉬운 일이었다.

일본인들은 조선인의 경우와는 달리 일찍부터 생활주택의 정원과 조경에 배치하는 석물로서 불교문화의 고색 짙은 석탑과 석등을 진중히 여겼다. 따라서 일제의 침략세력으로 이 땅에서 부를 누리게 되었던 많은 일본인들이 그들의 정원에 조선의 아름다운 옛 석탑과 석등 혹은 부도를 들여놓으려고 한 것은, 말하자면 자연스런 생심生心이었다. 그리고 이 생심이야말로 실제 불법적인 약탈행위자들과 공범관계를 맺게 했고, 동시에 배후조종 혹은 요청자로서 공모하게 한 것이다.[18]

일본인들의 문화재 약탈은 일찍이 한일병합보다 앞서 시작되었다. 개항 이후 메이지정부의 적극적인 한국 이주 정책에 따라 이주의 붐이 일어날 정도였다. 1905년에 한반도의 일본인은 벌써 4만 명이 넘었다.[19] 이들 가운데 문화재의 경제적 가치에 눈을 뜬 무뢰한들은 일확천금을 꿈꾸며 부산과 대구 등지에 고물상을 열었다. 이들은 보다 좋은 유물을 확보하기 위해 고대의 분묘가 산재한 경주와 개성 등지로 몰려가 무자비한 도굴을 자행하였다.[20]

---

18 이구열, 『한국문화재 수난사』, 돌베개, 1996, pp.107~108.
19 정인성, 「일제의 문화재 약탈 양상 연구」, 『2007년도 학술연구용역논문집 3』, 친일반민족행위진상규명위원회, 2007, p.189.
20 황수영, 「추천의 글」, 이구열, 앞의 책, p.5.

1896년 일본인 2명이 경기도 장단長端에서 야밤에 고분을 도굴하다가 체포되는 사건이 발생하였다. 그런데 재판 결과 범인들은 금고 15일과 20일이라는 경미한 처분을 받았다. 이 판결은 당시 일본 영사가 내린 것이었고, 결국 이들의 문화재 약탈 행위는 일본 정부의 비호를 받고 있었던 것이다.[21] 정부의 묵인 하에 일본인들은 '굴옥掘屋'이라는 전문적인 도굴단을 운영하는 경우도 있었고, 도굴을 기업의 영업 활동으로 권장하기도 하였다.

> 고려시대의 도기 및 불상이 많은데 그 값이 굉장히 싸다. 많이는 지중地中에 또는 사원에서 발견된다. 일본으로 수출하여 비싼 값으로 된 것도 적지 않다. 또 구미 등으로 수송해서 의외의 이익을 얻은 것도 있다. 이것을 매수하는데 앞잡이 역에 한국인을 이용하는데 능수능란한 수법이 필요할 때도 있다. 또 자신이 고사古寺, 고총古塚, 고적古蹟을 심방尋訪하는 것도 필요하다. 이 업에 정통하게 되면 상당한 사업으로 성장할 수 있다.[22]

문화재의 약탈은 무뢰배들만이 아니라 고관들에 의해서도 공공연하게 자행되었다. 1905년 초대통감으로 부임한 이토 히로부미(伊藤博文)는 정치가이기 전에 '고려청자 최대의 장물아비'였다.[23] 그는 수천 점이 넘는

---

21 서민교, 『(한국독립운동의 역사 제4권)1910년대 일제의 무단통치』, 독립기념관, 2008, pp.138~142.
22 吉倉凡農, 『(企業案內)實利之朝鮮』, 文星堂書店, 1904, p.59. 이순자의 앞의 책, p.21에서 재인용.
23 이구열, 앞의 책, pp.62~77.

청자를 취득하면서 개성 일원에서의 고려 고분 파괴와 고려 자기 도굴을 조장한 인물이다. 당시 청자에 관한 이토와 고종과의 대화가 전설처럼 전한다.

> 어느 날 이태왕(고종황제) 전하께서 처음으로 구경을 하시게 되었을 때, '이 청자는 어디서 만들어진 거요?'하고 묻자, 이토 통감이 '이것은 이 나라의 고려시대의 것입니다.'하고 설명을 하니, 전하께서는 '이런 물건은 이 나라에는 없는 거요'라고 말씀하시는 것이었다. 그러자 이토는 말을 못하고 침묵해버렸다. 알다시피 출토품(掘塚해서 꺼낸 물건)이라는 설명은 그 경우 할 수가 없었으니까.[24]

불교문화재에 대한 훼손과 무지는 근대시기의 보편적 현실이었고, 심지어 국왕조차도 고려청자의 존재를 모르고 있었다. 일본인 고관들에 의한 문화재 약탈은 불교문화재에도 손길이 미쳤다. 1906년 순종의 가례에 특사로 내한한 궁내대신 다나카 미스야키(田中光顯)는 개성의 경천사지 10층 석탑을 일본으로 반출하였고, 2대 통감 소네 아라스케(曾彌荒助)는 석굴암 11면관음상 앞의 대리석 탑을 일본으로 훔쳐갔다.[25] 경천사지 석탑은 12년만인 1918년 우여곡절 끝에 무사히 돌아왔으나, 석굴암의 대리석 탑은 지금까지 행방조차 알 수 없는 실정이다. 그런데 이러한 문화재 약탈행위에 대한 우려의 목소리가 등장하기 시작하였다.

---

24 이구열, 앞의 책, p.71.
25 정규홍, 『우리 문화재 수난사, 일제기 문화재 약탈과 유린』, 학연문화사, 2005, p.41.

긴 채찍을 들고 반도 강산에 횡행하는 저 일인이 백가지 권리를 다잡으며, 백가지 이익을 다 취하다가 필경에는 나라의 보배에까지 손을 대어서 오늘에 한 가지를 실어가고 내일에 또 한 가지를 실어 가니, 어시호, 서책이 없어지고 귀물이 없어지며 탁지부에 있던 금불이가 동해를 건너갔으며, 경주에 있던 옥통소가 동경으로 향하였으며 관복 큰 뜰에 서 있던 정문부의 승전비를 생각하면 행인이 눈물을 흘리며, 경천사 옛 절에 있던 옥탑을 찾으니 청산이 말이 없도다. 오호-라 이같이 하기를 그치지 아니하면 한국의 나라 보배가 필경 몇 날이 못 되어 모두 동경박람회에나 대판 고물상점의 물건이 되고 말지니, 이것이 어찌 애석하지 아니한가. 우리는 이 문제를 논의하다가 특별히 한 가지 바램을 더하는 바 있으니, 이제 국민동포가 나라의 보배 없어지는 것을 보고 과연 우리와 같이 탄식을 하며 분하게 여기는 자가 몇 사람이나 되는가. 대저 오늘날 나라의 보배가 없어지는 것이 그 책임이 누구에게 있는가. 동포가 나라의 보배를 오래 지키지 못하며 이 나라의 보배로 광채가 나게 못하고, 귀신이 아끼고 조상이 전수한 물건이 나라 밖으로 날마다 달아나니 이것이 동포의 책임이 아니고 누구의 책임인가. 그러하나 이에 대하여 한탄도 아니하고 분히 여기지도 아니하여 경계하고 공구하여 분발하지 아니하면 어찌 가하리오 원하건대 동포는 지금이라도 나라의 보배를 보존하여 지키는데 유의하여 나라의 광영을 보존하며 나라의 정신을 발전하게 할지어다.[26]

---

26 「논설」, 『대한매일신보』, 1910년 4월 12일.

침략자에 의해 나라의 보배가 빼앗기는 모습을 보면서 당시에 할 수 있는 일은 위의 논설에서 보듯이 한탄과 분개뿐이었다. 약탈자가 누구인가를 알면서도 그들에 대한 비판과 조치는 엄두도 내지 못하고, 그저 ‘동포의 책임’으로 자책하였지만, 경각심을 불러일으키기에 충분한 논조라고 생각된다. 이를 통해 1910년 무렵 비로소 문화재를 ‘나라의 보배’로 인식하기 시작하였다는 사실을 알 수 있다.

4. 근대기의 불교문화재 인식

근대사회에서 문화재에 대한 관심이 시작된 것은 대략 1910년대이다. 일제는 한국불교를 통제하기 위해 1911년 사찰령을 제정하였고, 이후 불교계는 사찰령에 따라 30본산으로 구획되어 철저한 감시와 종속을 강요받았다.[27] 그런데 아이러니하게도 이 사찰령으로 말미암아 문화재에 대한 인식이 생겨나는 계기가 되었다고 생각된다. 왜냐하면 사찰령은 사찰, 정확히 말하면 사찰의 재산을 보호 관리하기 위한 법이었고, 재산의 중요한 부분을 담당하는 유적과 유물이 민족의 공적 자산으로 인정받았기 때문이다.

---

27 한동민, 「사찰령 체재의 역사적 배경과 의미」, 『불교근대화의 전개와 성격』, 대한불교조계종 교육원 불학연구소, 2006. ; 김광식, 「사찰령의 불교계 수용과 대응」, 『민족불교의 이상과 현실』, 도피안사, 2007.

① 현행 조선사찰령의 제정 취지는 물론 사찰이 지닌 재산을 완전히 유지하야 조선불교의 성흥盛興을 기함에 재在하나 실제 내용을 상구詳究하면 주지에게 부여한 권리가 과過히 강대强大하야 가령 주지 그 일개인이 사유재산 전부를 처분하더라도 여타 승려는 일언의 용훼容喙를 가할 권리가 무無하야 최근 각 사찰에 주지의 배임횡령사건이 빈출하지만은 이를 징계치 못하고 결국은 유야무야에 귀歸케 함은 그 원인이 사찰령이라는 법규가 불비不備한 소이所以이다.

② 조선사찰령은 종래 쇠퇴한 조선불교를 부흥케 하는 동시 사유재산을 완전히 보호 유지케 하는 것이 그 근본취지이다.

③ 사찰령은 제령制令으로 발포한 것이오, 그 취지가 조선사찰의 고적을 보관하자는 것인대 이를 철폐 운운하는 것은 도저 불가능한 일일 것이외다.[28]

위의 자료는 범어사에서 일어난 사찰령 개정 운동에 대한 각계의 의견이다. 매일신보의 같은 기사이지만 ①은 범어사 ②는 총독부 종교과, 그리고 ③은 조선불교중앙교무원의 입장이다. 범어사의 사찰령 개정 발의에 대해 종교과와 교무원은 반대의 입장이었다. 그런데 여기서 한결같이 사찰령의 취지를 '사찰이 지닌 재산을 완전히 유지', '사유재산을 완전히 보호 유지', '조선사찰의 고적을 보관'이라고 하였다. 여기서 말하는 사찰 재산은 전답과 산림 등의 경제적 자산은 물론 유물과 고적을 포함하는

---

28 「寺刹令改正運動-梵魚寺 僧侶의 烽火로 住持의 權限縮少가 主眼」, 『매일신보』, 1926년 4월 6일 1면.

개념이다. 이와 같이 사찰령은 불교의 발전과는 관계없이 사찰과 그 재산을 관리하고자 하는 현상유지적인 법령이었다. 실제로 이 법령은 7개의 조문과 8개의 시행규칙만으로 이루어진 소략한 내용이었으나, 극단적인 통제를 통한 식민지 지배의 도구적 입법으로서 기능하였다.[29]

이처럼 사찰령의 제정과 함께 사찰의 고적이 중요한 관리의 대상으로 정해지면서 사찰이 소유한 고적은 공공의 문화재로 부각되기 시작하였다. 물론 불교계는 사찰의 고적을 불교의 성물聖物로 소중히 여겼지만, 그 이상의 가치를 생각하지 못하고 있었다. 이제 법령을 통해 공적인 관리의 대상이 되자, 사찰의 고적은 역사와 문화의 소산으로서 민족의 가치있는 문화재라는 인식이 점차 확산되었던 것이다. 이러한 인식은 1910년 4월의 『대한매일신보』 논설을 통해 확인할 수 있다.

> 대개 나라의 보배라는 것은 나라의 영광을 보존하는 기구가 되며,
> 나라의 보배라 하는 것은 나라의 정신을 발전하게 하는 근본이 되는
> 것이라. 옛적 사람의 무력을 숭상하던 풍도도 이로 인하여 가히 생각
> 할 것이며 조국을 위하는 사상도 이로 인하여 일어나는 것이 많으며
> 민족을 사랑하는 정신도 이로 인하여 발생하는 것이 많으니, 국민된
> 자가 만일 나라의 보배를 보전하여 지키지 못하면 이는 나라의 영광
> 을 떨어뜨리는 것이며, 나라의 정신을 멸절하는 것이라.[30]

경천사 10층 석탑 등 우리의 문화재가 무단으로 일본에 반출되는 현실

---

29 한동민, 「사찰령 체재하 본산제도 연구」, 중앙대 박사학위 논문, 2006.
30 「논설」, 『대한매일신보』, 1910년 4월 12일.

을 우려하는 내용의 서론이다. 문화재는 나라의 보배이고, 영광이며 정신
이므로 반드시 지켜야함을 역설하였다. 또한 1914년에도 고물의 가치와
중요성을 강조하는 글을 확인할 수 있다.

> 오호-라, 금일 아我가 립立훈 지地가 시고인是古人이 립立훈 지地며
> 금일 아我가 좌坐훈 지地가 시고인是古人이 좌坐훈 지地라. 단 금일에
> 아我가 립立ᄒ며 아我가 좌坐홈만 사思ᄒ고 아我가 립立ᄒ고 아我가
> 좌坐훈 지地에 고인古人이 립立ᄒ고 좌坐홈을 불사不思ᄒ면 엇지 최령
> 동물最靈動物이라 위위謂ᄒ리오. …… 고인古人의 안면顔面과 고인의 성
> 음聲音은 가득可得키 난難ᄒ거니와 고인의 정신과 고인의 기술은 가
> 득키 이易ᄒ니 이 정신을 애愛ᄒ며 이 기술을 애愛홈이 즉 고인을 애
> 홈이라. 이 정신과 이 기술은 하처何處에셔 구할까. 산사강정山寺江亭
> 에 익연고동翼然高棟도 이 고인의 정신이오 이 고인의 기술이며, 소소
> 황연蕭蕭荒煙에 퇴갈경탑頹碣傾塔도 이 고인의 정신이오 이 고인의 기
> 술이며, 두협주상蠹篋蛛箱에 일행서一行書, 일폭화一幅畫도 이 고인의
> 정신이오 이 고인의 기술이며, 기타 미세훈 물物이라도 고인의 안眼
> 을 경經ᄒ고 고인의 수手를 경자輕者는 이 고인의 정신이오 이 고인
> 의 기술이라. …… 근래는 내지인 및 외국인이 다수 왕래ᄒ야 천금만
> 금을 불석不惜하고 언필칭 고물, 고물古物古物홈으로 어시호, 고물의
> 귀중홈을 지知ᄒ야 조선인도 또한 고물, 고물이라 위謂ᄒ나 고물의
> 여하 정신如何精神과 고물의 여하 기술은 불사不思ᄒ고 단 외인外人에
> 게 매각에 급급ᄒ야 심한 자는 자기 조선祖先의 황원단갈荒原短碣까
> 지 기지동幾紙銅에 양도ᄒ니 인정人情의 불인不仁홈이 반반反히 고물을

부지不知홀 시時만 불여不如ᄒ다 홀지로다. 이러한 까닭에 당국의 취체取締도 절엄切嚴ᄒ거니와 각지방에셔 고물보존회를 조직ᄒ야 고물보존에 노력ᄒ니 종전의 폐막弊瘼은 무無홀지나 연연然ᄒ나 개인의 권權에 계係한 사유 고물은 즉 개인보존에 재在호 즉 비록 1점의 묵서묵일촌간墨一寸簡이라도 이를 애지愛之ᄒ며 이를 호지護之ᄒ야 기백년 기천년 고인의 정신과 고인의 기술로 ᄒ야금 연멸煙滅에 무귀無歸홈이 가ᄒ도다.[31]

고물은 선조의 정신이며 기술인데 그들을 만나는 방법은 바로 산사山寺와 강정江亭, 무너진 비석과 기울어진 탑, 좀먹고 낡은 한 줄의 글씨와 한 폭의 그림이라는 것이다. 낡고 허물어진 유적이라 할지라도 선조를 만날 수 있는 귀중한 가치를 지닌다는 근대적 문화재 정신을 엿볼 수 있다.

이러한 일반사회의 문화재 인식의 고양과 더불어 그 직접적 소유자인 불교계도 문화재를 새롭게 인식하기 시작하였고, 이를 보급하기 위해 노력하였다. 대표적인 사례가 1912년부터 본격적으로 간행된 불교잡지를 통한 문화재의 소개와 보급이다. 『조선불교월보』(전19호)와 『불교』(전108호), 『불교시보』(전105호) 등에는 사찰과 고적에 대한 답사기가 단골 메뉴였고, 유물을 소개하는 코너가 마련되기도 하였다. 예를 들면 『불교』지 1호의 「태고암배관기太古庵拜觀記」, 5호의 「나옹왕사의 보살계첩을 보고」와 「화계사에 일야一夜」, 제7호의 「석씨원류」 등이다. 『불교』지 중에서 답사기와 순례기를 간추리면 다음과 같다.

---

31 「社說 古物保存」, 『매일신보』, 1914년 1월 13일.

제 목	필자	호수와 발행일
華溪寺에 一夜	小白頭陀	5호(1924. 11)
慶州旅行記	韓英錫	27호, 28호, 29호(1926. 9, 10, 11)
楊州各寺巡禮記	晩悟生	29호, 30호, 32호, 33호, 34호, 35호, 36호, 40호(1926. 11~1927. 10)
乾鳳本末寺巡澧記	崔金峰	39호, 40호(1927. 9, 10)
廣興寺를 지내보고	姜裕文	40호(1927. 10)
慶州往來記	李德珍	41호, 44호, 46·47합호(1927. 11, 1928. 2. 1928. 5)
海印寺巡禮記	萬海	100호(1932. 10)
觀音道場南海普陀山巡禮記	玉觀彬	100호(1932. 10)
慶州巡禮記	趙靈出	106호, 107호, 108호(1933. 4, 5, 7)
尋寺巡禮記	張慧月	107호, 108호(1933. 5, 7)

위의 표에서 알 수 있듯이 사찰 답사기에 가장 많이 등장하는 지역은 경주이다. 경주에는 불국사와 석굴암, 남산 등의 불교문화재가 집중되어 있고, 답사기에서는 빠짐없이 이들을 비중있게 소개하는 등 불교문화재에 대한 가치를 보급하려는 노력이 진행되었다.[32]

---

32 사찰답사기는 불교잡지 뿐만 아니라 근대기의 신문에서도 쉽게 접할 수 있다. 『매일신보』에는 「塵世를 嘲弄하는 靈鷲山中 通度寺」(1927년 1월 7일), 「千四百年前 古刹 國家 厚恩바든 華嚴寺」(1934년 12월 3일) 등이 있고, 『조선일보』에는 「釋王寺의 一夜(上·下)」(1937년 6월 23·24일), 「海印寺記 그 境內史蹟의 片考(上·中·下)」(1938년 10월 16·19·20일) 등

답사기와 함께 불교잡지에서 눈에 띄는 내용이 문화재에 대한 소개와 연구이다. 문화재에 대한 소개는 일찍이 1909년 『황성신문』에서 「명소고적名所古蹟」이라는 이름으로 연재가 진행된 일이 있었다. 근대 매체로서 최초로 문화재를 연재한 사례이다. 여기에는 화장굴花藏窟(1909년 7월 10일)을 시작으로 불국사와 황룡사(1909년 9월 26일) 등의 13개소의 대표적인 불교문화재가 소개되었다.

신문과 달리 불교잡지의 문화재 기사는 비교적 많은 분량을 할애하여 문화재를 소개하였는데, 몇 가지 사례를 살펴보자. 먼저 『조선불교총보』의 「산가어휘山家語彙」에 연재한 문화재 기사이다.[33] 「산가어휘」는 '산가山家 즉 사찰에서 사용하는 어휘'라는 의미로서 불공佛供, 납衲, 립笠, 지전知殿 등 사찰에서 일상적으로 쓰는 용어에 대한 설명이다. 이 가운데 경磬, 요령搖鈴, 발鉢, 목탁木柝, 곡관曲冠, 동령動鈴, 금고金鼓, 목어木魚 등의 문화재에 대한 설명이 있다. 한 항목 당 대개 10행 정도로 간략하게 그 의미와 용도를 서술한 일종의 개념어 사전이라고 볼 수 있다. 아쉽게도 3회로 그치고 말았지만, 연재가 계속되었다면 불교문화의 대중적 폭을 넓히는 데 좋은 기회가 될 수 있었을 것이다.

다음은 불상에 관한 기사이다. 우선 『불교』지 <불교결의佛敎決疑> 중의 「불상의 모양차별貌樣差別을 묻습니다」라는 글이 눈에 띈다.

이 있다. 한편 『매일신보』는 1935년 3월부터 5월까지 「古蹟寶物巡禮」라는 이름으로 문화재를 연재하였는데, 이 가운데 미륵사지 석탑, 금산사 석탑, 성불사 극락전 등의 불교문화재가 포함되었다.

33 권상로, 「山家語彙」, 『조선불교총보』 2, 3, 4, 1917년 4월, 5월, 9월.

선생님, 불상의 모양이 어떠한 비로·석가·아미타·약사·관음·
지장·문수·보현 등 차이가 있으며, 화상畵像은 두변頭邊에 원형이
있으니 모두 무슨 이치입니까. 불상 연기를 아울러 상시詳示하시기를
바랍니다. 여러 곳에 물어보아도 각설이단各說異端하여 진가眞假를 알
수 없습니다. 또 묻사오니 석가모니께서는 32상 80종호를 구족하셨다
는데 금강저 잡지 표면에 있는 사진이 석가여래의 진상眞像이라 하오
니 사실입니까? 자세히 해설하여 주옵소서.[34]

<불교결의>는 독자의 질문에 편집자가 대답하는 문답란이다. 4호부
터 83호까지 모두 64개 항목의 문답이 있었고, 발행인인 권상로가 대답
하는 형식이다. 인용문에서 알 수 있듯이 독자는 불상의 양식적 특성을
자세히 알고자 하였다. 불보살의 사상이나 신앙적 의미가 아니라 양식적
특성이 궁금하였고 이는 문화재로서의 관심이었다. <불교결의>는 독자
의 참여라는 특성으로 인해 질문의 내용과 성격이 다양한 편이지만 대체
로 불법승의 삼보와 관련된 질문에 국한되었고, 주요 내용은 불교 교리
와 지식에 관한 것이었다.[35] 이 중에서 불상의 모양에 관한 질문은 예외
적인 것이지만, 문화재에 대한 관심이 확산되는 과정이라 생각된다. 한국
에서 문화예술에 대한 관심이 확산된 것은 1917년 보물·고적에 대한 보
존 규칙이 제정되면서 부터이고, 이후 1920년대에 본격화되었다고 한
다.[36] 이러한 흐름에서 불상을 중심으로 하는 불교문화재에 대한 인식이

---

34 『불교』 54, 1928.
35 김기종, 「근대 불교잡지의 간행과 불교대중화」, 『한민족문화연구』 26, 한민족문화학회, 2009,
   pp.393~397.
36 정수진, 앞의 글, p.185.

새롭게 눈뜨기 시작한 것이라 보인다.

이후 1930년대에는 문화재로서의 불상에 관한 본격적인 소개가 이루어진다. 그 대표적 사례가 김해윤金海潤의 「불상해설佛像解說」이다.

　　돌이켜 보건대 우리 조선이 불교계에 처한 지위가 도무지 선진국에 떨어지지 아니함은 물론이려니와 그와 같이 뒤떨어지지 아니하였다고 함은 다름이 아니라 지금이라도 비록 형세는 침체하여있다고 할지라도 문화상 가치가 있는 유적이 도처에 남아 있어 전일의 융성을 설명하고 있으며, 한때에 번영을 자랑하고 있기 때문이다. 그리하여 이 날에 있어서도 세계에 자랑하고 있는 유물 중에는 우리의 예술이 있고, 예술품에는 불교예술품 특히 불상에 있어서이다. 그런데 이러한 우리의 자랑거리를 오히려 다른 나라 사람들이 안 뒤에까지도 모르고 있는 것은 무슨 원인이었든가 도무지 우리가 알지 못하였든 까닭이다.[37]

「불상해설」의 연재를 시작하면서 서론 격으로 쓴 글이다. 이 기사는 불상의 의미와 특징을 설명하는 개론적 내용이다. 즉 "전문가 같은 지식을 가질 수는 없을 지라도 척보면 대강은 저것이 불상이라든지 혹은, 보살상이라든지 또는 명왕상이라든지 제천귀신상이라든지 하는 것"을 알기 위한 목적이었다. 연재는 모두 8회(84·85호~90호, 93호, 94호. 1931. 7~1932. 3)에 걸쳐 진행되었다. 기사의 소주제를 보면 <존상의 종별>,

---

37 金海潤, 「佛像解說」, 「불교」 84·85, 1931, p.51.

<형상, 자세, 키>, <인상>, <의복, 장신구>의 넷으로 나누어 불상과 보살상, 천신상 등의 특징을 일별하였다. 이어서 노사나불을 시작으로 대일여래, 약사불, 관음불 등 구체적 불보살상의 의미와 양식적 특성을 설명하였다.

이와 같이 불상에 대한 기사가 불교잡지에 빈번하게 등장하면서 문화재에 대한 새로운 안목과 인식이 확산되었다. 그러나 한국문화재에 대한 정밀한 연구는 일인학자들이 독점하다시피 하였다. 1902년 세키노 타다시(關野貞)가 한국의 고적을 조사하기 시작한 이래 많은 연구자들이 총독부의 고적조사 사업에 참여하면서 문화재 전문가로 활동하였다.[38] 사실 앞서의 <불교결의>와 「불상해설」은 1923년에 오노 겐묘(小野玄妙)가 발간한 『佛像の硏究』(동경, 丙午出版社)를 기초로 한 것이다.

한국불교는 중세불교의 봉건성을 채 벗어나지 못한 상황에서 근대에 접어들었고, 한순간에 식민통치에 예속되어 근대적 불교학에 매진할 여력도, 인력도 없었다. 이러한 시대에 비록 일인학자의 연구를 참고하였지만 불상에 관한 소개를 통해 불교문화재에 대한 인식을 공유하고자 했던 노력이 돋보인다. 1936년 박윤진朴允進이 쓴 「불상기원에 대한 사고私考」[39]도 같은 맥락이었다. 중앙불교전문학교의 젊은 학도였던 그는 마쓰모토 분자부로(松本文三郎)와 오노 겐묘의 연구를 바탕으로 불상의 기원에 초점을 맞춰 진일보한 연구를 시도하였다.

38 박현수, 『일제의 조선조사에 관한 연구』, 서울대 인류학과 박사학위 논문, 1993.
39 『일광』6, 1936년 1월, pp.38~41.

(위) 불국사(1914년), (아래) 불국사사리탑(1933년)

한국 근대불교계에서 문화재에 대한 인식과 보급은 민족의 전통문화를 고양하려는 목적 의식의 소산이다. 즉 문화재라는 유형의 유물을 연구하는 예술사 혹은 미술사의 대상이 아니라 주권상실기에서 민족의 전통과 자긍심을 불러일으키는 중요한 기제였다고 생각된다. 1930년대 일제는 병참 기지화 정책을 추진하면서 동시에 민족문화 말살 정책을 전개하였다.[40] 불교계는 이미 사찰령의 통제 하에 예속되었고, 많은 인사들이 일본화 혹은 일본불교화되어 갔다.[41] 이러한 현실에서 한국불교의 정체성을 회복하려는 선각자들은 민족의 역사와 전통을 강조하는 논설과 연구를 통해 자긍심을 고양하려 하였다. 그 구체적 방법론이 한국불교가 일본 불교에 미친 영향 등에 대한 연구였고, 이 과정에서 불교문화재를 적극적으로 인용하였다. 다음의 논설이 이러한 경향을 잘 보여준다.

　　근래[挽近] 70년 미만의 명치유신 이후 일본의 문화를 볼 것 같으면 태서문명泰西文明을 수입함에 노력하여 모든 문화가 발달된지라, 동양제국에 선진국으로 자임하게 되었지만 천수백년 전으로부터 명치유신초에 이르기까지 일본국민의 정신계를 지배하고 물질계를 좌우한 일본의 문화는 조선불교의 혜택이라 아니할 수 없다. 어째서 그런가하면 종교, 예술, 문학, 과학을 통하여 어느 것이든지 조선불교

---

40 윤이흠, 『일제의 한국민족종교 말살책 : 그 정책의 실상과 자료』, 모시는사람들, 2007.
41 한국불교가 일본불교화되는 대표적인 사례가 승려의 일본유학이었다. 1920년대 본산들은 앞다투어 일본에 유학승을 파견하였고, 이들이 귀국하면서 일본불교의 유입이 가속화되었다. 이에 대해 다카하시 토오루(高橋亨)는 한국승려가 일본승려를 배우고자 한다면 이는 스스로 무덤을 파는 일과 다름없다고 하였다. 왜냐하면 일본의 불교학계는 오로지 불교교학만을 배울 수 있을 뿐, 종교가로서의 수행과 정조는 완전히 결여되었기 때문이라고 하였다. 한상길, 「한국 근대불교의 형성과 일본, 일본불교」, 『한국사상과 문화』 46, 한국사상과 문화학회, 2009, pp.16~17.

승려의 손을 거지치 아니함이 없는 까닭이다. …… 둘째로 일본의 고
대 예술을 고찰해보면 이것도 또한 '조선불교의 혜사물惠賜物'이라 할
수 있으니, 백제 성왕 30년에 불교가 일본에 들어간 뒤로부터는 그
뒤에 연속하여 백제의 승려가 일본을 건너가게 되었다. …… 고구려
승 혜자惠慈가 일본으로 건너가니 성덕태자가 혜자를 스승으로 삼고
불경을 배우면서 가람 홍륭伽藍興隆에 노력하여 일본 건축·예술의
발달이 절정을 이루게 하였다. 조선불교가 일본에 들어가기 전에 일
본의 고유한 예술은 아무것도 볼 것이 없었다. 모든 것이 유치幼稚하
였는지라 건축미술 같은 것도 원시 민족의 토거목구土居木構하는 상
태에 불과하였다. 조각이라든지, 회화라든지 이름도 들을 수가 없었
다.[42]

일본의 불교가 한반도에서 비롯되었다는 것은 역사적 사실이지만 근
대사회에서는 이러한 역사가 보편적 상식은 아니었을 것이다. 이를 알리
기 위해 필자는 삼국에서 건너간 승려들이 경전과 불상을 전하면서 일본
불교가 시작되었고, 그들에 의해 문화와 예술이 꽃피웠다는 내용을 객관
적 사실에 입각하여 자세히 설명하였다. 현실은 비록 일본의 지배를 받
는 식민지 상황이지만, 불교전래의 역사적 사실을 통해 민족의 우월성을
나타내고자 하였다. "우연히 조선불교사를 읽어보다가 조선불교도도 옛
날에는 이와 같이 위대한 포부를 가지고서 조선 국내뿐만 아니라 일본의
문화까지 발전시켰음을 느끼고 고대 조선불교도의 활동이 얼마나 눈이

---

42 四佛山人, 「朝鮮佛教와 日本文化의 關係」. 『불교』 70, 1930, pp.2~4.

부시게 힘이 있었든가함을 여러 동지에게 알리기 위하여 조선불교와 일본문화와의 관계라는 제목으로써 이 변변치 못한 졸문을 초抄한 바이다."[43]라고 하여 이러한 목적의식을 분명하게 표방하였다.

불교문화재를 통해 민족의식의 고양에 앞장섰던 대표적 인물이 최남선이다. 최남선에게 불교 관련 문화 유적은 '세계에 자랑'할 수 있는 소재였다.[44] 그는 1910년대부터 민족의 정신적 영역 내지는 과거의 문화유산을 강조하는 글들을 발표하여 서구 내지는 일본과 동등하거나 낮다는 대결의식을 보였다는 것이다.

그의 여러 글 중에서 1930년 한국불교계를 대표하여 범태평양불교청년회의 발표문으로 작성한 「조선불교-동방문화사상에 있는 그 지위-」[45]를 통해 그의 불교문화재 의식을 확인할 수 있다.

> 못이 깊으면 어룡魚龍이 생기나니 불교의 큰 그늘에는 저절로 많은 인물이 요치邀致되었다. 시試하야 고구려·백제·신라의 삼국시대로부터 신라의 통일시대에 걸치는 반도의 역사를 떠들어 보라. 법속法俗 양 방면을 통하여 얼마나 많은 공업功業이 불교인의 손에 건설되고, 또 이에 상응할 만한 인물이 불교의 中에 존재하였는지를 누구든지 경탄치 아니치 못할 것이다. 만일 이 시기의 반도역사에서 불교 관계의 사건과 인물을 제거하면 남은 책장이 거의 요요寥寥치 아니함을 얻지 못할 것이 분명일 것이다. 그리하여 지금까지도 반도가 세계

---

43 四佛山人, 앞의 글, p.6.
44 류시현, 「일제하 崔南善의 佛教 認識과 '朝鮮佛教'의 探究」, 『역사문제연구』 14, 역사문제연구소, 2005, p.195.
45 최남선, 「朝鮮佛教-東方文化思想에 있는 그 地位-」, 『불교』 74, 1930, pp.1~51.

에 향하여 자랑할 수 있다는 문화적 유산은 그 대부분은 불교의 물
건, 불교 영향의 물건임이 사실이다.[46]

최남선은 1920년대 초 '조선학朝鮮學'이라는 용어를 창안하여 '조선인의
손으로 조선학을 세울 것'을 제창하였다. 이러한 조선학을 정립하는 과정
에서 그는 한국문화의 우수성을 불교에서 찾았다.[47] 이 무렵 최남선은 본
격적으로 불교를 신앙으로 받아들이기도 하였다.[48] 이후 그는 많은 논고
를 통해 조선학과 조선 정신의 가치를 역설하였고, 위의 「조선불교」는
그의 조선학의 바탕을 이루는 불교에 대한 학문적·신앙적 결정체라고
할 만하다. 즉 그는 조선의 역사에서 불교와 불교 유산을 최고의 가치로
평가하였다. 그 구체적인 예로 석굴암과 불국사, 고려대장경에 대한 자세
한 설명을 덧붙였다.[49] 또한 조선불교의 일본전래 과정을 자세히 논증하
고, 나래[奈良]의 법륭사와 정창원 등의 불교문화재가 조선 문화의 영향
하에 성립되었음을 구체적으로 제시하였다.

최남선의 조선학은 불교문화사적 지향에서 출발하였고, 이민족 곧 일
본문화와의 비교를 통해 민족의 우월성을 강조하였다. 그러나 국내의 문

---

46 최남선, 앞의 글, p.19.
47 "최남선의 한국불교에 대한 자부심은 한국문화에 대한 신뢰에서 비롯된 것으로 이해된다는
   점이다. 이는 문화 전반에 대한 애착과 자부심을 말하는 것이지만, 우수성과 특성이 제대로
   평가받지 못하고 있다는 판단도 작용한 것으로 보인다. 그러면서도 그 우수한 문화를 가능
   하게 한 결정적인 요인을 불교에서 찾음으로써 한국문화사상에서의 불교의 위상을 강조하
   였다. 김광식, 「최남선의 조선불교와 범태평양불교청년회의」, 『새불교운동의 전개』, 도피안
   사, 2002, p.257.
48 최남선, 「妙音觀世音」, 『불교』 50·51, 1928, p.64. 이 글은 <나의 불교신앙>이라는 이름으
   로 명사들의 불교관을 自述하는 특집난의 일부이다. 그는 3·1운동으로 감옥에 있는 동안
   관음경과 법화경 등을 읽으며 불교에 대한 믿음이 생겼다고 하였다.
49 최남선, 「朝鮮佛敎-東方文化思想에 있는 그 地位-」, 앞의 책, pp.18~32.

화재 실상에 관해서는 신랄한 비판을 서슴지 않았다.

> 금산사를 이렇듯 학대하고 등시等視하여, 심지어 파승탕부破僧蕩婦
> 의 음예장淫穢場으로 버려둔다 함은 이러고 저러고 할 것 없이 전불
> 교적 일대 수욕羞辱이요, 또 두 번 얻어 보기 어려운 저러한 예술품을
> 오래도록 풍마우세風磨雨洗에 맡기다시피 함은 불교계는 막론하고 실
> 상 민족적 일대 손실이 아닐 수 없다[50]

1926년 금산사에서 문화재가 방치되어 있는 현실을 거침없이 비판하
였고, 그의 안목과 예필睿筆은 당시의 불교계에서도 큰 지지를 받았다.[51]
그의 근대기 불교문화재에 대한 관심과 연구는 민족의 문화적 우수성
을 드러내는 민족운동의 일환이었다. 그러나 문화재의 훼손과 매각에는
크게 분노하면서 이를 지키기 위한 민족의 노력을 촉구하였다. 일본문화
의 원형으로서 한국 불교문화의 가치를 선양하는 그의 논서들은 암울한
식민지 대중들에게 문화적·정신적 자긍심을 주기에 충분하였다. 이와
유사한 맥락에서 당시 대표적 불교지성으로서 최남선의 스승과 같았던
석전石顚 박한영(朴漢永, 1870~1948)은 한국불교의 정체성을 찾기 위한 불

---

50 최남선, 「三層 法堂의 金山寺」, 「尋春巡禮」, 1926. ; 『육당 최남선 전집』 6, 현암사, 1973,
　　p.275.
51 "선생의 所經 寺刹에서는 이 冊 한 권의 留鎭이 문득 金山玉帶보다 가치가 높을 것이오,
　　조선불교의 지리, 역사, 전설, 아니 더욱 호남의 그것이 어떠한가를 엿보려하는 자는 이 글
　　로써 南針浮囊을 삼지 않을 수 없다. 古今來에 南國을 巡遊하며 紀行한 자가 下限이랴마
　　는 그 모든 중에서 '一拔萃出類, 俱收幷蓄, 合衆長, 集大成'한 것이 어떤 것이냐고 묻는 자
　　가 있다하면, 나는 서슴지 않고 「尋春巡禮」를 소개하려 한다." 雲陽山人, 「尋春巡禮를 읽
　　다가」, 『불교』 25, 1926, p.41.

교사적佛教史蹟의 탐구를 역설하였다. 그 구체적 방안으로 여섯 항목을 제시하였는데, 이 가운데 네 항목 '탑과 절·불상의 연혁, 장경藏經과 금석문의 유적, 건축과 회화의 미술, 범음梵音과 고음악古音樂의 보존' 등의 불교문화재가 포함되기도 하였다.[52]

6. 맺음말

근대사회에서 문화재의 개념이 도입되기 이전에 사용한 용어는 고적 [古蹟, 故蹟], 고물, 보물, 예술 등이었고 이 가운데 고적과 고물이 널리 사용되었다. 고적이라는 용어가 보편화된 배경에는 일제의 고적 조사사업이 있었다. 그들은 한국 침략의 일환으로 1902년부터 고적 조사를 시작하였고, 고적조사위원회를 비롯한 조선고적연구회, 경주와 부여, 평양 등의 지방 고적보존회를 설립·운영하였다. 그 결과물로서 20년에 걸쳐 발간한 『조선고적도보』는 6,633장의 사진이 수록된 전15권의 방대한 저작이었다. 조사와 간행의 책임을 맡았던 세키노 타다시는 1917년 프랑스 학사원으로부터 출판상을 받기도 하였다. 그러나 이 책에 수록된 문화재 가운데 지금은 행방조차 알 수 없는 경우가 적지 않다. 대개 일본으로 건너갔을 것이라 추정하고, 또 실제로 많은 수가 확인되었다. 결국 일제의 고적조사는 식민지 문화재 약탈의 콜렉션이었고, 『조선고적도보』는 그

---

52 "大凡朝鮮佛教史蹟 尋究之梗槪 有六하니, 一은 佛法來渡之源委, 二는 高僧傳燈之機緣, 三은 塔寺像寶之沿革, 四는 藏板金石之名蹟, 五는 建造製圖之美術, 六은 梵音古樂之保存" 朴漢永, 「朝鮮 佛教와 史蹟 尋究」, 『해동불보』 8, 1914, pp.2~5.

가이드북 역할을 제공하였던 것이다.

이처럼 많은 문화재가 약탈당하는 현실에서 근대불교계는 불교문화재를 통해 민족의 자긍심을 높이고자 하였다. 무단통치와 민족문화 말살정책이 횡행하는 식민지하에서 민족의 정신적 주체성을 지키는 데 불교문화재는 매우 유효한 상징을 제공하였다. 특히 한국불교가 일본불교의 성립과 발전에 절대적인 영향을 주었던 역사적 사실을 널리 선양함으로써 문화적 우월성을 강조하였다. 그 구체적 반증이 불교문화재였던 것이다. 근대기의 신문과 잡지 등에서 쉽게 찾아볼 수 있는 답사기와 순례기 등의 대부분이 사찰과 불교유적을 대상으로 하였다는 사실이 이를 잘 말해준다.

한편 근대기의 불교지성들은 각종 잡지를 통해 불교문화재를 소개, 보급하였다. 오랜 억불의 시대를 거치면서 파손되고 매장되었던 불상과, 석탑, 금석문을 세상에 끄집어내고, 그 문화적·예술적 우수성을 고양시켰다. 이제 불교의 유물과 유적은 그저 종교적 신앙의 대상물만이 아니라 민족문화의 정수精髓로서 모두가 공유해야할 문화재로서의 위상을 갖기 시작하였다.

찾아보기

저자 한상길

동국대학교 사학과 졸업, 동국대학교 대학원에서 석·박사학위 취득.
동국대학교 불교학술원 교수로 재직 중.
『조선후기 불교와 사찰계』, 『한국불교사』, 『건봉사』, 『진관사』, 『역주 조선불교통사』 등의 저·역
서를 간행하였다. 한국불교의 역사·사찰·의례·문화와 관련한 다수의 논문을 발표하였다.

문헌인문학총서 **6**

한국불교 의례문화 연구

2022년 12월 20일 초판인쇄
2022년 12월 30일 초판발행

지 은 이 한 상 길
펴 낸 이 한 신 규
본문디자인 김 영 이
표지디자인 이 은 영
펴 낸 곳 **문현**출판

주소 05827 서울특별시 송파구 동남로11길 19(가락동)
전화 02-443-0211 팩스 02-443-0212 E-mail mun2009@naver.com
홈페이지 http://www.mun2009.com
출판등록 2009년 2월 24일(제2009-14호)

출력 GS테크   인쇄·후가공 수이북스   제본 보경문화사   용지 종이나무

ISBN   979-11-87505-09-9 93220   **정가** 39,000원